EL LIBRO DE LAS CULTURAS NEGRAS

EL LIBRO DE LAS
CULTURAS
NEGRAS

DK LONDON

EDICIÓN DE ARTE SÉNIOR
Gillian Andrews

EDICIÓN SÉNIOR
Camilla Hallinan, Scarlett O'Hara y Laura Sandford

EDICIÓN DE PROYECTO
Abigail Mitchell

EDICIÓN
John Andrews, Alethea Doran, Joy Evatt, Lydia
Halliday, Victoria Pyke, Esther Ripley, Dorothy
Stannard y Rachel Warren Chadd

ILUSTRACIONES
James Graham y Anthony Limerick

ICONOGRAFÍA
Sarah Hopper

TEXTOS ADICIONALES
Abimbola A. Adelakun, Kimberly Brown Pellum,
Marlene L. Daut, Sarah Lusack, Seun Matiluko,
Arlisha Norwood, Onyeka Nubia, Angelina Osborne,
Adam Smith, Frank Starling, Adam Williams y
Ogechukwu Williams

DIRECCIÓN DE DISEÑO DE CUBIERTAS
Sophia MTT

PRODUCCIÓN EDITORIAL
Kavita Varma

PRODUCCIÓN
Rachel Ng

DIRECCIÓN DE EDICIÓN DE ARTE
Lee Griffiths

DIRECCIÓN EDITORIAL
Gareth Jones

SUBDIRECCIÓN DE PUBLICACIONES
Liz Wheeler

DIRECCIÓN DE ARTE
Karen Self

DIRECCIÓN DE DISEÑO
Phil Ormerod

DIRECCIÓN DE PUBLICACIONES
Jonathan Metcalf

DK DELHI

EDICIÓN DE ARTE DE PROYECTO
Meenal Goel

EDICIÓN DE ARTE
Mridushmita Bose, Nobina Chakravorty
y Debjyoti Mukherjee

EDICIÓN SÉNIOR
Dharini Ganesh

EDICIÓN
Ishita Jha

COORDINACIÓN EDITORIAL
Rohan Sinha

COORDINACIÓN DE EDICIÓN DE ARTE
Sudakshina Basu

MAQUETACIÓN
Nand Kishor Acharya, Rakesh Kumar,
Mrinmoy Mazumdar y Vikram Singh

COORDINACIÓN DE PREPRODUCCIÓN
Balwant Singh

COORDINACIÓN DE PRODUCCIÓN
Pankaj Sharma

DIRECCIÓN EDITORIAL
Glenda Fernandes

DIRECCIÓN DE DISEÑO
Malavika Talukder

Estilismo de
STUDIO 8

DE LA EDICIÓN EN ESPAÑOL

COORDINACIÓN EDITORIAL
Cristina Sánchez Bustamante

ASISTENCIA EDITORIAL Y PRODUCCIÓN
Malwina Zagawa

Publicado originalmente en Gran Bretaña
en 2021 por Dorling Kindersley Limited
DK, One Embassy Gardens, 8 Viaduct Gardens,
London, SW11 7BW

Parte de Penguin Random House

Título original: *The Black People Book*
Primera edición 2022

Copyright © 2021 Dorling Kindersley Limited

© Traducción en español 2022
Dorling Kindersley Limited

Servicios editoriales: deleatur, s.l.
Traducción: Antón Corriente Basús

ISBN: 978-0-7440-6437-7

Impreso y encuadernado en Letonia

Para mentes curiosas
www.dkespañol.com

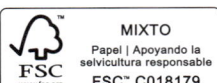

Este libro se ha impreso con papel certificado por el Forest
Stewardship Council™ como parte del compromiso de DK
por un futuro sostenible. Para más información, visita
www.dk.com/our-green-pledge.

Nota sobre las citas históricas
Las citas y los nombres de algunas organizaciones incluidos en este libro conservan el
lenguaje y la terminología empleados en su época. En algunos casos, los términos usados
pueden considerarse ofensivos o inapropiados. Las ideas expresadas en las citas no reflejan
las opiniones de los editores y los autores de la obra.

COLABORADORES

NEMATA BLYDEN (ASESORA EDITORIAL)

Nemata Blyden es profesora de historia y asuntos internacionales en la Universidad George Washington. Vinculada a muchos ámbitos del mundo cultural negro, ha publicado libros y trabajos sobre diversos aspectos de la historia de África y la diáspora africana, entre ellos *African Americans and Africa: a New History* (2019).

PAULA AKPAN

La periodista y escritora Paula Akpan ha cursado un máster en historia negra británica, y está interesada en la historia de las activistas lesbianas negras en Reino Unido. Su trabajo se centra sobre todo en los aspectos políticos y sociales del ámbito negro y *queer*, y colabora con publicaciones como *Vogue, Teen Vogue, The Independent, Stylist, VICE, i-D, Bustle* y *Time Out London*. Es ensayista, y tiene obra incluida en las antologías *Loud Black Girls* y *The Queer Bible*, de la serie de libros *Slay in Your Lane*.

MIREILLE HARPER

Mireille Harper es una editora, escritora, lectora editorial *(sensitivity reader)* y asesora de comunicación. Su trabajo se ha publicado en las revistas *Vogue, Digital Spy, Good Housekeeping, Nation of Billions, GUAP, Nataal, TOKEN Magazine* y otras. Como asesora de comunicación, ha trabajado con Punch Records, BYP Network, ShoutOut Network y otras organizaciones. Ha colaborado en el libro *Timelines of Everyone* (DK) y es autora de *Timelines from Black History* (DK).

KEITH LOCKHART

Periodista y escritor radicado en Londres, Keith Lockhart ha colaborado con los diarios británicos *The Independent* y *The Observer*, y con la enciclopedia *online* Wikipedia.

TYESHA MADDOX

Tyesha Maddox es historiadora de la diáspora africana y la inmigración caribeña. Doctora y profesora adjunta en la Universidad de Fordham, su trabajo estudia las sociedades caribeñas de ayuda mutua para inmigrantes y las asociaciones benéficas de principios del siglo xx.

RAPHAEL NJOKU

Profesor de historia africana y estudios globales en la Universidad Estatal de Idaho, Raphael Njoku está especializado en historia intelectual, descolonización y la diáspora y la política africanas.

LUKE PEPERA

El antropólogo, historiador, escritor y presentador Luke Pepera es un experto sobre el pasado de África, tema acerca del cual ha escrito artículos y hablado como invitado en numerosos pódcast.

GEORGE SWAINSTON

George Swainston estudió árabe y persa en la Universidad de Oxford, y es un periodista y documentalista con un interés particular por la historia de Oriente Próximo, Brasil y África.

ROBIN WALKER

El autor, conferenciante y empresario Robin Walker ha publicado varios libros sobre historia negra, aportaciones africanas a las disciplinas CTIM, la religión en África y aportaciones africanas a la música y la literatura.

JAMIE J. WILSON

Profesor de historia en la Universidad Estatal de Salem (Massachusetts), Jamie J. Wilson imparte cursos de historia negra estadounidense, y es el editor de *50 Events that Shaped African American History*.

DAVID OLUSOGA (PRÓLOGO)

David Olusoga es historiador, presentador y cineasta británico-nigeriano. Entre sus series de televisión se cuentan *A House Through Time* (BBC2), *Black and British: A Forgotten History* (BBC2) y *Britain's Forgotten Slave Owners* (BBC2), premiado con el BAFTA. Es también autor del libro *Black and British: a Forgotten History*, premiado con el Longman-History Today Trustees' Award y el PEN Hessell-Tiltman Prize. Escribe para *The Guardian* y es columnista de *The Observer*; y es profesor de historia pública en la Universidad de Manchester.

CONTENIDO

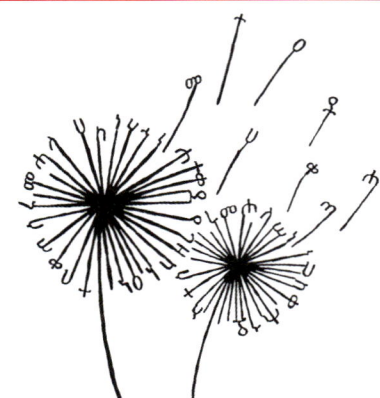

8

PROLOGO

La historia negra es global –se desarrolla en África, Europa, América, Asia y Oriente Próximo– y antigua, lo cual no sorprende, pues fue en África donde surgieron los primeros humanos hace cientos de miles de años. Sin embargo, en diversos periodos y lugares, la historia de los pueblos negros y del continente africano ha sido marginada, o bien no escrita.

En los libros de historia de Occidente ha sido habitual omitir civilizaciones negras que dominaron amplias extensiones del mundo, y que dejaron grandes obras del arte y de la arquitectura. Algunos filósofos europeos llegaron incluso a mantener que África carecía de una historia que pudiera llamarse como tal, y con esa misma animosidad se ocultaron discretamente debajo de la alfombra los siglos de lucha y campañas contra la esclavitud, el colonialismo y el racismo.

Ante dicha realidad, preservar y celebrar la historia negra se ha convertido en un cometido casi sagrado para muchos, particularmente para aquellos cuyos antepasados fueron esclavizados. Con todo, por mucho que tenga una importancia muy específica para la vida y la identidad de millones de personas negras de todo el mundo, la historia negra es, en sí misma, la historia de todos. Al igual que no hay que ser europeo para sentir fascinación por la historia de la antigua Roma, sentir asombro ante el gran imperio de Malí o el reino de Benín no requiere un color de piel particular. Y así como los no judíos aprenden sobre los horrores del Holocausto, todos deberíamos conocer los horrores de la esclavitud y las figuras históricas negras que la combatieron. A mí empezó a interesarme la historia negra en la adolescencia. Era adonde acudía para encontrar respuestas: explicaba la historia del Imperio británico, del que mi familia interracial era un producto. Explicaba el origen de las ideas racistas tan prevalentes a mi alrededor, y cómo y por qué se habían inventado. La historia negra me reveló también la larga lucha de pueblos y personas negras contra el racismo y el colonialismo, luchas que continúan hasta el día de hoy, lideradas en el siglo XXI por personas jóvenes.

Este libro presenta la historia negra en toda su complejidad, desde la antigüedad hasta los debates y el activismo actuales. En sus páginas se refleja el verdadero lugar de África en la historia mundial, y pueden rastrearse los orígenes de las desigualdades que siguen instaladas en las sociedades modernas.

Durante los siglos en los que la historia de África ha sido relegada a los márgenes, y en los que no se han reconocido las aportaciones negras a la civilización global, se privó al mundo entero de conocer estos relatos extraordinarios e inspiradores. Las historias que contienen estas páginas sitúan de nuevo la larga historia de África y de su gente en la corriente principal de la historia mundial, para beneficio de todos.

David Olusoga

INTRODU

CCION

La historia negra es la de las vidas de los pueblos y de las personalidades negras a lo largo de miles de años, desde la más antigua historia de la humanidad hasta hoy. «Negro/a» se aplica de forma muy general a toda persona de origen subsahariano reciente, sea esta habitante del continente africano, descendiente de africanos objeto del tráfico transatlántico de esclavos o emigrada de África a otras partes del mundo. Sin embargo, esto es una generalización de origen bastante reciente que ignora la diversidad de nacionalidades, culturas y experiencias vitales de las personas negras.

Pueblos diversos

Los primeros humanos modernos que salieron de África lo hicieron hace más de 200 000 años. Durante generaciones, los que permanecieron allí y no emigraron para dar lugar a las poblaciones de Asia, Australasia, América y Europa no se vieron a sí mismos como «negros», sino como parte de distintos grupos étnicos: nubios, yorubas o suajilis. Eran pueblos que tenían, y conservan hoy, lenguas, tradiciones y culturas singulares y sistemas de gobierno característicos y complejos. Fue a partir del siglo XVI cuando empezó a incluirse a todos los subsaharianos en un mismo grupo homogéneo. La idea de que estos

No hay más raza que la humana, científicamente. El racismo es un constructo social.
Toni Morrison
Escritora negra estadounidense (1931–2019)

pueblos de orígenes tan antiguos y diversos eran todos parte de una raza «inferior» sirvió a los implicados en el comercio transatlántico de esclavos y el colonialismo europeo para justificar el trato al que los sometieron.

Siglos de opresión

Los comerciantes europeos compraron esclavos africanos a otros africanos, y los llevaron como mercancía a América, donde eran vendidos como ganado en mercados para trabajar en el Caribe y el continente, siendo Brasil el lugar al que llegaron en mayor número. En esa época, los así esclavizados se rebelaron muchas veces en la costa de África occidental, durante la brutal travesía transatlántica y en América, donde

muchos trabajaban en condiciones espantosas. En una de las rebeliones de mayor éxito, la población esclava entera de Saint-Domingue, en el oeste de La Española, se sublevó, sometió a sus amos, y fundó la nueva nación de Haití en 1804.

Tras siglos de esclavitud y rebeliones, un número creciente de blancos en el Nuevo Mundo y Europa empezó a considerar al fin la esclavitud como un mal, y defendió a los esclavos negros en la lucha por abolirla. En 1861 estalló la guerra civil entre los estados esclavistas del sur de EE UU y los estados libres del norte; estos últimos se impusieron en 1865, y ese mismo año se abolió la esclavitud en todo el país. No obstante, la abolición no fue ninguna panacea, y muchos de los hasta entonces esclavizados siguieron sufriendo la desigualdad en el Nuevo Mundo. En EE UU, las leyes Jim Crow dieron fuerza legal a la segregación racial. Algunos decidieron escapar de la nueva opresión, y marcharon a Liberia, país recién creado en África occidental por abolicionistas estadounidenses blancos y otros para reasentarlos en África, con poca o ninguna consideración hacia los africanos habitantes de la zona.

De hecho, poco después de la abolición, varias potencias europeas comenzaron a colonizar el África subsahariana. La ficción de que sus

habitantes eran de una raza inferior ayudó a hacer pasar por misión civilizadora la depredación. En la Conferencia de Berlín de 1884–1885, varias potencias europeas se repartieron el continente: Gran Bretaña se apoderó de amplias regiones de África occidental, y el rey Leopoldo de Bélgica, a título personal, del Congo. Ningún africano fue invitado a la conferencia. En 1900, el 90 % de África estaba bajo el control de países europeos.

El colonialismo fue opresor para la gran mayoría. Los africanos se rebelaron contra la tutela europea y el reclutamiento para trabajos forzados en los que se castigaba o mataba a quienes no producían suficiente rendimiento. En la Nigeria británica, entre 1929 y 1930, miles de mujeres se rebelaron para intentar reparar múltiples injusticias, y saquearon fábricas, quemaron edificios administrativos, bloquearon vías de ferrocarril y cortaron líneas de telégrafos.

Derechos civiles

En el siglo XX, mientras continuaba la subordinación de gran parte de la gente de origen africano a la de origen europeo por todo el mundo, muchos hallaron en su identidad negra una fuente de poder, expresada en forma de música, pintura y literatura de gran vitalidad, y crearon movimientos internacionales con la *négri-*

tude, o *blackness*, como bandera bajo la cual unirse. Esta solidaridad tuvo su reflejo en el lenguaje, al revalorizarse apelativos antes peyorativos, como *negro* y *coloured* en inglés; en este sentido, la preferencia por *black*, desde finales del siglo XX, es posterior.

El panafricanismo, movimiento que llamaba a todos los pueblos y personas negras de origen africano a unirse para lograr objetivos políticos y sociales comunes, fue ganando influencia. En 1900, el trinidadense Henry Sylvester Williams encabezó la primera Conferencia Panafricana en Londres (Reino Unido), a la que siguieron otras ocho, en ciudades de Europa y África, así como en Nueva York. Fueron también muchas las luchas nacionales y locales: los países de África lucharon por la independencia y el fin de la opresión colonial; los afroamericanos de EE UU, por acabar con la segregación; y los antiguos súbditos de las colonias francesas y británicas de África que emigraron a la antigua metrópoli exigieron ser tratados como ciudadanos iguales en derechos. El grado de éxito de estas luchas fue dispar.

Ghana se independizó en 1957, ejemplo que siguieron otros Estados africanos. En EE UU, el fallo histórico del caso Brown contra el Consejo de Educación en 1954 contribuyó a eliminar la segregación en las escuelas.

En Reino Unido, la Ley de Relaciones Raciales de 1965 fue un crucial primer paso contra la discriminación.

La lucha continúa

Como el legado de la esclavitud y la colonización persiste, la lucha por la liberación continúa. Por ello ha surgido Black Lives Matter, movimiento mundial de denuncia de las injusticias que sufren las personas negras, creado en 2013 a raíz de la absolución de un hombre blanco que mató a un adolescente negro. También este libro tiene como objetivo arrojar luz sobre tales injusticias, además de celebrar la historia negra y sus logros, y hacer honor al modo en que sus pueblos y protagonistas han influido en nuestro mundo moderno y lo han transformado. ∎

A partir de ahora no somos ya una colonia, sino un pueblo libre e independiente.
Kwame Nkrumah
Primer presidente de
Ghana (1909–1972)

PREHISTO HISTORIA
ANTES DEL SIGLO

RIA E
ANTIGUA
I D. C.

El humano más antiguo conocido vive en esta época en Jebel Irhoud (Marruecos).

Se **fundan los primeros asentamientos humanos** en el creciente fértil, y otros en el valle del Nilo.

Unificación de los **Estados predinásticos egipcios** bajo Narmer, fundador de la dinastía I egipcia.

Hace 315 000 años   **Hace 12 000 años**   **C. 3150 A. C.**

C. 215 000 A. C.   **C. 3400 A. C.**   **2575–1069 A. C.**

Fecha más antigua de la **presencia humana fuera de África**, basada en fósiles hallados en Grecia.

Se establece la monarquía en el reino africano de **Nubia**, una de las civilizaciones más antiguas del mundo.

La civilización del antiguo Egipto florece en los imperios **Antiguo, Medio y Nuevo**.

África no es solo el lugar de origen de la historia negra, sino de toda la historia humana, y los primeros *Homo sapiens* fueron africanos: el ejemplar más antiguo hallado hasta la fecha procede de Jebel Irhoud (Marruecos), y otros especímenes antiguos se encontraron en Kenia. Antepasados humanos como *Homo habilis* y *Homo heidelbergensis* dejaron huella en África en forma de fósiles y herramientas primitivas. En la actualidad, los estudiosos consideran que nuestra especie evolucionó a partir de estos antepasados en múltiples lugares de África, hace al menos 315 000 años.

Los humanos comenzaron a salir de África alrededor de 215 000 a. C., primero a Oriente Próximo, y desde allí a otras partes del mundo. Algunos cazadores-recolectores abandonaron gradualmente la vida nómada y fundaron los primeros asentamientos humanos en el Creciente fértil, que comprende el valle del Nilo, Oriente Próximo y Mesopotamia, hace unos 12 000 años. Tres grandes ríos sustentaron estas comunidades antiguas: el Nilo, el Éufrates y el Tigris, cuyos fértiles llanos inundables ofrecían las condiciones idóneas para el desarrollo de la agricultura. En el IV milenio a. C. surgieron civilizaciones clave en África, desde los pueblos de lengua bantú del delta del Níger, en 3500 a. C., hasta la monarquía establecida en Nubia en 3400 a. C., y la unificación del Egipto predinástico en 3150 a. C.

Expansión egipcia

El río Nilo nutrió una de las primeras y mayores civilizaciones de la historia. Las comunidades surgidas en sus orillas desarrollaron culturas ricas, con arte, lenguas y sistemas religiosos y políticos de una complejidad creciente. En la época de la última cultura del Egipto predinástico, Naqada III (*c.* 3200–3000 a. C.), las élites locales se habían convertido en Estados grandes y poderosos en disputa unos con otros. En 3150 a. C., la unificación bajo el rey Narmer marcó el inicio del periodo dinástico (o protodinástico) de Egipto.

Desde Narmer, la historia del antiguo Egipto suele dividirse en tres edades doradas, los imperios Antiguo, Medio y Nuevo. El Imperio Antiguo (2575–2130 a. C.) fue un periodo de prosperidad durante el cual se construyeron no solo ciudades y puertos; también las monumentales pirámides para albergar tumbas reales. La gran pirámide de Guiza es una de las siete maravillas del

Pueblos de lengua bantú del delta del Níger comienzan a emigrar hacia el sur y difundir por África sus lenguas y culturas.

C. **1000** A. C.

El reino nubio de **Kush conquista Egipto**, gobernado en adelante por los cinco «faraones negros».

760 A. C.

Alejandro Magno, rey de Macedonia, conquista Egipto. Funda la ciudad de Alejandría un año después.

332 A. C.

Roma conquista Cartago, que pasa a ser un puerto clave en la vasta red comercial del Imperio romano.

146 A. C.

814 A. C.

Los **fenicios construyen Cartago** en un emplazamiento estratégico de la costa mediterránea de África del Norte.

C. **600** A. C.

Meroe se convierte en la nueva capital de Kush tras la derrota del reino por los asirios.

C. **300** A. C.

Tolomeo I Sóter crea la **Biblioteca de Alejandría** para reunir en una sola colección todos los libros del mundo.

mundo antiguo. Llegada la era del Imperio Nuevo (1570–1069 a. C.), la civilización egipcia contaba con una infraestructura compleja, y la gobernaban faraones poderosos que expandieron sus dominios por Oriente Próximo y Sudán.

Luchas de poder

Sudán albergaba otra civilización africana importante, Nubia, en los actuales Sudán y sur de Egipto, poblada por primera vez alrededor de 5000 a. C. En Nubia se encontraba el reino de Kush, asentado en el valle del Nilo inferior. Kush, con capital en Kerma, era un aliado natural y socio comercial de sus vecinos del norte, pero Egipto no tardó en percibir su poder como una amenaza.

Los ejércitos de Kerma emprendieron una invasión fallida de Egipto alrededor de 1550 a. C., desencadenando 50 años de guerra que concluyeron con la victoria de Egipto. Los reinos nubios subsiguientes establecidos en Napata y Meroe tuvieron una vida corta, sucumbiendo a las potencias etíopes de Abisinia y Aksum en 600 a. C. y 350 d. C., respectivamente. Egipto corrió una suerte similar a manos de los asirios de Mesopotamia en 666 a. C., y, más adelante, de los antiguos griegos, en 332 a. C.

Lucha por el norte de África

En el siglo VIII a. C., el pueblo navegante de los fenicios fundó la ciudad portuaria de Cartago (en el actual Túnez). La ciudad se convirtió en un gran núcleo mercantil del comercio entre África y Europa, así como en capital de una potencia próspera con una población multiétnica de unos 500 000 habitantes

en el siglo III a. C. La mayoría de sus residentes procedían de las tierras fenicias del Mediterráneo oriental y de los reinos norteafricanos próximos, Egipto y Kush, resultando de ello una cultura púnica propia que incorporaba elementos tanto africanos como mediterráneos.

Como Egipto, Cartago se enfrentó a potencias europeas en auge, primero griegas, y luego a Roma. Su armada combatió a los griegos entre los siglos VI y III a. C., y sus ejércitos, a Roma en las guerras púnicas a partir de 264 a. C. Roma saqueó Cartago en 146 a. C., y se anexionó Egipto un siglo más tarde, en 30 a. C., destruyendo parte de la famosa Biblioteca de Alejandría. El dominio del norte de África por el Imperio romano fue solo el comienzo de una larga historia de agresión e invasiones europeas en el continente africano. ■

AFRICA, MADRE DE LA HUMANIDAD

LOS PRIMEROS HUMANOS MODERNOS
(Hace 300 000 años)

EN CONTEXTO

LOCALIZACIÓN
África

ANTES
Hace 6–7 m.a. *Sahelanthropus tchadensis*, primer hominino conocido, vive en África.

Hace 4,4 m.a. Aparece el hominino *Ardipithecus ramidus*.

Hace 1,4 m.a. La arcilla cocida hallada en Kenia apunta al uso del fuego por *H. erectus*.

DESPUÉS
1921 El cráneo de Broken Hill (Zambia), luego identificado como *H. heidelbergensis*, es el primer gran hallazgo de un hominino en África.

1929–1935 Fósiles del monte Carmelo (en el actual Israel) se identifican como *H. sapiens*, y datan de hace 80 000–120 000 años.

2019 Un cráneo de *H. sapiens* de Grecia data de hace más de 210 000 años, el más antiguo hallado fuera de África.

En 1987, un estudio confirmó la teoría de 1871 de Charles Darwin: todos los humanos modernos *(Homo sapiens)* proceden de África. Los genetistas estadounidenses Rebecca Cann y Mark Stoneking y el bioquímico neozelandés Allan Wilson compararon el ADN mitocondrial –el código genético único transmitido por línea femenina– de distintas poblaciones del mundo, hallando una línea ininterrumpida hasta una hembra que vivió en África hace 200 000 años. Fue llamada «Eva mitocondrial», para confusión de muchos: no es la primera de nuestra especie, sino el antepasado materno más reciente de todos los humanos actuales.

África es la fuente más antigua y rica de fósiles de Hominini, tribu que incluye a humanos modernos y sus antepasados, que divergieron de otros simios hace unos siete millones de años (7 m.a.). Surgieron más de 20 especies de homininos, solapándose algunas en el tiempo en distintas épocas hasta la aparición de *H. sapiens*, hace unos 300 000 años. Australopitecinos de aspecto simiesco fueron de los primeros, hace unos 4 m.a. La especie más antigua conocida del género *Homo*, de hace 2,4–1,6 m.a.,

---

La teoría de la evolución antes de Darwin

Siglos antes de que Charles Darwin publicara *El origen de las especies* (1859) y *El origen del hombre* (1871), un autor medieval negro sugirió una teoría de la evolución por selección natural.

Aunque escribía en árabe y vivía en Bagdad (en la actual Irak), Abu Usman al Jahiz (781–869) era originario de África oriental, nieto de un bantú esclavizado, según se cree. Su *Kitab al hayawan* (*Libro de los animales*) repite en gran parte el saber popular, pero contiene un pasaje clave en el que explica cómo, al participar en la lucha por la existencia, por el alimento, por reproducirse y evitar ser comidas, todas las criaturas desarrollan rasgos nuevos para sobrevivir. Estos se transmiten a la descendencia, y las especies se transforman con el tiempo. Al Jahiz no formuló sus ideas como teoría, pero eran muy avanzadas para su época. Tanto si Darwin conocía su obra como si no, fue una aportación importante al pensamiento evolutivo temprano.

Véase también: *Homo sapiens* emigra a África 20–21 ▪ El Egipto predinástico 22–23 ▪ Las migraciones bantúes 32–33

Evolución humana

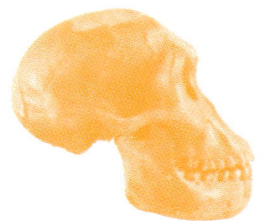 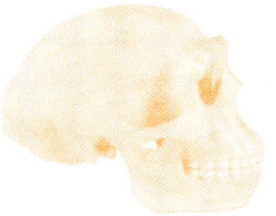 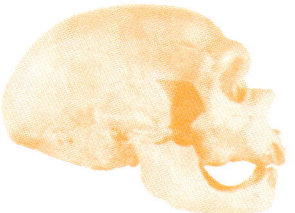 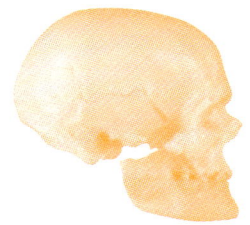

Australopithecus afarensis: molares y mandíbulas grandes; cerebro pequeño.

Homo erectus: mandíbula y molares menores; cerebro más grande.

Homo neanderthalensis: arco superciliar prominente y nariz grande y ancha.

Homo sapiens: cerebro grande y arcos superciliares tenues.

fue *H. habilis*. La primera especie de proporciones semejantes a las nuestras fue *H. erectus*, del que hay restos de hace unos 2 m.a., y que sobrevivió hasta hace unos 100 000 años en Asia. Nuestro antepasado inmediato *H. heidelbergensis*, cazador hábil y adepto al uso del fuego, vivió hace entre 700 000 y 300 000 años.

Avances culturales

Los homininos ancestrales desarrollaron habilidades para sobrevivir: útiles de piedra hallados en la zona del lago Turkana (Kenia) y que datan de hace 3,3 m.a. son probablemente de *Kenyanthropus platyops*. Hace 2,4 m.a., *H. habilis* los usaba para sacar el tuétano y la carne de las carcasas, y más adelante *H. heidelbergensis* fabricaría puntas de piedra que se acoplaban a astas para hacer lanzas.

La evolución de *Homo sapiens* hace unos 300 000 años a partir de poblaciones africanas de *H. heidelbergensis* está asociada a pruebas de comportamientos complejos, como el uso de pigmentos naturales, datado en esta época, en las cuevas de Twin Rivers (Zambia). Los humanos arcaicos tallaban bifaces de piedra para cortar carne y trabajar la piel y la madera. El fuego les proporcionaba luz,

calor y un medio para cocinar los alimentos. Al ir cambiando la dieta, fue cambiando también la dentadura y el aspecto, y el tamaño del cerebro y sus capacidades no dejaron de aumentar.

En la República Democrática del Congo se han encontrado puntas de arpones de hueso talladas de unos 90 000 años de antigüedad; y en la cueva de Blombos, en Sudáfrica, se han hallado herramientas de hueso, un taller de procesado del ocre y un dibujo que es quizá el más antiguo conocido, de 70 000 años. Las cáscaras de huevo de avestruz grabadas del refugio de roca de Diepkloof (Sudáfrica) son de hace 60 000 años, y se usaban para contener agua. Hace 43 200 años se excavaron las minas más antiguas conocidas, en las montañas de Suazilandia, para extraer hematita, que servía como tinte.

Fósiles de *Homo sapiens*

En 1967, el antropólogo keniano Richard Leakey halló dos cráneos parciales cerca del río Omo, en Etiopía, y en 2005 se dataron en 195 000 años. Era la prueba más antigua de *H. sapiens*, y los científicos creyeron que la especie evolucionó en África oriental hace unos 200 000 años. En 2017, sin embargo, los fósiles de Jebel Irhoud

(Marruecos), un cráneo y huesos del rostro y la mandíbula, se identificaron como *H. sapiens*, y se calculó que tenían 315 000 años.

Hoy en día se cree que *H. sapiens* no evolucionó en un solo lugar del continente, sino en varios. Según el paleoantropólogo francés Jean-Jacques Hublin, «El jardín del Edén en África es probablemente toda África, y ese es un jardín muy muy grande». ▪

Los primeros *H. sapiens* pudieron parecerse a esta reconstrucción realizada a partir de unos fósiles hallados en Marruecos de unos 315 000 años de antigüedad.

ERAMOS TODOS AFRICANOS

HOMO SAPIENS EMIGRA DE ÁFRICA (*c.* 215 000–60 000 A. C.)

EN CONTEXTO

LOCALIZACIÓN
África, Asia, Europa

ANTES
Hace 1,8–1,7 m.a. *H. erectus* (también llamado *H. georgicus*) aparece en Dmanisi (Georgia); llega a Java (Indonesia) hace 1,6 m.a.

Hace 780 000 años Indicios de fuego controlado por *H. erectus* en Gesher Benot Ya'aqov (Israel).

Hace 430 000 años El ADN de fósiles en España apunta a que los neandertales evolucionaron de homininos llegados de África.

DESPUÉS
Década de 1930 Se hallan restos de *H. sapiens* en las cuevas de Qafzeh y Skhul (Israel), luego datados en 80 000–120 000 años.

1949 Willard Libby desarrolla la datación por radiocarbono. A partir de la década de 1960 se usará también el uranio-torio para datar fósiles.

En 2019, la revista *Nature* informó de que un cráneo parcial hallado al sur de Grecia en la década de 1970, en la cueva de Apidima, era de *Homo sapiens* y tenía una edad de más de 210 000 años. Era la prueba más antigua de la presencia de humanos modernos fuera de África, al menos 15 000 años más que la mandíbula y los dientes hallados en la cueva Misliya en el monte Carmelo (Israel) en 2002, y 164 000 años más que cualquier otro resto de *H. sapiens* hallado en Europa.

Más de una migración

Los datos antropológicos y genéticos indican el origen africano de toda la humanidad actual. Se creía que hubo una sola gran migración hace entre 70 000 y 50 000 años, pero los fósiles de Grecia e Israel apuntan a la salida de África en varias oleadas y desde hace al menos 140 000 años

Esta gran migración llevó a nuestra especie a una posición de dominio del mundo que nunca ha abandonado.
Guy Gugliotta
«The great human migration», *Smithsonian Magazine*

antes. No obstante, hasta la fecha, estas son las únicas pruebas de tales migraciones, lo cual sugiere que *H. sapiens* no se estableció de modo firme fuera de África en esta época. Parece probable una migración más numerosa hace 125 000 años, debida en parte a sequías que empezaron hace 135 000 y fueron expulsando a la población del interior de África,

Piedra de ocre grabada de la cueva de Blombos (Sudáfrica), que data de hace 70 000 años; es el dibujo más antiguo conocido, testimonio de la sofisticación temprana de *Homo sapiens*.

Véase también: Los primeros humanos modernos 18–19 ▪ El Egipto predinástico 22–23 ▪ Las migraciones bantúes 32–33 ▪ La migración de los masáis 98–99 ▪ La creación de la «raza» 154–157

Homo sapiens salió por primera vez de África hace más de 200 000 años. Las posibles rutas de migración representadas se basan en pruebas arqueológicas y genéticas.

Clave

1. Hace 300 000 años
2. Desde hace 100 000 años
3. Desde hace 60 000 años
4. Hace 45 000–35 000 años
5. Hace 45 000–35 000 años
6. Hace 20 000–15 000 años
7. Hace 15 000–12 000 años
8. Hace 3500 años
9. Hace 2500 años
10. Hace 800 años

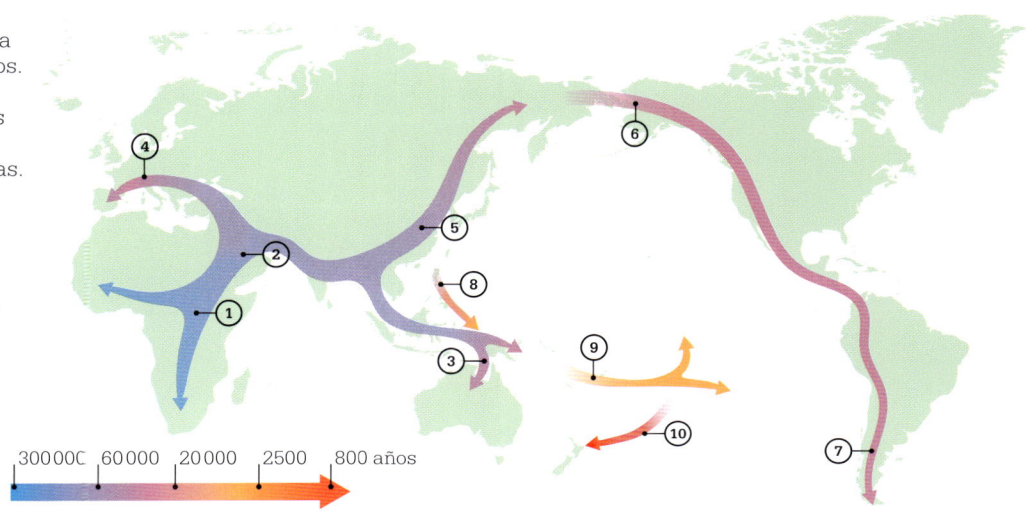

cada vez más árido, hacia las zonas costeras y el noreste, hacia Eurasia. Hace 75 000 años, una gran erupción volcánica en el lago Toba (Indonesia) pudo causar una caída global de las temperaturas, que pudo obligar a los humanos a establecer redes sociales mucho más amplias para compartir recursos, acelerando así su dispersión por el mundo.

Rutas por el mundo

Existe un debate sobre los caminos de esa dispersión. Salvo el cráneo de 210 000 años de Grecia, los fósiles más antiguos de *H. sapiens*, de entre hace 80 000 y 180 000 años, se han hallado en Israel, pero algunos miembros llegaron mucho más al este: dientes hallados en una cueva del sur de China, identificados como de *H. sapiens* en 2015, datan de hace 100 000 años. Útiles de piedra de la península Arábiga se han datado en 125 000 años, y otros de India en más de 74 000 años, lo que indica que pudo haber una migración a Arabia a través del estrecho de Bab el Mandeb desde el Cuerno de África, y a Eurasia por el estrecho de Ormuz,

y de allí al este, con una posible difusión por la costa del sureste de Asia.

La mayor expansión fuera de África pudo darse hace 70 000 años, llegando a Australia hace 60 000. Los fósiles de Europa incluyen los dientes y fragmentos óseos de hace 46 000 años de Bacho Kiro (Bulgaria), y una mandíbula, de unos 43 000 y 34 000 años de antigüedad, hallada en la caverna de Kents (Reino Unido). Al expandirse por Eurasia, *H. sapiens* se encontró con especies estrechamente emparentadas, como los neandertales y denisovanos; y los estudios genéticos actuales indican que hubo cruces. Hace 40 000 años, *H. sapiens* se había extendido ampliamente por el mundo, y las demás especies del género *Homo* habían desaparecido.

H. sapiens llegó a América hace al menos 15 000 años, quizá antes incluso. En 2020 se dataron útiles de piedra de la cueva de Chiquihuite (México) en 26 000 años, y pueden ser mucho más antiguos otros yacimientos, como el de Pedra Furada, en Brasil, aunque las fechas más tempranas atribuidas sean controvertidas. Se

cree que *H. sapiens* llegó desde el noreste de Asia, cruzando una masa de tierra emergida, Beringia, que conectaba Siberia y Alaska cuando el nivel del mar era más bajo, debido a que el agua estaba retenida en forma de hielo en vastos casquetes glaciares.

La evolución de *H. sapiens*

H. sapiens evolucionó originalmente con la piel oscura. Al alejarse del ecuador hacia latitudes con luz solar más débil, se redujo la presión evolutiva favorable a la piel oscura, que protege de la intensa radiación UVA. El color de la piel se volvió bastante variable al dispersarse los humanos por el mundo. La piel muy poco pigmentada se desarrolló en Escandinavia *c.* 5700 a. C., pero no se difundió ampliamente por Europa hasta la llegada de agricultores procedentes de Oriente Próximo, después de 6000 a. C. En entornos variados se diversifican también las proporciones del cuerpo y los rasgos faciales, pero, en lo genético, el parentesco entre todas las poblaciones de *H. sapiens* del mundo sigue siendo muy estrecho. ▪

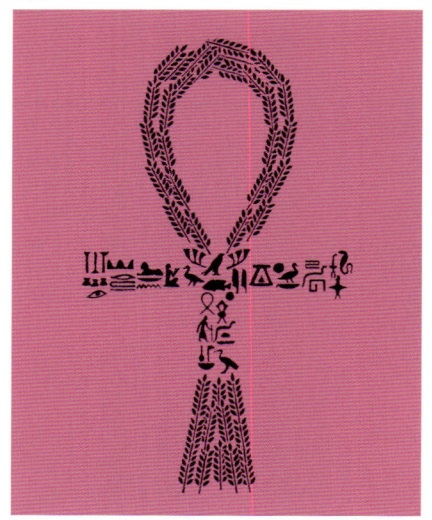

EL CRISOL DE LA ANTIGUA CIVILIZACION EGIPCIA

EL EGIPTO PREDINÁSTICO (*c.* 6300–3150 A. C.)

EN CONTEXTO

LOCALIZACIÓN
Egipto

ANTES
C. **10 000** A. C. Cultivo
de cebada y trigo en Wadi
Kubbaniya, cerca del actual
Asuán.

C. **7500** A. C. Se erige
el círculo de piedras más
antiguo del mundo, alineadas
con las estrellas y el Sol, en
Nabta Playa (sur de Egipto).

DESPUÉS
3100 A. C. Se establece en
Menfis la dinastía I de Egipto.

2575 A. C. El reinado de
Snefru marca el inicio del
Imperio Antiguo en Egipto.

C. **2560–2500** A. C. Se
construyen las pirámides
mayores del antiguo Egipto
en la meseta de Guiza.

671 A. C. Asaradón, rey de
Asiria, conquista Egipto.

Los egipcios más antiguos eran africanos autóctonos. Estos poblaron el Sáhara cuando era una región húmeda, rica en pastos y con agua abundante. Hubo una cultura neolítica sahariana extendida desde al menos 8000 a. C., basada sobre todo en el pastoreo, la ganadería bovina, la pesca y la agricultura.

Al mismo tiempo, el clima del Sáhara estaba cambiando lentamente de húmedo a árido, debido a una ligera precesión (o «bamboleo») del eje de rotación de la Tierra. A medida que avanzaba la desertificación,

los africanos saharianos fueron emigrando al valle del Nilo, cuyas fértiles llanuras aluviales explotaron, y donde pusieron los cimientos de la serie de dinastías que consolidaron la antigua civilización egipcia.

Antes de las dinastías

Los arqueólogos dividen la prehistoria egipcia en culturas llamadas como los yacimientos donde se descubrieron los restos más antiguos. Las herramientas líticas encontradas en Fayún B son indicio de una cultura en el norte del valle del Nilo alrededor de 6300 a. C. En otro yacimiento antiguo, el de Merimde, al oeste del delta del Nilo, de 4800 a. C., los antiguos pobladores cultivaban cereales, criaban ganado y fabricaban cerámica simple.

Más al sur, contemporánea de la merimdense y más sofisticada, estaba la cultura badariense, en la que se enterraba a los muertos en posición fetal, símbolo de renacimiento en la otra vida. Las tumbas excavadas en 40 asentamientos contenían abalo-

La paleta de Narmer, de limolita gris, de alrededor de 3100 a. C., muestra al rey Narmer, o Menes, fundador de la dinastía I egipcia, matando en batalla a uno de sus enemigos.

Véase también: Los Imperios Antiguo, Medio y Nuevo de Egipto 24–29 ▪ El reino nubio de Kerma 30–31 ▪ La conquista musulmana de Egipto 58–59

Himno al Sol con columnas de jeroglíficos en negro. Cada uno representa un objeto o sonido en escritura pictográfica. Este antiguo sistema de escritura fue creado en la cultura gerzeense.

rios de cobre, alfileres, brazaletes y cerámica de un acabado y delicadeza no superadas en la historia del antiguo Egipto.

A la cultura badariense la sucedió la amratiense, también llamada Naqada I (*c.* 4000–3500 a. C.), que construyó edificios de adobe y embarcaciones de papiro y comerció a lo largo del Nilo, importando bienes como oro y obsidiana (cristal volcánico oscuro) de Nubia y madera de cedro de la ciudad fenicia de Biblos.

A la cultura amratiense siguió la gerzeense, o Naqada II (*c.* 3500–3200 a. C.), con cerámica pintada de rojo decorada con motivos variados, como flamencos, figuras humanas y barcos con filas de remos. El comercio trajo plata –probablemente de Oriente Próximo– y marfil, del que se hacían utensilios como peines afro, entre otros. La cultura gerzeense se desarrolló en varias ciudades-estado del Alto Egipto, que conquistaron el Bajo Egipto alrededor de 3150 a. C. bajo el rey Narmer, o faraón Menes («el que perdura»), fundador de la dinastía I del Egipto unificado.

Avances en la comunicación

Algunos de los símbolos de la cerámica gerzeense fueron los prototipos de la escritura jeroglífica, forma de escritura plenamente alfabética y parcialmente pictórica. Durante la dinastía I, desde alrededor de 3000 a. C., se desarrolló la escritura hierática cursiva usada en el comercio y en documentos matemáticos y religiosos. El soporte de las escrituras hierática y jeroglífica fueron los rollos de papiro, producto elaborado a partir del tallo de la planta del mismo nombre. ▪

¿Eran negros los antiguos egipcios?

El debate sobre la etnia de los antiguos egipcios culminó a inicios de la década de 1970, con ocasión del encargo hecho por la Organización de las Naciones Unidas para la Educación, la Ciencia y la Cultura (Unesco) de una historia de África en ocho volúmenes. El papel de Egipto en esta obra fue motivo de desacuerdo, y, en enero de 1974, la Unesco organizó un simposio en El Cairo sobre «El poblamiento del antiguo Egipto». Dieciocho estudiosos europeos y árabes afirmaron que Egipto fue poblado por «caucásicos»; dos profesores africanos, Cheikh Anta Diop y Théophile Obenga, dijeron que «desde su infancia neolítica hasta el fin de las dinastías nativas» el antiguo Egipto estuvo poblado por africanos negros. El informe final reflejó «una falta de equilibrio en las discusiones» y, en apoyo de los historiadores africanos, declaró que «no todos los participantes […] prepararon comunicaciones comparables a los meticulosos estudios de los profesores Diop y Obenga».

¿En qué aldea a lo largo del valle del Nilo describiría uno hoy la transición «racial» entre «negro» y «blanco»?
Shomarka Keita
Antropólogo negro estadounidense

EL REGALO DEL NILO

LOS IMPERIOS ANTIGUO, MEDIO Y NUEVO DE EGIPTO (2575–1069 A. C.)

EN CONTEXTO

LOCALIZACIÓN
Egipto

ANTES

C. 9000–6000 a. C. En el oasis de Fayún, lago formado al sur del delta del Nilo, se asientan agricultores neolíticos.

C. 3500 a. C. Comienza la práctica de la momificación en la cultura de Naqada al sur de Egipto.

DESPUÉS

671–666 a. C. Los asirios invaden y conquistan Egipto bajo Assurbanipal.

332 a. C. Alejandro Magno toma Egipto; el general Tolomeo funda una dinastía en 305.

30 a. C. Muere Cleopatra VII; Egipto pasa a ser de Roma.

639–642 El califato rashidun invade Egipto y lo incorpora al ámbito islámico.

1517 El Imperio otomano absorbe Egipto.

La historia del África negra quedará suspendida en el aire y no se escribirá correctamente hasta que los historiadores africanos se atrevan a conectarla con la de Egipto.
Cheikh Anta Diop
Historiador senegalés (1923–1986)

El antiguo Egipto tiene tres edades de oro: los imperios Antiguo, Medio y Nuevo.

El **Imperio Antiguo** (2575–2130 a. C.) es la **era de las pirámides**.

Durante el **Imperio Medio** (2040–1782 a. C.) se desarrollan **ciudades**, carreteras y pantanos.

El **Imperio Nuevo** (1570–1069 a. C.) es la era de la **expansión egipcia** en Oriente Próximo.

La historia del antiguo Egipto está vertebrada por el Nilo y la abundancia que proporciona. El río era el sustento de todos los aspectos de la vida en una civilización sin igual en el mundo mediterráneo durante casi 3000 años. La pesca era abundante, y la agricultura en el rico limo negro de las llanuras dependía de los cambios estacionales del río. La minería, el comercio y el transporte de materiales para construir vastos monumentos reales dependía del caudal del Nilo desde el Alto Egipto, en el sur, al Bajo Egipto, en el norte.

Dinastías reales

El ascenso de Egipto comienza a partir de la unificación del Bajo y el Alto Egipto hacia 3150 a. C. por Narmer (o Menes), quien fundó en el delta del Nilo la ciudad de Menfis, que sustituyó a Tinis como capital del reino en la posterior dinastía III. La suya fue la primera de varias familias dirigentes conocidas gracias al historiador egipcio Manetón, del siglo III a. C. Las dinastías posteriores a la segunda se encuadran en tres edades doradas, los imperios Antiguo (dinastías III a la VI), Medio (dinastías XI y XII) y Nuevo (dinastías XVIII a la XX). Entre estas hubo tres periodos intermedios marcados por crisis políticas, luchas internas e invasiones extranjeras. La cultura del antiguo Egipto, sin embargo, siguió avanzando en todos los ámbitos, de la escritura jeroglífica, el arte y las matemáticas a la construcción de ciudades y los grandes logros de la arquitectura funeraria.

Soberanos divinos

Los faraones eran venerados como intermediarios entre el pueblo y una panoplia de dioses, muchos de los cuales adoptaban formas híbridas humanas y animales. A los dioses se les atribuía influencia sobre toda la actividad en el mundo, desde la fertilidad y el nacimiento –a través de las inundaciones del Nilo y las cosechas– hasta la vida en el más allá. Entre las principales deidades estaban el dios solar Ra, con cabeza de halcón, y Osiris, símbolo de la muerte y la resurrección y juez último de las almas. Las pirámides contenían las tumbas reales, provistas de pinturas y tesoros, y los rituales de la momificación y los conjuros funerarios se consideraban clave para acceder a la vida tras la muerte, una versión idílica de la vida en este mundo.

El faraón debía mantener el orden, la verdad y la justicia, conforme a lo ordenado por la diosa Maat, y garantizar el bienestar económico y espi-

Véase también: El Egipto predinástico 22–23 ▪ El reino nubio de Kerma 30–31 ▪ La Biblioteca perdida de Alejandría 36–37 ▪ La conquista musulmana de Egipto 58–59 ▪ La construcción del canal de Suez 215

El papiro de Rhind, hallado cerca de un templo dedicado a Ramsés II, fue redactado por un escriba llamado Ahmes en el siglo XVI a. C.

Papiros matemáticos

El antiguo Egipto fue una de las primeras civilizaciones que desarrolló conceptos matemáticos esenciales para la ingeniería civil, el manejo de los suministros de alimentos y el cálculo del nivel de las inundaciones del Nilo. Entre los documentos conservados están el papiro matemático de Berlín (1990–1800 a. C.), con fórmulas para despejar las incógnitas x e y en sistemas de ecuaciones. En el papiro de Moscú (1700 a. C.), el problema número 10 de un conjunto de 25 requiere el difícil cálculo del área de una semiesfera, y el problema 14, el volumen de una pirámide truncada.

Los 87 problemas del papiro de Rhind (1550 a. C.) abarcan desde la teoría de números y la aritmética hasta el álgebra, la geometría y la trigonometría. El problema 24 dice: «Una cantidad más su séptima parte da 19 (o $x + x/7 = 19$). ¿Cuál es la cantidad?». Los problemas 41, 50, 51 y 52 piden el volumen de un cilindro y el área de un círculo, un triángulo y un trapecio.

ritual del pueblo. Administraba su voluntad un primer ministro, o visir, encargado de aplicarla en todos los nomos (provincias) en los que se dividían el Alto y el Bajo Egipto.

El Imperio Antiguo
Durante el Imperio Antiguo (2575–2130 a. C.) se construyeron hasta trece pirámides. La primera, la pirámide escalonada de Saqqara, cercana al delta, era parte del complejo funerario del faraón Zoser, segundo soberano de la dinastía III. El edificio, compuesto por seis troncos de pirámide, es la primera estructura monumental de piedra de Egipto, y se atribuye a Imhotep, alto magistrado, sacerdote y polímata posteriormente venerado como dios de la medicina.

Snefru, primer faraón de la dinastía IV, mandó construir una pirámide de aristas rectas en Meidum, y, más al norte, la pirámide acodada y la pirámide roja de Dahshur. La tumba de su esposa, la reina Hetepheres, hallada en Guiza en 1925, contenía un sarcófago de alabastro, muebles con incrustaciones de oro y brazaletes de plata con incrustaciones de piedras

semipreciosas. La gran pirámide de Guiza se construyó para el sucesor de Snefru, Jufu (Keops), y las dos pirámides menores, para Jafra (Kefrén) y Menkaura (Micerino).

En esta era de prosperidad, Egipto se convirtió en una civilización urbana con ciudades, pueblos y puertos a lo largo del Nilo, y llegó a tener ocho millones de habitantes en los casi 30 000 km² habitables de las riberas del río. Las casas de adobe, de hasta dos plantas, y con patios y jardines, se iluminaban con lámparas de aceite. »

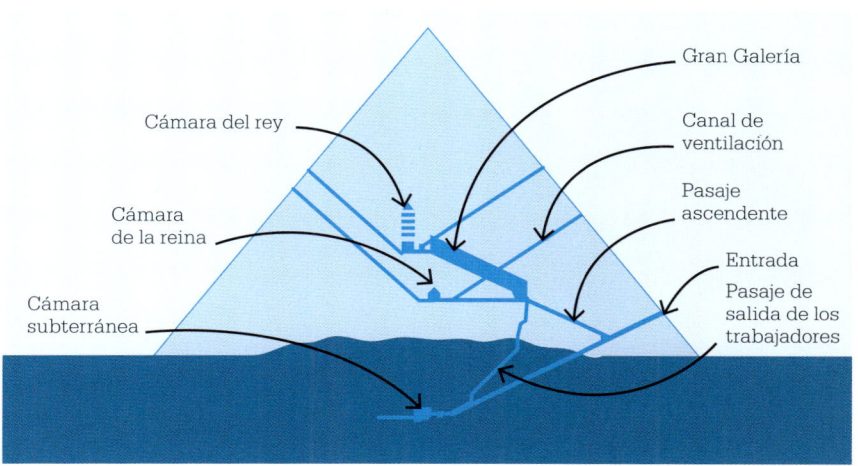

Una de las siete maravillas del mundo antiguo, la gran pirámide de Guiza (o pirámide de Keops), tiene 146,5 m de altura. Hecha con unos 2 300 000 bloques, originalmente estaba recubierta de caliza blanca lisa.

Cuatro estatuas de Ramsés II de 20 m de alto, talladas en la roca arenisca, ante los templos dedicados a los dioses solares Ra y Ra-Horajty en Abu Simbel.

Con el tiempo, la construcción de templos y monumentos funerarios consumió la riqueza y los recursos de la capital, lo cual desplazó el poder a las provincias, gobernadas por los monarcas, y generó la fractura de la administración durante el Primer Periodo Intermedio (2130–2040 a. C.). Un papiro del Imperio Medio, llamado *Lamentos de Ipuur* (o *Admoniciones de Ipuur*), describía esta era convulsa de pobres enriquecidos y ricos despojados, invasores de Oriente Próximo y desplome del viejo orden: «Los habitantes del desierto se han convertido en egipcios en todas partes».

Eras doradas y conflictos

El Imperio Medio (2040–1782 a. C.) empezó con la derrota de la ciudad de Heracleópolis (o Henensu), en el Bajo Egipto, a manos de Mentuhotep II, y con el traslado de la capitalidad del Egipto reunificado a Tebas, ciudad del Alto Egipto consagrada al dios Amón. Bajo Senusret (Sesostris) II, de la dinastía XII, las provincias flore-

cieron gracias a la inversión en pozos y presas. La nueva ciudad de Kahun tenía calles en ángulo recto y alcantarillas de piedra. Las casas menores tenían de cuatro a seis estancias; las mansiones, hasta setenta.

En el Segundo Periodo Intermedio (1782–1570 a. C.), nómadas semitas llegaron al país por el norte, y construyeron su capital, Avaris. De la dinastía XIII a la XVII, Egipto fue gobernado por conquistadores foráneos, hasta que los últimos —los hicsos, o «reyes pastores», de Asia occidental— fueron expulsados por Ahmose (Amosis) I. Con ello comienza el Imperio Nuevo (1570–1069 a. C.), gobernado por una sucesión de 31 faraones durante cuyos reinados Egipto se expandió por Oriente Próximo y Sudán.

Amenhotep (Amenofis) I, segundo soberano de la dinastía XVIII, instituyó el culto a Amón y encargó capillas y una puerta monumental de caliza en Karnak. Durante sus 25 años de reinado, reunió a artistas, científicos

Amenhotep III (el Magnífico) llevó a Egipto a la cumbre de su esplendor, poder y riqueza en el Imperio Nuevo. Esta estatua de granodiorita (c. 1350 a. C.) es de su templo funerario en Tebas.

y teólogos, y tuvo lugar un florecimiento cultural que incluyó una obra de medicina, el papiro de Ebers, con capítulos dedicados a la odontología, las enfermedades intestinales, la ginecología y la oftalmología.

Hasta 13 mujeres pudieron ascender esporádicamente al trono, pero Hatsepsut (dinastía XVIII) fue una de las pocas con el título y los poderes de un faraón. Durante los 21 años de su reinado, hizo construir un templo excavado en la roca en Deir el Bahari.

Como Ra cuando se eleva en el horizonte, das luz a la oscuridad […], e inundas las Dos Tierras como el Disco Solar [Atón] al alba.
«Himno a Osiris»
Libro de los muertos (c. 1275 a.C.)

Los relieves de las paredes representan viajes a la tierra del Punt (Somalia) para traer incienso, animales, pieles, goma, oro, marfil y ébano, productos que siguieron afluyendo incluso durante el reinado de Amenhotep III. Egipto exportaba grano, papiro, lino y cuero, e importaba maderas, aceite de oliva, hierro, vino de Asia Menor y Siria y cobre y plata de las islas del Egeo y del área mediterránea.

Auge y caída

En su apogeo durante el siglo XIV a. C., la ciudad de Tebas (Luxor), emplazada en las orillas del Nilo, tuvo hasta un millón de habitantes. En los límites de la ciudad, mansiones de hasta sesenta estancias flanqueaban avenidas arboladas. Cerca del centro estaba el palacio real: la Casa de la Alegría. El título de faraón (en egipcio, «casa grande») data de esta época.

Los templos de la ribera oriental acogían a muchos sacerdotes y estudiosos. Durante la dinastía XVIII, Amenhotep IV cambió su nombre a Ajnatón y fundó una religión monoteísta basada en el dios solar Atón en Ajetatón (Amarna). Su hijo Tutankamón restauró la antigua religión. En la dinastía XIX, faraones como Ramsés II llevaron a Egipto al apogeo de su poder, mientras que la dinastía XX se caracterizó por el predominio en el poder de los sacerdotes de Amón en Tebas. Los conflictos civiles, las disputas entre herederos y la sequía condujeron al declive del Imperio.

Durante el Tercer Periodo Intermedio (1069–525 a. C.) se produjeron las invasiones de asirios, persas y griegos. Tras la muerte del último titular del título de faraón, Cleopatra VII, en 30 a. C., los romanos gobernaron Egipto de forma intermitente durante 600 años, hasta la conquista musulmana en el siglo VII d. C. ∎

El papiro de Hunefer del *Libro de los muertos* (*c.* 1275 a. C.) es un registro de conjuros ilustrados para asistir en el viaje del alma de la tumba al paraíso, que era la campiña o marisma de juncos de Aaru.

Ramsés el Grande

Ramsés II, tercer faraón de la dinastía XIX, llegó al poder en 1279 a. C., en pleno apogeo del Imperio Nuevo y, durante los 66 años que ocupó el trono, sus campañas militares y su legado arquitectónico le valieron el sobrenombre de «el Grande». Ramsés II reunió un ejército regular de 100 000 hombres para recuperar territorios perdidos en reinados anteriores y para defender Egipto de los libios, hititas y nubios.

La victoria proclamada por Ramsés sobre los hititas en Qadesh es hoy incierta, pero, tras ocupar territorios difíciles de controlar, acordó un tratado de paz con cláusulas de ayuda mutua con los hititas en 1258 a. C., sellado con su matrimonio con al menos una princesa hitita. El legado constructivo de Ramsés incluyó una nueva capital, Pi-Ramsés, un complejo de templos funerarios cerca de Luxor (el Ramesseum) y dos templos excavados en la roca en Abu Simbel. Ramsés murió en 1213 a. C., a los 96 años.

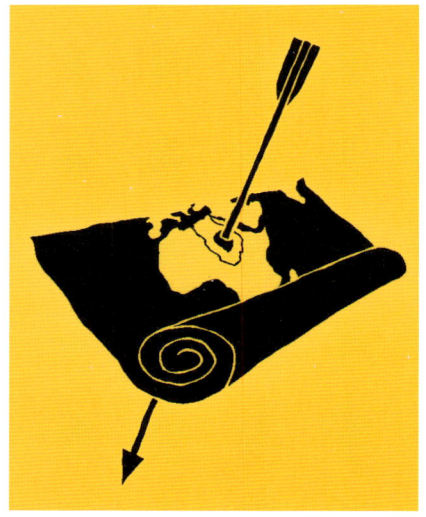

LA TIERRA DEL ARCO

EL REINO NUBIO DE KERMA (c. 2400–1500 A. C.)

El antiguo Egipto no fue la única gran civilización del valle del Nilo: al sur, Kush —en la región de Nubia, en lo que hoy es el sur de Egipto y Sudán— fue un reino igualmente antiguo y sofisticado. Su pueblo construyó ciudades complejas, un ejército formidable y una red comercial que se extendía hacia el sur y el este, además de a Egipto, al norte.

Nubios entregando el tributo a Egipto, según una pintura mural de la tumba de Huy, virrey de Kush. Llevan bienes nubios como el oro y el incienso.

Durante muchos años, los historiadores y arqueólogos occidentales dieron por supuesto que Kush era solo un puesto avanzado de Egipto. Solo a finales del siglo XX quedó claro que Kush era un reino autóctono propio, que igualó y en ocasiones superó incluso a su vecino del norte.

El ascenso de Kerma

Kerma era el núcleo del reino de Kush, y alrededor de 2400 a. C. se convirtió en la capital de un Estado unificado. Aproximadamente en 2000 a. C., Kush era el mayor socio comercial de Egipto y una potencia

Véase también: El Egipto predinástico 22–23 ■ Los Imperios Antiguo, Medio y Nuevo de Egipto 24–29 ■ El imperio comercial de Aksum 44–47

militar cuyos combatientes eran renombrados por su habilidad, especialmente como arqueros. Egipto no podía ignorar la influencia creciente de la Kerma kushita, y el conflicto entre los dos reinos caracterizó los siguientes quinientos años.

En 1750 a. C., Kerma se apoderó de Sai, reino radicado en una isla del Nilo entre Egipto y Kush. Con ello controlaba el Nilo y su comercio entre las cataratas primera y cuarta (dcha.), y fue el inicio de su edad dorada.

Kerma llegó a ser un núcleo densamente poblado, de quizá hasta 10 000 habitantes. Su centro estaba rodeado por una gran muralla defensiva de adobe de 9 m de altura, con prominentes torres rectangulares. Dentro de la muralla, pasadas cuatro puertas fortificadas, había jardines, el palacio real, casas de la nobleza y grandes templos blancos, las *deffufas* (abajo). Dentro de otra muralla había un complejo religioso consistente en talleres de fundido de bronce, capillas, almacenes y viviendas de los sacerdotes. Un extenso cementerio contenía las

tumbas reales, algunas de ellas de más de 60 m de ancho para acomodar cientos de sacrificios humanos y animales.

En el yacimiento de Kerma se han hallado escarabeos usados como sellos y amuletos, lo cual indica un comercio importante con Egipto. La ciudad controlaba minas de oro y las principales rutas comerciales entre Egipto y otras partes de África, y exportaba esclavos, además de productos como incienso, ébano, marfil, huevos de avestruz y pieles. Kerma producía también cerámica de acabado vítreo azul (fayenza), cerámica fina y utensilios de bronce de calidad excepcional.

La caída de un reino

Alrededor de 1550 a. C., Kerma invadió Egipto, sin éxito, y la guerra duró otros 50 años. Finalmente, en 1500 a. C., el faraón Tutmés conquistó la ciudad. Egipto ocupó Kush durante los siguientes 500 años, y Kerma entró en una decadencia gradual, hasta su abandono final, acelerado al secarse los canales del Nilo que abastecían de agua a la ciudad. ■

Clave

▮ Kush   ▮ Fronteras políticas actuales

El reino de Kerma expandió el territorio de Kush hasta formar un imperio que controlaba una parte muy extensa del valle del Nilo. Servían como referencia para dividir el río seis secciones rocosas y poco profundas a lo largo de su curso, las llamadas cataratas.

Templos de barro

Dos templos monumentales son el testimonio de los mil años de Kerma como ciudad más poderosa de Nubia. Se conocen como *deffufas* (posiblemente de «edificio de adobe» en nubio). El templo mejor conservado, la Deffufa Occidental, mide 18 m de altura, tiene tres plantas y cubre un área de unos 1400 m² dentro de un recinto amurallado. En el interior del edificio, una red de pasadizos conecta cámaras rodeadas de columnas. Las paredes de las cámaras estaban

pintadas de colores vivos y adornadas con azulejos vidriados y pan de oro. Al tejado se accedía por escaleras, donde se llevaban a cabo ceremonias públicas, posiblemente sacrificios, en un altar.

La Deffufa Oriental, una estructura más baja de dos plantas y muros de unos 10 m de grosor, se halla junto a un cementerio de 30 000 túmulos. Pudo tratarse de la capilla funeraria real, y tenía dos salas con una hilera central de columnas, decoradas con animales pintados en rojo, azul, amarillo y negro.

Los gruesos muros de adobe de la Deffufa Occidental mantenían fresco el interior de los templos en el clima desértico nubio.

LA DISPERSION DE UNA FAMILIA DE LENGUAS

LAS MIGRACIONES BANTÚES (c. 1000 A. C.)

EN CONTEXTO

LOCALIZACIÓN
África central y del sur

ANTES
***C.* 3500 A. C.** Pueblos protobantúes habitan el delta del Níger entre el sureste de Nigeria y el oeste de Camerún.

***C.* 3500–2500 A. C.** Grupos de bantúes emigran de su territorio.

DESPUÉS
***C.* 1000–500 A. C.** Los bantúes se asientan en África central.

***C.* 600 A. C.** Producción de hierro en Meroe, junto al Nilo.

***C.* 200 A. C.** Los bantúes pueblan el sureste de África.

***C.* 300–500** Los bantúes habitan KwaZulu-Natal y el río Limpopo en el África austral.

***C.* 1200–1400** Presencia bantú en la región de los Grandes Lagos de África.

L a migración de los pueblos bantúes del delta del Níger hacia 1000 a. C., uno de los fenómenos más importantes de la historia africana, transformó África central y Austral con la fundición del hierro y mejoras agrícolas, y facilitó un intercambio de conocimientos que culminó en tradiciones comunes de arte y artesanía.

Una lengua común

Como rasgo de identidad, «bantú» no designa a un grupo étnico determinado, sino a un conjunto particular de grupos lingüísticos difundido por el oeste, el centro, el este y el sur de África. La mayoría de los hablantes de lenguas bantúes, entre 100 y 150 millones, viven hoy en la República Democrática del Congo, la República del Congo (sobre todo en la capital, Brazzaville), Uganda, Kenia, Tanzania, Malaui, Zimbabue y Suazilandia.

Punto de partida

Las fuentes orales, lingüísticas y arqueológicas indican que el grupo protobantú vivía en la cuenca de los ríos Benue y Cross, al este de Nigeria y oeste de Camerún, en África central. Los estudios apuntan a la transformación de una economía precaria como cazadores y recolectores a una vida agrícola y ganadera más sedentaria, con el resultado de un aumento importante de la población. Esto obligó a algunos bantúes a buscar tierras nuevas donde asentarse. No hay pruebas de ningún desplazamiento masivo simultáneo, ni tampoco una ruta predeterminada, más allá de una dirección predominante hacia el sur.

La migración desde el delta del Níger comenzó a aumentar alrededor de 2000 a. C. La mayoría de los historiadores considera que la destrucción de la pluvisilva en el oeste de África central, causada por el clima hace unos 2500 años, dio un nuevo

[Las migraciones bantúes] no fueron cuestión ni de nomadismo sin propósito ni de conquista militar organizada.
Gamal Mokhtar
General History of Africa (1981)

Véase también: *Homo sapiens* emigra a África 20–21 ▪ La migración de los masáis 98–99 ▪ Los inicios del comercio atlántico de esclavos 116–121

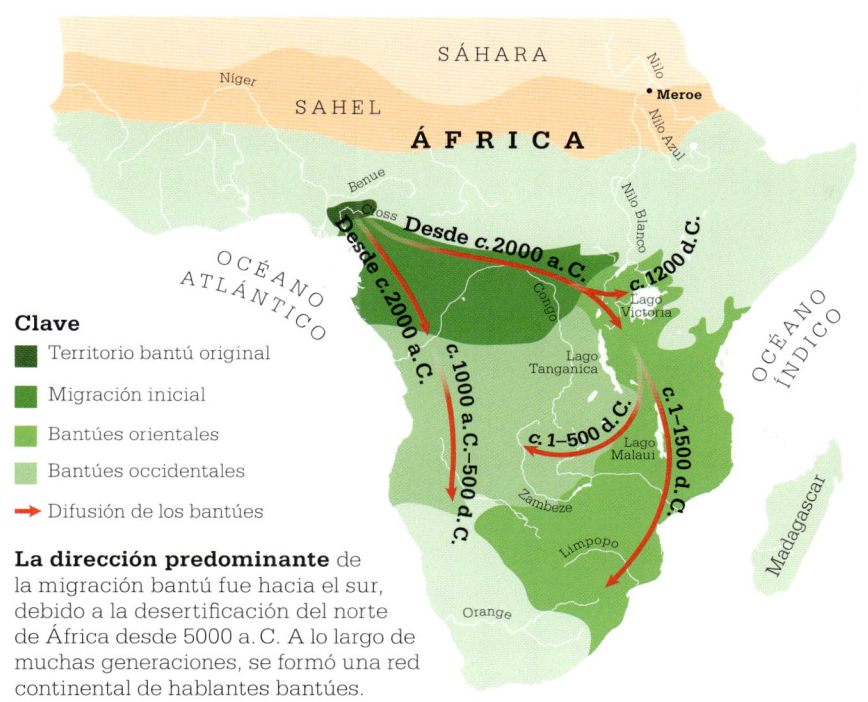

Clave

- ■ Territorio bantú original
- ■ Migración inicial
- ■ Bantúes orientales
- ■ Bantúes occidentales
- ➜ Difusión de los bantúes

La dirección predominante de la migración bantú fue hacia el sur, debido a la desertificación del norte de África desde 5000 a. C. A lo largo de muchas generaciones, se formó una red continental de hablantes bantúes.

ímpetu a las migraciones bantúes. Según otras teorías, fue la propia actividad agrícola de los bantúes la causa de la pérdida de masa forestal y de la necesidad de emigrar.

Difusión cultural

Las migraciones bantúes son un ejemplo de cómo la interacción humana puede facilitar el surgimiento de culturas. Los grupos bantúes no se expandieron por medio de guerras o conquistas, sino gracias a su capacidad para adaptarse a nuevos entornos y al éxito de innovaciones como la fundición del hierro y la cerámica de arcilla cocida adornada. Los lazos entre comunidades africanas facilitaron la difusión de ideas artísticas, prácticas religiosas, hábitos gastronómicos, convenciones asociadas al parentesco y el desarrollo del léxico y la sintaxis. En

África oriental, los grupos bantúes influyeron en los sistemas sociales y políticos, introduciendo el concepto de agrupación por edades, por el que personas de edad similar pasan a la vez por una serie de fases de la vida, habitualmente marcadas por una ceremonia de iniciación.

De la lengua madre bantú fueron surgiendo lenguas derivadas: el protobantú occidental y el protobantú oriental. Los hablantes del primero se asentaron entre los ríos Sangha, Ubangi y Congo-Lualaba, ocupando más adelante la sabana de Angola y Namibia al suroeste. Los protobantúes orientales atravesaron el área del monte Kilimanjaro, en Tanzania, y pasaron a Mozambique, alcanzando más tarde el sureste de África. Hacia 1200 d. C., los bantúes llegaron a las actuales Ruanda, Burundi y Uganda, en la región de los Grandes Lagos. ▪

Hierro, agricultura y artesanía

Los bantúes fueron muy innovadores: sus asentamientos de la Edad de Hierro por toda el África subsahariana difundieron el uso de herramientas mejores entre los otros pueblos con los que se encontraron. Según algunos estudiosos, los bantúes desarrollaron la fundición del hierro en su patria original; otros creen que la adquirieron hacia 600 a. C. por contacto con el reino de Meroe (actual Sudán), en el Alto Nilo.

Las herramientas y armas de hierro eran muy superiores a las de cobre y bronce: los agricultores pudieron poner en cultivo incluso la tierra pedregosa, y los artesanos pudieron adornar cerámica y metales más blandos con surcos y diseños intrincados. Los grupos de cultura similar usaban patrones y métodos decorativos idénticos, lo cual permite a los antropólogos diferenciar los objetos de los pueblos bantúes de los de otros grupos.

Los surcos en el rostro estilizado de una figura de cobre del pueblo bakota (o kota), de Gabón, son un rasgo típico de la artesanía bantú.

LA CIUDAD MAS RICA DE LA ANTIGÜEDAD

ANTIGUOS NAVEGANTES PUEBLAN CARTAGO (814 A. C.)

EN CONTEXTO

LOCALIZACIÓN
Cartago (Túnez)

ANTES
1550–1350 A. C. Las ciudades fenicias Tiro, Sidón, Beirut y Biblos prosperan bajo administración egipcia.

1200–800 A. C. Las ciudades-estado fenicias, ya independientes, establecen asentamientos comerciales en la costa norteafricana y por todo el Mediterráneo.

DESPUÉS
580–265 A. C. El conflicto territorial por la estratégica Sicilia enfrenta repetidamente a Cartago contra los griegos.

264–146 A. C. Cartago y Roma se disputan el dominio del Mediterráneo en tres grandes conflictos, las guerras púnicas.

146 A. C. Los romanos conquistan Cartago, arrasan la ciudad y venden como esclavos a los habitantes supervivientes.

Entre los siglos VIII y II a. C., la ciudad de Cartago, próxima a la actual Túnez y durante su apogeo la ciudad más rica de la antigüedad, dominó el Mediterráneo occidental. Cartago fue una cultura africana multiétnica fundada por los fenicios, maestros de la construcción naval y la navegación procedentes de varias ciudades-estado de la costa del Mediterráneo oriental, entre ellas Tiro y Sidón, en el actual Líbano. Desde alrededor de 1200 a. C., marinos fenicios navegaron por el Mediterráneo comerciando con vidrio, textiles, cerámica, vino y artículos de metal, a cambio de plata, cobre y estaño. El nombre «fenicios» se remonta al griego *phoinikes* («púrpuras») –del que deriva el latín *punico*–, que se cree aludía al tinte que extraían de un molusco gasterópodo marino, la cañadilla, muy demandado para las togas de la élite gobernante romana.

Relato fundacional
El poeta Virgilio incluyó una versión de la leyenda fundacional de Cartago en la *Eneida*. En 814 a. C., la princesa fenicia Elisa (Dido en la *Eneida*) huyó de Tiro tras el asesinato de su marido por el hermano de Elisa y rey de

La evolución del alfabeto

A los fenicios se les atribuye la invención de un alfabeto de 22 caracteres en torno a 1050 a. C., el cual se difundió a través del comercio por el Mediterráneo y las rutas del Egeo a Creta y Grecia. El sistema de escritura fenicio, consistente en caracteres lineales simplificados, se cree derivado de un alfabeto pictórico anterior basado en los jeroglíficos egipcios, posiblemente desarrollado por hablantes de una lengua semítica en el centro de Egipto alrededor de 1400 a. C.

El alfabeto fenicio, que empieza por las letras alep, bet, gimel y dalet, fue la base del alfabeto griego, y las letras griegas fueron las precursoras del alfabeto latino, de uso tan difundido hoy. Por ejemplo, la letra latina «A» deriva de la letra griega alfa, procedente a su vez de la alep fenicia. Alep procede del jeroglífico egipcio con forma de cabeza de buey, que representaba un sonido glotal.

Véase también: Los Imperios Antiguo, Medio y Nuevo de Egipto 24–29 ▪ El reino nubio de Kerma 30–31 ▪ Los romanos llegan a África 38–39 ▪ El cristianismo llega a África 48–51

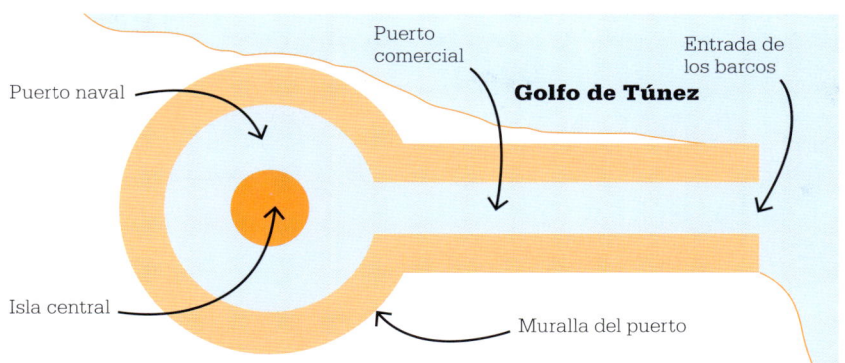

El puerto militar circular de Cartago, del tipo llamado *cothon*, tenía amarraderos para 220 naves de guerra. Lo supervisaba el almirantazgo situado en la isla central. El puerto comercial contiguo se abría al mar.

la ciudad, Pigmalión. Tras una larga travesía, la flota de Dido atracó en la costa norteafricana, donde negoció con el rey bereber Iarbas la construcción de Qart Hadašt («ciudad nueva»).

Imperio marítimo

Estratégicamente situada en la costa del norte de África y protegida por el golfo de Túnez, Cartago se convirtió en el eje del comercio entre África y Europa. Los cartagineses obtenían estaño, cobre y plata a lo largo de sus rutas comerciales establecidas, y hundían las naves de sus competidores para mantener su dominio en el Mediterráneo occidental. En el siglo III a. C., el Imperio cartaginés se extendía hasta la costa atlántica del actual Marruecos, con colonias en Cerdeña, Córcega, Sicilia, Malta, la península Ibérica y las islas Baleares. Los historiadores describen a los fenicios como intermediarios entre múltiples culturas del mundo antiguo. La lengua y la escritura púnicas fueron de uso muy extendido en el comercio de todo el Mediterráneo.

Se cree que, en el siglo III a. C., Cartago tenía una población de 500 000 habitantes, la mayoría de origen africano. Algunos descendían de inmigrados del valle del Nilo, tanto de Kush como del antiguo Egipto; muchos eran de origen fenicio, y su número creció con la llegada de refugiados de las ciudades fenicias conquistadas.

Un perímetro de enormes murallas de 37 km rodeaba la ciudad, en cuyas calles había casas de seis plantas y templos adornados con metales, madera y mármol, y cuyos pilares estaban revestidos de oro y lapislázuli. Dominaba los barrios residenciales una ciudadela elevada, Birsa, con teatros, bibliotecas y baños, y donde había también barracones para 20 000 soldados, establos para 4000 caballos y 300 elefantes.

La ciudad se enriqueció con la agricultura, exportando uvas, aceitunas y verduras cultivadas en terrenos urbanos regados por canales, y también grano de los campos fértiles que la rodeaban. La manufactura de objetos de vidrio y metales incorporó influencias libias, bereberes, griegas, nubias y egipcias, lo cual es patente en los descubrimientos arqueológicos de joyas de oro de origen egipcio datadas entre 800 y 700 a. C. Miles de escarabeos y amuletos de la época tienen imágenes de dioses como Anubis, Maat, Bastet y Amón. Los pilares y estatuas de las ruinas de la ciudad honran a la diosa Tanit y a su consorte Baal Hammon, las deidades fenicias importadas que eran el fundamento de la religión de Cartago.

Conflicto y derrumbe

Del siglo VI al III a. C., los conflictos navales entre Cartago y sus rivales comerciales griegos tuvieron por objeto la isla de Sicilia, entre la costa del norte de África y el sur de Italia. A partir de 264 a. C., Cartago reunió ejércitos formados por libios, númidas, fenicios y combatientes de linaje mixto púnico y norteafricano para desafiar el poder de Roma en las llamadas tres guerras púnicas, que concluirían con la destrucción de Cartago en 146 a. C. ▪

Los colgantes de pasta de vidrio en forma de cabeza humana eran típicos de los vidrieros de Cartago. El de la imagen es del siglo III o IV a. C.

UNA LLAMARADA FULGURANTE CONVIERTE EL CONOCIMIENTO EN AIRE

LA BIBLIOTECA PERDIDA DE ALEJANDRÍA (*c.* 300 A. C.)

EN CONTEXTO

LOCALIZACIÓN
Egipto

ANTES
***C.* 331 A. C.** Alejandro Magno funda Alejandría en Egipto.

***C.* 307 A. C.** El gobernador de Atenas Demetrio de Falero se refugia en Alejandría tras ser depuesto.

305 A. C. Tolomeo I Sóter, general de Alejandro Magno, le sucede en el trono de Egipto y funda su última dinastía.

DESPUÉS
***C.* 240 A. C.** Calímaco compila un catálogo de los contenidos de la Biblioteca de Alejandría.

639 El califato rashidun invade Egipto, iniciando la unificación del norte de África bajo el islam.

1517 El sultán otomano Selim I derrota a los mamelucos, soberanos de Egipto desde 1250, haciendo de su Imperio uno de los más poderosos del mundo.

Calímaco, erudito griego de la corte alejandrina, cataloga el **contenido completo de la Biblioteca** en la obra *Pinakes* («Tablas»).

Detalla cada rollo, **clasificándolos por temáticas**, como medicina, historia, derecho o matemáticas.

Su trabajo, hoy perdido en su mayor parte, es el **primer ejemplo conocido de catálogo de biblioteca** en la historia.

El *Pinakes* **se convierte en el fundamento de los sistemas de clasificación de bibliotecas** del mundo mediterráneo durante siglos.

Hacia 300 a. C., el fundador de la dinastía tolemaica de Egipto, Tolomeo I Sóter, se propuso crear una biblioteca que abarcara todos los libros del mundo. De la Biblioteca de Alejandría se diría que contenía hasta medio millón de rollos de papiro.

Inspirado por uno de sus consejeros, Demetrio de Falero, Sóter construyó un centro cultural que albergara los rollos, el Mouseion (museo). El hijo y sucesor de Sóter, Tolomeo II Filadelfo, amplió el centro y sus colecciones, y creó la Biblioteca Real en el mismo emplazamiento. Los rollos traídos a Alejandría y allí escritos se guardaron allí, y la colección pronto creció de tal modo que hubo que construir una biblioteca filial, el Serapeo, en el gran templo de Serapis. Juntos, el Mouseion, la Biblioteca Real y el Serapeo conformaron la gran Biblioteca de Alejandría.

La Biblioteca arde

Nada queda de la Biblioteca, y la falta de pruebas arqueológicas dio lugar a diversos mitos sobre su destrucción: no se trató de un solo incendio, y el general romano Julio César pudo ser el primero en causarle daños. Durante su estancia en Alejandría en *c.* 48 a. C., César respaldó a la reina

Véase también: Los Imperios Antiguo, Medio y Nuevo de Egipto 24–29 ▪ Los romanos llegan a África 38–39 ▪ La conquista musulmana de Egipto 58–59

Cleopatra en la guerra civil contra su hermano y corregente Tolomeo XIII. Tolomeo, cuya flota estaba anclada en el puerto, asedió a César en el palacio real. Superado en número, César ordenó a sus soldados incendiar los barcos. El fuego se extendió a los muelles, y de allí a otras partes de la ciudad. Las fuentes hablan de la pérdida de rollos, no de una biblioteca entera, lo cual apuntaría a una destrucción solo parcial del contenido.

La Biblioteca ardió de nuevo en torno a 391 d. C., por iniciativa del papa del patriarcado de Alejandría, Teófilo. Sancionada la destrucción de los templos paganos de la ciudad por el emperador romano Teodosio I, Teófilo incitó a una multitud de cristianos a destruir el Serapeo, sobre cuyas ruinas mandó construir una iglesia.

No está claro si la Biblioteca Real y el Mouseion sobrevivieron más allá del siglo IV d. C. Tras la toma de Alejandría en 640, se cree que el general

La Biblioteca de Alejandría no fue destruida en un solo incendio como el de este grabado, de 1876, sino más bien por décadas de conflictos y descuido.

musulmán Amr ibn al As preguntó al califa Omar qué debía hacerse con la vasta colección de textos de la Biblioteca. Según el autor cristiano del siglo XIII Gregorio Bar Hebraeus, Omar respondió: «O bien contradicen el Corán, y entonces son heréticos, o bien concuerdan con el Corán, y son superfluos». Al As decidió usarlos como combustible para los hornos de los baños públicos de la ciudad.

En realidad, la Biblioteca también sufrió un declive gradual: muchos rollos frágiles se fueron desintegrando sin que se reemplazaran ni adquirieran otros nuevos, y el interés de los eruditos decayó a la par. Su prestigio, sin embargo, resultó duradero, y el afán por recopilar el conocimiento pervive en las bibliotecas de hoy. ▪

El asesinato de Hipatia

En 415, la filósofa Hipatia fue emboscada y asesinada en Alejandría por una turba de cristianos. Su muerte simboliza el fin de la tradición pagana de la ciudad, que había sido un entorno cultural favorable a la filosofía y las ciencias como la astronomía. La propia Biblioteca estaba dedicada a dioses paganos.

Poco se sabe de la vida de Hipatia. Su padre, el filósofo, matemático y astrónomo Teón, dirigió el Mouseion. Con una formación sólida en las artes y las ciencias, Hipatia encabezó una escuela de filosofía entre los años 395 y 408.

Maestra con gran talento y carisma, Hipatia tenía buena relación con Orestes, gobernador romano de la ciudad, pero este mantenía un duro enfrentamiento con Cirilo, el obispo, que a menudo subvertía su autoridad. Entre la comunidad cristiana de la ciudad corrió el rumor de que era la pagana Hipatia quien impedía la reconciliación de Orestes y Cirilo. La mayoría de los estudiosos culpa a Cirilo de su muerte, ya fuera por incitar a la multitud o por no detenerla estando en su mano.

Hipatia arrastrada por fanáticos cristianos desde su carruaje hasta una iglesia, donde la desnudaron y golpearon hasta matarla.

CARTAGO DEBE SER DESTRUIDA
LOS ROMANOS LLEGAN A ÁFRICA (146 A. C.)

EN CONTEXTO

LOCALIZACIÓN
Cartago (Túnez)

ANTES
814 A. C. Según la leyenda, la princesa fenicia Elisa, exiliada de Tiro, funda Cartago.

580–265 A. C. Cartago se disputa el control de Sicilia con los griegos.

241 A. C. Roma convierte Sicilia en su primera provincia después de expulsar a los cartagineses.

DESPUÉS
30 A. C. El linaje de los faraones tolemaicos finaliza con Cleopatra VII, y Roma se apodera de Egipto.

203 Septimio Severo, primer emperador africano de Roma, expande y fortifica los límites meridionales del Imperio.

698 La invasión musulmana de Cartago pone fin al control romano y cristiano de la ciudad.

D urante el siglo III a. C., la antigua Roma inició su progresivo auge y pasó de urbe a imperio. Para ello, primero puso a prueba su poderío con la conquista de la península Itálica. El siguiente objetivo fue Cartago, en la costa norteafricana. Fundada por los fenicios de la costa oriental del Mediterráneo, era la ciudad portuaria más rica del mundo antiguo. Los dominios de Cartago incluían Útica e Hipona y las llanuras interiores de Zama, pobladas por las tribus bereberes autóctonas de los mauros, masesilos y masilios.

Expertos artesanos, comerciantes y marinos, los cartagineses, llamados *púnicos* (*punĭcus*) por los romanos, habían establecido una talasocracia, o imperio marítimo, con colonias por todo el Mediterráneo occidental. Su dominio del comercio de bienes, que iban desde el grano hasta el oro, dio pie a la enemistad de sus rivales. En 264 a. C., Roma emprendió una campaña para acabar con Cartago que duró más de cien años, con victorias intermitentes y derrotas devastadoras para ambas partes.

Las guerras púnicas
Los tres conflictos conocidos como guerras púnicas se recuerdan sobre todo por las campañas terrestres del general cartaginés Aníbal. Sus ejércitos, que incluían elefantes de guerra y caballería bereber, marcharon de Hispania a Italia, atravesando los pirineos y los Alpes y derrotando una vez tras otra a las legiones romanas. Después de cambiar de bando en favor de Roma, la caballería bereber contribuyó a la derrota de Aníbal en la batalla de Zama, en 202 a. C.

A lo largo de los 50 años siguientes, una Cartago debilitada cedió a Roma sus territorios en Córcega,

El primer emperador nacido en África, Septimio Severo, originario de Leptis Magna (actual Libia), con su esposa y sus dos hijos en un panel pintado alrededor de 200 d. C.

Véase también: Los Imperios Antiguo, Medio y Nuevo de Egipto 24–29 ▪ Antiguos navegantes pueblan Cartago 34–35 ▪ La Biblioteca perdida de Alejandría 36–37 ▪ El cristianismo llega a África 48–51 ▪ La llegada de los europeos a África 94–95

Terencio

A lo largo de su breve vida, el dramaturgo romano Terencio escribió solo seis comedias entre 166 y 160 a. C., pero dejó un legado literario que pervive hasta hoy.

Publio Terencio Afro (su nombre completo) nació en Cartago en una familia bereber, si bien se duda de si fue en 195 o 185 a. C. Fue llevado a Roma como esclavo, y un senador romano apreció su talento literario, lo educó y lo liberó. Fue admirado por su latín claro y elegante y por su moralidad, y sus textos se incorporaron a la enseñanza en las escuelas romanas. En los monasterios y conventos medievales era frecuente que sacerdotes, monjas y escribas aprendieran latín copiando y representando obras de Terencio. Fue uno de los antecedentes del género de la comedia de costumbres, que satiriza las relaciones familiares, o la falta de ellas, y muestra las flaquezas humanas. Fue una influencia importante en Shakespeare y Molière.

A partir de 159 a. C. no se sabe nada de Terencio, que desapareció después de una visita a Grecia mediada la veintena o treintena.

Cerdeña e Hispania, y se vio obligada a firmar un pacto de no agresión. Sin embargo, al visitar la ciudad en 157 a. C., el estadista romano Catón el Viejo juzgó que su riqueza y poder serían siempre una amenaza. En adelante, todos sus discursos ante el Senado concluyeron con el recordatorio de que Cartago debía ser destruida. Al final de la última guerra púnica, en 146 a. C., Roma arrasó la ciudad y masacró a sus habitantes.

Provincia romana

Cartago y sus territorios pasaron a ser una productiva provincia de Roma, considerada después como «granero del imperio». Útica fue la capital, los bereberes mauros se establecieron en el reino de Mauritania, y los masesilos y masilios, en el reino de Numidia. Cartago fue reconstruida como urbe romana en 44 a. C. Aunque muchos fueron esclavizados, la aportación de los bereberes a la cultura del ámbito romano fue importante. La literatura romana bereber incluye por ejemplo *El asno de oro*, la única novela latina que se conserva completa, escrita por Apuleyo (*c.* 124–*c.* 170 d. C.), nacido en Numidia.

Tras la difusión del cristianismo por la provincia en el siglo II d. C., hubo otras figuras históricas bereberes importantes, tres papas entre ellas: Víctor I, Melquíades y Gelasio I, de los siglos II, IV y V, respectivamente. Tertuliano, nacido en Cartago hacia 155, y Agustín, nacido en Hipona en 354, eran bereberes, y fueron dos de los principales padres de la Iglesia, los teólogos que pusieron los cimientos intelectuales de la cristiandad occidental. ▪

Una productiva colonia romana, representada en un mosaico del siglo II de Utina (actual Túnez), que muestra bueyes arando, ovejas, un pozo, olivos, perdices y la caza del jabalí.

IMPERIO EXPANSI

1-800

Y
ON

El reino de Aksum emerge como Estado unificado en lo que hoy es Etiopía.

El cristianismo se difunde en las partes del norte de África bajo control del Imperio romano.

El pueblo soninké surge como un poder importante en África occidental. Su imperio, Ghana, durará hasta el siglo XI.

Siglo I D.C.

Siglo II D.C.

***C.* 300 D.C.**

Siglo I D.C.

***C.* 200 D.C.**

***C.* 330 D.C.**

El evangelista Marcos introduce el cristianismo en África al fundar la Iglesia copta en Alejandría.

Crece el comercio con caravanas de camellos entre el Sahel occidental y el norte de África.

El rey Ezana de Aksum adopta el **cristianismo como religión oficial** de su reino.

En Etiopía y la antigua Ghana se forjaron dos de los imperios más poderosos de África en nuestra era, ambos enriquecidos por un comercio activo. En África oriental, Aksum pasó de reino de las tierras altas de las actuales Etiopía y Eritrea a próspera potencia comercial. Los aksumitas comerciaron con los reinos nilóticos de Egipto y de Kush, y conquistaron este último en 350 a. C. Al igual que tales socios, Aksum era un reino fértil en el que la agricultura generaba gran parte de su riqueza, la cual procedía también de la explotación de sus abundantes depósitos de hierro. Aksum floreció entre los siglos III y VI d. C., llegando a controlar el comercio entre el Mediterráneo, Arabia y el océano Índico.

El Imperio de Ghana, surgido alrededor de 300 d. C. en África occidental, también capitalizó la agricultura y las minas de hierro para generar riqueza. El pueblo soninké de Ghana, fundador de dicho imperio, había sido siempre comerciante, pero, a partir del siglo VII d. C., el imperio se enriqueció como resultado del comercio con el norte de África, controlada por los árabes. Los soberanos ghaneses acumularon una riqueza enorme, procedente sobre todo del comercio del oro y la sal.

Comercio transahariano
Ghana se benefició del creciente comercio transahariano que conectaba África occidental con el norte de África (y, por extensión, con Arabia). Las caravanas de camellos cruzaban el desierto cargadas de bienes, realizando viajes de más de dos meses para llegar hasta los núcleos comerciales del norte. El comercio transahariano no se limitaba a meras mercancías como la sal, el oro, los textiles, el vidrio, las conchas, el marfil y las nueces de kola, sino que incluía también africanos esclavizados, vendidos por los reinos africanos a los comerciantes árabes, que, por lo general, los transportaban hasta Arabia.

Influencias islámicas
El desarrollo de las rutas del comercio transahariano estuvo vinculado a la expansión del islam por el continente. Los musulmanes llegaron a África en 615, cuando un pequeño grupo, huyendo de la persecución en La Meca (en la actual Arabia Saudí) buscó refugio en la Etiopía cristiana. Casi 30 años después, en 642, un ejército árabe a las órdenes de Amr ibn al As conquistó Egipto, y campañas subsiguientes llevaron

Aksum conquista Meroe, la capital de Nubia, y de ello resultan tres frágiles reinos cristianos bajo influencia aksumita.

Fuerzas árabes musulmanas conquistan Egipto y fundan la ciudad de Fustat. Es la primera ola de conquistas del islam en África.

Las ciudades-estado suajilis de la costa de África oriental florecen con el comercio árabe.

C. **350** D. C.   **639–642** D. C.   **Siglo** XVIII D. C.

390–660 D. C.   **652** D. C.   **711** D. C.

Se crean los Evangelios de Garima etíopes, los manuscritos iluminados completos más antiguos del cristianismo.

El Tratado de Bakt, firmado por Egipto y Nubia, supone el inicio del comercio transahariano de esclavos.

Un ejército liderado por el bereber Tariq ibn Ziyad conquista Hispania (España y Portugal), **fundando Al Ándalus**.

la nueva religión al resto del norte de África. Las conquistas árabes extendieron las rutas comerciales a través del Sáhara, y estas a su vez facilitaron la difusión de la fe islámica. Las nuevas «ciudades de piedra» suajilis de la costa de África oriental –ciudades-estado como Kilwa y Mogadiscio– fueron creadas por y para el comercio árabe, y en ellas se construyeron mezquitas para los comerciantes árabes y los conversos autóctonos.

Las conquistas del islam lo expandieron desde África hasta Europa cuando musulmanes bereberes del Magreb –los llamados moros, del latín *mauro*, «moreno»– y árabes iniciaron la conquista de la Hispania visigoda en 711. Al Ándalus, como pasaría a llamarse, vivió épocas de gran esplendor hasta la conquista de Granada en 1492.

Difusión del cristianismo

El islam no fue la única fe abrahámica llegada a África al principio de nuestra era: los centros más antiguos del cristianismo en África se encontraban en Egipto, Cartago, Nubia y Etiopía. Se atribuye al evangelista Marcos la fundación de la Iglesia copta en Alejandría (Egipto) en el siglo I, época en la que Egipto, Cartago y gran parte de la costa del norte de África formaban parte del Imperio romano. En dicho imperio, los cristianos fueron objeto de persecuciones periódicas, y una de las mártires cristianas africanas fue Perpetua, cartaginesa que fue ejecutada en 203 por negarse a venerar a un dios pagano.

África tuvo un papel importante en el desarrollo inicial del cristianismo, siendo la cuna del primer monasterio cristiano, construido en

una isla del Nilo, y de los Evangelios de Garima, los manuscritos iluminados completos más antiguos del cristianismo, obra de fieles etíopes. El primer papa africano, Víctor I, ejerció el cargo desde alrededor de 189 hasta 199.

El cristianismo llegó a Aksum en el siglo IV, siendo adoptado como religión oficial por el rey Ezana hacia el año 330. En el siglo VI, comerciantes cristianos lo difundieron por Nubia, no sin la influencia persuasiva de los misioneros enviados por el Imperio bizantino.

El cristianismo arraigaría en Etiopía, donde sobrevivió al propio Imperio aksumita, y bajo las dos grandes dinastías etíopes, hasta hoy. Nubia siguió siendo cristiana otros 700 años, sobreviviendo a la oleada de conquistas islámicas en el norte de África. ∎

EL TERCER MAYOR REINO DE LA TIERRA

EL IMPERIO COMERCIAL DE AKSUM
(*c.* 100–800 D. C.)

EN CONTEXTO

LOCALIZACIÓN
Etiopía, Eritrea

ANTES
C. **siglo** XVIII **A. C.** El reino de Damot se establece en Eritrea y el norte de Etiopía.

DESPUÉS
C. **1137** La dinastía Zagwe asciende al poder en Etiopía, restaura el cristianismo y hace construir iglesias de piedra.

1270 Yekuno Amlak funda la dinastía salomónica, reinante en Etiopía hasta 1974.

1530 Ahmad Gran dirige una invasión musulmana y ocupa gran parte de Etiopía.

1855 El emperador Teodoro II reunifica Etiopía y comienza a modernizar el país.

1974 Haile Selassie I, el último emperador, es derrocado en un golpe militar y muere un año después.

E l reino de Aksum (o Axum), establecido en el norte del macizo etíope, surgió como Estado unificado hacia el siglo I d. C., y vivió su apogeo como potencia comercial entre los siglos III y VI. El profeta persa del siglo III Mani nombró Aksum en tercer lugar entre cuatro grandes reinos, después de Persia y Roma, y por delante de China.

Buena parte de los detalles acerca del origen de Aksum proceden del comerciante y viajero griego del siglo VI Cosmas Indicopleustes («Cosmas navegante del Índico»). Durante una visita a Adulis, el principal puerto de Aksum, el gobernador pidió a Cosmas que tradujera antiguos textos griegos inscritos sobre un trono.

Véase también: El cristianismo llega a África 48–51 ▪ Los judíos etíopes 74 ▪ Las iglesias rupestres de Etiopía 84–85 ▪ El sultanato de Ifat 93 ▪ Etiopía desafía al colonialismo 226–227 ▪ El movimiento rastafari 253

La red comercial del reino de

Aksum lo conectaba con Egipto (al norte), la costa de África oriental (al sur) y la región meridional de Arabia. Monedas aksumitas halladas en lugares tan lejanos como India dan fe de la pujanza de su comercio.

Clave

▪ Reino de Aksum

➤ Rutas comerciales

dentes ganaderos y agrícolas la que vertebró la vida económica del reino.

Aksum era rico también en depósitos de hierro, y sus técnicas de fundición producían metales de gran calidad ya hacia 200 a. C. Este conocimiento proporcionó a los agricultores herramientas que favorecieron la productividad, y a los ejércitos aksumitas, armas que reforzaron su poder militar.

Moneda y expansión

Aksum empezó a expandir su influencia en la orilla opuesta del mar Rojo desde fines del siglo II, rivalizando con los reinos de Saba y Himyar (en el actual Yemen). Con el desarrollo de los lazos comerciales, Aksum fue el primer reino africano que acuñó monedas, en 270, durante el reinado de Endubis. Las monedas, de oro, plata y bronce, y de peso conforme al sistema romano, mostraban el busto del rey e inscripciones en griego, la lengua franca del comercio. Dicha moneda permitió una mayor eficiencia del intercambio de bienes y los pagos, contribuyó a estandarizar »

Cosmas incluyó luego parte de la traducción en su *Topographia christiana* (547). Según el texto, Aksum se había encumbrado como un reino grande bajo un rey aksumita pagano, llegando a controlar territorios desde la actual Etiopía hasta Yemen, al sur de Arabia. Los estudiosos identifican a este rey con Zoskales, mencionado en *Periplus maris Erythraei* («Periplo del mar Eritreo [Rojo]»), documento del viaje de un comerciante egipcio de habla griega del siglo I, quien describió también Adulis como centro del comercio de marfil.

Comercio, grano y hierro

Aksum estaba perfectamente situado para sacar partido de rutas comerciales lucrativas: por el interior, tenía comunicación con las potencias comerciales vecinas de Nubia y Egipto (provincia romana desde 30 a. C.); a través del puerto de Adu-

lis, al dominar el sur del mar Rojo controlaba el comercio entre el Mediterráneo, Arabia y el Índico, hasta Sri Lanka. Esto permitió a Aksum exportar bienes producidos en África y el sur de Arabia, como marfil, cobre, latón, oro, incienso y mirra, e importar aceite de oliva y vino del Imperio romano, así como especias, joyas y textiles de India.

Aunque Aksum se enriqueciera con el comercio del mar Rojo, continuó siendo una sociedad fundamentalmente agropecuaria. Su prosperidad se debía en parte a la capacidad de sus reyes para explotar la experiencia como ganaderos de los nómadas que vivían en las zonas desérticas entre el mar y el valle del Nilo; además, un amplio territorio del reino consistía en tierras fértiles que producían abundantes cosechas de trigo, cebada y otros cereales. Fue la exportación de los exce-

Entonces vienen los nativos que traen oro en pepitas como altramucitos [...] y ponen uno o dos de estos sobre lo que les complace.
Cosmas Indicopleustes
describiendo el comercio con mercaderes de Aksum en África oriental

el sistema tributario, y facilitó a Aksum una situación más sólida para participar en el dominio grecorromano del comercio del mar Rojo.

Lejos del mar, Aksum rivalizó con otra potencia comercial, el reino de Kush, centrado en la ciudad de Meroe, en el actual Sudán. El comercio de Kush estaba orientado al valle del Nilo, lo cual no amenazaba las operaciones marítimas de Aksum, pero sí hubo rivalidad respecto a las rutas comerciales del interior, la cual llevó a la guerra. Así, en 350, durante el reinado de Ezana (r. 320–350), Aksum conquistó Meroe, reemplazando a Kush como principal potencia comercial al sur de Egipto.

Un reino cristiano

Ezana dejó constancia de su campaña contra Meroe y de otros éxitos militares sobre una estela, la piedra de Ezana. Las inscripciones, en ge'ez (lengua semítica extinta de Etiopía), griego, sabeo e himyarítico (dos lenguas del sur de Arabia), documentan también su conversión al cristianismo. Si bien la fe cristiana estaba presente en el norte de África desde el siglo I, Aksum fue el primer reino africano en adoptarla como religión estatal, en el año 330.

Junto con los bienes, el comercio trajo a Aksum gente de otros lugares e ideas nuevas, entre ellas el cristianismo, del Imperio romano. Según dos historiadores de los siglos IV–V, Tiranio Rufino y Sócrates Escolástico (del Imperio romano de Occidente y del de Oriente, respectivamente), Ezana fue convertido por Frumencio, un joven cristiano de Tiro (en el actual Líbano), que había ingresado en la corte de Aksum después de sobrevivir a un ataque a su barco junto a la costa de Etiopía. Frumencio fue nombrado primer obispo del reino, y el cristianismo se implantó en Aksum bajo su influencia. Probablemente, uno de los motivos por los que Ezana adoptó oficialmente la religión cristiana residió en los potenciales beneficios comerciales derivados de un alineamiento más estrecho con el Imperio romano, que había legalizado el cristianismo mediante el edicto de Milán en el año 313. Alrededor

Esta estela de Aksum, datada del siglo IV, contiene una inscripción en griego que describe los logros militares y religiosos del rey Ezana, el primer soberano cristiano de Etiopía.

del año 330, las monedas de Aksum fueron las primeras en mostrar la cruz cristiana, anticipándose al uso de la misma en las monedas romanas, y conformando así un instrumento proselitista de la nueva religión.

En Aksum se construyeron iglesias desde el siglo IV, pero, al principio, la práctica del cristianismo quedó en buena medida limitada a la corte real. A finales del siglo V difundieron la nueva fe por el reino diversos evangelistas, en particular el grupo conocido como los Nueve Santos, cristianos monofisitas partidarios de la creencia de que Jesús tiene solamente naturaleza divina, en lugar de tanto divina como humana. Esta postura fue condenada en 451 en el Concilio de Calcedonia (ciudad próxima a Constantinopla), y sus adherentes se vieron obligados a huir del Imperio romano de Oriente.

Los evangelistas fueron aceptados por la Iglesia cristiana de Aksum, que era también monofisita. En el reino construyeron iglesias, muchas excavadas en la roca y decoradas con pinturas en el interior, y fundaron monasterios, a menudo

Uno de los Nueve Santos, Abuna Yemata, representado a caballo en la iglesia de Abuna Yemata Guh, excavada en la roca en el siglo V, y que solo puede alcanzarse escalando casi 200 metros.

La ciudad de Aksum

Aksum, fundada hacia 400 a. C. en una meseta elevada de la región de Tigray, al norte de Etiopía, fue desde *c.* 100 d. C. la capital del reino de Aksum y el núcleo –junto con el puerto de Adulis en el mar Rojo, a 150 km– de un imperio comercial que duró 700 años. Los reyes de Aksum construyeron palacios e hicieron erigir grandes estelas de granito sobre sus tumbas. Estas piedras monumentales –transportadas desde canteras a al menos 4 km de distancia–

datan en su mayoría del siglo II al IV, y entre ellas se encuentra la hoy caída Gran Estela, de 33 m, considerada el mayor monumento hecho con una sola piedra del mundo. La estela de Ezana, de 23 m, fue probablemente la última, adoptando en adelante las prácticas funerarias formas cristianas más convencionales.

La destrucción de Adulis por el califato omeya en 710 aisló a Aksum e inició su declive. La ciudad, hoy menor, sigue siendo el lugar más sagrado del país para la Iglesia ortodoxa etíope.

El parque de las Estelas de Aksum contiene casi 120 estelas semejantes a obeliscos de los siglos III y IV, con la de Ezana en su centro.

en la cima de colinas y montañas. A los Nueve Santos se les atribuye también la traducción de la Biblia del griego al ge'ez.

Del poder al aislamiento

En el siglo VI, Aksum alcanzó la cumbre de su influencia y riqueza. En 525, el rey Kaleb invadió Saba y Himyar, con el pretexto de proteger a la población cristiana de la persecución. Ambos Estados pasaron a ser vasallos de Aksum, quedando con ello el sur de Arabia y ambas orillas del mar Rojo bajo control aksumita.

El control completo del mar Rojo por el reino de Aksum tuvo una vida breve: alrededor de 570, los persas del Imperio sasánida invadieron y conquistaron el sur de Arabia, lo cual puso fin al dominio aksumita en la región y socavó su actividad comercial, dejando al reino en una situación más dependiente del Imperio romano de Oriente, que dominaba el comercio del valle del Nilo. Aksum pudo verse debilitado también por la llamada plaga de Justiniano, pandemia de peste bubónica que afectó al norte de África, Oriente Próximo y gran parte de Europa a partir de 541, y que pudo matar a hasta 50 millones de personas. A principios del siglo VII,

entre los árabes surgió el nuevo poder del islam bajo el liderazgo del profeta Mahoma, y la península Arábiga quedó bajo control musulmán en 630. Después, tras la conquista de Egipto por un ejército árabe en 642, Aksum perdería su influencia en el comercio del valle del Nilo. Durante el califato de Al Walid (r. 705–715), sexto califa de la dinastía Omeya, los ataques fueron constantes, y el poder de Aksum siguió menguando, hasta la destrucción de Adulis en 710. Perdido su puerto clave, Aksum quedó privado de cualquier control del comercio del mar Rojo y aislado de sus aliados cristianos bizantinos. El reino había

Establecí un trono aquí en Shado [Aksum] por el poder del Señor de los cielos, quien me [...] dio la supremacía.
Rey Ezana

dependido mucho de sus tierras fértiles para alimentar a una población creciente y exportar excedentes agrícolas y ganaderos; debido al cultivo excesivo, la deforestación y la consiguiente erosión del suelo, así como a un clima más seco y unas lluvias menos regulares, el reino pudo quedar expuesto a la sequía y al hambre hacia el siglo VIII.

Mientras el poder y la riqueza de Aksum se iban desvaneciendo durante los siglos VII y VIII, los pueblos sometidos del reino que ya disfrutaban de algún grado de autonomía se rebelaron. Las tribus beja de Nubia atacaron las caravanas de camellos de Aksum y ocuparon tierras para criar ganado, negando al reino el acceso a las rutas comerciales y los recursos agrícolas.

A inicios del siglo VIII, Aksum había dejado de ser una potencia importante en la región. La capital de lo que quedaba del reino se trasladó, posiblemente en el siglo IX, desde la ciudad de Aksum hacia el sur, a la región central del macizo etíope. Allí, el reino que una vez dominara el comercio de las regiones vecinas sobrevivió como sociedad principalmente agrícola, aislado del resto del mundo cristiano, pero aún independiente. ◼

LA DEVOCION BAJO PERSECUCION

EL CRISTIANISMO LLEGA A ÁFRICA (SIGLO II D. C.)

EN CONTEXTO

LOCALIZACIÓN
Norte de África, Etiopía, Nubia

ANTES
146 A. C. Roma derrota a Cartago en la tercera guerra púnica e incorpora el norte de África a sus dominios.

46–57 D. C. Misiones del apóstol san Pablo en el norte y este del Mediterráneo.

DESPUÉS
380 D. C. El emperador Teodosio declara oficial el cristianismo en el Imperio romano.

428 Los vándalos invaden el norte de África desde Hispania y destruyen iglesias católicas.

642 Fuerzas musulmanas inician la conquista del norte de África.

1491 Los portugueses empiezan a cristianizar África occidental y central como parte del tráfico de esclavos.

A inicios del siglo II, el cristianismo se había propagado desde Palestina hasta Egipto y a lo largo de la costa norteafricana, dominios del Imperio romano en los que se veneraba a deidades helenas y romanas, además de a otras locales. El poder opresor de Roma movió a muchos norteafricanos a adoptar el cristianismo como acto de rebeldía. A medida que la religión crecía, fueron surgiendo iglesias afiliadas a organizaciones mayores, supervisadas por obispos.

De Egipto a Cartago
Entre los centros cristianos importantes de África se contaron Egipto,

Véase también: Los romanos llegan a África 38–39 ▪ El imperio comercial de Aksum 44–47 ▪ Los judíos etíopes 74 ▪ Las iglesias rupestres de Etiopía 84–85 ▪ La llegada de los europeos a África 94–95 ▪ Etiopía desafía al colonialismo 226–227

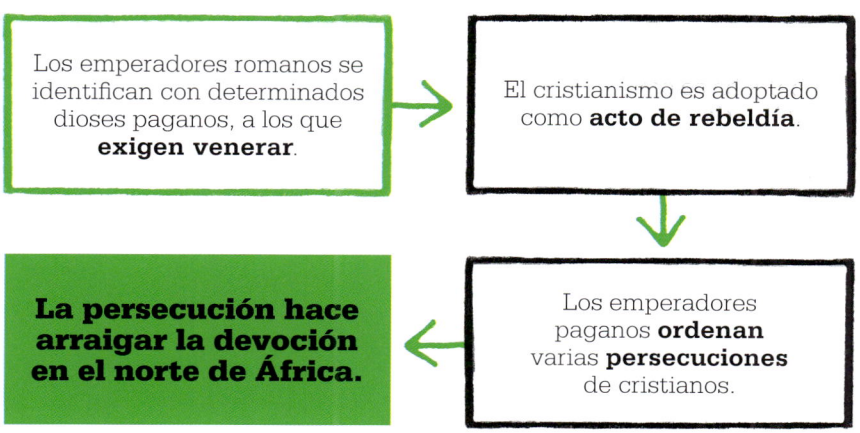

Los emperadores romanos se identifican con determinados dioses paganos, a los que **exigen venerar**.

El cristianismo es adoptado como **acto de rebeldía**.

Los emperadores paganos **ordenan** varias **persecuciones** de cristianos.

La persecución hace arraigar la devoción en el norte de África.

Cartago, Numidia (en los actuales este de Argelia y oeste de Túnez), Etiopía y Nubia, donde se desarrollaron varias tendencias y principios importantes del cristianismo. En Egipto, la fundación de la Iglesia copta, una de las organizaciones cristianas más antiguas, se atribuye al evangelista san Marcos, en Alejandría en el siglo I; san Antonio Abad fundó el movimiento eremítico (la vida religiosa solitaria y ascética) en el siglo III; y san Pacomio estableció el primer monasterio cristiano en una isla del Nilo en el siglo IV, el origen del monacato comunal. En Cartago (próxima a la actual Túnez), que se convirtió en el centro preeminente del cristianismo en el norte de África, nació en 155 el teólogo Tertuliano, influyente en la adopción del latín como lengua litúrgica. Al morir Tertuliano en 222, la Iglesia africana contaba con entre 70 y 90 obispos.

El empleo del latín en lugar del griego fue alentado por Víctor I, el primer papa africano (desde *c.* 189 hasta 199). Víctor también instituyó el domingo de Pascua para celebrar la resurrección de Cristo, declarando excluidos de la comunión a los obispos de Asia Menor, que continuaron celebrándola en la fecha establecida para la Pascua judía.

Mártires africanos

Hasta que el cristianismo fue elevado a la condición de religión oficial por el emperador Teodosio en 380, la tolerancia hacia los cristianos en el Imperio romano se vio interrumpida por periodos de hostilidad y persecución, desatados en particular con ocasión de desastres naturales y otras desgracias. El arresto podía acabar en ejecución si el reo se negaba a renunciar a su fe, pero los ejecutados fueron venerados como mártires, y el cristianismo no dejó de ganar adeptos.

Los cristianos norteafricanos sufrieron la violencia de sus opresores romanos. Uno de los primeros martirios en África fue el de Perpetua, mujer de veintidós años, de familia noble, ejecutada en Cartago en 203 por negarse a realizar un sacrificio a un dios pagano. Murió en el anfiteatro, atacada por animales salvajes, y luego atravesada con una espada. Otros cinco cristianos fueron ejecutados con ella, entre ellos una esclava suya, Felicidad.

El obispo san Cipriano, de ascendencia bereber, encabezó la comunidad cristiana de Cartago durante el reinado especialmente cruento del emperador Decio (249–251). Cuando Decio promulgó un edicto exigiendo sacrificios a los dioses a todos los habitantes del imperio, muchos cristianos obtuvieron *libelli* (certificados) que daban fe de que habían »

Se dice que este Marcos fue el primero en ir enviado a Egipto y anunciar el Evangelio que […] había escrito.
Eusebio de Cesarea
Obispo e historiador (siglo IV)

Imagen de san Marcos en los Evangelios de Garima de Etiopía (siglos IV–VII), sobre el trono episcopal de Alejandría y con el evangelio sostenido por la cola de un delfín, símbolo de la Iglesia.

Pintura mural de la catedral de Faras (antigua Nubia), con la virgen María sosteniendo al Niño Jesús y abrazando a una reina nubia.

mano, pero el cristianismo arraigó allí en el siglo IV. Esto se atribuye a un accidente: el filósofo fenicio Meropio emprendió un viaje a India acompañado de sus sobrinos, los jóvenes cristianos sirios Frumencio y Edesio. Durante el viaje de regreso, su nave romana fue atacada mientras trataban de amarrar en un puerto etíope. Mataron a toda la tripulación salvo a los dos hermanos, a los que les perdonaron la vida por su edad. Frumencio y Edesio fueron llevados como esclavos a la corte real, donde el rey Ella Amida los juzgó valiosos: nombró tesorero a Frumencio, y copero a Edesio. En 325, después de la muerte de Ella Amida, la reina regente invitó a Frumencio a ayudar en el gobierno del país hasta que su hijo Ezana alcanzara la mayoría de edad.

Frumencio difundió el cristianismo por Etiopía, construyó iglesias y favoreció el comercio. Ezana fue el primer monarca etíope en adoptar el cristianismo, que declaró religión oficial alrededor del año 330, nombrando a Frumencio primer obispo

Excluir África de la Biblia es situar fuera de su lugar muchas escenas fundamentales de la historia de la salvación.
Thomas C. Oden
Teólogo estadounidense (1931–2016)

cumplido con la orden, mientras que otros apostataron (renunciaron públicamente a su fe) para escapar de la ejecución. Cuando la persecución remitió, Cipriano convocó a los obispos a un concilio para decidir si los apóstatas podían ser readmitidos a la fe. Se acordó que a los que habían renunciado públicamente a la fe solo se les podía perdonar en el lecho de muerte, mientras que a los llamados *libellatici* se les perdonaría una vez hubieran hecho penitencia. Esto sirvió para asentar el principio de que la Iglesia tenía el poder de perdonar pecados graves, como la apostasía, y que era Dios quien investía a los obispos de dicho poder.

Cartago continuó siendo la patria de otros cristianos destacados. Uno de los más importantes, san Agustín, nacido en el año 354 en Tagaste (Numidia), estudió y enseñó en Cartago. Después de su conversión al cristianismo en Roma, regresó a Numidia para fundar un monasterio. Nombrado obispo de Hipona (cerca de la actual Annaba, en Argelia) en 395, san Agustín desarrolló los conceptos del pecado original y la predestinación, así como la teoría de la guerra justa.

La Etiopía cristiana

El reino de Aksum (la antigua Etiopía) nunca fue parte del Imperio ro-

Presencia actual de cristianos en Etiopía

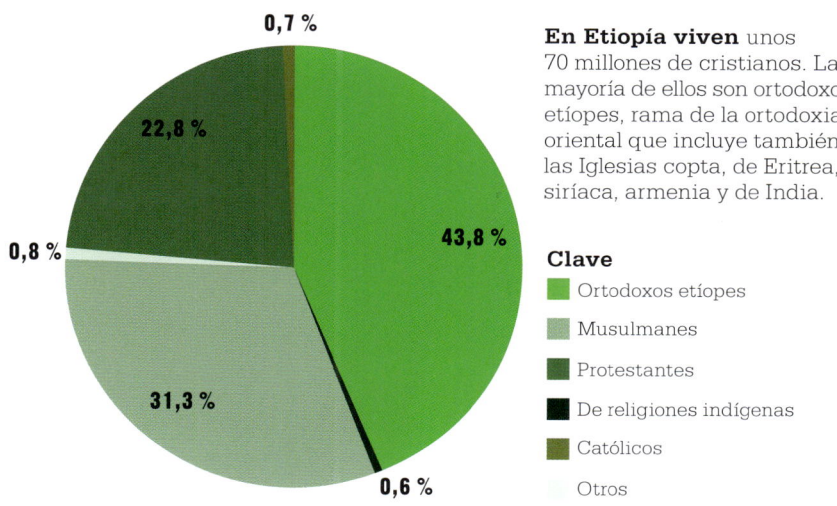

0,7 %

22,8 %

0,8 %

31,3 %

43,8 %

0,6 %

En Etiopía viven unos 70 millones de cristianos. La mayoría de ellos son ortodoxos etíopes, rama de la ortodoxia oriental que incluye también las Iglesias copta, de Eritrea, siríaca, armenia y de India.

Clave

- Ortodoxos etíopes
- Musulmanes
- Protestantes
- De religiones indígenas
- Católicos
- Otros

---

del país. Las primeras monedas del reinado de Ezana tenían el emblema del disco y la media luna del antiguo dios aksumita Mahrem, pero a partir de 330 se acuñaron con la cruz cristiana y el lema «Complazca al pueblo». Fueron las primeras monedas del mundo en las que figuró la cruz; asimismo, dos libros etíopes, los Evangelios de Garima, datados por radiocarbono entre los años 390 y 660, se hallan entre los manuscritos cristianos iluminados completos más antiguos del mundo.

Brillantez nubia

En el siglo VI llegaron a Nubia (sur de Egipto y norte de Sudán) misioneros de Constantinopla enviados por la emperatriz Teodora, que introdujeron la iconografía de un Cristo y unos santos de piel clara. Comerciantes etíopes y egipcios habían comenzado ya a difundir el cristianismo en la zona, y la embajada fue bien recibida por los reyes de Nubia.

En Nubia surgieron tres reinos que fueron grandes centros de la cultura cristiana, Nobatia, Alodia y Makuria. Las catedrales de Faras y de Qasr Ibrim, ambas en Nobatia, y la iglesia de las Columnas de Granito, en Vieja Dongola (Makuria), construidas durante los siglos VII y VIII, estaban decoradas con pinturas murales, mosaicos y relieves.

En Qasr Ibrim, los arqueólogos descubrieron miles de textos y documentos legales que demuestran una elevada competencia en meroítico (la lengua del antiguo reino de Meroe), latín, griego, griego criollo, copto, nubio antiguo, árabe y turco. También encontraron ciudades nubias con casas de dos plantas, equipadas con conductos de agua caliente y fría y prensas de aceite comunales.

La Nubia cristiana duró 700 años, resistiendo la conquista islámica que barrió el norte de África a partir del siglo VII. Acordó tratados comerciales con los poderes árabes, y más tarde mantuvo relaciones amistosas con los califas fatimíes de Egipto (973–1171). No fue hasta el siglo XIV que Nubia se convirtió finalmente al islam, siglos después del resto del norte de África. ∎

Religión indígena

Son religiones indígenas africanas las tradiciones espirituales, o bien anteriores a las religiones abrahámicas –el judaísmo, el cristianismo y el islam–, o bien separadas de estas. A estas tradiciones corresponde el 15 % de la afiliación religiosa en África.

Se expresan en formas muy diversas, y reflejan culturas distintas de toda África, pero son cuatro las tradiciones más difundidas: la del valle del Nilo de Sudán y Egipto, la tradición dogón de Malí y Burkina Faso, la yoruba de Nigeria y la religión bantú, presente en la mayor parte de África central y del sur. La tradición del valle del Nilo es la primera religión documentada, detallada en los sarcófagos y murales de las pirámides del Imperio Antiguo egipcio (2575–2130 a. C.). La tradición yoruba es singular por ser la única practicada en tres continentes: África, América y Europa.

En Malí, dogones enmascarados danzan la *dama*, ritual funerario para acompañar las almas al mundo de los espíritus.

GHANA, LA TIERRA DEL ORÓ

EL IMPERIO DE GHANA (*c.* 300 – SIGLO XI D. C.)

EN CONTEXTO

LOCALIZACIÓN
África occidental

ANTES

***C*. 420 A. C.** En *Historias*, Heródoto habla del trueque silencioso de oro en la costa de África occidental.

***C*. 100 D. C.** Dinga Cissé, líder al que se le atribuye una condición semidivina, une a los clanes soninkés de África occidental.

Siglos I–II D. C. El comercio transahariano se intensifica con el empleo más regular de camellos para transportar bienes a través del desierto.

DESPUÉS

1203 Los súbditos sossos del Imperio de Ghana se rebelan y ocupan la capital, Kumbi Saleh.

1240 Sundiata, el legendario «León de Malí», destruye Kumbi Saleh, e incorpora lo que queda del Imperio de Ghana al nuevo Imperio de Malí.

1460–1591 El Imperio songhai se expande, conquista el Imperio de Malí y florece a su vez como gran potencia comercial.

1591 Ahmad al Mansur, de la dinastía saadí de Marruecos, invade el Imperio songhai, empleando armas de fuego importadas de Europa.

1957 Costa de Oro se independiza de Reino Unido. Su primer presidente, Kwame Nkrumah, adopta el nombre Ghana, del antiguo imperio situado al norte.

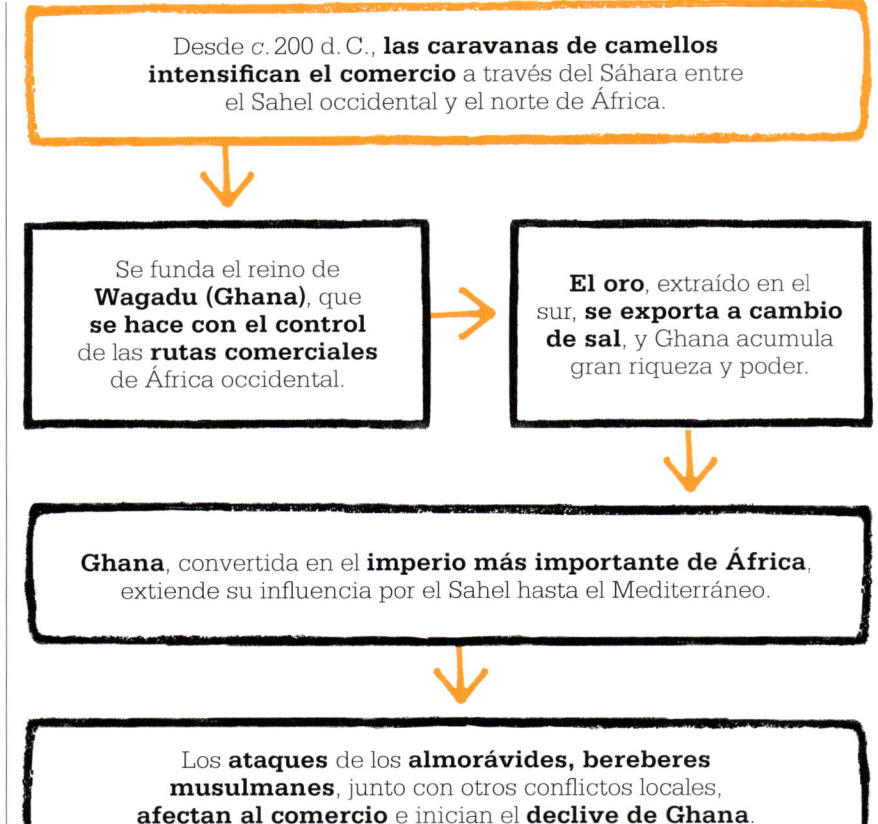

Desde *c*. 200 d. C., **las caravanas de camellos intensifican el comercio** a través del Sáhara entre el Sahel occidental y el norte de África.

Se funda el reino de **Wagadu (Ghana)**, que **se hace con el control** de las **rutas comerciales** de África occidental.

El oro, extraído en el sur, **se exporta a cambio de sal**, y Ghana acumula gran riqueza y poder.

Ghana, convertida en el **imperio más importante de África**, extiende su influencia por el Sahel hasta el Mediterráneo.

Los **ataques** de los **almorávides, bereberes musulmanes**, junto con otros conflictos locales, **afectan al comercio** e inician el **declive de Ghana**.

H acia 300 d. C., según la tradición oral, el pueblo soninké de África occidental, que habitaba una región a ambos lados de la actual frontera entre Mauritania y Malí, surgió como un poder dominante en la zona. Los soninkés, un subgrupo de los pueblos de lengua mandé que cultivaba la tierra ya desde 4000 a. C., dominaron la tecnología del hierro y produjeron herramientas agrícolas y armas sofisticadas con las que sometieron a sus enemigos. Llamaban a su país Wagadu, pero los comerciantes árabes lo llamaron *Ghana* («rey guerrero» en soninké), el título de su monarca.

El Imperio de Ghana floreció gracias al comercio transahariano, y vivió su apogeo entre los siglos IX y XI.

Fue el primero de los tres grandes imperios de África occidental, al que le sucedió el Imperio de Malí y a este a su vez el songhai. En el siglo X, el geógrafo y viajero árabe Ibn Hawqal describió al soberano ghanés como «el rey más rico sobre la faz de la Tierra». La situación estratégica de Ghana, a lo largo de las rutas comerciales transaharianas del norte al sur, le permitió controlar los intercambios comerciales, consistentes sobre todo en oro del oeste y sal del norte del continente.

Prácticas comerciales

El comercio transahariano existía ya desde la prehistoria, y fue emprendido por diversos pueblos de África occidental, como los fulanis, bambaras, soninkés, tuaregs, bereberes y

Véase también: El imperio comercial de Aksum 44–47 ▪ La conquista musulmana de Egipto 58–59 ▪ Los orígenes del Imperio songhai 75 ▪ Ghana se convierte al islam 78–79 ▪ El Imperio de Kanem 80–81 ▪ El Imperio de Malí 86–91

otros grupos indígenas del Sahel (la franja semiárida entre el Sáhara, al norte, y el bosque tropical, al sur), los cuales tuvieron un papel clave en el antiguo comercio, así como en el intercambio de ideas y conocimientos. A partir del siglo VII, con la conquista árabe del norte de África, la demanda de oro y otros bienes intensificó el comercio a través del Sáhara.

Para salvar la barrera idiomática, los comerciantes recurrían a un comercio sin palabras llamado *trueque silencioso*: en un lugar designado, depositaban sacos de sal y otros bienes, se retiraban y, con un toque de tambor *(deba)*, invitaban a negociar un intercambio a los vendedores de oro de Ghana; estos acudían a ver la mercancía, dejaban una cantidad de oro en pago y se retiraban; después, si los comerciantes del norte lo juzgaban suficiente, lo tomaban y se marchaban; si no, las partes seguían negociando, sin llevarse nadie el oro ni los bienes hasta llegar a un acuerdo.

Mercancías apreciadas

El oro alimentó el poder de Ghana desde la segunda mitad del siglo VIII.

Aunque los reyes soninkés no lograron controlar directamente todas las minas de oro al sur, el control de las grandes rutas transaharianas garantizaba ingresos regulares. Las rutas quedaron bien establecidas, y los comerciantes consideraban Ghana un lugar seguro para hacer negocios.

El oro del sur pasaba por los centros mercantiles de Ghana de camino a puertos de la costa norteafricana como Argel y Túnez. Desde allí se transportaba en barco a Europa, Oriente Próximo e India, donde había una gran demanda de oro. El oro que permanecía en el Magreb se fundía para hacer monedas y joyas.

Las grandes placas de sal, extraída principalmente con trabajo esclavo en minas próximas a Taghaza, en el Sáhara, se transportaban con caravanas de camellos al sur, hasta Walata, y desde allí se cargaban en burros hasta las poblaciones del Imperio de Ghana. La sal era muy valorada en África occidental, donde era un producto escaso y necesario, y no solo para saborizar alimentos, sino para conservarlos en aquel caluroso clima. En la Edad Media, los comerciantes

de África occidental cambiaban el oro por un peso equivalente de sal.

Por las rutas del Sáhara transitaban también textiles, vidrio, conchas, pieles, marfil, cobre, nuez de kola (rica en cafeína) de los bosques tropicales y también esclavos. Estos últimos podían ser criminales, deudores, víctimas de secuestro o prisioneros de guerra. La ruta hacia el norte hasta Bengasi (en la actual Libia) fue tristemente célebre por este tráfico.

El control del comercio

Todos los comerciantes que pasaban por el Imperio de Ghana debían »

Los dromedarios adaptados al desierto fueron fundamentales para cruzar el Sáhara. El viaje duraba unos 70 días, pero el oro, el marfil, la sal y los esclavos eran muy rentables.

Los dinares de oro –como esta moneda de 970, en la época de la dinastía almorávide bereber– se acuñaban en el Magreb y Al Ándalus.

Yacimientos secretos

Para mantener su monopolio, los soninkés no divulgaron a los comerciantes musulmanes el origen del oro, que extraían los pueblos de la sabana y del bosque del oeste y del sur. Los mayores yacimientos se encontraban en Bambuque (en el valle del río Senegal), Bure (en el Alto Níger), la región de Lobi (en el río Mohoun) y la tierra del pueblo akan (en la Costa de Oro).

Miles de peones excavaban en minas poco profundas, o bateaban en busca de pepitas y granos entre la gravilla expuesta por las inundaciones. Los primeros viajeros árabes llegados a estas zonas comentaron que el oro se podía recoger como arena con una pala.

Gran parte del oro del imperio se exportaba a Oriente Próximo, Europa e India para acuñar moneda y para elaborar artículos como joyas, copas y manuscritos iluminados. No ha quedado rastro de los adornos de oro de los reyes de Ghana. Fundido o llevado como botín, el trabajo de los orfebres del oeste de África en esta época ha desaparecido.

pagar aranceles. En el siglo XI, el geógrafo andalusí Abu Ubayd al Bakri escribió que el gobierno imponía el pago de un dinar de oro (equivalente al sueldo de dos semanas) por cada burro cargado de sal que entraba al imperio, y de dos dinares por cada carga saliente. Lo recaudado servía para pagar a funcionarios, mantener seguras las rutas comerciales y financiar un ejército de unos 50 000 soldados.

Los reyes de Ghana restringieron el comercio del oro prohibiendo a sus súbditos poseer pepitas, y permitiéndoles intercambiar solo el polvo de oro. También impusieron aduanas y peajes a los Estados dependientes, gravaron los cultivos y el ganado, y aumentaron su riqueza con botines de guerra a medida que el imperio se expandía. Sus reyes se volvieron inmensamente ricos, y el imperio fue famoso en el norte de África, Europa y todo el mundo islámico por su reputación como tierra fabulosa del oro.

La riqueza que acumuló Ghana con el comercio le trajo prestigio, y sus gobernantes accedieron a productos de lujo, como cobre, caballos o abalorios y textiles traídos desde el norte por los comerciantes árabes.

En la puerta del pabellón hay perros de raza excelente [...]. Llevan collares de oro y plata, empedrados con varias bolas de los mismos metales.
Abu Ubayd al Bakri
Libro de rutas y reinos
(1067–1068)

Kumbi Saleh fue el punto neurálgico de las rutas que comunicaban las minas de oro del sur con las ciudades del norte. La ruta del noroeste a Fez atravesaba la cordillera del Atlas, y la del norte, el Sáhara, pasando por Taghaza y Siyilmasa. Desde Fez, la ruta continuaba hasta los puertos del norte. Al este de Kumbi Saleh, otras rutas se extendían hasta El Cairo, en Egipto.

Clave
- Asentamientos
- Imperio de Ghana
- ···· Rutas comerciales
- Yacimientos de oro

También estimuló el crecimiento de grandes ciudades comunicadas por el río Níger, como Kumbi Saleh, Gao y Yenné. Parece que la capital se trasladó varias veces en los primeros tiempos del imperio, pero se cree que quedó establecida en Kumbi Saleh al menos desde el siglo XI.

Opulencia real

Al Bakri, que nunca vivió fuera de Al Ándalus, no visitó tampoco Ghana, pero reunió información tratando con comerciantes y escribió mucho sobre la riqueza del imperio en el *Libro de rutas y reinos* (1067–1068). Al Bakri escribe que el rey Tunka Manin, que accedió al trono en 1063, llevaba collares de oro y plata adornados con piedras preciosas, y usaba un tocado alto adornado con oro y envuelto en un turbante de algodón fino.

Al Bakri describe una audiencia real en un pabellón rematado con una cúpula, con el rey rodeado de diez caballos engalanados con bordados de oro. Detrás de él había diez pajes, con escudos y espadas con adornos de oro, y los príncipes llevaban ropa espléndida y el cabello trenzado con oro. Nadie sabe quiénes fueron los orfebres de Ghana, pero se cree que eran hábiles artesanos que producían artefactos al estilo característico de África occidental, influidos por los diseños geométricos del arte islámico.

Según Al Bakri, la residencia del rey consistía en múltiples casas con cúpulas rodeadas por una muralla, con casas similares cercanas para la nobleza (incluidos los «brujos», es decir, líderes religiosos), y en las arboledas a su alrededor se hallaban las tumbas reales. Al Bakri llamó a la capital «Ghana», en vez de Kumbi Saleh, y escribió que la rodeaban pozos de agua dulce y campos regados en los que se cultivaban verduras. También escribió que la capital la componían dos poblaciones bien delimitadas, una para el rey y su séquito, y un asentamiento musulmán con sus mezquitas y comercios especializados de alimentos, aunque no se han encontrado ruinas que lo corroboren.

El islam en África occidental

Los musulmanes norteafricanos vinieron en un principio a comerciar, pero, al asentarse en Kumbi Saleh y otras ciudades y pueblos del imperio, aceleraron el proceso de islamización. Los reyes de Ghana conservaron la religión autóctona, pero otros miembros

Mineros extrayendo oro de un pozo cerca de Kurémalé, en la frontera de Guinea y Malí. En la época del Imperio de Ghana, los pozos, no muy profundos, solo rendían unos pocos gramos cada uno, y se cavaron miles en los yacimientos.

de la élite en las ciudades y los puestos comerciales de la periferia fueron de los primeros en convertirse. Entre ellos estuvo War Jabi, rey de Takrur, Estado en el curso bajo del río Senegal al oeste de Ghana, quien adoptó la nueva fe en 850. En adelante, los árabes se refirieron a Takrur como la «tierra de los musulmanes negros».

La conversión al islam sin duda mejoró las relaciones con los comerciantes de ciudades como Fez, Trípoli, El Cairo y otros lugares. Aunque siguieran practicando su religión africana tradicional, para los reyes de Ghana era importante mantener lazos estrechos con el mundo islámico. Los comerciantes musulmanes eran bienvenidos, y se contrataron los servicios de intérpretes, escribas y administradores musulmanes para el buen gobierno del imperio.

Para los cargos más relevantes de la administración se nombraba a musulmanes formados, encargados de supervisar el comercio y los impuestos. Junto con la influencia de estos, fue creciendo a la par la presencia del islam en la región. A mediados del siglo XI, según Al Bakri, se habían construido al menos doce mezquitas en el sector norte musulmán de Kumbi Saleh, que contaba con una población musulmana importante.

Sin embargo, las tensiones crecían entre ambas comunidades debido a la rivalidad comercial y las diferencias culturales y religiosas. Los musulmanes veían con malos ojos la libertad de la que gozaban las mujeres de Ghana, que controlaban los mercados, influyendo en la economía a través del precio y la distribución de las mercancías, y que disfrutaban de una situación social, económica y política mejor que en el mundo islámico o Europa. El bereber Ibn Battuta se mostraba crítico al observar que las mujeres del oeste de África vestían con libertad y hablaban con hombres que no eran parientes suyos sin cubrirse la cara, algo exigido a las musulmanas.

La decadencia del imperio

En 1054, la alianza de tribus bereberes de almorávides, musulmanes rigoristas, tomaron Siyilmasa, centro al norte de la ruta comercial transahariana, y luego Audagost, en el norte del Imperio de Ghana. A lo largo de las décadas siguientes, una sequía prolongada redujo la fertilidad de la tierra, y los conflictos internos y externos perjudicaron al comercio, aumentando el temor de los comerciantes a la inseguridad en las rutas. Según algunas fuentes, el almorávide Abu Bakr ibn Omar saqueó Kumbi Saleh en 1076. Aunque no está claro si esto ocurrió, lo cierto es que el imperio se iba debilitando. A lo largo de los siguientes 150 años, las regiones sometidas por Ghana se liberaron de su dominio, y las rutas transaharianas se desplazaron al este para evitar el caos político. Ambos fenómenos propiciaron la formación del imperio sucesor de Ghana, el Imperio de Malí. ∎

Cuatro veces
Wagadu triunfó, gran
ciudad resplandeciente
a la luz del día.
Cuatro veces Wagadu
cayó, y desapareció
de la vista.
El dausi
Poema épico soninké

El oro akan, extraído durante el Imperio de Ghana e incluso todavía hoy, produjo piezas exquisitas, como este colgante asante del siglo XIX, pero no se ha conservado orfebrería alguna del imperio.

HEMOS CONQUISTADO ALEJANDRIA

LA CONQUISTA MUSULMANA DE EGIPTO (639–642)

EN CONTEXTO

LOCALIZACIÓN
Egipto

ANTES
Siglo I d. C. El cristianismo llega a Egipto. Alejandría pasa a ser un centro destacado de la nueva religión, junto con Antioquía (Siria).

619 El Imperio sasánida ocupa Egipto. A los diez años, un acuerdo con el emperador Heraclio lo devuelve al Imperio romano de Oriente.

DESPUÉS
655 Los árabes derrotan a la armada del Imperio romano de Oriente en la batalla de Finike por el control del Mediterráneo.

970 El califato fatimí funda la mezquita de Al Azhar en El Cairo, gran centro del saber del mundo islámico.

1154 Los cruzados toman la fortaleza egipcia de Ascalón en la costa de Palestina, en la primera amenaza grave al Egipto musulmán.

Según la tradición, hacia 610, el profeta Mahoma empezó a recibir las revelaciones divinas que le inspiraron la proclamación y prédica del islam, nueva religión abrahámica centrada en un solo Dios verdadero. Exhortó a los habitantes de La Meca (en la actual Arabia Saudí) a abandonar el culto pagano, advirtiendo del castigo divino para quien se negara. Esto despertó la ira de miembros del clan dominante de los coraichitas (o quraysí), cuyo poder religioso y político se asentaba en el control de los santuarios politeístas. Algunos seguidores de Mahoma fueron torturados e incluso martirizados, sobre todo los de clase baja; otros huyeron. En la primera migración de 615, unos 80 musulmanes cruzaron el mar Rojo y buscaron asilo en el reino cristiano de Aksum (norte de Etiopía).

En las fronteras del islam

En 639, los musulmanes llegaron de nuevo a África, esta vez con sus ejércitos, para desafiar el control del Imperio romano de Oriente sobre Egip-

Mahoma, «último profeta del único Dios verdadero», **atrae seguidores**, y combate luego la oposición al islam y los ataques a los musulmanes empleando la **fuerza militar**.

Las victorias del profeta en Arabia unen a las tribus bajo un gobierno islámico, y refuerzan el poder **militar árabe**.

El islam se difunde desde Oriente Próximo al norte de África mediante **nuevas conquistas**, y al este **por las rutas comerciales**.

La influencia de los **comerciantes** y el **fervor proselitista** de clérigos y estudiosos **musulmanes** cimentan el **impacto duradero del islam** en África.

Véase también: El tercer mayor reino de la tierra 44–47 ▪ Ghana se convierte al islam 78–79 ▪ El Imperio de Kanem 80–81 ▪ El Imperio de Malí 86–91 ▪ La fundación de la gran mezquita de Yenné 92 ▪ El sultanato de Ifat 93

to, una nación comercial próspera y rica en recursos naturales. El objetivo estratégico de la invasión era consolidar victorias anteriores contra el imperio en Siria, impidiendo cualquier contraataque desde Egipto.

Mahoma era un hábil militar y estratega, y combinó la guerra con el proselitismo para ganar adeptos al islam. Cuando murió, en 632, él y sus seguidores habían conquistado La Meca, y las tribus de la península Arábiga ya habían adoptado el islam. En 634, al suceder Omar ibn al Jattab a Abu Bakr como califa (líder supremo político y religioso del islam), las tribus árabes se unieron bajo el liderazgo islámico.

Una base musulmana en África

El ya victorioso general Amr ibn al As dirigió la invasión de Egipto con un pequeño ejército de 4000 hombres, que ocupó Farama (Pelusium), primer puerto del delta del Nilo, y avanzó sobre el interior al recibir refuerzos de unos 12 000 hombres. En 641, los musulmanes vencieron a los bizantinos en Heliópolis (al norte del actual El Cairo), tomando luego la gran fortaleza de Babilonia (al sur de la actual capital). El ejército árabe marchó luego sobre Alejandría, en la costa mediterránea, cuya rendición en 642 puso Egipto entero en manos musulmanas.

Al As retuvo el control de las tierras conquistadas como emir (gobernador) de Egipto. Mantuvo en gran parte la estructura de la administración romana, mejorando algunos

Amr ibn al As los rodeó en la fortaleza, que llaman Babilonia, durante un tiempo, y los combatió con denuedo día y noche.
Ibn Abd al Hakam
Historiador árabe (803–891)

La primera mezquita de África fue la de Amr ibn al As, conquistador de Egipto para el islam. Construida en 642 en el centro de Fustat, fue reconstruida varias veces a lo largo de los siglos.

aspectos y dejando otros intactos. Fundó la ciudad de Fustat –hoy parte de la zona vieja de El Cairo–, primera capital del Egipto bajo control musulmán, y varias poblaciones de carácter militar, pero los árabes no se asentaron a gran escala fuera de Fustat.

Las victorias en el norte de África entre 647 y 709 y la expansión del comercio a través del Sáhara favorecieron la difusión del islam. Los bereberes saharianos y los comerciantes sudaneses fueron de los primeros conversos, y, junto con clérigos y estudiosos, propagaron la fe islámica. En África occidental, el primer rey en convertirse fue el de Takrur en 850, y le siguieron otros. En los siglos posteriores, aunque surgieron y cayeron imperios y las potencias europeas colonizaron el continente, el islam persistió, y hoy sigue siendo la religión mayoritaria en la mitad norte de África. ▪

EL VIAJE INTERMINABLE

EL COMERCIO TRANSAHARIANO DE ESCLAVOS (652 D. C.)

EN CONTEXTO

LOCALIZACIÓN
África, Oriente Próximo

ANTES
C. 430 A. C. Los garamantes del norte de África capturan etíopes que venden como esclavos a los romanos.

639 D. C. Ejércitos árabes entran en Egipto, donde le arrebatan el control al Imperio romano de Oriente en 642.

DESPUÉS
1250 Soldados esclavizados derrocan al último sultán ayubí de Egipto y fundan el sultanato mameluco.

1444 Llegan los primeros esclavos a Portugal desde Mauritania (África occidental).

1909 La esclavitud es abolida en África oriental.

1962 Arabia Saudí y Yemen ilegalizan la esclavitud.

2010 Salen a la luz informes sobre cientos de personas esclavizadas en partes remotas del noroeste de Yemen.

L a esclavitud era una institución importante de la sociedad árabe mucho tiempo antes del surgimiento del islam en el siglo VII d. C. Tras adoptar el islam, los árabes siguieron con la tradición esclavizadora heredada. Tras la muerte del profeta Mahoma en 632, el Imperio islámico se expandió rápidamente. Como la ley islámica no permitía a los musulmanes esclavizar a otros musulmanes (aunque de hecho sucediera a veces), los esclavos procedían de las guerras libradas en las fronteras del imperio. Por el Tratado de Bakt, del año 652, los árabes en Egipto negociaron con un reino nubio vecino que este les debía proporcionar 300 esclavos al año. Fue el inicio del comercio esclavista transahariano.

Las sociedades africanas tenían un comercio esclavista propio muy anterior, impulsado por la demanda de mano de obra, y los esclavos eran una mercancía clave. Al expandirse la influencia islámica por el norte de África, los comerciantes musulmanes comenzaron a comprarlos en una frontera comercial que discurría por el borde meridional del Sáhara, desde Malí y Borno, en la costa oeste, hasta el mar Rojo y la costa africana orien-

La esclavitud en el mundo islámico

Los comerciantes musulmanes que compraban esclavos africanos los revendían en alguno de los muchos mercados en el seno del Imperio islámico.

A diferencia del comercio transatlántico, el islámico demandaba más mujeres y niños. Un hombre musulmán no podía tomar más de cuatro esposas, pero podía tener tantas concubinas como deseara.

A los muchachos se les entrenaba para el servicio militar o doméstico, y los más prometedores tenían ocasión de ascender. Los eunucos eran muy empleados en la administración y para supervisar los harenes, pero la castración causaba la muerte a nueve de cada diez de los sometidos a ella. Los hijos de los esclavos eran asimilados en la sociedad musulmana y reemplazados por niños importados. Si demostraban lealtad, podían ocupar puestos oficiales y casarse con personas libres, y no eran discriminados por su origen.

Véase también: La conquista musulmana de Egipto 58–59 ▪ Los inicios del comercio atlántico de esclavos 116–121 ▪ El abolicionismo en América 172–179 ▪ El comercio de esclavos de Zanzíbar 204–205 ▪ La diáspora africana hoy 314–315

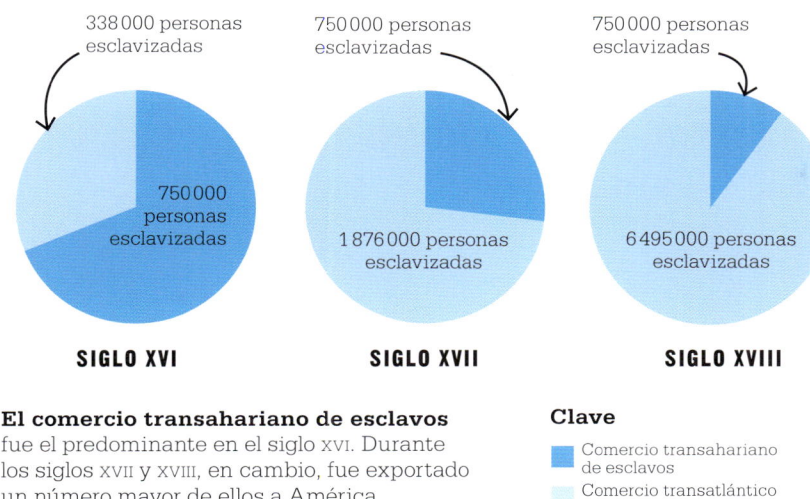

338 000 personas esclavizadas

750 000 personas esclavizadas

750 000 personas esclavizadas

750 000 personas esclavizadas

1 876 000 personas esclavizadas

6 495 000 personas esclavizadas

SIGLO XVI

SIGLO XVII

SIGLO XVIII

El comercio transahariano de esclavos fue el predominante en el siglo XVI. Durante los siglos XVII y XVIII, en cambio, fue exportado un número mayor de ellos a América.

Clave

▪ Comercio transahariano de esclavos

▪ Comercio transatlántico de esclavos

tal del Índico. Los compraban a cambio de bienes de lugares lejanos, que solían darles ventaja para negociar en los mercados locales.

Aunque las pruebas son escasas, se cree que, a lo largo de casi mil años (650–1600), unos cinco millones de personas esclavizadas atravesaron el Sáhara, en un flujo regular de unas cinco mil anuales. El viaje era tan largo, y el agua tan escasa, que tres de cada cuatro morían en el camino.

El comercio esclavista transatlántico

Los europeos comenzaron a embarcar esclavos en la costa africana occidental a finales del siglo XV, pero el comercio oriental siguió predominando: poco más de un millón de personas esclavizadas salieron de África en el siglo XVI, de las que unas tres cuartas partes atravesaron el Sáhara con destino a Arabia, y el resto cruzaron el Atlántico hasta el Caribe y la América continental.

Al dispararse la exportación transatlántica en los siglos XVII y XVIII, la del comercio oriental men-guó como proporción del total. En el siglo XVII, unas 700 000 personas esclavizadas siguieron las rutas transaharianas, mientras que casi dos millones de ellas cruzaron el Atlántico a América, en su mayoría desde África occidental. En el siglo XVIII, más de cuatro quintas partes de los esclavos africanos fueron llevados al Caribe y al continente americano, comparado con una cuarta parte en el siglo XVI. Del siglo XVII al XVIII, mientras el comercio transahariano se mantenía invariable, el transatlántico aumentó en más de cuatro millones de personas.

Durante la campaña abolicionista contra el comercio transatlántico en el siglo XIX, el comercio oriental alcanzó su máximo nivel, con 1,2 millones de personas esclavizadas traficadas por las rutas transaharianas. El foco geográfico se había desplazado para satisfacer los cambios en la demanda exterior. En la década de 1890, la presión política logró sofocar también el comercio oriental. Sin embargo, el colapso del mercado exterior estimuló los mercados interiores, en los que el comercio de bienes como el marfil y el oro y un cambio a las exportaciones agrícolas mantuvieron la demanda de esclavos para trabajar la tierra y transportar bienes hasta casi la Primera Guerra Mundial. ▪

Un mercado árabe de esclavos (1888), del húngaro Ferencz Franz Eisenhut. El orientalismo distorsiona la cultura árabe y la presenta como exótica y primitiva comparada con la sociedad occidental.

EL PUEBLO DE LA COSTA

EL ASCENSO DE LAS CIUDADES-ESTADO SUAJILIS (*c.* 700–1500 D. C.)

Durante milenios, los navegantes se valieron de los predecibles monzones para impulsar sus naves a través del océano Índico. Las primeras expediciones despejaron el camino al comercio, que en el siglo VIII d. C. comenzó a florecer entre las ciudades y los pueblos del este de África y puntos de Arabia y Asia.

Los restos de unos cuatrocientos asentamientos, con el tiempo conocidos como las ciudades-estado suajilis, se reparten a lo largo de 3219 km de costa, de Somalia a Mozambique. Entre ellos se contaron Pate y Gede, en la costa de Kenia, Mogadiscio, en la costa somalí, y las islas de Zanzíbar y Kilwa, en la costa de Tanzania.

Los antiguos habitantes de estas comunidades eran agricultores y pescadores, descendientes de los pueblos de habla bantú de África occidental que se cree migraron por el continente a lo largo de mil años a partir de 1000 a. C. Con el tiempo, co-

La gran mezquita de Kilwa, con cúpulas de coral y caliza y columnas octogonales, es el mayor templo que queda aún en la costa suajili. Fue fundada en el siglo X u XI.

> Kilwa es una de las ciudades más hermosas y mejor construidas del mundo.
> **Ibn Battuta**
> *Los viajes* (1353)

menzaron a comerciar con la ciudad interior de Gran Zimbabue, llevando las riquezas de la región de los Grandes Lagos, en el Gran Valle del Rift de África oriental, a la costa para su exportación. Oro, cobre, marfil, sal y acero bruto para fabricar armas se embarcaba con rumbo a Omán, India, China y Camboya.

Como los monzones cambiaban de dirección cada seis meses, los comerciantes debían pasar meses en ciudades foráneas a la espera de viento favorable para regresar. Estos periodos de intercambio cultural y religioso contribuyeron a una cultura suajili híbrida, aunque predominantemente de fe musulmana. A partir del siglo IX, llegaron a la zona colonos de Arabia y del golfo Pérsico.

El auge de las ciudades de piedra

Se cree que el sultanato de Kilwa lo fundó en el siglo XI Alí ibn al Hassan Shirazi, africano de familia persa. Durante la Edad Media, las llamadas «ciudades de piedra» alcanzaron su apogeo. El comercio financió casas y mezquitas de bloques de coral extraídos del lecho marino, en una fusión de influencias africanas y orienta-

les. Las mayores casas tenían hasta cinco plantas, con estancias para recibir invitados, dormitorios, cuartos de baño y letrinas en el interior.

El estudioso y viajero bereber marroquí Ibn Battuta visitó Kilwa en 1331, y llamó a la región *Sawahili* (en árabe, «costeños, de las costas»), origen del gentilicio suajili. A finales del siglo XIX, los arqueólogos estudiaron los restos del palacio real de Husuni Kubwa, en Kilwa, y apreciaron que pudo tener más de cien estancias.

Reliquias reveladoras

A partir del siglo XVI, las invasiones portuguesas llevaron al declive de las ciudades-estado suajilis y destruyeron gran parte de su patrimonio arquitectónico. Al imponerse los omaníes, el sultanato de Zanzíbar se convirtió en centro del comercio de personas esclavizadas para trabajar en plantaciones de especias.

Las excavaciones arqueológicas se centran hoy en los cimientos africanos, a menudo ignorados por los estudiosos coloniales. Entre ellos, trece antiguos hornos de hierro en Tanzania que habrían producido el

mejor acero disponible en parte alguna del mundo. En el norte de Australia se han hallado monedas suajilis acuñadas en el siglo XII, lo cual indica una posible visita de marinos suajilis a esas tierras mucho antes de la llegada del capitán Cook en 1770. ▪

Las puertas dobles de las ciudades de piedra tenían adornos de latón y marcos de madera de talla exquisita.

Poesía suajili

Aunque muchos miles de manuscritos suajilis en escritura árabe datan del siglo XVII, la tradición oral de poesía suajili es mucho más antigua. Canciones y nanas que forman aún parte de esta cultura proceden de poemas épicos, o *tendí*, concebidos para ser cantados en público, cuya extensión puede superar los 5000 cuartetos. Uno de los más populares es la *Epopeya de Liyongo*, poema de 232 estrofas sobre Fumo Liyongo, figura

heroica cuya lucha por recuperar su herencia son un hito arraigado en la cultura suajili. Kenneth Simala, experto en literatura suajili, propone que hubo un Fumo Liyongo histórico, guerrero, poeta y autor de su propia epopeya, que habría vivido entre los siglos IX y XIII. Simala considera las gestas heroicas y los acontecimientos del poema como un reflejo de la historia turbulenta de la costa oriental, y las interpreta como un mensaje desde el pasado que marca el nacimiento de la identidad pansuajili.

MAESTROS DE TODAS LAS ARTES E INDUSTRIAS

LOS MOROS EN AL ÁNDALUS (711 D. C.)

EN CONTEXTO

LOCALIZACIÓN
España, Portugal

ANTES
415 D. C. Los visigodos, pueblos germánicos cristianos, se asientan en Hispania.

632 Mahoma muere en Arabia, y el islam se difunde.

634 El Imperio islámico se expande por el norte de África.

DESPUÉS
1492 Completada la reconquista cristiana de la península Ibérica, la Monarquía Hispánica inicia un largo periodo de expansión ultramarina financiando el viaje de Cristóbal Colón, que desembarca en América.

1609 Un decreto real da inicio a la expulsión de los moriscos –musulmanes conversos forzosos al cristianismo– de España.

En la primavera de 711, el gobernador de Tánger (Marruecos) Tariq ibn Ziyad atravesó el estrecho que separa el norte de África de la península Ibérica al frente de un ejército norteafricano, bajo el estandarte del poderoso califato omeya, el Imperio islámico con capital en Damasco. El llamativo peñón al pie del cual se cree que desembarcaron se acabaría conociendo como *yabal Tariq* («monte de Tariq»), de donde procede su nombre actual, Gibraltar. Fue el inicio de la larga presencia del islam en lo que hoy es España y Portugal.

Tariq aprovechó las rivalidades entre los dos principales bandos visigodos, y derrotó al rey Rodrigo,

Véase también: La conquista musulmana de Egipto 58–59 ▪ Ghana se convierte al islam 78–79 ▪ *Blackamoores* en la Inglaterra de los Tudor 104–107

quizá muerto en batalla; después explotó el vacío de poder resultante. A lo largo de la década siguiente, ejércitos enviados desde el norte de África completaron la conquista de Hispania. En las generaciones venideras, la provincia de Al Ándalus se convertiría en la joya occidental del mundo islámico, y en el centro de una cultura sofisticada.

Facciones enfrentadas

La palabra *moro* procede de *maurus*, el gentilicio latino de los habitantes del reino bereber de Mauritania (Marruecos y Argelia). En la época de la conquista de Hispania, el término se refería de modo general a los norteafricanos, en gran parte bereberes indígenas del Magreb, pero en el uso común incluyó también a los árabes llegados a la zona durante la expansión del califato omeya, radicado en Siria.

Cuando se produjo el derrocamiento del califato omeya en 750, Al Ándalus se encontraba dividido entre las facciones enfrentadas de árabes y bereberes. Al llegar en 755 el joven príncipe omeya Abderramán (Abd al Rahman), que había huido de Damasco antes de la caída de su dinastía, fue bien recibido por muchos, y se hizo rápidamente con el control. De madre bereber, Abderramán era una figura unificadora en una Iberia multicultural. Bajo él y sus sucesores, Al Ándalus se consolidó como el próspero y cosmopolita emirato (y más tarde, califato) de Córdoba.

Capital intelectual

Al Ándalus alcanzó su cénit en el siglo x, como sociedad abierta y tolerante en la que los cristianos y judíos eran libres de practicar su religión. Estos últimos no disfrutaban de plena igualdad respecto a los musulmanes, y debían pagar un impuesto »

Arcos de herradura de la mezquita-catedral de Córdoba, también habituales en la arquitectura mozárabe, estilo con influencias islámicas desarrollado por arquitectos cristianos.

Tariq ibn Ziyad

Es poco lo que se sabe de Tariq ibn Ziyad, el general que inició la conquista musulmana de Hispania; los historiadores creen que era de origen bereber. Antes que militar había sido consejero de confianza (y, antes aún, posiblemente esclavo) de Musa ibn Nusair, gobernador árabe del califato omeya en el norte de África.

Ibn Nusair nombró a Ibn Ziyad gobernador de Tánger, y en 711 le puso al mando de la expedición al otro lado del estrecho.

Tariq y su ejército de 7000 hombres, bereberes principalmente, fueron bien recibidos por algunas comunidades hispanas, en particular por los judíos, que habían sufrido la persecución de los visigodos, y el mismo año tomaron Toledo, bastión del rey visigodo Rodrigo. Tariq mantuvo el control militar hasta la llegada de grandes ejércitos árabes para consolidar el dominio omeya el año siguiente.

En 714, el califa llamó a Ibn Ziyad e Ibn Nusair a Damasco. Ibn Ziyad murió allí en 720, sin haber vuelto nunca a Hispania ni al norte de África.

especial, pero muchos prosperaron y realizaron aportaciones importantes a la cultura. Córdoba gozó de un prestigio enorme como capital intelectual de Europa, y atrajo a las mejores mentes de la época, fueran musulmanes, judíos o cristianos. En el siglo x, el califa Al Hakam II construyó la mayor biblioteca del mundo, compuesta por unos 400 000 volúmenes. Con cargo al tesoro real, invitó a Córdoba a estudiosos de Egipto y de Bagdad, la deslumbrante capital del califato abasí que vivía entonces su propia era dorada.

El intercambio de conocimientos e ideas en la ciudad produjo avances importantes en las ciencias, la astronomía y las matemáticas. El cirujano del siglo x Abu al Qasim al Zahrawi (Abulcasis), por ejemplo, fue el autor de textos médicos empleados aún en Londres en el siglo xvii, mientras que

Abu Abdalá Mohamed XII (Boabdil) entrega las llaves de Granada a los Reyes Católicos de Castilla y Aragón en 1492. Tras la caída del emirato, marchó al exilio en Fez.

Quiero la Granada árabe, la que es todo arte, la que toda me parece belleza y emoción.
Isaac Albéniz
Compositor español (1860–1909)

su contemporáneo Maslama al Mayriti, fundador de una escuela cordobesa de matemáticas y astronomía, calculó por primera vez con precisión el tamaño del Mediterráneo. En el siglo xii, el astrónomo y matemático Jabir ibn Aflah (conocido como Geber en Europa) publicó una crítica importante del *Almagesto* de Tolomeo, y desarrolló un teorema sobre trigonometría esférica. En la filosofía, Ibn Rušd (Averroes) produjo re-

súmenes y comentarios destacados de la obra de Aristóteles y de *La república* de Platón, así como tratados propios sobre el estudio filosófico de la religión.

Fractura de la estabilidad

En el siglo xi, la lucha de poder entre el califa y miembros de la corte desembocó en un periodo de guerra civil, la *fitna*, que duró de 1009 a 1032. Al Ándalus quedó dividido en feudos y ciudades-estado, las taifas, reducidas a meros peones en la pugna por el dominio entre los reinos cristianos del norte y los imperios islámicos en Marruecos. Los reinos cristianos sacaron partido de la desunión ocupando nuevas áreas de la península Ibérica, mientras, por la otra parte, las dinastías bereberes, primero de los almorávides y luego de los almohades, se anexionaron las taifas, que no tuvieron ninguna otra opción ante los ataques desde el norte.

La resistencia cristiana incipiente contra la dominación musulmana de la península había desembocado

en el largo proceso conocido como Reconquista, en la que alternaron las fases sangrientas y las de relativa convivencia durante 800 años. Hacia el siglo XIII, la marea cristiana era ya imparable: Córdoba cayó en 1236, seguida por Sevilla en 1248.

El emirato de Granada quedó como último reino musulmán en la península. Durante los siguientes 250 años, la dinastía nazarí logró mantener a raya tanto a los cristianos como a las poderosas dinastías norteafricanas por medio de alianzas sucesivas con unos y otros, con éxito suficiente para sobrevivir. Como Córdoba en el siglo X, Granada fue un gran centro intelectual, cuyo núcleo era el palacio de la Alhambra.

Destino y legado

A fines del siglo XV, Granada no pudo ya seguir resistiendo. Al otro lado del estrecho, el reino de Fez no estaba en condiciones de ofrecer la ayuda militar solicitada, y, en enero de 1492, Isabel de Castilla y Fernando de Aragón, cuyo matrimonio había unido dinásticamente la mayor parte de España, aceptaron la rendición de Abu Abdalá Mohamed XII, conocido por los cristianos como Boabdil. Fue el fin de Al Ándalus y el comienzo de la edad de oro de la Monarquía Hispánica como uno de los mayores imperios de la historia.

Estas son las
llaves del paraíso.
Boabdil,
con motivo de la rendición
de Granada

La influencia mora

Los moros dejaron un legado duradero en la cultura de la península Ibérica, y aportaron también conocimientos e invenciones importantes al resto del mundo.

Medicina
Los médicos introducen la anestesia inhalada, los antisépticos y las suturas de tripa.

Matemática y ciencias
Los astrónomos mejoran el cálculo del tiempo e inventan la *azafea*, un tipo de astrolabio.

Filosofía
Las traducciones de textos griegos y comentarios de Aristóteles dan forma a la filosofía europea.

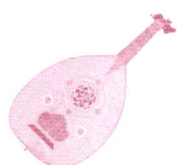

Música
La introducción del *ud* (laúd) de cinco cuerdas es un antecedente en el desarrollo de estilos tradicionales de guitarra, como el flamenco.

Gastronomía
La cocina española incorporó los cítricos, el arroz, el azafrán y el comino entre otras muchas especias.

Inventos
Entre estos se cuentan el metrónomo, el reloj polar de sol y el reloj mecánico movido por pesas y agua.

Concluida la Reconquista, los moros fueron forzados a convertirse al cristianismo o ser expulsados, castigándose el incumplimiento de estas medidas con la muerte. Muchos de ellos, de familias con arraigo en la península Ibérica desde hacía siglos, se quedaron, pero su lengua y costumbres se percibían como una afrenta a la monarquía católica. La Inquisición, órgano judicial creado para combatir la herejía, persiguió a los musulmanes y judíos que practicaban su fe en secreto, obteniendo confesiones bajo tortura. En último término, con todo, el éxito de las medidas para extirpar la cultura de los vencidos no podía ser completo: todas las lenguas romances de la península contienen léxico muy arraigado de origen árabe, y algunos de los monumentos más famosos de España, como la Alhambra de Granada y el Alcázar de Sevilla, son parte de la misma herencia. La gran mezquita de Córdoba, que Abderramán I encargó construir en el año 785 en el emplazamiento de una iglesia visigoda y, posiblemente, un templo romano, es catedral desde la conquista cristiana de Córdoba, pero trasciende también dicha condición como monumento magnífico de Al Ándalus, y como actual Patrimonio de la Humanidad. ∎

FE Y
COME
800–1510

RCIO

Africanos esclavizados se sublevan en la rebelión zanj, inspirada por la ideología islámica jariyí de Alí ibn Muhamad.

La ciudad de Gran Zimbabue, fundada por el comercio, sirve de capital al Imperio de Monomotapa.

El imperio en declive de **Ghana se convierte al islam** bajo el control de la alianza rigorista almorávide.

Se construye la gran mezquita de Yenné, primer centro del saber islámico en África occidental.

869–883 D. C.   **Siglos XI–XV**   **C. 1100**   **Siglo XIII**

Siglo IX D. C.   **1075**   **C. 1187**   **1235**

Eldad Hadani se declara descendiente de la tribu perdida de Dan, en la **primera mención escrita de los judíos etíopes**.

La reina Hawwa es la **primera figura musulmana que gobierna el rico Imperio de Kanem**, establecido en el actual Chad.

Se construyen las **iglesias rupestres de Lalibela** en Etiopía (según la leyenda, son obra de ángeles).

La derrota del pueblo sosso por Sundiata Keita en la batalla de Kirina marca el **nacimiento del Imperio de Malí**.

En el África medieval surgieron y cayeron algunos de los imperios más famosos del continente, tanto islámicos como cristianos y de religión autóctona. Los imperios africanos occidentales de Ghana, Malí y songhai prosperaron en esta época, como el Imperio de Monomotapa en Zimbabue.

Los logros culturales y arquitectónicos de estos imperios les aseguraron un lugar en la historia mundial. Por ejemplo, Mansa Musa, de Malí, encargó a un arquitecto el palacio de Madagou, la mezquita de Gao y la de Yinguereber en Tombuctú, la mayor ciudad del Imperio de Malí. En 1491, Askia Mohamed se apoderó del Imperio songhai, e hizo de Tombuctú un centro del saber y la cultura islámicas. Oba Ewuare, soberano del Imperio de Benín en el siglo XIII, construyó un palacio cuyas famosas placas de bronce representan relatos de su reinado.

De Ghana a Malí

Uno de los más grandes –y duraderos– imperios de la época fue el de Malí. Su predecesor, el Imperio de Ghana, entró en decadencia a finales del siglo XI, tras la llegada de la alianza rigorista islámica de los almorávides. El imperio de Ghana, islamizado alrededor de 1100, padeció durante el siglo siguiente el azote de la sequía y de conflictos internos, y fue sometido finalmente en 1203, al tomar los sossos la capital. En 1230, los sossos dominaban el resto de la región, pero su poder no estaba destinado a durar.

El Imperio de Malí se impuso a mediados del siglo XIII, tras la derrota del pueblo sosso a manos del primer *mansa* (emperador) maliense, Sun-

diata Keita, en la batalla de Kirina (1235). Gobernado desde la capital, Niani, el Imperio de Malí se expandió y controló las mismas rutas comerciales antes dominadas por el Imperio de Ghana, y amasó una inmensa fortuna gracias a las tierras conquistadas.

Influencia de las religiones

En su apogeo en la década de 1330, el Imperio de Malí tenía unos 20 millones de habitantes. Durante esta edad dorada, Malí fue un faro resplandeciente del islam en África, al que acudieron muchos grandes estudiosos islámicos y descendientes del profeta Mahoma, que acompañaron al soberano de Malí Mansa Musa a su regreso a África occidental tras su famosa peregrinación a La Meca.

El islam, introducido en África en 639, siguió arraigando y crecien-

En Mozambique, comerciantes suajilis **fundan Sofala** para el comercio del oro.

Los **masáis comienzan a emigrar hacia el sur** desde el lago Turkana, en Kenia.

El rey guerrero **Oba Ewuare llega al poder en Benín**. Construirá el palacio real célebre por sus preciosas placas de bronce.

Mohamed Rumfa se convierte en sultán del **reino hausa de Kano**.

C. 1300

C. siglo XV

1440

1463

1324

1418

1444

1491

El soberano del Imperio de Malí **Mansa Musa peregrina a La Meca**, ostentando en el camino su vasta riqueza.

Una flota china del **Imperio Ming establece contacto** con África oriental, intercambiando seda y porcelana por pieles.

Portugal transporta a 235 africanos esclavizados a Europa.

Influido por misioneros portugueses, el rey del Congo Nzinga Nkuwu **se convierte al cristianismo** con el nombre João I.

---

do en el continente. La rebelión zanj (869–883), de africanos esclavizados llevados al actual Irak, fue inspirada por la ideología islámica. En Chad, el Imperio de Kanem se convirtió al islam en 1075, y el rey de Yenné, reino del delta del Níger, lo hizo en el siglo XIII. Muchas de las mezquitas más impresionantes de África son medievales, entre ellas las de Yenné y Yinguereber, en el Imperio de Malí, y la de Larabanga, en el Imperio de Ghana.

El islam no era la única religión que ganaba adeptos en África: en esa época se fundaron también templos cristianos, como las espectaculares iglesias construidas en Etiopía, donde prosperó también una comunidad reducida pero tenaz de judíos etíopes, pese a la continua persecución por parte de los soberanos cristianos.

La difusión del cristianismo a finales de la Edad Media fue en parte el resultado del creciente contacto entre África y Europa: con la era de los descubrimientos, a partir de la década de 1440 llegaron los comerciantes portugueses; y la conversión del rey del Congo a finales de ese siglo se debió a la influencia de misioneros portugueses.

Vínculos globales

El periodo medieval fue una época de florecimiento del comercio internacional en la que se establecieron vínculos nuevos entre naciones lejanas. El caso más llamativo se dio en África oriental durante el siglo XV, cuando una flota china de la dinastía Ming visitó los puertos de Mogadiscio, Brava y Malindi para comerciar y establecer relaciones diplomáticas.

Como resultado tanto del comercio como de la conquista, a finales de la Edad Media empezaron a llegar africanos a otros continentes. Mientras que el comercio transahariano transportó a africanos negros esclavizados a Asia, también hubo negros libres viviendo fuera de África. Desde la conquista musulmana habían afluido a Al Ándalus junto con otras poblaciones norteafricanas, pero las referencias a «moros» y términos derivados comienzan a aparecer ahora en otros lugares de Europa, como es el caso de los *blackamoors* en Inglaterra, llegados en barcos mercantes desde el norte y oeste de África, o desde España, para asentarse en ciudades europeas. Encontraron trabajo remunerado, se bautizaron y formaron familias que dieron origen a generaciones de europeos con ascendencia africana. ■

LOS ZANJ SE LLAMARON UNOS A OTROS A LAS ARMAS

LA REBELIÓN DE LOS ESCLAVOS ZANJ (869–883 D. C.)

Durante más de dos siglos, al irse adentrando más en África, los comerciantes árabes musulmanes intercambiaron bienes por esclavos nativos por traficantes africanos. En el siglo IX, miles de africanos orientales, principalmente de habla bantú, a los que los árabes llamaban *zanj*, fueron transportados al sur de Irak, en el seno del Imperio islámico gobernado por el califato abasí. Las tierras ribereñas de los ríos Tigris y Éufrates eran fértiles, pero en gran parte eran imposibles de cultivar debido a las inundaciones. Los magnates de Basora querían recuperar dichas tierras para la agricultura, lo cual les daría derecho a la propiedad sobre ellas, y obligaron a los zanj a realizar el agotador trabajo de cavar zanjas, drenar marismas y retirar el exceso de sal de la tierra.

En las marismas del sur de Irak, difíciles de navegar y fáciles de defender, vivieron en casas de caña los árabes de las marismas, chiíes orgullosos e independientes. Saddam Hussein los desalojó y drenó las marismas en 1990.

Agravio y sublevación
Subalimentados y alojados en campamentos superpoblados, muchos zanj enfermaron y murieron. Esto forjó un espíritu comunitario muy sólido entre los supervivientes, ade-

Véase también: La conquista musulmana de Egipto 58–59 ▪ El comercio transahariano de esclavos 60–61 ▪ El ascenso de las ciudades-estado suajilis 62–63 ▪ La rebelión de esclavos de La Española 130–131 ▪ El comercio de esclavos de Zanzíbar 204–205

El **jariyismo** es una **rama** teológica **del islam** surgida en el siglo VII.

Los jariyíes no excluyen **a nadie**, ni aún siendo esclavo, **de ser digno de ser elegido califa**.

La **ideología jariyí** brinda a **Alí ibn Muhamad** el apoyo de los esclavos.

Para algunos historiadores, por tanto, la rebelión fue un **movimiento político y religioso**.

---

más de un gran resentimiento contra sus esclavizadores musulmanes.

En 869, el estudioso persa Alí ibn Muhamad se ganó el apoyo de los zanj al reconocer la injusticia que sufrían y prometerles libertad y riqueza si se rebelaban.

Ibn Muhamad había huido al próspero puerto de Basora, en el sur de Irak, tras dirigir una sublevación fracasada en lo que hoy es Baréin, en Arabia oriental. Ibn Muhamad pertenecía a la rama jariyí del islam, cuya doctrina igualitaria enseñaba que, a través del mérito y la piedad, los esclavos pueden escapar de la adversidad, y llegar incluso a ser califas. Enardecidos por este mensaje, los zanj se unieron a su causa.

La rebelión, apoyada también por otros grupos desafectos, como los campesinos locales y beduinos, se propagó rápidamente por el sur de Irak, coincidiendo con un periodo de malestar e inestabilidad en el Imperio abasí. Los ejércitos imperiales no lograron sofocar a los rebeldes, que asaltaban ciudades y pueblos y se retiraban luego a los canales ocultos entre los cañaverales de las marismas. Otros esclavos africanos en las filas del ejército desertaron y se unieron a los zanj.

En 870, los rebeldes habían creado su propia ciudad fortificada, Moktara, en un área seca de las salinas rodeada de canales. Allí construyeron casas, palacios, una prisión y mercados, acuñando incluso su propia moneda. Dueños del sur de Irak, tomaron Basora en 871 y se vengaron de sus habitantes, masacrando a muchos y esclavizando a algunos. Mientras los ejércitos del califa combatían en Persia, los zanj extendieron su control más al norte, llegando a 115 km de Bagdad antes de ser rechazados hacia el este, al Juzestán, región al norte del golfo Pérsico.

El imperio contraataca

En 879, Al Muwaffaq, hermano del califa Al Mu'tamid, volvió de la gue-

Habéis tratado a estos esclavos con injusta soberbia […] de modos que Alá ha prohibido.
Alí ibn Muhamad

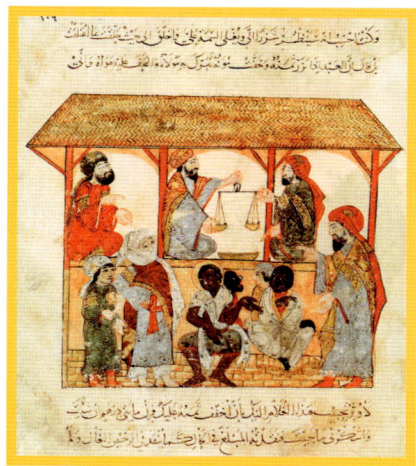

Esclavos africanos cambiados por oro en un mercado musulmán, según una ilustración del *Māqamāt* (c. 1100), relatos breves del poeta de Basora Al Hariri. Los africanos trabajaban en las casas y las tierras.

rra en Persia para ponerse al frente del ejército imperial, y lanzó una gran ofensiva contra los zanj en la que tomó su segunda mayor ciudad, Al Maniah, y expulsó a los rebeldes del Juzestán.

En la primavera de 881, Al Muwaffaq construyó otra ciudad junto al Tigris, enfrente de Moktara. Drenó las vías de agua para la navegación, y, dispuesto el bloqueo, puso sitio a la capital de los zanj. Al Muwaffaq prometió dinero y libertad a los rebeldes que se rindieran, y muchos aceptaron la oferta. Aun así, la ciudad resistió otros tres años.

Finalmente, en 883, Al Muwaffaq dirigió un ejército de 50 000 hombres contra los zanj, y Moktara cayó. Tras capturar a Ibn Muhamad, su cabeza fue llevada al califa. Los éxitos de la rebelión y el temor a futuros levantamientos llevaron al cese de la esclavitud a gran escala en plantaciones en gran parte del Imperio abasí. ▪

LAS HIJAS DE MI PUEBLO DISPERSO
LOS JUDÍOS ETÍOPES (SIGLO IX)

EN CONTEXTO

LOCALIZACIÓN
Etiopía, Israel

ANTES
722 A.C. Los asirios someten al Reino del Norte de Israel, y en la leyenda judía se pierden diez tribus, entre ellas la de Dan.

C. **330 D.C.** El rey Ezana declara oficial el cristianismo en Etiopía.

DESPUÉS
Siglo XIV La crónica *Kebra nagast* («Gloria de los reyes»), escrita en ge'ez, cuenta la leyenda del fundador de Etiopía Menelik I como hijo de Salomón, rey de Judea, y Makeda, reina de Saba.

1904 El judío francés de origen polaco Jacques Faitlovitch funda grupos profalashas para conectar a los judíos etíopes con los del resto del mundo.

1984 Israel rescata a unos 6500 judíos etíopes de campos de refugiados en Sudán y los aerotransporta a Israel en la Operación Moisés.

L os Beta Israel («Casa de Israel»), o judíos etíopes, aparecen por primera vez en los registros escritos en el siglo IX d.C. Eldad Hadani, un comerciante itinerante, afirmó pertenecer a una secta judía africana descendiente de la tribu de Dan, una de las diez tribus perdidas de Israel. Según Eldad, sus antepasados lejanos abandonaron Israel, atravesaron Egipto y se asentaron en Etiopía. Los historiadores han propuesto varias otras teorías sobre el origen de los judíos etíopes, mientras en Etiopía algunos los creen descendientes del rey Salomón y la reina de Saba.

Aislamiento y reconocimiento
Los judíos etíopes vivieron aislados de la comunidad global durante siglos. Solo conocían los libros más antiguos del Antiguo Testamento, y, en lugar de en rollos en hebreo, su Torá –llamada *Orit*– estaba en libros en la lengua litúrgica etíope, el ge'ez, empleada también por los etíopes cristianos. Conocidos por el nombre despectivo *falashas* («forasteros»),

Mujeres judías etíopes orando en un monte que domina Jerusalén durante el Sigd, fiesta que conmemora la entrega de la Torá a Moisés. Es tradición celebrar el acontecimiento en la cima de un monte.

los judíos fueron perseguidos por los reyes cristianos de Etiopía, y en número considerable, convertidos al cristianismo por misioneros protestantes en el siglo XIX.

A partir de mediados del siglo XIX, amenazada su fe y luego acosados por hambrunas graves, muchos judíos etíopes intentaron viajar hasta Israel. Su situación fue reconocida al fin en el siglo XX, y en 1975 se concedieron derechos de inmigración a los judíos etíopes en la Ley de retorno. Unos 130 000 viven hoy en Israel. ■

Véase también: El imperio comercial de Aksum 44–47 ▪ Las iglesias rupestres de Etiopía 84–85 ▪ Etiopía desafía al colonialismo 226–227

TODOS LOS REINOS OBEDECEN A SU REY

LOS ORÍGENES DEL IMPERIO SONGHAI (890)

EN CONTEXTO

LOCALIZACIÓN
Río Níger, África occidental

ANTES
639 Las conquistas árabes introducen el islam en África y atraen a mercaderes árabes a los centros comerciales africanos.

DESPUÉS
1326 Los malienses conquistan el reino de Gao durante el reinado de Mansa Musa I.

1464 Sonni Alí asciende al trono en Gao, un reino pequeño entonces, y funda el Imperio songhai, cuyas muchas conquistas incluirán Tombuctú y Yenné.

1493 Una nueva dinastía fundada por Askia Mohamed se impone entre los songhais. Llevará al imperio a la cumbre de su poder.

1591 El Imperio songhai se desmorona a causa de las incursiones marroquíes contra las ciudades de Gao y Tombuctú.

La primera casa real de los songhais se estableció en Kukiya, una isla en el río Níger. Desde 690 d. C. gobernó la dinastía Zuwa, con treinta y un monarcas sucesivos.

Alrededor de 890, en la orilla occidental del Níger, al norte de Kukiya, surgió otra ciudad songhai próspera y poderosa, Gao. El autor árabe del siglo X Al Muhallabi escribió que el *kanda* (rey) de Gao tenía dos ciudades: una reservada a él y a sus adjuntos, y otra con fines comerciales. Esta última atraía caravanas de comerciantes procedentes del Magreb, de Kanem –reino centroafricano centrado en el lago Chad– y de Egipto.

Unión de reinos

El decimoquinto soberano de Kukiya, Zuwa Kusoy, fue también el primer rey musulmán de la dinastía. A principios del siglo XI, Kusoy trasladó la capital a Gao. Sin que se conozcan los motivos, Kusoy y el *kanda* de Gao unieron sus dos reinos, que se integraron en el Imperio de Gao y que fue precursor del poderoso Imperio songhai de los siglos XV y XVI.

Tampoco se conocen los límites geográficos exactos del Imperio de Gao; sin embargo, algunos historiadores mantienen que se extendía 1600 km de uno a otro extremo. Otros siete reinos juraron lealtad al imperio y quedaron bajo su control. El Imperio de Gao prosperó durante unos 300 años, hasta que fue derrotado por Mansa Musa de Malí en 1326. ∎

Cuando un rey asciende al trono recibe un anillo con sello, una espada y una copia del Corán.
Abu Ubayd al Bakri
El libro de rutas y reinos
(1067–1068)

Véase también: El Imperio de Ghana 52–57 ∎ La conquista musulmana de Egipto 58–59 ∎ El Imperio de Kanem 80–81 ∎ El Imperio de Malí 86–91

UNA CIVILIZACION AFRICANA UNICA

LA CIUDAD DE GRAN ZIMBABUE (SIGLOS XI–XV)

EN CONTEXTO

LOCALIZACIÓN
África del sur

ANTES
300–650 D.C. Llegan pastores gokomeres y ziwas a la región.

***C.*700** Minería del cobre y el oro.

***C.*890** Prospera Mapungubwe, el primer reino conocido de la región.

DESPUÉS
***C.*1450** Una escisión de la dinastía Torwa hace de Khami su capital.

1629 Los portugueses imponen al rey de Mutapa un tratado de vasallaje.

1871 Karl Mauch atribuye un origen no africano a Gran Zimbabue, luego expoliada.

1980 Rodesia del Sur se independiza como Zimbabue tras casi cien años de dominio británico.

1986 La Unesco declara Patrimonio Mundial las ruinas de Gran Zimbabue.

Una de las ruinas más importantes del África subsahariana es una fortaleza de piedra en la cima de una colina. Esta colina domina un recinto amurallado que, en la Edad Media, tenía una población equivalente a la de Londres. De los siglos XI al XV, Gran Zimbabue (del bantú *zimba we bahwe*, «casas de piedra»), fue el corazón del vasto Mwene Mutapa, o Imperio de Monomotapa, que se extendía por los actuales Zimbabue, Zambia, Mozambique y Sudáfrica, y que estableció su hegemonía sobre la región en los siglos XII y XIII, bajo la figura de un *mutapa*, equivalente regional de un césar.

Los habitantes de la zona eran los shonas, pastores de vacas y agricultores bantúes que en la estación seca extraían y trabajaban el hierro, el cobre y el oro provenientes de los ríos del norte. Situada en la ruta más corta entre los comerciantes de la costa oriental y los yacimientos de oro, Gran Zimbabue se enriqueció con el comercio del marfil y metales, sobre todo con el oro. Los platos de cerámica celadón china, vidrio de Oriente Próximo, monedas árabes y cuencos pintados de Persia hallados en la ciudad revelan el comercio de la ciudad a través del Índico.

En decadencia como capital a mediados del siglo XV, las riquezas que hablaban del modo de vida shona fueron saqueadas a conciencia, pero los historiadores comparan Gran Zimbabue con Mapungubwe, en la región del Shashe y del Limpopo, también una ciudad próspera gracias al comercio del oro.

Esta fue la civilización que representó el mayor éxito de un pueblo de habla bantú en esta parte de África.
Stan Mudenge
Político zimbabuense
(1941–2012)

Canteros hábiles

Con muros de hasta 7 m de grosor en algunas partes, la «acrópolis» de Gran Zimbabue es el edificio más antiguo, y fue construido en el siglo XI para albergar a la realeza. En los siglos XIV

Véase también: El ascenso de las ciudades-estado suajilis 62–63 ▪ Changamire Dombo y su ejército de «destructores» 152–153

Las amplias murallas curvas del recinto principal de Gran Zimbabue, de bloques cortados de granito, se construyeron sin usar mortero.

y xv, en el valle se añadieron las murallas elípticas –la exterior, de 278 m de longitud y 20 m de alto– rodeando los barrios de viviendas, de hasta 18 000 habitantes. La torre cónica pudo construirse para representar un almacén de grano, símbolo del deber del soberano de alimentar al pueblo. Cabañas de adobe con techo de paja cubrieron en su día los 8 km² del yacimiento, dentro y fuera de los muros.

Al visitar la ciudad en 1531, el capitán portugués Vicente Pegado, parte de la guarnición de Sofala, en la costa, describió «una fortaleza construida a base de piedras de un enorme tamaño».

Dice mucho de la arqueología colonial que los excavadores del siglo xix y principios del xx atribuyeran estas estructuras magníficas a civilizaciones árabes o fenicias muy anteriores. Las columnas de cedro del yacimiento se consideraron importaciones de Líbano. Más recientemente, muestras datadas por radiocarbono han permitido determinar que la mayor parte de la ciudad se construyó en la Edad Media con materiales locales.

Decadencia de la ciudad

El declive de Gran Zimbabue pudo deberse a la explotación excesiva de la tierra para alimentar a una población muy numerosa y a la merma del suministro de oro. Pasaron siglos de colonización antes de que la recién independizada Zimbabue tomara el antiguo nombre de la ciudad, en 1980. La imagen de una de las aves de esteatita encontradas en el yacimiento figura actualmente en la bandera nacional. ▪

Los orfebres de África del sur

Las pruebas arqueológicas apuntan a que hubo una minería del oro de una escala asombrosa en África del sur. Se cree que los habitantes de la región extrajeron unos 43 millones de toneladas de mineral de oro y produjeron 700 toneladas de oro puro en la Edad Media. En una tumba en la cima de una colina cercana a Mapungubwe, ciudad de historia similar a la de Gran Zimbabue, se descubrieron varias reliquias exquisitas de oro. Se cree que sobrevivieron a cientos de años de expolio gracias a su pequeño tamaño, y revelan la técnica sofisticada de los orfebres del sur de África, con el bruñido para aumentar el brillo y el amartillado para hacer delgadas láminas, con las que se recubrían metales como el hierro y el bronce, muebles, estatuas, hachas y puntas de flecha.

Los artesanos también hacían joyas y cadenas con alambre de oro formando eslabones. Con el mejor hilo de oro se hacían telas para la élite cortesana y adornos para las prendas de damasco, satén y seda, como rosas de oro tejido.

Este rinoceronte de oro, que cabe en la palma de la mano, se encontró con otros artefactos de oro en las tumbas reales de Mapungubwe, y data del siglo xiii.

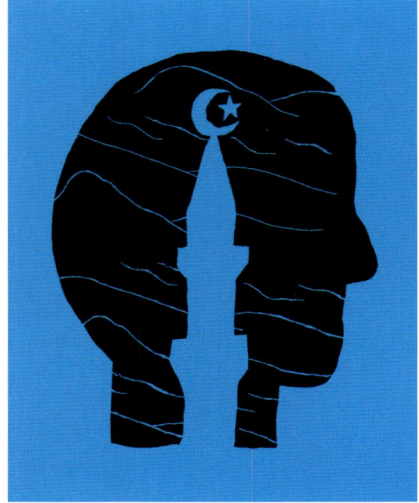

SOMOS EL PUEBLO DEL DESIERTO
GHANA SE CONVIERTE AL ISLAM (1076–1103)

Desde el siglo IX hasta inicios del XI, el imperio africano occidental de Ghana se mantuvo en la cumbre de su poder. Su vasta riqueza procedía de los impuestos sobre el oro del sur y el este de sus dominios. El oro se intercambiaba en Kumbi Saleh y otros lugares por bienes, sobre todo sal, traídos por caravanas norteafricanas.

Las rutas comerciales del Sáhara eran guiadas y protegidas por las tribus cenhegíes, de la confederación Zanhaga de nómadas bereberes, de la que formaban parte los gudalas, en la costa atlántica. Entre 1035 y 1036, el jefe de los gudalas, Yahya ibn Ibrahim, peregrinó a La Meca, y volvió convencido de que la práctica del islam entre su pueblo era muy laxa.

Un islam más estricto
Hacia 1040, Ibn Ibrahim encargó a Abdalá ibn Yasin, estudioso islámico de la tribu de los jazula, enseñar el verdadero islam a los gudalas. Estos fueron reacios a las reformas impuestas por Ibn Yasin, y se rebelaron a la muerte de Ibn Ibrahim. Ibn Yasin huyó con sus seguidores y formó la alianza almorávide junto con Yahya ibn Omar, jefe de la tribu lamtuna, la

Los **almorávides, comunidad rigorista islámica**, se convierten en un poder militar formidable y toman **núcleos comerciales** importantes del **Sáhara**.

Según afirman algunos estudiosos, los almorávides **saquean la capital de Ghana**, Kumbi Saleh, y **someten al imperio al islam**.

Otros historiadores creen que la **conversión al islam fue gradual**, y simplemente se aceleró en el periodo almorávide.

Véase también: El Imperio de Ghana 52–57 ▪ La conquista musulmana de Egipto 58–59 ▪ El Imperio de Kanem 80–81 ▪ El Imperio de Malí 86–91 ▪ La fundación de la gran mezquita de Yenné 92 ▪ El sultanato de Ifat 93

La mezquita de Larabanga, en la actual Ghana, es una de las más antiguas de África occidental, y se construyó con tierra compactada y vigas de madera en 1421. Es un lugar de peregrinaje para los musulmanes africanos.

más poderosa del noroeste, y juntos unieron a los cenhegíes. Inspirados por su ideología islámica militante, los almorávides fueron una dinastía guerrera formidable que conquistó Marruecos, un área extensa del Sáhara al sur, y ocupó también Al Ándalus.

El desafío a Ghana

En 1054–1055, los almorávides tomaron dos ciudades clave de las rutas comerciales transaharianas: Siyilmasa, en el noroeste de África, y Audagost en el norte del Imperio de Ghana. Alrededor de 1056, al morir Yahya en combate, tomó su lugar su hermano Abu Bakr, quien, tras hacerse con el control del noroeste del Sáhara, llevó sus fuerzas al sur y atacó a los reinos vasallos de Ghana. Relatos históricos posteriores hablan del saqueo por Abu Bakr de la capital de Ghana, Kumbi Saleh, en 1076, pero esto no convence a otros historiadores, y no está claro si fueron tales acontecimientos violentos los que llevaron a la conversión del imperio al islam.

Ghana tenía ya una población musulmana considerable, y el rey empleaba escribas y administradores musulmanes. Muchos de los comerciantes de Ghana se habían convertido para establecer relaciones de mayor confianza con sus homólogos musulmanes. Al hacerse los almorávides con el control de las rutas del comercio sahariano, Ghana fue adoptando la fe islámica, ya fuera de forma voluntaria o a la fuerza, acontecimiento que el geógrafo andalusí del siglo XII Mohamed al Zuhri sitúa algo más tarde, en 1102 o 1103.

Castigado por la sequía y los conflictos locales que perjudicaron al comercio y fomentaron el malestar en la región, el Imperio de Ghana fue perdiendo poder y prestigio, y, a mediados del siglo XIII, el Imperio de Malí ascendió y ocupó su lugar. ▪

Escultura de arcilla (*c.* 1250–1550) de Yenné (Malí), con una serpiente sobre una figura agachada y enferma. Se cree que representa el mito de Bida.

La leyenda de Bida

La tradición oral africana occidental emplea la alegoría para relatar la historia del Imperio de Ghana —llamado Wagadu en tales relatos— y su caída. Llamado «tierra del oro» por el estudioso persa del siglo VIII Al Fazari, el imperio era enormemente rico. La leyenda cuenta que una serpiente negra, Bida, suministraba el oro al país, y también la lluvia para que la tierra fuera fértil. A cambio, Vida esperaba de Ghana el sacrificio de una virgen todos los años. Durante el reinado del séptimo rey, una hermosa muchacha elegida para el sacrificio estaba prometida, y su prometido, decidido a rescatarla, mató a Bida, que en su último suspiro maldijo al imperio, infligiéndole sequía, hambre y pobreza. Las tierras antes prósperas y fértiles de Wagadu quedaron desoladas e inhóspitas, y las tribus indígenas soninkés se fueron marchando.

Los estudios del pasado geológico de la zona han confirmado que la sabana se volvió cada vez más árida, y esto sin duda contribuyó al declive del Imperio de Ghana.

ENCRUCIJADA DE AFRICA, CUNA DEL ISLAM

EL IMPERIO DE KANEM (1085)

EN CONTEXTO

LOCALIZACIÓN
Chad

ANTES
Siglo IV A. C. El pueblo sao empieza a asentarse alrededor del lago Chad. Su civilización florecerá en 700 d. C.

C. 800 D. C. Mai Dugu, fundador de la dinastía Dugawa, se convierte en el primer rey de Kanem, en la orilla oriental del lago Chad.

DESPUÉS
Siglo XIV Los bulalas invaden Kanem y trasladan a los Sefuwa a Bornu a la fuerza. Los habitantes del pueblo sao acaban siendo asimilados.

1571 Idris Alauma asciende al trono de Kanem-Bornu, y el imperio alcanza su mayor gloria.

Siglo XIX En un Imperio Kanem-Bornu en declive, colapsa la dinastía Sefuwa, la más longeva de África.

1902 Gran Bretaña, Francia y Alemania se reparten Bornu.

El control de las rutas comerciales del Sáhara trae **riqueza y poder**, y Kanem se expande.

→

Los **esclavos** en territorios conquistados son transportados y **cambiados por bienes de lujo**, como telas, joyas y caballos.

↓

Estudiosos y comerciantes de Kanem **viajan** a otras partes del mundo y continúan la **difusión del islam**.

←

Las rutas comerciales favorecen el tránsito de personas y la difusión de ideas, y así **el islam se convierte en religión oficial del imperio**.

Kanem gobernó el noreste de Nigeria, noreste de Camerún, este de Níger, oeste de Chad y sur de Libia. Tras adoptar el islam como religión oficial en el siglo XI, el imperio llegó a dominar las rutas comerciales del Sáhara, y contribuyó a difundir la nueva religión por África.

Dos dinastías, las de los Dugawa y los Sefuwa, dominaron la mayor parte de la historia de Kanem. Desde alrededor de 800 d. C., los Dugawa gobernaron sobre un pueblo que llevaba una existencia modesta y nómada y construía cabañas de adobe enlucido.

En el siglo X el reino se enriqueció, y se establecieron algunos asentamientos permanentes, entre ellos las ciudades de Manan y Tarazaki. Los edificios de estas ciudades nuevas eran de una mezcla de arcilla y arena.

La difusión del islam
La mayoría de los soberanos Dugawa fueron llamados *mai* («rey divino»), y eran seguidores de una religión autóctona africana. Esto comenzó a cambiar cuando Mai Arku emprendió la conquista de regiones del Sáhara a mediados del siglo XI, incorporando territorios ocupados por refugiados árabes exiliados por

Véase también: El Imperio de Ghana 52–57 ■ La conquista musulmana de Egipto 58–59 ■ El comercio transahariano de esclavos 60–61 ■ Los inicios de Benín 82–83 ■ El Imperio de Malí 86–91 ■ La llegada de los europeos a África 94–95

Los Sefuwa recuperaron el control de Kanem en el siglo XVI, y formaron el posterior Imperio Kanem-Bornu. (En la imagen, la corte real, hacia 1870.)

El traslado a Bornu

En el siglo XIV, debilitada por luchas internas, la dinastía Sefuwa entró en conflicto con los bulalas, habitantes de territorios al este del Imperio de Kanem, en el actual Chad.

El rey de los bulalas Jil ibn Sikuma obligó a los Sefuwa a trasladarse al oeste, a Bornu, y se apoderó de Kanem.

Antes que arriesgarse a nuevas derrotas a manos de los bulalas, Alí ibn Dunama, soberano Sefuwa posterior, consolidó su poder en Bornu. En 1484 estableció una nueva capital en Ngazargamu,

junto al río Yobe, que llegó a tener 250 000 habitantes. Cuatro grandes mezquitas, con capacidad para 12 000 fieles cada una, eran centro de la vida religiosa pública, y la ciudad estaba protegida por una muralla imponente con cinco puertas. Las caravanas continuaron llegando para satisfacer la demanda del Imperio, y el pueblo de Bornu intercambiaba su cerámica y sus artículos de cuero por manufacturas y perfumes de Europa. Como antes Kanem, Bornu prosperó como centro de estudios islámicos.

conflictos políticos. La religión de los refugiados, el islam, causó buena impresión en la corte real. La reina Hawwa, que sucedió a Arku en 1067, fue el primer soberano musulmán de Kanem.

Al llegar al poder la dinastía Sefuwa en 1075, sus reyes fueron también musulmanes. Peregrinaron a La Meca, y algunos estudiaron cientos de libros sobre el islam. En 1085, el islam se estaba propagando rápidamente por Kanem, siendo adoptada por ricos y pobres por igual.

A mediados del siglo XIII, Mai Dunama II había hecho de Kanem una gran potencia regional, con Anjimi como capital. Al frente de 30 000 jinetes con sus camellos y una infantería muy numerosa, dirigió una campaña en el desierto en la que Kanem se apoderó de la región de Fezán, al sur de Libia, que incluía oasis muy buscados, y amplió los lí-

mites del imperio al este y al norte. En las áreas conquistadas se instalaron gobernadores militares, y los derrotados debieron pagar tributo a los reyes de Kanem, habitualmente proporcionando esclavos.

Bienes e ideas

El dominio de las rutas transaharianas, junto con los botines de guerra, trajo grandes ingresos al Estado. Con ellos se pagaron caballos, objetos de metal y sal de Egipto, marfil del oeste y productos de algodón del sur. El imperio fue también un participante activo en el lucrativo tráfico de esclavos. Por las rutas comer-

ciales llegaban también ideas, y se establecieron contactos culturales con el mundo exterior: los viajeros de Kanem fundaron una escuela en El Cairo para los peregrinos que iban y volvían de La Meca, y el poeta Abu Ishaq Ibrahim al Kanemi trabajó en la corte real de Al Ándalus.

Pese a sus éxitos militares y de otro tipo, los conflictos internos y externos acabaron obligando a los Sefuwa a abandonar Anjimi y formar el nuevo reino de Bornu, en la orilla occidental del lago Chad. Allí conservaron el poder hasta el siglo XIX, siendo la dinastía más longeva del continente. ■

Las caravanas de camellos transportaban oro y nuez de kola, además de esclavos, a través del Sáhara. Muchas de estas rutas comerciales se siguen empleando aún hoy.

LA CIUDAD SANTA ENCANTADA
LOS INICIOS DE BENÍN (1180)

L a historia de Benín como reino dominante en África occidental es la de dos dinastías: los Ogiso y los Oba. A lo largo de tres siglos –desde 900 hasta 1200 d. C., aproximadamente– pusieron a Benín en la senda de convertirse en un imperio africano occidental poderoso y con personalidad propia, que a partir de finales del siglo XV forjaría vínculos comerciales con naciones colonizadoras europeas, en particular con Portugal.

El reino de Benín comenzó como una serie de pequeños asentamientos, principalmente agrícolas, al oeste del río Níger. Alrededor de 900 d. C., con el objetivo de proteger-

El de Owodo, el último Ogiso, fue un largo reinado de desgobierno, fracaso e inquietud.
Jacob U. Egharevba
Historiador beninés (1893–1981)

se juntos de amenazas externas y mejorar sus relaciones comerciales, estos asentamientos se unieron, y a partir de algunos se acabó formando la ciudad de Benín. A la cabeza del reino estaba el Ogiso («Rey del cielo»). Según la historia oral beninesa, el primer Ogiso fue Igodo, que dio nombre al primer reino, llamado Igodomigodo.

Cambio de dinastía
En la historia oral de Benín, la dinastía Ogiso acabó a principios del siglo XII, al ser depuesto y exiliado un rey débil, Owodo. El reino pasó a ser una república encabezada por Evian, miembro destacado de los efas, la población autóctona original de Benín. Estos se habían mezclado con los edos —emigrados de la confluencia de los ríos Níger y Benue— que habían llegado a dominar la región.

En esta época, Benín fue gobernado por representantes tanto efas como edos. Los primeros controlaban las zonas habitadas por los suyos, y los segundos, por medio del *edionevbo* (consejo de jefes edo), el resto del reino. Hacia el final del largo gobierno de Evian, este intentó fundar una dinastía propia nombrando sucesor a su hijo Ogiamien.

Véase también: Los estados hausas 96–97 ▪ Los bronces de Benín 100–101 ▪ Las mujeres guerreras de Dahomey 164–165 ▪ La guerra de las mujeres 252

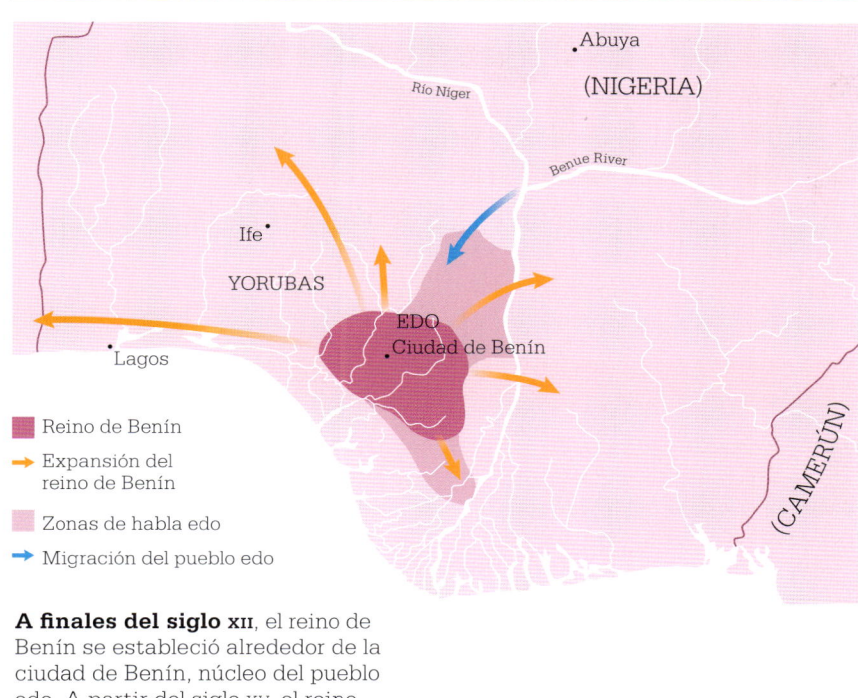

Reino de Benín

→ Expansión del reino de Benín

Zonas de habla edo

→ Migración del pueblo edo

A finales del siglo XII, el reino de Benín se estableció alrededor de la ciudad de Benín, núcleo del pueblo edo. A partir del siglo XV, el reino se expandió gracias al comercio.

La influencia de Ife sobre Benín

La historia de Benín y los edos está inextricablemente unida a sus vecinos yorubas y su capital, Ife. Alrededor de esta se desarrolló a partir de *c.* 700 d. C. un Estado próspero y dominante en la región, en su apogeo entre 900 y 1200. Ife, como Benín, se enriqueció comerciando con otros pueblos africanos, y fue un centro artesanal para los tejidos, la madera y los metales, siendo especialmente prestigiosa la fundición de «bronces» (en realidad, esculturas de latón).

Al enfrentarse la clase gobernante de Benín a una crisis dinástica en el siglo XII, recurrieron al poder bien asentado de Ife y su rey (*ọ̀ni*). Esta consistió en un nuevo monarca, u *oba*, quien, como el *ọ̀ni*, era un símbolo espiritual además de político, con un vínculo directo con los dioses. El aprecio de los *ọ̀ni* por elaboradas esculturas en metal pasó también a formar parte de la cultura de Benín.

Esta cabeza de latón de hacia el siglo XIV podría representar a un *ọ̀ni*. Las técnicas de fundición de los ife, sobre todo del latón, fueron copiadas por los artistas de Benín.

Esto alarmó al *edionevbo*, cuyos miembros temían perder influencia. En busca de un soberano neutral y más fácil de controlar, enviaron una delegación al reino vecino de Ife para pedir a su rey, Oduduwa, que enviara a uno de sus hijos para gobernarles. Oduduwa accedió, a condición de que su hijo no corriera peligro, y envió al joven príncipe Oranmiyan, acompañado de una comitiva armada, a Benín.

Después de derrotar a Ogiamien y los suyos en batalla, Oranmiyan se casó con una mujer edo, Erinmwide, y tuvieron un hijo, Eweka. Alrededor de 1200, Oranmiyan abdicó, frustrado por el poder del *edionevbo*. Considerando que solo un rey educado desde la infancia en la historia y cultura de los edos podía gobernarles con eficacia, dejó a Eweka para que fuera el primer *oba* (rey) de una nueva dinastía.

De reino a imperio

Los Oba fueron cimentando de manera gradual su poder, expandiendo los límites del reino y haciendo de la ciudad de Benín una capital imponente, con un palacio real y un sistema intrincado de calles. También explotaron la proximidad del río Níger, la costa y otros reinos de África occidental para establecer rutas comerciales para el transporte de bienes como marfil, pimienta y pieles. El control de los Oba sobre la región llegó a su apogeo de los siglos XV al XVII, cuando el imperio se extendía al oeste hasta la actual Ghana y mantenía vínculos comerciales estrechos con las potencias marítimas europeas. ▪

LOS MILAGROS DE LALIBELA
LAS IGLESIAS RUPESTRES DE ETIOPÍA (*c.* 1187)

EN CONTEXTO

LOCALIZACIÓN
Etiopía

ANTES
***C.* 330** El cristianismo es declarado religión oficial del reino de Aksum (surgido en la actual Etiopía), tras la conversión del rey Ezana por un misionero.

Siglo VIII Los árabes musulmanes se hacen con el control de las rutas comerciales del mar Rojo, y Aksum entra en declive como potencia.

DESPUÉS
1270 Yekuno Amlak, príncipe de los amhara, derroca a la dinastía Zagwe y establece la dinastía salomónica, que se dice descendiente del rey Salomón y la reina de Saba.

1529–1543 Muchas iglesias, monasterios y bibliotecas etíopes son destruidos en la guerra que enfrenta al Imperio etíope y el sultanato musulmán somalí de Adel.

L a ciudad de Lalibela, al norte del macizo etíope, cuenta con algunas de las iglesias más extraordinarias del mundo. En la misma época en que las iglesias europeas de elevadas bóvedas se alzaban hacia el cielo, las iglesias monolíticas de Lalibela se adentraban en las profundidades de la tierra, excavando en la roca.

Las once iglesias ocupan una extensión de 25 ha. Según la leyenda, se construyeron en una sola noche con la ayuda de ángeles, durante el reinado de Lalibela (*c.* 1185–1225), de la dinastía Zagwe. Se cuenta que Lalibela visitó Tierra Santa poco antes de que los musulmanes reconquistaran Jerusalén en 1187, y esto le inspiró la creación de una nueva Jerusalén en Etiopía como lugar de peregrinaje. Así, los nom-

Biete Ghiorgis (iglesia de San Jorge) fue la última iglesia rupestre construida. De planta cruciforme, está apartada de las demás iglesias, pero unida a ellas por senderos abiertos en la roca.

Véase también: El cristianismo llega a África 48–51 ▪ Los judíos etíopes 74 ▪ La ciudad de Gran Zimbabue 76–77 ▪ La fundación de la gran mezquita de Yenné 92 ▪ Etiopía desafía al colonialismo 226–227

Iglesias en cuevas

Además de las iglesias excavadas, en Etiopía hay cientos de iglesias construidas en cuevas. Algunos arqueólogos estiman que Etiopía podría tener hasta tres mil cuevas rupestres y talladas en la roca, esculpidas entre los siglos VI y XVI. Las paredes y los techos de algunas están ricamente decoradas con pinturas de apóstoles, santos, ángeles y figuras bíblicas. Algunas contienen manuscritos iluminados, cruces y salterios. Entre las iglesias más conocidas están la de Yemrehana Krestos y los monasterios de Ashetan Maryam y Na'akuto La'ab, todos construidos en cuevas de las montañas de los alrededores de Lalibela, y Abuna Yemata Guh, tallada en un pináculo de arenisca en los montes de Gheralta, en la región de Tigray, al norte. Abuna Yemata Guh, que se cree que fue construida en el siglo VI, contiene murales de los siglos XV y XVI, y solo es posible llegar a ella tras una escalada de 300 m por una pared de roca vertical y una caminata por una estrecha cornisa.

Un sacerdote ortodoxo etíope en la iglesia de la cueva de Abuna Yemata Guh sostiene un *mäsqäl*, una cruz empleada para sanar, bendecir y proteger.

bres de algunas de las iglesias conmemoran lugares de Tierra Santa, como Biet Golgotha Mikael (iglesia del Gólgota y de San Miguel) y Biet Lehem (iglesia de Belén), como sucede también con rasgos del paisaje, caso del río Yordana (Jordán) que discurre por la zona.

Monumentos imponentes

La mayoría de los historiadores concuerdan en que las iglesias fueron construidas a lo largo de la dinastía Zagwe, y no fueron obra de un solo rey. Los agaw, el pueblo del macizo etíope central del que era rey Lalibela, establecieron en 1137 su capital en Roha, luego llamada Lalibela como homenaje póstumo al rey. Se cree que las iglesias más antiguas de la ciudad pudieron ser palacios o fortificaciones antes de reconvertirse para el culto.

Siete de las iglesias están ocultas bajo tierra, con apenas un estrecho espacio entre sus paredes y la piedra que las rodea. Las otras cuatro, entre ellas Biet Medhani Alem (iglesia del Redentor), la mayor, con sus 11,5 m de altura y 33,7 m de largo, y Biet Ghiorgis (iglesia de San Jorge), se ven exentas de apoyos, unidas al suelo únicamente por la base. Todas ellas se tallaron a partir de una sola roca o monolito, con el techo al nivel del suelo. Al decidir el emplazamiento de una iglesia, los canteros tenían que considerar no solo la posición de los muros exteriores, sino también la de los vanos, las columnas, los desagües del tejado y las gárgolas. Se cree que los trabajadores excavaban zanjas profundas alrededor de grandes rocas, y a continuación los canteros daban forma a la iglesia y vaciaban el interior empleando martillos y picos. Un sistema de canales de drenaje prevenía las inundaciones, y se construyeron también almacenes, catacumbas y pasadizos que llevaban hasta otras iglesias.

Muchas de las puertas y ventanas exhiben formas y ornamentación aksumitas. Biet Medhani Alem, por ejemplo, está rodeada por una columnata esculpida en la roca, del estilo esteliforme característico de Aksum.

Fue esculpida en la montaña. Los pilares, asimismo, fueron cortados de la montaña.
Sinhab al Din
Autor árabe del siglo XVI

Lugar de peregrinaje

Lalibela es hoy en día un lugar de peregrinaje importante de la Iglesia ortodoxa etíope, de la que alberga una gran comunidad de sacerdotes y monjas. Desde su inclusión en la lista del Patrimonio de la Humanidad de la Unesco en 1978, y con la mejora de los transportes al lugar, las iglesias se han convertido en gran atracción del turismo internacional, y su conservación se ha vuelto prioritaria. ▪

MALI
NO SERA NUNCA
SOMETIDO

EL IMPERIO DE MALÍ (1235—SIGLO XV)

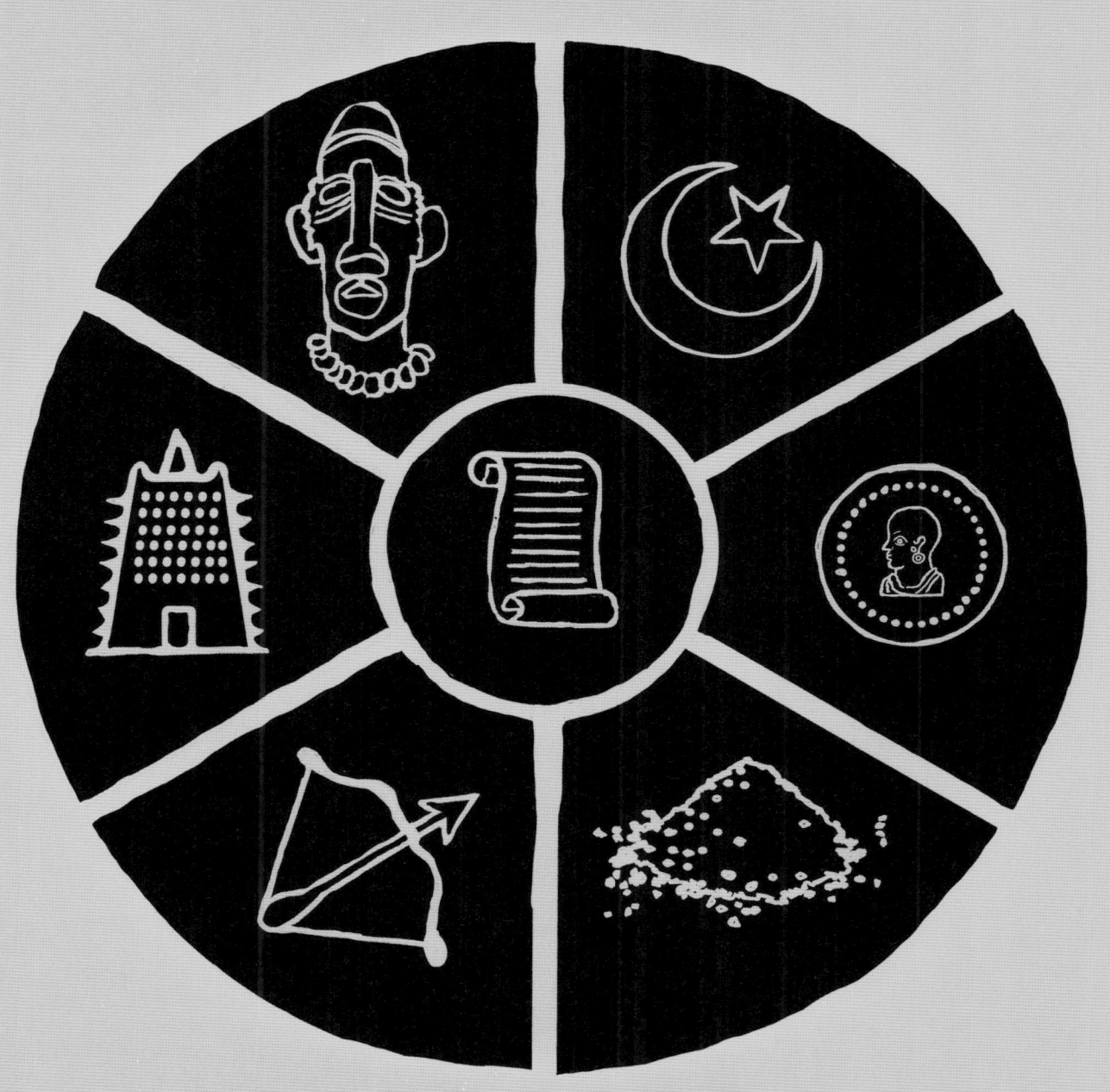

LOCALIZACIÓN
África occidental

ANTES
642 Fuerzas árabes musulmanas se apoderan de Egipto, y a los cinco años inician la conquista del Magreb.

Siglos VIII–IX Comerciantes y viajeros musulmanes llegan al norte de África, seguidos por ulemas que convierten africanos al islam.

Mediados del siglo XI Los almorávides, alianza de tribus bereberes musulmanas, invaden el Imperio de Ghana en África occidental, iniciando su declive.

DESPUÉS
Década de 1590 Tras una derrota importante a manos de fuerzas marroquíes, el Imperio songhai se desmorona.

1712 El Imperio bambara, con capital en Segú (actual Malí) incorpora Tombuctú y Yenné.

1818 El Imperio bambara decae tras una derrota decisiva contra los fulanis musulmanes.

1861 Umar Tal funda el efímero Imperio tuculor, que sobrevive solo tres décadas.

1893 Fuerzas francesas conquistan Segú y, un año después, Tombuctú. Bajo administración colonial francesa desde 1899, Malí se llamará Sudán francés hasta 1959.

1960 El Sudán francés se convierte en la independiente República de Malí.

Entre los siglos VIII y XIX, hubo tres grandes imperios en África occidental: tomando el lugar del Imperio de Ghana en el siglo XIII, el Imperio de Malí en su apogeo fue el mayor de los tres, y un centro floreciente tanto del comercio como de los estudios islámicos. Al declinar en el siglo XV, le sucedió el Imperio songhai.

Raíces del pueblo malinké

En el siglo X surgieron una serie de cacicazgos del pueblo malinké (mandingas) gobernados por sus respectivos clanes nobles. Uno de ellos fue el reino de Kangaba cerca de la frontera actual entre Guinea y Malí, gobernado por el clan malinké de los Keita a principios del siglo XII. Su centro era la ciudad de Niani, en el alto Níger.

La guerra civil, la sequía y las dificultades económicas llevaron finalmente al Imperio de Ghana al colapso en 1203, cuando uno de sus reinos vasallos hasta entonces, el de los sossos, tomó la capital, Kumbi

Este guerrero de terracota, de los siglos XIII–XV, fue desenterrado cerca de Yenné. En su apogeo, el Imperio de Malí tenía un ejército de 100 000 hombres y una caballería de 10 000 jinetes.

Sundiata, yo le saludo; rey de Malí, el trono de sus padres le espera.
Epopeya de Sundiata
**Poema épico del pueblo malinké
(siglo XIII)**

Saleh. El líder sosso, Sumanguru, no tardó en anexionarse lo que quedaba del imperio, y alrededor de 1230 sometió bajo su reinado tiránico a los clanes del pueblo malinké, Kangaba entre ellos. Los malinkés se rebelaron, pero fueron rápidamente aplastados por el ejército sosso.

Según la tradición oral, Sundiata Keita, monarca cuyo nombre significa «rey león», formó un ejército dotado de caballería y obtuvo una serie de victorias contra las fuerzas de Sumanguru, derrotando finalmente al tirano sosso en la batalla de Kirina (1235).

La construcción de un imperio

Tras la victoria de Sundiata, los jefes malinkés se reunieron en Kangaba para jurarle lealtad como soberano, nombrándole Mari-Yata («Señor León»). Al expandirse Malí, Sundiata recibió también el título *mansa* («sultán» o «emperador»), asumido por sus sucesores.

Sundiata estableció la capital de Malí en Niani, que se mantuvo como tal hasta el siglo XVI. Los historiadores árabes Al Umari e Ibn Jaldún describen Niani como una ciudad extensa, de casas cónicas de arcilla con tejados de madera y caña. Situa-

Véase también: El Imperio de Ghana 52–57 ▪ La conquista musulmana de Egipto 58–59 ▪ Los orígenes del Imperio songhai 75 ▪ Ghana se convierte al islam 78–79 ▪ La fundación de la gran mezquita de Yenné 92 ▪ El Año de África 274–275

El personaje Simba del musical *El rey León* parece evocar a Sundiata, fundador de Malí: Simba huye tras el asesinato de su padre, pero, como Sundiata, regresa.

da en rutas comerciales importantes a Egipto y al Magreb, tenía mercados bien surtidos de bienes procedentes de muchos países.

Sundiata expandió pronto el imperio para controlar otras rutas comerciales principales. Conquistó y arrasó Kumbi Saleh, antigua capital del Imperio de Ghana, destruyendo los últimos vestigios de su poder. Al ampliar las fronteras de Malí hasta el río Senegal, al oeste, y el Gambia, al norte, incorporó núcleos clave de las rutas transaharianas, entre ellos su término meridional principal, la ciudad y oasis de Ualata, de 2500 habitantes. El imperio controlaba también las rutas del interior de África y la costa del Atlántico, sometidas a impuestos por el tránsito de oro, sal, cobre, marfil y esclavos, y compraba bienes para revender con un alto margen de beneficio. Las tierras conquistadas por Sundiata eran ricas en recursos naturales, y permitieron al imperio desarrollar una economía floreciente y diversificada. De las minas de oro de Bambuque y Bure en el sur, que antes habían enriquecido a Ghana, se extrajeron vastas cantidades de oro, mientras las tierras fértiles de la cuenca del Níger y del valle del Gambia producían cereales como el sorgo, el mijo y el arroz. El pescado llegaba desde los ríos Sankarani y Níger, y los pastores del Sahel proporcionaban ganado, carne y pieles.

Al morir en 1255, Sundiata había puesto a Malí en la senda de la grandeza. Su reinado había durado »

Tras el colapso del Imperio de Ghana, el **príncipe Sundiata** del reino de Kangaba conquista los Estados vecinos y **funda el Imperio de Malí**.

El imperio adquiere una **riqueza** enorme de sus **recursos naturales** y el control de las **rutas comerciales** transaharianas.

El noveno emperador, **Mansa Musa**, ostenta su riqueza y piedad durante una suntuosa **peregrinación a La Meca**.

Musa vuelve acompañado de **estudiosos islámicos**, **arquitectos** y miles de libros, y construye **mezquitas**, **bibliotecas y universidades**.

Malí adquiere prestigio por su **riqueza y saber**, y atrae a estudiosos de todo el **mundo islámico**.

Sundiata Keita

Nacido hacia 1210, Sundiata era hijo del jefe Keita Nare Maghan, soberano del reino de Kangaba. Transmitida de forma oral, la *Epopeya de Sundiata*, cuenta que Sundiata nació impedido, pero recuperó el uso de sus piernas a base de determinación. Al no haber un texto definitivo del poema, los relatos sobre su juventud varían. Como niño enfermizo, quizá se salvó de la muerte y pudo huir cuando Sumanguru, rey de los sossos, invadió Kangaba y mató a otros miembros de la familia Keita. Según la leyenda, cuando Sundiata derrotó finalmente a Sumanguru en la batalla de Kirina, fue gracias a contar con una magia más poderosa.

Sundiata fue un líder militar fuerte y un gobernante prudente, y nombró a jefes guerreros leales para gobernar los doce reinos que componían el primer Imperio de Malí. Según la *Epopeya*, Sundiata cumplió las profecías de los adivinos de que crearía uno de los imperios más poderosos conocidos. Murió en 1255.

25 años, y fue inmortalizado como fundador de Malí en la *Epopeya de Sundiata*, poema épico del pueblo malinké relatado a menudo por generaciones de *griots* (narradores o trovadores de la historia tradicional de África occidental).

Reinados desiguales

A Sundiata le sucedieron tres de sus hijos. El último fue Khalifa, a quien Ibn Jaldún llama «loco» por su afición al tiro con arco con sus súbditos como diana, y refiere que se levantaron contra él y lo mataron. Le sucedió Abu Bakr, sobrino de Sundiata, pero el poder real estaba en entredicho. Alrededor de 1285, Sakura, general del ejército de Sundiata nacido esclavo, se apoderó del trono.

Sakura, musulmán como los *mansas* que le precedieron, fue un líder competente que extendió los límites del imperio, reafirmándolo como potencia dominante de la región. Fue asesinado en el Cuerno de África en 1308, durante el viaje de regreso de su peregrinación a La Meca. El linaje de los Keita fue restaurado, y la accesión al trono en 1312 del noveno soberano de Malí, Mansa Musa, se considera el comienzo de la edad de oro del Imperio de Malí.

Una fastuosa peregrinación

En 1324, Mansa Musa, musulmán devoto, emprendió viaje con un séquito de miles de asistentes y cien camellos cargados de oro para el *hajj*, la peregrinación a La Meca, repartiendo dádivas generosas a lo largo del camino. Le acompañaba su primera esposa, Inari Kanuté, con cientos de sirvientes propios. La primera parada fue en El Cairo, donde pasó casi tres meses, y se cuenta que hizo al sultán egipcio Al Malik al Nasir un regalo de 50 000 dinares de oro. Historiadores árabes posteriores hablan de la gran impresión que causó a los egipcios la piedad y generosidad de Mansa Musa.

El ostentoso viaje del emperador llevó su fama mucho más allá de las costas de África, y puso a Malí literalmente en el mapa, al empezar a reflejar los cartógrafos europeos la situación del próspero imperio de África occidental. El gasto de Mansa Musa, sin embargo, inundó de oro el mercado de El Cairo hasta tal punto

> Este hombre [Mansa Musa] inundó El Cairo con sus dádivas. No hubo emir de la corte ni funcionario real que no recibiera un montón de oro.
> **Shihab al Din al Umari**
> Estudioso sirio (*c.* 1327)

que el precio por lingote perdió la quinta parte de su valor, y Egipto tardó una década en recuperarse.

Durante la ausencia de Mansa Musa, su ejército siguió expandiendo el imperio, incorporando el gran reino de los songhais, que se extendía cientos de kilómetros al este de Malí. El emperador visitó su capital, Gao, en el viaje de regreso desde La Meca, y mandó construir allí una mezquita. La otra gran ciudad songhai, Tombuctú, en el límite meridional del Sáhara, era ya un enclave importante de la ruta de las caravanas a través del desierto, y sería más adelante un centro de la cultura islámica. Incorporar Gao y Tombuctú sumó riqueza e influencia al Imperio de Malí.

El islam y el saber

En La Meca, Mansa Musa convenció al jerife (protector de los lugares santos y los peregrinos de La Meca y Medina) de que permitiera a varios *shurafa* (descendientes del profeta Mahoma) acompañarle a Malí con sus familias. Al viaje de vuelta se sumaron también intelectuales, arquitectos y miles de libros. Entre los estudiosos a los que reclutó en

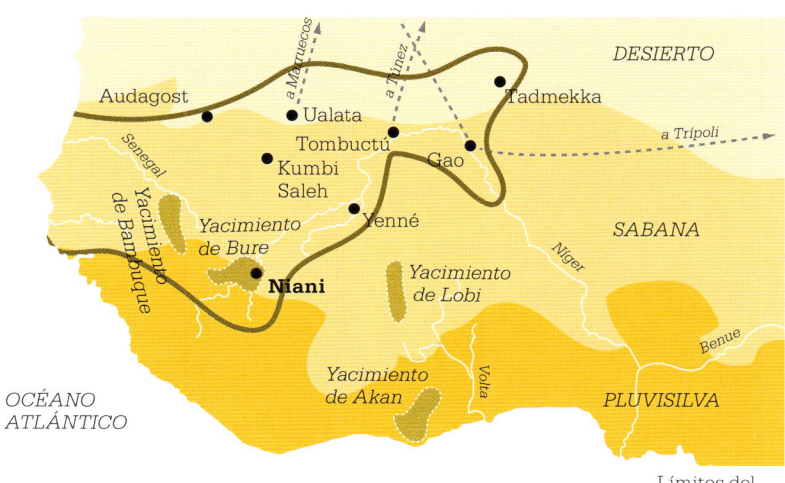

El Imperio de Malí, en su apogeo en la década de 1330, lo formaban doce provincias con tropas permanentes que incluían 400 ciudades, pueblos y un total de 20 millones de habitantes.

Límites del Imperio de Malí

Rutas comerciales

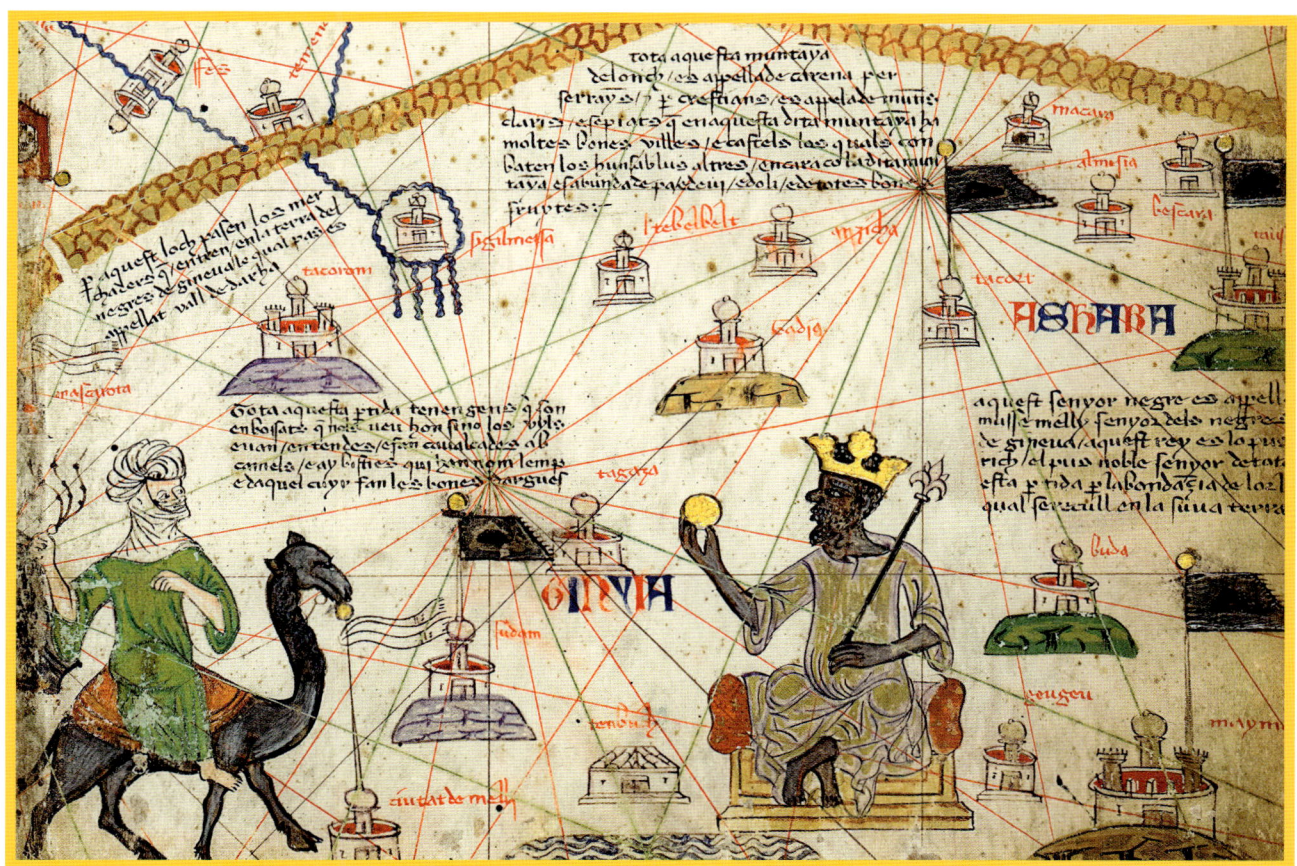

La Meca estaban el poeta y jurista andalusí Abu Ishaq al Sahili, que intervino como arquitecto en el diseño de la gran mezquita de Yinguereber y el palacio real de Madugu, ambos en Tombuctú.

Dotadas con mezquitas por Mansa Musa, Gao y Tombuctú florecieron como centros de saber coránico. La madrasa de Sankara en Tombuctú gozó de una reputación internacional por tener la mayor biblioteca de África, y muchos de los miles de libros y manuscritos que albergaron tales centros se conservan aún hoy. Estudiosos de todo el mundo islámico acudieron a Malí a estudiar historia, geografía, medicina y astronomía, mientras que los musulmanes nativos se formaban como ulemas en ciudades como Fez, en Marruecos.

Bajo Mansa Musa, el islam dejó de ser una religión foránea para considerarse una fe negra africana más. Tuvo el acierto de respetar las creencias tradicionales africanas y evitar los conflictos, de modo que ambas tradiciones culturales y religiosas florecieran simultáneamente en Malí.

La decadencia del Imperio de Malí

Mansa Musa murió en 1337, y le sucedieron varios soberanos menores. El poder económico de Malí fue menguando por la rebelión de Estados vasallos, y los conflictos internos se agravaron con la llegada de mercantes portugueses a la costa del Atlántico, que rompieron el monopolio de las rutas al Mediterráneo. El imperio fue también atacado repeti-

Orbe de oro en mano, Mansa Musa aparece retratado en el centro de las rutas comerciales africanas en un detalle del *Atlas catalán*, dibujado sobre vitela por el mallorquín Cresques Abraham en 1375.

damente por los bereberes nómadas tuaregs, del norte, y por el reino de los mossis, del sur.

Uno de los reinos rebeldes de Malí, el songhai, usó su poder naval en el Níger para conquistar otros territorios escindidos del imperio, y se expandió rápidamente como imperio comercial en los siglos XV y XVI. Alrededor de 1545, el ejército songhai ocupó la capital de Malí, Niani. A diferencia de Ghana, Malí no desapareció, pero perdió sus provincias que no eran del pueblo malinké y se redujo a los límites de la patria original. ∎

LOS QUE EN ELLA RECEN BENDECIRAN VUESTRO NOMBRE

LA FUNDACIÓN DE LA GRAN MEZQUITA DE YENNÉ (SIGLO XIII)

EN CONTEXTO

LOCALIZACIÓN
Malí

ANTES
639–642 El general árabe Amr ibn al As conquista Egipto, y el islam se difunde por el norte y oeste de África.

***C.* 850** Yenné se convierte en gran centro urbano del Imperio de Ghana.

***C.* siglo XI** Se funda Tombuctú. Muy vinculada a Yenné, será un gran centro de estudio y núcleo comercial.

DESPUÉS
1327 Se construye la mezquita de Yinguereber en Tombuctú.

1836–1838 El líder masina Seku Amadu, conquistador de Yenné en 1818, construye una nueva mezquita al este del emplazamiento original.

1591 El colapso del Imperio songhai lleva al declive de las ciudades del desierto en África occidental, entre ellas Yenné.

El asentamiento en la ciudad más antigua conocida del África subsahariana, Yenné, puede remontarse al siglo III a. C. A partir del siglo XIII, establecida la gran mezquita, fue un centro importante del islam, de la enseñanza y del comercio, así como un agente clave de la difusión del islam en África occidental. Dan fe de su papel como centro intelectual unos cinco mil manuscritos, algunos de los cuales pueden datar hasta del siglo XII, sobre asuntos como la historia, la geografía, la astronomía, la medicina o la magia.

La mezquita fue encargada por Koi Konboro, vigesimosexto soberano de Yenné, convertido al islam. Según la leyenda, un sabio musulmán le dijo que construyera una mezquita para complacer a Dios, y en un acto de piedad pública decidió convertir su palacio en lugar de culto.

Este magnífico edificio de adobe con vigas de madera sobresaliendo de los muros es el ejemplo por excelencia de la llamada arquitectura sudanesa. La estructura original estaba en ruinas en el siglo XIX, y fue reconstruida en 1907 por el gremio de albañiles de Yenné.

La mezquita sigue siendo hoy un símbolo de cohesión comunitaria. Al estar hecha de barro, sufre daño en cada estación lluviosa, y requiere por tanto un mantenimiento constante. En la fiesta anual del *Crépissage* (enlucido), miles de jóvenes trepan los muros, empleando las vigas de madera como andamio, para recubrirlos con arcilla fresca. Anunciado por cánticos y danzas durante toda la noche anterior, el trabajo comienza de madrugada y se termina en cuestión de horas. ∎

La mezquita de Yenné, restaurada todos los años, puede calificarse de monumento vivo. Es Patrimonio de la Humanidad de la Unesco, y aparece en los billetes y sellos de Malí.

Véase también: El Imperio de Ghana 52–57 ▪ La ciudad de Gran Zimbabue 76–77 ▪ Ghana se convierte al islam 78–79 ▪ El Imperio de Malí 86–91

LA MISION DE PROPAGAR LA LUZ DEL ISLAM

EL SULTANATO DE IFAT (1285–1415)

En los primeros siglos del islam, la fe musulmana fue llevada por emigrantes y comerciantes a la otra orilla del mar Rojo y al Cuerno de África, donde hubo una serie de Estados musulmanes clave durante la Edad Media. Uno de los mayores fue el sultanato de Ifat, que prosperó en partes de las actuales Etiopía, Yibuti y Somalia.

Clave para el control que ejercía Ifat era su situación costera. Centrado en el puerto de Zeila, que alimentaba un número importante de rutas comerciales, dominar este comercio enriqueció a los soberanos y les permitió extender su control.

Un reino unificado

Ifat había sido el Estado más oriental del sultanato de Shoa, gobernado por la dinastía Majzumi. En 1285, el sultán de Ifat, Alí ibn Wali Asma, depuso a los Majzumi y se apoderó de sus reinos. Luego sometió regiones de la vecina Afar y a la nación nómada de Adal, consolidando territorios musulmanes dispares en un solo sultanato poderoso.

La geografía de Ifat no solo le confería una ventaja estratégica, sino que además se beneficiaba de las tierras fértiles de la llanura litoral. Sin embargo, las relaciones con el reino cristiano de Abisinia fueron inciertas, e Ifat fue ocupado décadas después de su fundación.

Durante casi un siglo, Ifat se resistió a sus ocupantes, pero en 1415, en la última revuelta, mataron al sultán S'ad al Din en Zeila. Yeshaq I, emperador de Abisinia, destruyó el sultanato y se anexionó sus tierras. ∎

Estos reinos, que pertenecieron a siete reyes, son débiles y pobres […], la autoridad de cada uno está aislada.
Ibn Fadlallah al Umari
Historiador árabe (1301–1349)

Véase también: La conquista musulmana de Egipto 58–59 ▪ Ghana se convierte al islam 78–79 ▪ Etiopía desafía al colonialismo 226–227

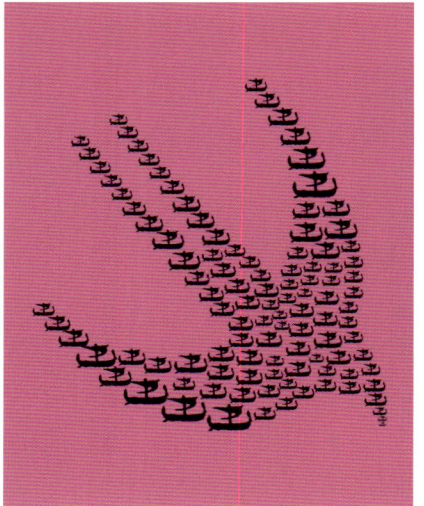

TODAS LAS AVES ACUDEN AL ARBOL FRUCTIFERO

LA LLEGADA DE LOS EUROPEOS A ÁFRICA (1364)

EN CONTEXTO

LOCALIZACIÓN
África subsahariana

ANTES
C. 711 Comienza la conquista musulmana de Hispania, que forjará vínculos entre Europa y África.

1312 El comerciante genovés Lanceloto Malocello construye un castillo en Lanzarote.

DESPUÉS
1510–1866 Unos 12,5 millones de africanos son llevados a América en barcos negreros europeos y americanos.

1550 La obra del andalusí exiliado León el Africano mueve a los europeos a redibujar sus mapas de África.

1796 El escocés Mungo Park intenta seguir el curso del Níger en nombre de la African Association británica.

1884–1900 Las potencias de Europa compiten por repartirse África y colonizan el 90 % de su territorio.

L a llegada de navegantes a la costa oeste de África en el siglo XV, y quizá ya en el XIV, suele verse como el hito inaugural en el encuentro de africanos y europeos, pero unos y otros se habían encontrado ya, y en términos de relativa igualdad, mucho antes. Había una presencia africana en el ámbito mediterráneo desde los tiempos del antiguo Egipto, tres milenios antes. Tras la conquista de Cartago (actual Túnez) en 146 a. C., las productivas colonias norteafricanas de Roma fueron conocidas como el granero del imperio. En el siglo VIII, la invasión musulmana trajo a los moros a la Europa medieval. En los siglos XII y XIII, los cruzados europeos volvieron con noticias de cristianos africanos en Etiopía, y en el siglo XIV viajaron diplomáticos y delegaciones etíopes a Europa.

Un mapa de la costa africana del *Atlas Vallard* (c. 1547) dibujado desde la perspectiva europea, con Gibraltar al pie y la fortaleza portuguesa de São Jorge da Mina arriba a la izquierda.

Véase también: Los romanos llegan a África 38–39 ▪ El cristianismo llega a África 48–51 ▪ Los moros en Al Ándalus 64–67
▪ El Imperio de Malí 86–91 ▪ Los inicios del comercio atlántico de esclavos 116–121 ▪ El reparto de África 222–223

En 1634, **dos barcos de Dieppe (Normandía)** viajan por la costa africana occidental más allá de Cabo Verde.

Comercian con las comunidades locales, cambiando bagatelas francesas por marfil, ámbar, pieles y pimienta.

En 1383 hay ya **marinos mercantes franceses comerciando en la Costa de Oro**, y una factoría en un lugar que llaman La Mine.

En 1666, Villault de Bellefond **relata la historia** a partir archivos navales de Dieppe. Estos arden en 1694 y **se pierden todas las pruebas**.

En la Edad Media, las rutas comerciales regionales e internacionales del África subsahariana se extendían desde la costa de África occidental hasta el norte del continente, y de las ciudades-estado de la costa este por el océano Índico. Aun así, los europeos apenas tenían un conocimiento elemental de los vastos imperios africanos, y dependían de intermediarios musulmanes para cualquier comercio con ellos.

Del siglo x en adelante, algunos comerciantes que viajaron por el interior confeccionaron mapas rudimentarios. Se cuenta que los venecianos recorrieron Túnez en el siglo XIII, y es posible que algunos europeos llegaran al sur del Sáhara.

En busca de oro

El libro *Los viajes* (1353), del erudito y explorador bereber marroquí Ibn Battuta, pudo despertar el interés por las riquezas de África, al incluir la descripción de la formidable fortuna, amasada gracias al comercio del oro y la sal, de Mansa Musa, rey de Malí.

A la costa de Guinea pudieron llegar comerciantes normandos de Dieppe en fecha tan temprana como 1364, pero los únicos viajes a África occidental de los que se conserva noticia escrita son las expediciones portuguesas del siglo XV, organizadas por Enrique el Navegante. Estas tenían como misión encontrar la ruta a la India, comerciar a cambio de oro y combatir el poder musulmán en África.

Las ligeras carabelas llegaron a la altura de Senegal en 1444, y siguieron descendiendo por la costa, entrando en contacto con africanos desde África occidental hasta África del sur.

En los primeros encuentros, los europeos fueron bien recibidos, pero no sin desconfiar de sus intenciones, lo cual resultó premonitorio: el primer cargamento que puso rumbo a Portugal, en 1444, fue de polvo de oro y africanos cautivos. Cuando los portugueses llegaron a la costa de la actual Ghana en 1471, el comercio del oro con el pueblo akan floreció de tal modo que llamaron Mina

a la costa posteriormente conocida como Costa de Oro. En pocas décadas construyeron una serie de fuertes factoría y establecieron un monopolio comercial con África occidental que mantuvieron durante todo el siglo XVI. Una vez Vasco da Gama rodeó el cabo de Buena Esperanza en 1498, los portugueses trataron de dominar también el comercio del oro en la costa este, con un éxito limitado.

Tráfico humano

Cuando los neerlandeses establecieron sus primeras factorías comerciales en África occidental en 1598, el tráfico de esclavos africanos era ya el objetivo principal de los europeos. Ya en la década de 1620, más de 100 000 africanos habían sido embarcados a Madeira, Cabo Verde y las islas del golfo de Guinea, y unos 400 000, a América.

De 1652 a 1713, en la carrera por establecer colonias y factorías, las guerras entre Francia, Inglaterra y los Países Bajos tuvieron por escenario la costa occidental de África. La llegada de los europeos estableció vínculos a través del Atlántico que conectaron África, Europa y América, pero a expensas de que África perdiera de manera desastrosa su camino de desarrollo independiente. ▪

Estatuas entre los restos de un fuerte portugués construido en 1588 en una colonia temprana en Cacheu (Guinea-Bissau), luego factoría del comercio de esclavos en los siglos XVII y XVIII.

LOS HOMBRES AZULES DEL SAHEL

LOS ESTADOS HAUSAS (1463)

EN CONTEXTO

LOCALIZACIÓN
Nigeria

ANTES
Siglos v–vii Se forman los primeros reinos hausas en el Sahel, entre ellos la Colina de Dala, luego llamado Kano.

Siglo ix Ahmad al Yaqubi, geógrafo musulmán, menciona a los hausas del Sahel central.

Siglo xi El islam, difundido por comerciantes y ulemas, influye en los reinos hausas.

Siglo xiv El comercio de los reinos hausas rivaliza con el de los imperios vecinos de Malí y Kanem-Bornu.

DESPUÉS
1804 El líder fulani musulmán Usmán dan Fodio conquista los reinos hausas y funda el califato de Sokoto.

1903 El Imperio británico conquista el califato de Sokoto y lo integra en el Protectorado de Nigeria del Norte.

En el siglo xv, el comercio transahariano, los conocimientos locales y la abundancia de recursos alimentaron el surgimiento de las ciudades-estado hausas, en el actual norte de Nigeria, entre el lago Chad y el río Níger, en el centro del Sahel −el área semiárida al sur del Sáhara. La ciudad-estado dominante, Kano, fue gobernada de 1463 a 1499 por Mohamed Rumfa, el sultán que puso los cimientos del futuro Imperio de Kano.

Las ciudades-estado independientes se desarrollaron a partir de los pueblos amurallados *(birni)* de los hausas indígenas o emigrados, y crecieron junto con el comercio transahariano. Los hausas estaban bien situados en las rutas comerciales desde el norte del Sáhara al Sudán occidental y a las tierras boscosas del sur. Aunque independientes, se unieron intermitentemente en una confederación laxa a partir del siglo xiv. Recibieron la influencia de misione-

En la **leyenda fundacional de los hausas**, Bayajidda, príncipe de Bagdad, vino a la ciudad de Daura.

En el pozo de Daura, **mató a una serpiente** que aterrorizaba a la gente y cortó su cuerpo **en siete partes**.

Bayajidda se casó con la reina de Daura y tuvo un hijo, origen del **primer reino hausa**.

Sus seis nietos **fundaron las demás ciudades-estado hausas**: Biram, Gobir, Kano, Rano, Zazzau y Katsina.

Véase también: El comercio transahariano de esclavos 60–61 ▪ La conquista fulani 196–197 ▪ «Zik» y la Nigeria independiente 286–287

El palacio del emir en Bauchi (Nigeria), del siglo XIX, exhibe símbolos y motivos que antes adornaron las puertas de las ciudades hausas amuralladas.

ros musulmanes del Imperio de Malí, que animaron al rey de Kano, Alí Yaji (1349–1385), a convertirse al islam.

Centros florecientes del comercio

Las siete ciudades-estado (o Bakwai Hausa) eran Biram, Gobir, Kano, Rano, Zazzau, Katsina y Daura, con otros Estados exteriores menos estrechamente vinculados. Daura es el lugar del mito fundacional de los Estados hausas, hoy considerado no anterior al siglo XVI, por reflejar la influencia del islam.

Cada ciudad-estado tenía un *sarkin kasa* (rey) y un consejo de ancianos. Las siete competían por el poder, pero cooperaban en el comercio, cada una con un papel y unos bienes distintos, en función de su situación y de los recursos naturales disponibles.

Biram fue la sede original del gobierno, mientras que Gobir defendía de invasiones la frontera oeste. Kano y Rano cultivaban algodón y producían telas finas teñidas con añil, origen del apodo «hombres azules» dado a los hausas. Kano era también un núcleo del comercio de marfil, oro, cuero y esclavos, mientras que Zazzau era una fuente primaria de esclavos, adquiridos en ataques a las tierras del sur. Katsina, una región agrícola, producía pieles y cultivos como mijo y cacahuetes. Katsina y Daura eran las más próximas al sur del Sáhara, y comerciaban directamente con bienes de los hausas con los comerciantes transaharianos.

El ascenso de Kano

El sultanato de Mohamed Rumfa consolidó el poder de Kano, estableció el mercado de Kurmi, activo aún hoy, y dio la bienvenida a comerciantes extranjeros y estudiosos islámicos. Aconsejado por el misionero bereber Mohamed al Maguili, introdujo

también reformas inspiradas en el islam, y construyó un palacio y numerosas mezquitas.

Tras la muerte de Rumfa en 1499, el poder de Kano siguió creciendo. Su nieto Mohamed Kisoki (1509–1565) creó el Imperio de Kano, formado por las Bakwai Hausa y otros reinos del Sahel. En 1804, debilitado por conflictos internos y externos, el imperio fue conquistado por los fulanis en una rebelión islámica, o *jihad*, y posteriormente fue ocupado por el Imperio británico. Actualmente, los hausas son el mayor grupo étnico del África subsahariana. ▪

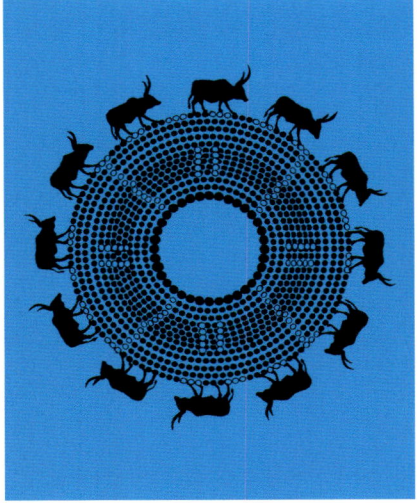

ADONDE VAYAN SUS ANIMALES, ELLOS LES SIGUEN

LA MIGRACIÓN DE LOS MASÁIS (SIGLOS XV–XVIII)

EN CONTEXTO

LOCALIZACIÓN
Kenia, Tanzania

ANTES
2000–1000 A. C. Pueblos nilóticos (grupo etnolingüístico al que pertenecen los masáis y los turkanas) migran por el valle del Nilo hasta el actual Sudán del Sur.

500 A. C. Pueblos nilóticos llegan hasta la actual Kenia.

DESPUÉS
Década de 1890 La peste bovina diezma los rebaños de los masáis. La hambruna resultante, agravada por la sequía y una epidemia de viruela, mata al 60 % de la población masái.

1904 y 1911 Tratados firmados con los británicos privan a los masáis de sus zonas de pastoreo del norte.

1946 Se crea la zona de conservación del Parque Nacional de Nairobi (Kenia) en tierras tradicionalmente habitadas por los masáis.

La existencia de los **pastores nómadas masáis** se centra **en el ganado**. La tierra es un recurso comunal.

A lo largo de varios siglos, los masáis **migran al sur** desde el actual Sudán del Sur en **busca de pastos**.

En sus migraciones los masáis **asimilan o desplazan** a muchos **otros grupos étnicos**, y se **extienden** por el Gran Valle del Rift.

El **ganado** se considera un **regalo de Dios**, y sirve de **moneda** además de aportar sustento.

Según la tradición oral transmitida de generación en generación entre los hablantes de la lengua maa, los masáis vivían en una zona al norte del lago Turkana (Kenia), en lo que hoy es Sudán del Sur. Entre los siglos XV y XVIII, posiblemente debido a la hostilidad de los turkanas, comenzó una migración gradual de los masáis con sus rebaños al sur. A mediados del siglo XIX, cuando ocupaban su mayor extensión, viajaban por casi toda el área del Gran Valle del Rift. En la actualidad, una población próxima al millón vive principalmente en el sur de Kenia y el norte de Tanzania.

Pastores de vacas
Guerreros temibles, los masáis abrumaron y fueron desplazando o asimilando a diversos grupos étnicos en sus migraciones por el este de África. Se dividieron en territorios políticamente independientes y con culturas propias, aunque étnicamente emparentados, y establecieron relaciones con los pueblos de lengua bantú de las áreas montañosas vecinas.

Lo más fundamental para los masáis era el ganado. Uno de sus mitos describe que el dios supremo Enkai les envió el ganado desde el cielo, por una cuerda hecha de corteza. Los

Véase también: Las migraciones bantúes 32–33 ▪ Las guerras xhosas 180–181 ▪ El reparto de África 222–223 ▪ La rebelión de los Mau Mau 262–263

Tradicionalmente, los masáis han sido pastores seminómadas: llevan sus rebaños de pasto en pasto dentro de sus territorios asignados, en busca de hierba fresca, agua y depósitos de sal.

masáis creen que todo el ganado del mundo les pertenece, como regalo de Dios, creencia que históricamente se tradujo en la práctica del cuatrerismo y la caza del ganado ajeno.

Las vacas son fundamentales para la existencia cotidiana. La leche y la sangre son los alimentos básicos tradicionales, y en los grandes rituales públicos es habitual sacrificar una vaca y compartir su carne en una fiesta comunal. El ganado determina también la riqueza y la categoría social en la sociedad patriarcal masái, y los individuos, las familias y los clanes lo intercambian para mantener vínculos sociales. A los hombres les corresponde tomar las decisiones; y el papel de las mujeres es casarse, tener hijos y participar en las ceremonias de iniciación de los hombres. Cuando una mujer visita por primera vez el *enkang* (hacienda o propiedad) de su marido, su suegra le entrega una vaca lechera. El marido puede darle un rebaño de ellas, que, con el tiempo, ella legará a su hijo cuando sea mayor de edad.

Choque cultural

Desde 1895, cuando Kenia se convirtió en protectorado británico, el modo de vida de los masáis se ha visto afectado por cambios ambientales, económicos y sociales. Los colonos europeos convirtieron los pastos comunales en ranchos, mermando el territorio masái. Las reservas de caza y de conservación redujeron aún más el área en que vivían y pastoreaban, y, más recientemente, el crecimiento urbano y las oportunidades educativas y de empleo asociadas inciden en el abandono de prácticas y costumbres como el pastoreo, la mutilación genital (sobre todo femenina) y la caza del león, que entre sus guerreros masái era una prueba de valor. ▪

En la ceremonia de la circuncisión, a los jóvenes masáis se les pinta la cara, y deben vestir de negro durante entre cuatro y ocho meses.

El sistema de grupos por edad

La sociedad masái se divide en grupos determinados por la edad, cuyos miembros participan en ritos de iniciación correspondientes a las distintas fases de la vida adulta. Los ritos masculinos son, por orden, *enkipaata* (previo a la circuncisión), *emuratta* (ceremonia de la circuncisión), *enkiama* (matrimonio), *eunoto* (afeitado de los guerreros), *eokoto e-kule* (ceremonia de la leche), *enkang oo-nkiri* (ceremonia de la carne) y *olngesherr* (ceremonia de los adultos mayores). De estas ceremonias, la más importante es la segunda, la *emuratta*, que inicia a los adolescentes como guerreros.

Los jóvenes deben mostrar primero su hombría en tareas como cargar con armas pesadas o pastorear vacas. Tras recibir una ducha de agua fría, amigos y parientes les gritan palabras de ánimo o de desafío mientras caminan hacia el lugar donde se practica la circuncisión. Quien se estremezca durante la operación será socialmente marginado. Tras la ceremonia, reciben su propio ganado.

LA MAESTRIA DE LA TECNOLOGIA Y DEL ARTE
LOS BRONCES DE BENÍN (SIGLOS XV–XVIII)

EN CONTEXTO

LOCALIZACIÓN
Reino de Benín (Nigeria)

ANTES
Siglo XII Los yorubas de Ife (África occidental) crean obras de arte en latón y otros metales. En el siglo siguiente, la técnica llega al cercano reino de Benín.

1471 Marinos portugueses llegan a la costa de África occidental (actual Ghana) y comercian con la población local.

DESPUÉS
1897 Tropas británicas ocupan la ciudad de Benín, y se llevan miles de objetos como botín.

1938 El Museo Británico de Londres devuelve dos coronas reales de coral, en la primera restitución de objetos saqueados de Benín.

2020 Se anuncian planes para la construcción de un museo de arte nacional en Benín para albergar la colección de bronces reales.

Los bronces de Benín son esculturas intrincadas creadas por los edos del reino de Benín desde el siglo XV en adelante. Los bronces fueron saqueados en una expedición punitiva británica a finales del siglo XIX, y cuando llegaron a Europa causaron sensación, pues desmentían la idea europea de que los africanos no habían creado nunca un arte de tal sofisticación. Desde entonces, los bronces son el foco de los esfuerzos por lograr que los museos de las antiguas potencias coloniales europeas los devuelvan a Nigeria.

Una aleación real

La mayoría de estas obras no son de bronce en realidad, sino de latón, aleación de cobre y cinc. Las piezas –placas, prendas de gala y cabezas y figuras humanas y de animales– se fundieron con la técnica de cera perdida, tomada de la vecina cultura yoruba. Se comenzaba por un prototipo de cera de abeja, luego recubierto de arcilla. Al aplicar calor se fundía la cera, quedando un molde que se rellenaba de metal fundido. Una vez frío, se rompía el molde y se revelaba la escultura.

El uso del latón era controlado por el rey (oba) de Benín, y estaba reservado a la corte real. Servía sobre todo para hacer cientos de placas que cubrían los pilares del vasto palacio hecho construir por Oba Ewuare, rey guerrero que reinó de c. 1440 a 1480. Ewuare conquistó muchos

Escultura beninesa del siglo XVI de un jinete con un tocado de plumas de loro. En esa época, el latón procedente de Portugal dio pie a una explosión de la fundición de metales en Benín.

Véase también: Las migraciones bantúes 32–33 ▪ Los inicios de Benín 82–83 ▪ La llegada de los europeos a África 94–95 ▪ El reparto de África 222–223

El saqueo de Benín

Los británicos controlaban ya gran parte de la costa nigeriana en la segunda mitad del siglo XIX. Molestos con Benín por las condiciones que imponía al comercio, en enero de 1897 enviaron una misión comercial ostensiblemente pacífica, pero provocadora. Fue atacada de camino a la ciudad, y esto sirvió de pretexto a los británicos para invadir y ocupar la capital.

Las tropas despojaron los santuarios y robaron más de 900 placas de latón del palacio real. Un soldado recordaría luego a un oficial «deambulando martillo y cincel en mano, arrancando figuras de latón y juntando todo tipo de trastos». El Museo Británico exhibía ya 304 placas de Benín en el otoño de 1897, y más tarde adquirió otras 203. La reina Victoria recibió dos leopardos de marfil (símbolos del poder real) con manchas de cobre incrustado, y muchos otros artefactos saqueados por los soldados se pusieron como pomos en puertas, o bien acumularon polvo en una estantería.

territorios vecinos y transformó el reino en imperio.

Del comercio al robo

Los portugueses fueron los primeros europeos en establecer contacto con el reino de Benín, hacia 1485. Los comerciantes benineses les ofrecieron marfil, pimienta y telas, y a cambio, Portugal dio con un mercado ávido de lingotes de latón, que los escultores fundían para crear obras de arte.

Las buenas relaciones de Benín con los comerciantes europeos comenzaron a cambiar en el siglo XIX. Las grandes potencias de Europa, motivadas por la rivalidad industrial y militar y la ambición imperial, no se conformaban ya con los bienes: querían las tierras, lo cual desató la carrera colonialista de anexiones en África que comenzó en 1884.

Las placas del palacio de Benín representan la vida y los ritos de la corte, las guerras del reino y las relaciones con sociedades vecinas y comerciantes extranjeros, sobre todo portugueses.

En 1897, fuerzas británicas invadieron y saquearon la ciudad de Benín, poniendo fin a la independencia del reino. Miles de los objetos robados no tardaron en exhibirse en museos y otras colecciones de Occidente, donde permanecen en su mayoría. Algunos conservadores occidentales argumentan que los países de África carecen de los recursos para el cuidado de tales piezas, mientras la monarquía beninesa, que existe aún en Nigeria, reclama repetidamente la devolución de los bronces. ▪

Tropas británicas con colmillos de elefante, figuras de bronce y otros objetos diversos tomados en el saqueo de la ciudad de Benín en enero de 1897.

COMERCIO, NO CONQUISTA

LA CHINA MING COMERCIA CON ÁFRICA ORIENTAL (1418–1433)

La unificación de China y la conquista árabe del norte de África tuvieron como resultado la formación de los poderosos imperios de China y el califato omeya en los siglos VII y VIII. Las élites de ambos gustaban de hacer visible su prestigio y autoridad con artículos caros y exóticos, y esto hizo crecer la demanda de bienes africanos.

La relación comercial entre China y África oriental tenía ya una antigüedad de casi mil años. En los siglos IX y X, ambas estaban incluidas en una red comercial global de la que eran parte también el norte de África, Arabia e India. Los comerciantes del este de África obtenían productos como el marfil del interior, que luego intercambiaban, mayormente con comerciantes árabes, por porcelana y otros lujos de China.

Además de bienes, por esta red comercial se transmitían enfermedades: en 1346, la peste bubónica devastó gran parte del mundo, y el comercio se hundió. Entre China y África, sin embargo, no tardó en recuperarse en el siglo XV, reinando el emperador Yongle de la dinastía Ming. Deseoso de mostrar el poder de China y satisfacer la demanda de

Zheng He trae **exploradores chinos** a África oriental.

No buscan **asentarse, dominar o explotar** a los africanos orientales, sino **comerciar con ellos como iguales**.

Los viajes de Zheng He son misiones de comercio, no conquista.

Véase también: Las migraciones bantúes 32–33 ▪ La conquista musulmana de Egipto 58–59 ▪ El ascenso de las ciudades-estado suajilis 62–63 ▪ El comercio del oro en Mozambique 108–109 ▪ La construcción del canal de Suez 215

Clave

— Ruta de la Seda

— Quinto viaje

En el quinto viaje de Zheng (1417–1419), este llegó a África oriental. Los mongoles controlaron la Ruta de la Seda hasta *c.* 1350, pero luego las guerras en tierra hicieron preferibles las rutas marítimas.

y a partir del siglo XIII fue apreciada por las élites africanas orientales, que la usaron para ostentar su riqueza en banquetes y decorar sus tumbas. El comercio medieval con China enriqueció a las sociedades de África oriental, pero las volvió también más jerárquicas. La fortuna que se podía ganar con la importación y venta de materiales y artículos de lujo estimuló el crecimiento de clases como las de los artesanos y comerciantes, pero el resto de la población, excluida de poder ascender socialmente, no tenía acceso a esta nueva economía, y se empobreció cada vez más.

China no mantuvo una presencia permanente en África oriental. Después de la muerte de Zheng He y del emperador, China puso fin a las expediciones africanas. No dejan de aparecer, sin embargo, pruebas arqueológicas de su presencia en la región, como porcelana Ming y monedas del reinado de Yongle. ▪

bienes exóticos en el imperio, Yongle puso al mando de una serie de expediciones a los «océanos occidentales» a un eunuco de su confianza, el almirante Zheng He.

Los viajes de Zheng He

En sus primeros cuatro viajes, de 1405 a 1415, Zheng rodeó el sureste asiático, India y Arabia. En 1415, a su vuelta a China tras el cuarto viaje, Zheng llevó una jirafa del rey de Bengala, a quien se la había hecho llegar a su vez el sultán de Malindi (en la actual Kenia). La jirafa se parecía a una criatura mitológica china asociada a la buena suerte, el *qilin*, y causó asombro en China.

Zheng se embarcó en un quinto viaje en 1417, en parte para obtener más jirafas. Llegó a África oriental en 1418, y visitó Mogadiscio, Brava (ambas en la actual Somalia) y Malindi. Componían la impresionante flota 317 naves, 62 de ellas barcos del tesoro cargados de regalos valiosos

de China. Intercambiaron productos chinos muy apreciados, como la seda y la porcelana, por pieles de animales, conchas de tortuga y cuernos de rinoceronte. Embajadores africanos acompañaron a Zheng de regreso a China, llevando como regalos marfil, cebras, leones y jirafas. En el sexto viaje de Zheng, en 1421–1422, llevaron a los embajadores de vuelta a África. Zheng volvió a China, pero su flota siguió por la costa hacia el sur, hasta el actual Mozambique.

En el invierno de 1431, Zheng emprendió su séptimo y último viaje, en el que la flota visitó al menos 17 puertos entre Champa (en el actual Vietnam) y Kenia; pero, en 1433, Zheng murió en Calicut (India).

La sociedad africana oriental

La belleza, la rareza y el elevado precio de la cerámica china hacían de ella un símbolo de categoría social,

La jirafa africana entregada en 1415 al emperador Yongle fue retratada por el pintor cortesano Shen Du y celebrada en verso. Se correspondía a regalos de oro, plata y seda con animales exóticos.

ACOGIDOS Y FAVORECIDOS AQUI

BLACKAMOORES EN LA INGLATERRA DE LOS TUDOR

En las islas británicas han vivido africanos desde hace ya más de 2000 años. En la época Tudor, vivían integrados en sus comunidades locales, y se les conocía como *moors* («moros») o *blackamoores* («moros negros»), entre otros nombres. En la Inglaterra del siglo XVI e inicios del XVII –y también en el reino vecino de Escocia, gobernado por los Estuardo–, estos africanos se casaron con súbditos nativos y trabajaron en oficios diversos.

Un país libre

Cientos de archivos parroquiales de la época reflejan la presencia de africanos en ciudades y pueblos por toda Gran Bretaña, desde Edimburgo, en Escocia, hasta Devon, en el suroeste de Inglaterra, con las mayores concentraciones en las parro-

Véase también: Los moros en Al Ándalus 64–67 ▪ La llegada de los europeos a África 94–95 ▪ La creación de la «raza» 154–157

El trompetista real negro John Blanke figura en el Rollo del torneo de Westminster. Fue pintado en 1511 para celebrar el nacimiento del hijo de Enrique VIII y Catalina de Aragón.

quias de Saint Botolph's Aldgate, Saint Olave y Hart Street, en Londres, y la de Saint Andrews, en la ciudad portuaria de Plymouth. Llegaron a Inglaterra desde la península Ibérica y el oeste y norte de África, acompañando a comerciantes o nobles, o bien a bordo de barcos enemigos apresados por naves corsarias, mercantes privados autorizados para dicha actividad por la corona.

Las experiencias de Pedro Álvares, africano llegado a Inglaterra desde Portugal en 1490, quedaron registradas en documentos ingleses. Álvares negoció su manumisión por Enrique VII de Inglaterra antes de regresar a Portugal, donde su condición de hombre libre fue reconocida por el rey portugués.

Africanos en la corte

Igual que la de los súbditos blancos, la categoría social de los africanos nacidos en Inglaterra o en el extranjero dependía de su origen o del de sus patrones. Algunos africanos eran parte del personal doméstico, músicos o acompañantes de familias de la aristocracia, y otros se dedicaban al comercio. La mora granadina Catalina de Motril llegó a Inglaterra en 1502, como parte del séquito de Catalina de Aragón, y John Blanke, »

Henrie Anthonie Jetto

Nacido en 1569 o 1570, el propietario Henrie Jetto (de *jet*, «negro») aparece por primera vez en los registros ingleses por su bautismo en 1596, cuando tenía 26 años. Vivía en la propiedad del político Henry Bromley en Holt (Worcestershire), donde trabajaba como jardinero. En 1608 había ahorrado lo suficiente para vivir como propietario independiente, y se hacía llamar «Jetto of Holt». Se casó con Persida, una doncella, y tuvieron cinco hijos.

Que Jetto alcanzara estatus de *yeoman* (propietario rural) es revelador, pues eso requería poseer tierra por valor de más de 40 chelines, y daba derecho a servir como jurado en juicios y a votar en las elecciones locales. Jetto sabía leer y escribir, pues en 1626 redactó y firmó su propio testamento, en el que nombró albacea a su esposa. Es el testamento más antiguo conservado de un africano en Inglaterra. Murió en 1627, y sus descendientes, de apellido Jetter, viven aún hoy en Worcestershire.

Es mi voluntad que mis hijos no reciban su porción hasta que mi esposa muera, salvo que se casen.
Henrie Jetto
Extracto de su testamento (1626)

Retrato de una mujer morisca, pintado en la década de 1550 por un alumno de la escuela de El Veronés. Era común entonces la presencia de africanos en las casas nobles de Europa, y algunos ocuparon puestos en cortes reales.

residente en Londres en 1507, fue trompetista real, y tocó en el funeral de Enrique VII y la coronación de Enrique VIII, quien le dobló el sueldo.

La sucesora de Enrique VIII, Isabel I, tenía un *favourite lytle blackamoore* («morito negro predilecto»), y su primer secretario Robert Cecil tuvo un sirviente africano llamado Fortunatus, que fue enterrado en 1602 en Westminster, en Londres.

La costumbre de dar empleo a africanos en la corte la adoptaron también dignatarios extranjeros, como António de Portugal, prior de Crato, del que consta que convivía con «Katherin la negra».

También en la Escocia del siglo XVI vivieron y trabajaron africanos. «Peter the Morien» fue músico y organizador de eventos en la corte de Jacobo IV de 1500 a 1505, y dos «mozas moras» –«*blak* Margaret» y «*blak* Elene»– fueron camareras del séquito real. Una de ellas pudo representar el papel de dama negra en «la justa del caballero salvaje por la dama negra», torneo de la corte real escocesa que se celebró en los veranos de 1507 y 1508.

Súbditos ingleses

Dramaturgos notables de la época isabelina, como William Shakespeare, Christopher Marlowe y Ben Jonson, incluyeron africanos entre los personajes de sus obras, en un posible reflejo del carácter multiétnico de algunas parroquias londinenses de la época. Es el caso de *Otelo* y *El mercader de Venecia*, de Shakespeare, aunque sean obras ambientadas en el continente y no en Inglaterra.

Aunque algunos de los personajes de ficción negros de la época eran caricaturas exóticas, es un error aplicar nociones raciales del siglo XVIII a los africanos de la Inglaterra del siglo XVI. Tres documentos redactados al final de la época de los Tudor constituyen una prueba de racismo para algunos historiadores, por esbozar un plan para deportar africanos, aunque este no se materializó, ni legalmente ni de hecho. Dos de los documentos son cartas, escritas en julio de 1596, con la firma de Isabel I, y el tercero es una proclamación anónima. Las cartas no fueron redactadas por la reina, sino por un político inglés caído en desgracia, Thomas Sherley, y por sus cómplices, actuando

Hay, de un tiempo a esta parte, diversos *blackamoores* traídos al reino, de las cuales personas hay aquí ya demasiadas […].
Carta al Lord Mayor
Firmada por Isabel I (1596)

en favor de un traficante de esclavos oportunista de Lübeck, Casper van Senden.

El plan de Van Senden fracasó, pues en Inglaterra los africanos fueron considerados «acogidos y favorecidos». En otras palabras, muchos eran súbditos naturales o domiciliados (nacidos en Inglaterra o que vivían allí de forma permanente), aceptados por la Iglesia de Inglaterra y bautizados. Por ejemplo, Mary Fillis, descrita como *«a black moore»*, fue bautizada en 1597 en Saint Botolph's Aldgate, en Londres. Los archivos parroquiales indican que vivía con Millicent Porter, costurera. Fillis había llegado a Inglaterra unos 14 años antes con su padre, «Fillis of Morisco», que era «un moro negro fabricante de cestas y palas». Otros africanos tenían reconocida su residencia como *denizens*, súbditos extranjeros con determinados derechos.

Relaciones diplomáticas

A finales del siglo XVI visitaron Inglaterra una serie de diplomáticos africanos, entre ellos el embajador marroquí Abd el Ouahed ben Messaoud ben Mohamed Anoun, quien pasó seis meses en el país tratando de negociar una alianza contra España. El embajador y otros dignatarios asistieron a las celebraciones por el aniversario de la coronación de la reina Isabel.

El comercio y las negociaciones políticas con África continuaron durante el reinado del sucesor de Isabel, Jacobo I. Dos príncipes de África occidental se instalaron en Londres como parte de estas inicia-

En este escudo de armas alemán de 1521 aparece representada Eva von Schönau, mujer negra y primera esposa de Jacobo de Reinach. La heráldica estaba muy de moda como símbolo de categoría social en la Europa del siglo XVI.

tivas diplomáticas: Walter Annerby, del reino de Kaabu (Guinea-Bissau), bautizado en 1610; y John Jaquoah, del reino de Cestos (Liberia), bautizado en 1611.

Debido a la historia colonial posterior de Gran Bretaña –y sin olvidar la actividad de los corsarios patrocinados por Isabel I en la década de 1560, como John Hawkins y Francis Drake, que traficaron con esclavos africanos a cambio de productos de América–, tiende a darse por supuesto que los africanos de la Inglaterra Tudor vivían discriminados, pero las pruebas no lo confirman. En los disturbios xenófobos del Evil May Day en 1517 contra los llamados *strangers* en Londres, no consta que hubiese africanos entre los atacados. Más bien parece que los africanos llegados a Inglaterra se integraron en la sociedad, que se les pagaba por realizar oficios diversos y que se bautizaron y casaron, además de recibir sepultura sin discriminación o diferencia con los demás. ■

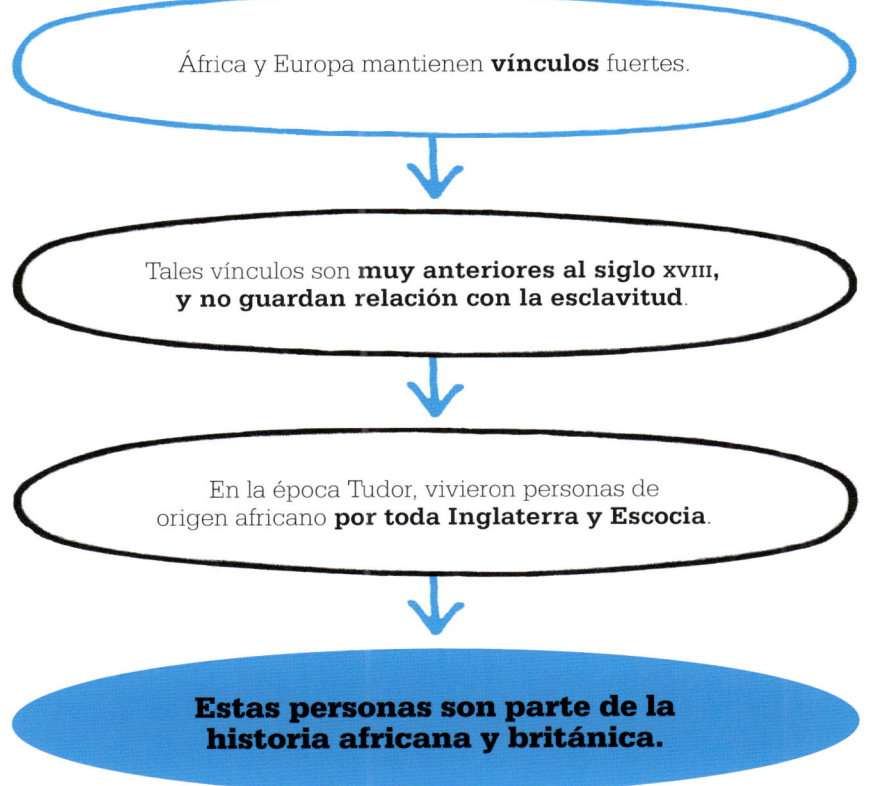

África y Europa mantienen **vínculos** fuertes.

Tales vínculos son **muy anteriores al siglo XVIII, y no guardan relación con la esclavitud**.

En la época Tudor, vivieron personas de origen africano **por toda Inglaterra y Escocia**.

Estas personas son parte de la historia africana y británica.

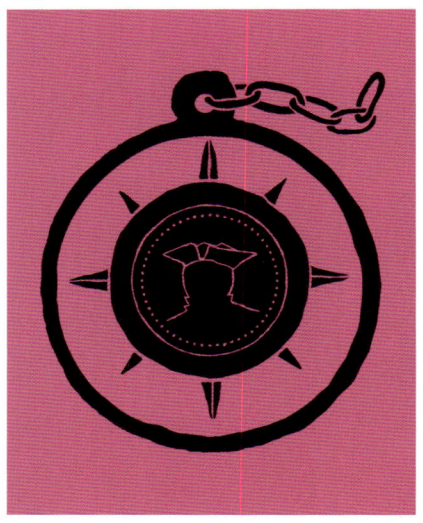

LA BUSQUEDA DE ELDORADO AFRICANO

EL COMERCIO DEL ORO EN MOZAMBIQUE (1505)

El oro de las minas del interior de África fue explotado desde al menos el siglo XI, cuando Zimbabue dominaba el mercado. Era fruto sobre todo de la labor de trabajadoras del campo, que suplementaban sus ingresos bateando en los ríos o buscando cuarzo aurífero en los yacimientos. Los fragmentos de oro se guardaban en cálamos y se llevaban a vender a las ferias. Estas empezaron a funcionar poco después del desarrollo de la minería del oro en la región, y con el tiempo se convirtieron en instituciones permanentes.

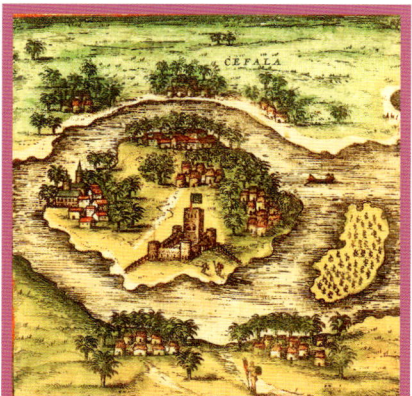

La colonia portuguesa de Forte São Caetano, en Sofala (Mozambique), fue establecida por el capitán mayor Pedro de Anaya con el fin de controlar el comercio del oro.

Entre los siglos XI y XV, las poblaciones portuarias del este de África crecieron y prosperaron como ciudades comerciales estables. Entre los habitantes bantúes de la costa se asentaron viajeros musulmanes, y desde Somalia, en el norte, hasta Mozambique, en el sur, se desarrolló una cultura suajili influida por los comerciantes llegados de todo el océano Índico.

Comercio y exploración

Los suajilis obtenían el oro comerciando con reinos africanos del interior, y lo vendían a los mercaderes extranjeros del mar Rojo, el golfo Pérsico, India, Madagascar y las islas Comoras. La estación comercial coincidía con los monzones, de octubre a marzo, y los comerciantes llegaban en *dhows*, las embarcaciones de vela tradicionales árabes, cargadas de clavo, pimienta, jengibre, joyas o perlas. Venían sobre todo a adquirir oro para acuñar moneda y hacer joyas, pero acababan comprando también pieles, conchas de tortuga y marfil.

Los portugueses aparecieron por primera vez en la costa del norte de África en 1415, con la conquista del puerto de Ceuta (actualmente española, y reclamada por Marruecos), punto de partida del Imperio por-

Véase también: Las migraciones bantúes 32–33 ▪ El ascenso de las ciudades-estado suajilis 62–63 ▪ La ciudad de Gran Zimbabue 76–77 ▪ La llegada de los europeos a África 94–95 ▪ La sucesión del manicongo 110–111 ▪ El Año de África 274–275

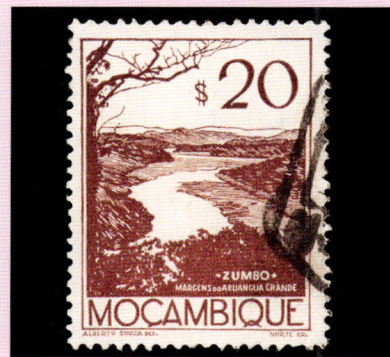

El río Zambeze servía para transportar bienes en barco de Zumbo a Zimbabue y, remontando el Luangwa, hasta Zambia.

La fundación de Zumbo

El curso del Zambeze, el mayor de los ríos africanos que van a dar al Índico, es navegable a lo largo de 320 km, y comerciantes indios y portugueses lo remontaron hacia finales del siglo XVII buscando la oportunidad de comerciar. En 1715, los portugueses fundaron Zumbo, fuerte y factoría en Mozambique, en la confluencia del Zambeze y uno de sus mayores afluentes, el Luangwa.

Zumbo daba acceso a regiones relativamente inexplotadas, y atrajo a muchos comerciantes.

Su población aumentó muy deprisa, como los ingresos por el comercio. En 1749 era quizá el asentamiento portugués más próspero de África oriental; sin embargo, mediada la década de 1790 estaba en decadencia. La sequía y la inestabilidad local hicieron cada vez más arriesgado llevar bienes allí, así que muchos comerciantes buscaron otro lugar. En la década de 1830, otra sequía grave obligó a los comerciantes a abandonar Zumbo, que no reabrió en los siguientes 30 años.

tugués. En 1498, una pequeña flota del explorador portugués Vasco da Gama salió con la misión de rodear África y buscar una ruta marítima a la India. El objetivo era la pimienta negra india, que valía entonces literalmente su peso en oro. Al pasar el cabo de Buena Esperanza (en la actual Sudáfrica) y remontar la costa este, Da Gama fue testigo de la próspera actividad comercial y los cargamentos de oro en los puertos de África oriental.

Asentamientos portugueses

Decididos a monopolizar el comercio del Índico, los portugueses comenzaron a fundar asentamientos en la costa este africana, convertidos luego en colonias. Poco después de su llegada a la costa de Mozambique, viajaron al interior para asistir a las ferias del oro. En 1505 se asen-

La isla de Mozambique, junto a la costa norte del país del mismo nombre, fue fundada como factoría y lugar de reavituallamiento en la ruta portuguesa a India por Vasco da Gama en 1506.

taron en el fuerte de São Caetano, en Sofala, cerca de la actual ciudad de Beira. Este fuerte fue la base del comercio del oro portugués.

Después de fracasar en el intento de apoderarse de las minas de oro del interior en Manica, al sur del río Zambeze, entre 1569 y 1575, los portugueses mantuvieron una presencia regular en las ferias del oro en el siglo XVII, y su comercio fue estable

hasta el siglo XIX. Entre 1823 y 1836, la sequía causó grandes problemas en Mozambique. Aunque la sequía era habitual en el sureste de África, esta fue tan devastadora que destruyó las bases económicas de la región. El comercio, la minería del oro y la producción artesanal cesaron, y Manica y Zumbo, quizá las ferias del oro más importantes de la región, cerraron. ▪

NUESTRO REINO SE PIERDE
LA SUCESIÓN DEL MANICONGO (1506)

El manicongo (rey del Congo) **llega al poder y lo mantiene** con el apoyo de facciones poderosas (makanda).

⬇

Las facciones **crean linajes dinásticos de reyes**.

⬇

Los linajes son **interrumpidos por sucesores rivales** promovidos por las facciones.

⬇

Repetidas **crisis sucesorias** debilitan el reino del Congo, que queda vulnerable a la explotación europea.

A fines del siglo xv, Congo (o Kongo) era el mayor reino del oeste de África central. Lo gobernaba Nzinga Nkuwu, quinto rey, o manicongo, quien estableció vínculos comerciales, culturales y religiosos con Portugal. Serían tales vínculos estrechos y las luchas por la sucesión real las que determinarían la historia del reino del Congo.

En 1491, Nzinga Nkuwu y su hijo Mbemba Nzinga se convirtieron al cristianismo, adoptando los nombres João I —en honor a João II de Portugal— y Afonso. Al morir João I en 1506, Afonso se convirtió en el sexto manicongo, una vez hubo derrotado a su medio hermano no cristiano, Mpanzu a Kitima. Afonso atribuyó su victoria a Santiago Matamoros,

Véase también: El cristianismo llega a África 48–51 ▪ La reina Nzinga se enfrenta a Portugal 140–145 ▪ El reparto de África 222–223 ▪ El Año de África 274–275

la arraigada invocación mítica de los triunfos cristianos sobre los musulmanes en la península Ibérica.

Investido su éxito del respaldo de la intervención divina, Afonso quiso implantar en su reino la forma de un Estado cristiano de la época: construyó iglesias, declaró el catolicismo religión oficial, reprimió las creencias religiosas indígenas, fundó escuelas para formar a la élite y envió a sus hijos y a los de la nobleza a estudiar en Portugal.

El comercio prevalece sobre la religión

Afonso vio la ocasión de modernizar el reino con el intercambio de bienes e ideas con los portugueses, pero, pese a su conversión sincera y a haber adoptado las costumbres portuguesas, la relación de Afonso con Portugal se agrió, en particular por el comercio de esclavos. Afonso era dueño de esclavos, pero eran exclusivamente prisioneros de guerra, y le

La coronación de un nuevo rey del Congo, en un grabado del siglo XVIII, época en que el reino era mucho menos poderoso, pero también más estable.

horrorizó lo que juzgó expansión indiscriminada de la esclavitud cuando los traficantes, para satisfacer la demanda, esclavizaron a personas de todas las clases. En una carta al rey de Portugal João III, en 1526, Afonso protestó por la trata de esclavos, y luego estableció un mecanismo para regular a quiénes se podía legalmente esclavizar. Sin embargo, esto no impidió la trata clandestina, ni que Portugal explotara el comercio más allá del reino del Congo.

A la súplica de Afonso dirigida al papa Clemente VII en 1539 para poner coto al comercio de esclavos siguió un intento portugués de asesinarlo, durante la Misa de Pascua de 1540. Murió dos años después, sin ver realizada su visión de una sociedad católica y moral.

Conflicto interno y declive

La crisis sucesoria que siguió a la muerte de Afonso puso de manifiesto cuánto habían debilitado el reino la desunión interna y la explotación comercial de Portugal. El hijo de Afonso, Pedro I, le sucedió en 1543, pero fue depuesto a los dos años por el nieto de Afonso, Diogo I.

Crucifijo de latón congolés del siglo XVI–XVII, cristiano en su iconografía pero con rasgos característicamente africanos, como el Cristo negro y las cuatro figuras indígenas menores.

Este siguió favoreciendo la difusión del cristianismo, pero expulsó también a muchos portugueses, a los que veía como una amenaza para el reino. A su muerte en 1561, le sucedió Afonso II, asesinado en su primer año de reinado, con la connivencia probable de los portugueses.

Las divisiones que siguieron generando las sucesiones reales dejaron el Congo expuesto y vulnerable. En 1665, el manicongo reinante, António I Nvita a Nkanga, murió en la batalla de Mbwila contra los portugueses. La nueva crisis sucesoria desembocó en guerra civil, y esta permitió a los portugueses expandir el comercio de esclavos. Las facciones rivales acordaron un sistema sucesorio rotativo entre ellas, pero el poder de la institución se había desvanecido ya en gran medida. La apertura cultural y religiosa al exterior del Congo que motivó a Afonso I había traído también las condiciones que precipitaron su declive. ▪

ESCLAVI
Y REBEL
1510–1700

TUD
ION

Fernando el Católico autoriza el **envío de 50 africanos esclavizados** a La Española.

1510

Rebelión organizada de trabajadores esclavizados en una plantación de caña de La Española, la primera conocida en América.

1521

Gaspar Yanga lidera una **revuelta de esclavos** en Nueva España (México).

***C.* 1570**

Los Países Bajos **se suman al comercio de esclavos atlántico**; les siguen Inglaterra, Francia y Dinamarca en las décadas de 1620, 1650 y 1670.

Década de 1610

1518

Carlos I de España aprueba el **transporte de esclavos** desde los puertos portugueses en África occidental al Nuevo Mundo.

1526

Llegan a Winyah Bay (actual Carolina del Sur) los primeros **africanos esclavizados** en **América del Norte**.

***C.* 1600**

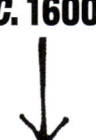

En África occidental, **las naciones del pueblo akan rivalizan entre sí** mientras los portugueses intentan apoderarse de las tierras ricas en oro del golfo de Guinea.

Vista en su conjunto, la historia de la esclavitud en los siglos XVI y XVII no se detiene en la explotación de África y sus pueblos por el colonialismo europeo. La de África es una historia rica y compleja de poder, lucha y orgullo, encarnada, por ejemplo, en la resistencia y el liderazgo de Nzinga, reina de Ndongo y Matamba (en la actual Angola), que resistió a los invasores portugueses durante 30 años en la primera mitad del siglo XVII, o de Queen Nanny, de los cimarrones de Barlovento, libertadora de africanos esclavizados en Jamaica.

De los 12,5 millones de africanos capturados y embarcados a la fuerza a América entre 1510 y 1866, sobrevivieron al viaje 10,7 millones. Al llegar eran vendidos y puestos a cultivar caña azucarera, tabaco y algodón para satisfacer la demanda europea.

La vida en las plantaciones era brutal, pero los trabajadores esclavizados lograron preservar su humanidad por medio de la fe, la tradición y los nuevos vínculos con sus iguales procedentes de otras partes de África. Contra todas las adversidades, establecieron una diáspora africana enormemente influyente por toda América, con tradiciones que sobrevivieron a más de tres siglos de esclavitud.

La lucha por la libertad

Los africanos esclavizados en el Nuevo Mundo hicieron frente con valor a sus opresores. La rebelión de 1521 en La Española, poco después de la llegada de los primeros africanos a las haciendas que proliferaban en la isla, marca el inicio de siglos de revueltas.

Se formaron comunidades cohesionadas en las que el deseo de libertad y el desafío al amo opresor trascendían las diferencias culturales y lingüísticas. En Brasil, los que huían y lograban evitar ser capturados aprovecharon los vastos bosques y enclaves montañosos de la colonia portuguesa y se organizaron en emplazamientos ocultos, los quilombos, conforme a modelos de gobierno africanos. En Nueva España, africanos antes esclavizados liderados por Gaspar Yanga atacaron repetidamente a los españoles de Veracruz desde su base en las alturas. Una campaña para aplastar a los rebeldes en 1609 fracasó, y en 1618 se les concedió el derecho a fundar un asentamiento libre, en el actual estado mexicano de Veracruz, llamado San Lorenzo de los Negros, hasta su cambio de nombre a Yanga, en 1932.

Después de que los ingleses arrebataran la isla a España en 1655,

La reina Nzinga **negocia un tratado de paz** con los portugueses que prepara su **ascenso al poder** en lo que hoy es Angola.

Zumbi dos Palmares, último rey de Quilombo dos Palmares, en Brasil, dirige una **campaña de resistencia** contra Portugal hasta su captura en 1694.

En Zimbabue, el soberano rozvi Changamire Dombo y su ejército **repelen** con éxito **a los portugueses** en la batalla de Maungwe.

1622

1678

1684

1619

1655

1680

1684

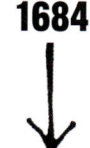

Se llevan esclavos a Jamestown (Virginia), para trabajar en la **primera plantación permanente** de América del Norte.

Tropas inglesas arrebatan **Jamaica** a España, y muchos africanos esclavizados huyen a las montañas y **establecen comunidades de cimarrones**.

Se funda el **Imperio asante** a partir de la unión de varias naciones del pueblo akan bajo el poder de los asantes.

François Bernier **distingue cuatro razas** en un ensayo anónimo, usado más tarde por los colonialistas occidentales para justificar el **racismo y la esclavitud**.

---

otras comunidades independientes fueron fundadas en Jamaica por los cimarrones. Los pueblos cimarrones existen aún hoy en día en Jamaica, y también en otros lugares del Caribe y América Latina.

La defensa de África

En la orilla opuesta del Atlántico, la reina Nzinga estaba decidida a impedir que los portugueses sometieran sus territorios. Pese a la enorme superioridad militar portuguesa, y gracias a una combinación de alianzas, acuerdos de paz y guerra de guerrillas, Nzinga logró mantenerlos a raya durante todo su reinado, y convirtió el reino de Matamba en un núcleo comercial floreciente. La voluntad férrea y la astucia política de Nzinga resultaron irreemplazables, y Portugal se hizo rápidamente con el control tras su muerte. Nzinga sigue

siendo un símbolo de resistencia para los angoleños de hoy.

Más al norte, en la actual Ghana, Boamponsem, soberano de la nación akan de Denkyira, aprovechó la presencia portuguesa en el golfo de Guinea para obtener armas de fuego a cambio de oro y esclavos. Líder poderoso pero impopular, Boamponsem acabó siendo derrotado por una coalición de otras naciones akanes, dirigida por Osei Tutu, quien consolidó las naciones akanes en 1680 como integrantes del Imperio asante. Con el Taburete Dorado como símbolo de paz y unidad, el imperio prosperó durante otros 200 años, gracias en buena parte al liderazgo de Tutu y a la abundancia de oro.

El Imperio rozvi, fundado hacia 1684 en el actual Zimbabue, era también rico en oro. Cuando los portugueses intentaron hacerse con el con-

trol de las minas, fueron rechazados por el ejército de Changamire Dombo llamado *rozvi* («destructores»).

El concepto de raza

En 1684, el médico francés François Bernier fue el primero en intentar clasificar a los humanos por su origen geográfico y sus diferencias físicas. Los dividió en cuatro «razas», con la «negritud» como un atributo esencial de los africanos subsaharianos. Además de agrupar a los pueblos por el color de su piel, científicos posteriores añadieron otras características para construir una jerarquía de las razas. El supremacismo blanco, aún presente en instituciones de todo el mundo, tiene su origen en estas clasificaciones raciales, desarrolladas para justificar el sometimiento de los pueblos de África y la explotación colonial. ∎

UNA MANCHA EN EL TEJIDO DE LA HISTORIA HUMANA

LOS INICIOS DEL COMERCIO ATLÁNTICO DE ESCLAVOS (1510)

Le otorgamos […] permiso pleno y libre para invadir, buscar, capturar y subyugar a sarracenos y paganos.
Papa Nicolás V
Dum Diversas, **bula papal al rey Alfonso de Portugal (1452)**

En este mural moderno, hombres esclavizados se dan el último baño en el río Donko Nsuo de Ghana antes de ser llevados a América.

Unos 12,5 millones de personas (el número exacto nunca podrá saberse) fueron traficadas desde África a América en el comercio transatlántico de esclavos, que duró desde el siglo XVI hasta el XIX. Fue la migración forzosa mayor y más larga de su clase, y alteró el curso de la historia en África y América, así como en los lugares de Europa que lo iniciaron, principalmente para enriquecer sus economías y satisfacer la demanda en sus países.

En su fase de mayor actividad durante el siglo XVIII, el comercio atlántico lo controlaban siete países: Portugal, España, los Países Bajos, Gran Bretaña, Francia, Dinamarca y EEUU. Estos no solían procurarse los esclavos ellos mismos: los compraban a los reyes africanos, quienes, desde el origen de sus civilizaciones, esclavizaban a los prisioneros de guerra para fines diversos. A partir del siglo VII, algunos de estos cautivos fueron vendidos a los musulmanes, quienes los transportaron por el Sáhara hasta varios destinos del norte de África, en lo que hoy se conoce como el comercio transahariano de esclavos.

Los reinos de la costa atlántica africana, como Dahomey (en el actual Benín), alimentaron el tráfico de esclavos transatlántico, con expediciones a lugares lejanos del interior para secuestrar a otros africanos. A los cautivos presos se les hacía marchar a la costa y se les entregaba a los europeos a cambio de ron, textiles, herramientas y armas.

Mano de obra barata

Este comercio atlántico nació en la península Ibérica, tanto en Portugal como en España. Proyectada hacia el Atlántico, la península estaba mejor situada que ningún otro lugar como punto de partida. Siendo la parte de Europa más próxima a África y también a América, era casi inevitable que fuesen portugueses o españoles los primeros europeos en llegar a estas tierras. Portugal fue el primer país cuyos marinos navegaron alrededor de África, y España, el primero en colonizar América.

Los navegantes portugueses comenzaron a explorar África a partir de mediados del siglo XV. Sin penetrar en el interior del continente, recorrieron la costa atlántica, donde

Véase también: El comercio transahariano de esclavos 60–61 ▪ La llegada de los europeos a África 94–95 ▪ El abolicionismo en Europa 168–171 ▪ El Ferrocarril Clandestino 190–195 ▪ El fin de la esclavitud en Brasil 224–225

descubrieron el ya existente comercio transahariano de esclavos. No tardaron en comerciar con esclavos ellos también, construyendo fuertes factoría a lo largo de la costa para tenerlos presos. El fuerte de la isla de Arguin, junto a la costa de Mauritania, se completó en 1461; el castillo de São Jorge da Mina, en la actual Ghana, en 1482. Los portugueses también emplearon y tuvieron presos a africanos en las islas hasta entonces deshabitadas de Cabo Verde y Santo Tomé, desde 1462 y 1486, respectivamente.

Algunos de los esclavos sirvieron a los intereses portugueses en África, por ejemplo, como mano de obra gratuita para cortar caña de azúcar en las plantaciones de Santo Tomé. Otros fueron llevados a la península Ibérica, por lo general para trabajar en el servicio doméstico. En 1500 había ya miles de africanos tanto en Lisboa como en Sevilla.

Mientras, al otro lado del Atlántico, España había colonizado las islas de La Española y Puerto Rico en la década de 1490. En La Española, los colonos obligaron a los taínos nativos a trabajar en las minas de oro. Los juzgaron poco aptos para la extenuante tarea, y, en 1509, el gobernador solicitó urgentemente mano de obra mejor a la corona.

Comienza el comercio atlántico

En enero de 1510, Fernando el Católico envió una carta al gobernador de La Española, y otra a los funcionarios de la Casa de Contratación de Indias en Sevilla. En ambas misivas confirmaba su decisión de embarcar en Sevilla a 50 de los esclavos mejores y más resistentes y enviarlos a La Española. Fue el inicio del comercio transatlántico de esclavos.

En un principio, el número de los esclavizados y transportados a través del Atlántico fue reducido. Cuando el sucesor de Fernando, Carlos I (Carlos V del Sacro Imperio Romano **»**

La puerta de no retorno de la Casa de los Esclavos en la isla de Gorea (Senegal) era la última que atravesaban los esclavos africanos antes de ser embarcados.

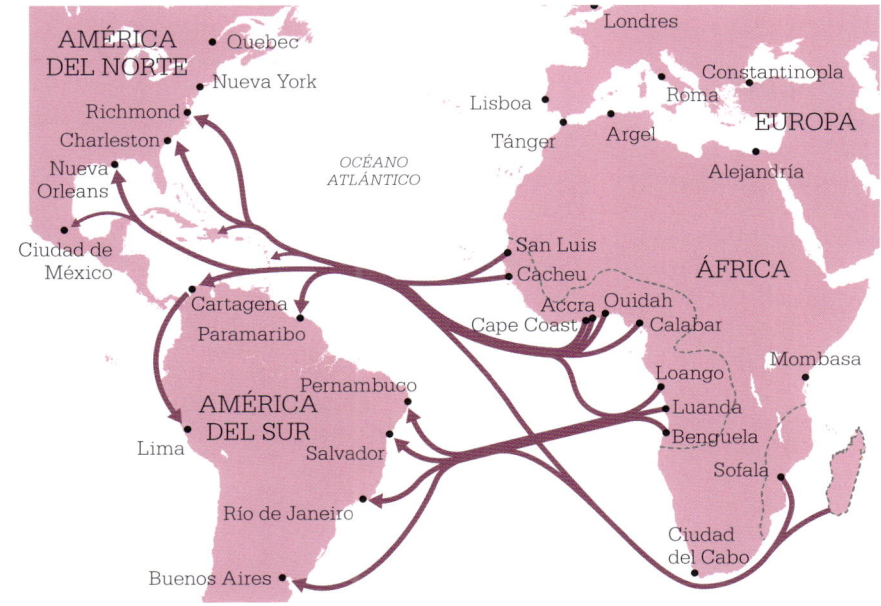

Este mapa muestra el pasaje del medio del comercio triangular atlántico. Los esclavos africanos permanecían presos en fuertes antes de la travesía atlántica desde puertos de la costa oeste de África. Los esclavos que salían de los puertos del norte solían ir a parar al Caribe y EE UU, mientras que los de más al sur solían ser llevados a la colonia portuguesa de Brasil.

Clave

⬚ Regiones del comercio de esclavos

➜ Rutas comerciales de esclavos

En las condiciones de hacinamiento de los barcos negreros apenas se podía estar de pie, como muestra este esbozo de 1845 del *Albanez* brasileño por el oficial británico Francis Meynell.

los cautivos al oeste, a las colonias de América o al Caribe, donde el cargamento humano se intercambiaba por azúcar o tabaco. Luego volvían a Europa, cerrando el triángulo.

El sistema proporcionó fortunas a los comerciantes. Bajo la cubierta de los barcos, las condiciones eran sofocantes debido al calor húmedo, la ausencia de ventilación o luz y el hedor a excrementos, sudor y vómitos. A los hombres se les encadenaba juntos, tan apretados que se veían obligados a tenderse o agacharse. Las mujeres tenían más espacio, pero muchas eran violadas por la tripulación. Los esclavos debían aliviarse *in situ* o en «cubas de necesidades» comunales, en las que los niños caían a menudo.

El pasaje del medio duraba unos dos meses. La enfermedad era omnipresente, e inevitables eran los brotes de disentería, viruela, sarampión o escorbuto. Casi dos millones de personas esclavizadas murieron durante el viaje y fueron echadas por la borda.

Germánico) aprobó el envío de esclavos directamente a las colonias españolas desde los puertos bajo control portugués en África, en 1518, el comercio atlántico se puso verdaderamente en marcha. Un barco de Arguin con 79 esclavos llegó a Puerto Rico en 1521, y otro de Santo Tomé con 248, a La Española, en 1529. Los portugueses adoptaron la práctica, y enviaron un barco desde Santo Tomé con 17 esclavos africanos a su colonia más reciente, Brasil, en 1533.

Desde estos primeros viajes, los portugueses y españoles controlaron en exclusiva el comercio durante los primeros cien años. Luego participaron corsarios de otros países de Europa (con el beneplácito de sus gobiernos), además de piratas y contrabandistas. Los Países Bajos no entraron oficialmente en el mercado hasta la década de 1610, siguiendo su ejemplo Inglaterra en la de 1620, Francia en la de 1650, Dinamarca en la de 1670 y los recién constituidos EEUU a finales de la de 1770.

Triángulo terrible

La entrada de otras potencias europeas en el comercio de esclavos atlántico guardaba una relación directa con el éxito de sus propias colonias en América. En guerras largas y sangrientas, muchas islas del Caribe cambiaron de manos varias veces. Para beneficio de todas, las potencias rivales acabaron creando lo que se conoció como comercio triangular. En la cima del triángulo estaba Europa, desde donde los barcos negreros partían hacia el sur llevando bienes y armas a la costa de África occidental, que intercambiaban por esclavos. En el llamado pasaje del medio, transportaban a

Debo reconocer […] que fui secuestrado y traicionado por algunos de mi mismo color […], pero si no hubiera compradores, no habría vendedores.
Ottobah Cugoano
Escritor y abolicionista africano
(n. *c.* 1757)

Sección transversal de un barco negrero

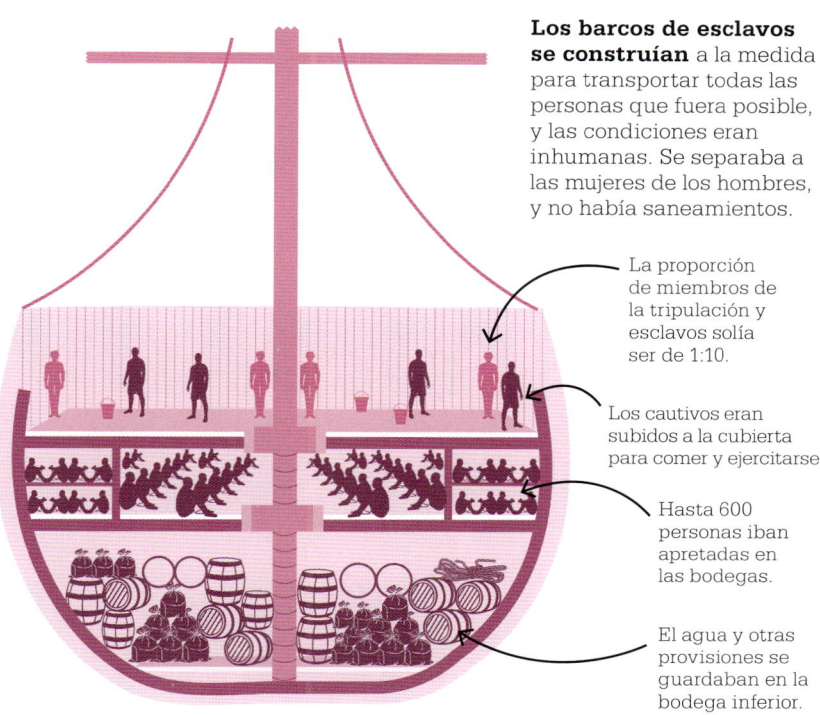

Los barcos de esclavos se construían a la medida para transportar todas las personas que fuera posible, y las condiciones eran inhumanas. Se separaba a las mujeres de los hombres, y no había saneamientos.

La proporción de miembros de la tripulación y esclavos solía ser de 1:10.

Los cautivos eran subidos a la cubierta para comer y ejercitarse.

Hasta 600 personas iban apretadas en las bodegas.

El agua y otras provisiones se guardaban en la bodega inferior.

No obstante, muchas más sobrevivieron, creando profundos vínculos en la adversidad, que enseguida se veían rotos en cuanto desembarcaban y eran vendidos a distintos amos. Cudjoe Lewis, superviviente del último barco negrero en llegar a EE UU, en 1860, habló de lo doloroso que fue separarse de sus compañeros de travesía después de 70 días embarcados, y lo duro que fue ver el dolor de ellos.

Las tornas cambian

Sometidos a un trato tan espantoso, las rebeliones eran algo común, a menudo con la ayuda de marineros esclavizados con los que se comunicaban los cautivos. Junto a la costa de Angola, en 1812 se produjo una de tales rebeliones, a bordo de la nave portuguesa *Feliz Eugênia*. Marineros africanos y esclavos cautivos tendieron una emboscada a la tripulación, a la que ataron antes de escapar en embarcaciones menores. Las noticias de estas rebeliones y los horrores del pasaje del medio fueron alimentando la indignación pública, llegándose al rechazo a los productos asociados al comercio de esclavos, como en el boicot del azúcar en Reino Unido en la década de 1790. En 1803, Dinamarca fue la primera de las naciones esclavistas en ilegalizar el comercio. Siguieron su ejemplo Reino Unido en 1807, EE UU en 1808, los Países Bajos en 1814, España en 1820, Francia en 1826 y Portugal en 1836. Sin embargo, el cumplimento no fue estricto, pues estos países no abolieron la esclavitud hasta 30 años después: el último barco negrero «legal», con rumbo a la colonia española de Cuba, zarpó en 1866. Por la información obtenida de cuadernos de bitácora, registros tributarios, diarios y cartas privadas, se cree que, de los 12,5 millones de africanos embarcados, 10,7 millones desembarcaron en América, y el resto murieron durante la travesía. Casi la mitad (5,8 millones) corresponde a barcos portugueses, con Brasil como destino principal. Gran Bretaña traficó con 3,3 millones de africanos; Francia, con 1,4 millones; España, con 1,1 millones; los Países Bajos, con algo más de medio millón; EE UU, con 305 000; y Dinamarca, con 111 000. En 1999, Benín fue el primer Estado africano en pedir perdón por su papel en el desarraigo de estas personas en el pasado. Desde entonces, otros países han hecho declaraciones de disculpa por su parte en el comercio transatlántico de esclavos.

Diáspora africana

Antes del comercio transatlántico de personas, el contacto de los pueblos de África con Europa y la América colonial era limitado. El periodo de migración forzosa y esclavitud que inauguró, junto con la colonización de África por los imperios europeos, creó una nueva diáspora africana, hoy predominante o con una presencia relevante en las islas del Caribe, América del Norte y del Sur, y en los países europeos partícipes del comercio. ∎

La bodega [era] tan baja que no se podía estar de pie y había que agacharse [...], día y noche eran iguales, negado el sueño por el confinamiento de nuestros cuerpos.
Mahommah Baquaqua
Abolicionista africano (*c.* 1824–1857)

SANO O ENFERMO, TODO ERA TRABAJO, TRABAJO, TRABAJO

LA VIDA EN LAS PLANTACIONES (SIGLO XVI–1888)

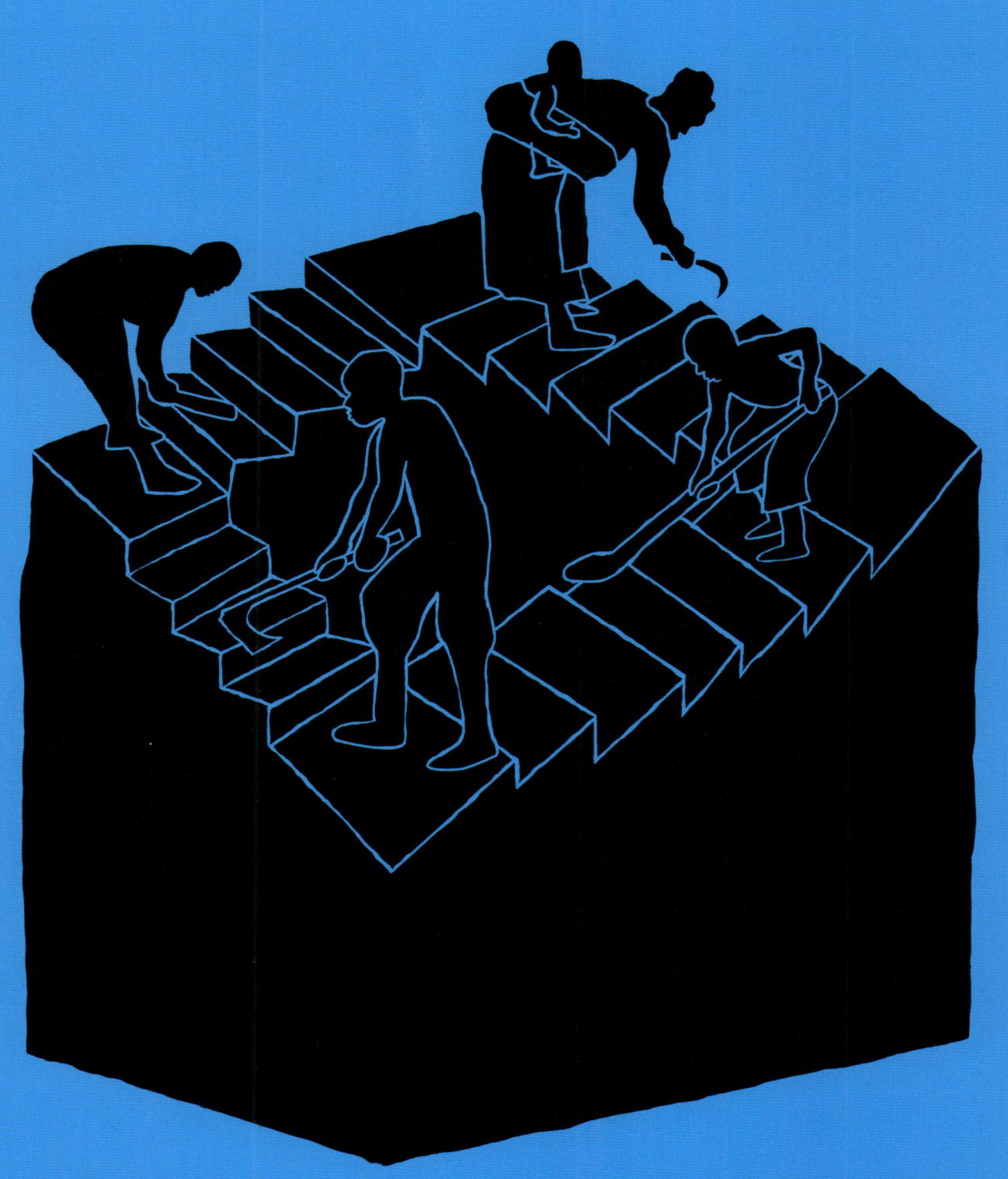

EN CONTEXTO

LOCALIZACIÓN
EE UU, el Caribe, América Latina

ANTES

1425 Los portugueses cultivan caña de azúcar en Madeira con trabajo esclavo.

1493 Colón introduce la caña de azúcar en La Española.

1501 La Monarquía Hispánica aprueba la exportación de esclavos africanos a La Española. Trabajarán en las plantaciones a partir de 1512.

DESPUÉS

1886 En Texas, tras negárseles el ingreso en los sindicatos blancos, granjeros negros crean el Colored Farmers' National Alliance and Cooperative Union.

1891 Huelga por salario de recolectores de algodón en EE UU. Nueve son asesinados en un linchamiento masivo.

2010 El Departamento de Agricultura de EE UU acepta compensar por discriminación con 1200 millones de dólares a 40 000 granjeros negros.

A veces me siento como un niño sin madre, lejos de casa.
Espiritual negro americano

Durante más de 300 años –desde inicios del siglo XVI hasta tan tarde como 1888 en Brasil–, esclavos africanos y sus descendientes fueron obligados a trabajar en plantaciones en América. Las haciendas en las que se cultivaba azúcar, tabaco, arroz, café y algodón cubrían grandes áreas del Caribe y América Latina, sobre todo en Brasil. A partir de comienzos del siglo XVII, se desarrolló un sistema de plantaciones menores en las colonias británicas del sur de América del Norte.

El auge de la plantación

Las primeras plantaciones de azúcar del Nuevo Mundo fueron las de La Española, a inicios del siglo XVI, seguidas por las portuguesas en Brasil. En las colonias de ambos imperios ibéricos, fueron primero indígenas los esclavizados, hasta que el agotamiento y la enfermedad redujeron drásticamente su número. En su lugar, se recurrió entonces a la importación de africanos, y las plantaciones siguieron proliferando mientras crecía la demanda europea de azúcar. Generaban enormes beneficios a los encomenderos, así como a las coronas portuguesa y española, sus benefac-

En haciendas azucareras como esta de las islas de las Antillas, los esclavizados procesaban la caña para obtener los cristales y melazas sobrantes que se fermentaban para producir ron.

tores; pero requerían un número cada vez mayor de esclavos para mantener la producción y los beneficios.

Desde la década de 1650 hasta 1834, cuando entró en vigor la Ley de emancipación de Reino Unido, que abolía la esclavitud en las colonias británicas, las economías de plantación caribeñas también crecieron, dominadas primero por neerlandeses, y luego por franceses y británicos. Más de 12 millones de africanos fueron transportados al Nuevo Mundo en esa época, más del 90 % al Caribe y América del Sur, y la mayoría fue esclavizada en plantaciones.

Trabajo matador

De las cuatro quintas partes de los africanos que sobrevivieron a las condiciones de la travesía del Atlántico, un 30 % murió debido a las nuevas enfermedades contraídas, y muchos otros, de los rigores del trabajo forzado. En 1750, 800 000 africanos habían sido importados al Caribe, pero la po-

Véase también: Los inicios del comercio atlántico de esclavos 116–121 ▪ La rebelión de esclavos de La Española 130–131 ▪ El abolicionismo en Europa 168–171 ▪ El abolicionismo en América 172–179 ▪ El fin de la esclavitud en Brasil 224–225

blación negra era de solo 300 000. La esperanza de vida en muchas plantaciones era de solo entre siete y nueve años. La mayor tasa de mortalidad se daba entre los esclavos agrícolas en las duras condiciones de las plantaciones caribeñas y latinoamericanas; y también en las plantaciones de arroz de colonias británicas continentales como Carolina del Sur, Carolina del Norte y Georgia: permanecer en el agua durante horas seguidas al sol era a menudo fatal, debido a la malaria, y en una de dichas plantaciones la mortalidad infantil llegó al 90 %.

Fuerzas del mercado

En las mayores propiedades caribeñas y latinoamericanas podían vivir cientos de personas, hombres en su mayoría; y, en el siglo XIX, la población esclava era unas ocho veces más numerosa que la población blanca libre en las islas del Caribe. El absentismo de los propietarios era algo común en las Antillas y las Bahamas, donde solía delegarse la supervisión a encargados blancos o a negros libres. En la mayoría de las plantaciones del sur de EE UU había 50 esclavos

Esclavos cosechando café en 1885 en una plantación brasileña. Brasil importó más esclavos africanos que ningún otro país, y su trabajo generó enormes beneficios a los *fazendeiros*.

o menos, con una proporción más igualada de hombres y mujeres, y la implicación de los esclavizadores era más directa. En los estados del sur, en 1860, los afroamericanos eran un tercio aproximado de la población.

La economía determinó el modo en que se desarrollaron las plantaciones. En el siglo XVIII explotó el consumo de azúcar, que fue el bien más valioso del comercio de Europa. Esto intensificó la competencia entre plantadores, que obligaron a los esclavos a aumentar la producción. El trabajo de plantar, abonar y cortar era para los más fuertes y sanos, que tenían que trabajar en grupos hasta 18 horas al día, y sin descansar ni en fin de semana ni en festivo alguno.

El precio de los esclavos dependía de sus habilidades. En el Caribe, los que conocían el proceso de hervir el jugo y cristalizar el azúcar costaban 150 libras en la década de 1780, 25 veces más que un esclavo anciano. En una plantación de Antigua se estimaron 56 personas en 3590 libras (425 000 euros actuales).

Tabaco y esclavitud

Antes de generalizarse el cultivo del algodón en el sur de EE UU a partir de principios de la década de 1800, la mayoría de los esclavos africanos trabajaban en las plantaciones de tabaco de Virginia y alrededores.

Mary Prince

Nacida esclava en las Bermudas, Prince fue vendida por primera vez a los doce años. Vendida de nuevo seis años después, la obligaron a trabajar en las salinas hasta 17 horas al día. En Antigua, Prince fue sirvienta doméstica de John Wood, quien la llevó a Londres en 1828. Allí buscó refugio en la Iglesia morava, y trabajó para el abolicionista Thomas Pringle. La escritora Susanna Strickland la ayudó a redactar su dolorosa autobiografía, un éxito entre el creciente fervor antiabolicionista. No se sabe si Prince regresó al Caribe, ni la fecha de su muerte.

Obra principal

1831 *The History of Mary Prince.*

Con el consumo creciente en Europa a partir del siglo XVII, el tabaco pasó a ser un componente vital de la economía de los colonos británicos. Se extendió por Virginia, sobre todo el área de la bahía de Chesapeake, conveniente para embarcarlo con destino a Gran Bretaña. El número de africanos en estas plantaciones aumentó en el siglo XVIII de cien mil hasta un millón, o un 40 % de la población de la zona. Aunque ya no se importaran más africanos a partir de 1775, los hijos de las mujeres negras engrosaban el número de los esclavizados.

Antes del *boom* del tabaco, la relación entre plantadores y esclavos era comparativamente estrecha, y no era raro que trabajaran codo con codo. Al aumentar la competencia, »

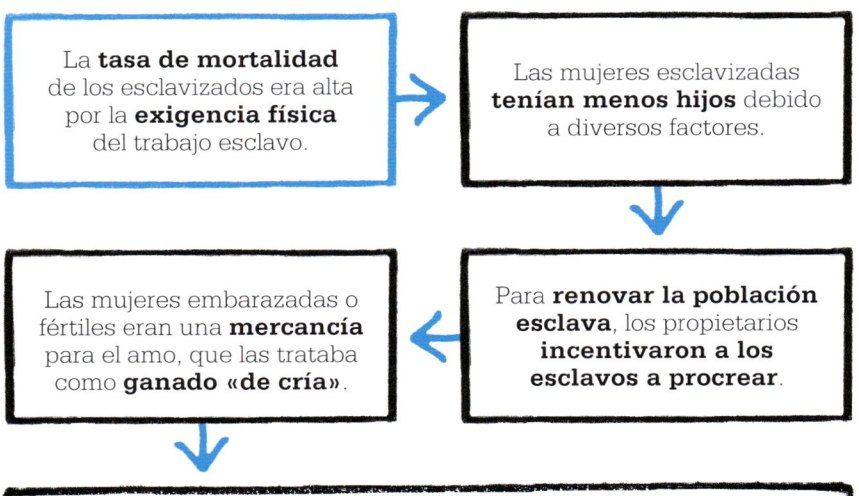

La **tasa de mortalidad** de los esclavizados era alta por la **exigencia física** del trabajo esclavo.

Las mujeres esclavizadas **tenían menos hijos** debido a diversos factores.

Las mujeres embarazadas o fértiles eran una **mercancía** para el amo, que las trataba como **ganado «de cría»**.

Para **renovar la población esclava**, los propietarios **incentivaron a los esclavos a procrear**.

Fue habitual que **amos o capataces violaran a las mujeres esclavizadas**, y los hijos que tuvieron eran **esclavos por ley**.

se importaron más africanos, y se generalizaron las cuadrillas dirigidas por capataces blancos que les forzaban a trabajar hasta la extenuación para obtener cosechas mayores.

Las plantaciones de algodón empezaron a extenderse por el sur de EE UU después de la introducción de máquinas de procesado más eficientes. Como con otros cultivos, el trabajo forzado esclavo para plantar y cosechar algodón para el comercio y la exportación aseguraba el éxito. El número de los esclavizados no dejó de crecer, y, en 1860, dos tercios de la población esclava en el Nuevo Mundo trabajaba en el sur de EE UU.

Violación sistemática

Incrementar la población esclava fue una política deliberada en América. A las mujeres (y algunos hombres) se las animaba y a menudo obligaba a procrear para que la siguiente generación diera beneficios al esclavizador. Los esclavos tenían prohibido casarse, y las familias eran rotas a menudo. Muchas mujeres fueron violadas por amos y capataces, quienes lo consideraban su derecho.

En el sur de EE UU, los *mulattoes* (mulatos), hijos de mujeres negras esclavizadas y supervisores blancos, nacían esclavos. Algunos fueron educados y liberados por sus padres blancos, pero nunca serían aceptados en la sociedad blanca.

En comparación, la mezcla racial era más socialmente aceptable para los españoles y portugueses en América Latina y el Caribe, pero, como en el sur de EE UU, los nacidos asumían la condición social de la madre.

Tareas diversas

Hombres y mujeres africanos trabajaban en todos los aspectos de la producción agrícola y atendían todas las necesidades de sus esclavizadores y capataces. Las mujeres podían ser enfermeras, costureras o sirvientas. Los hombres que no cultivaban el campo realizaban tareas manuales en las plantaciones o fábricas de procesado, y a algunos se los cedía en alquiler para trabajos diversos. Los niños mayores y adultos menos robustos se ocupaban de tareas más ligeras, como limpiar, espantar pájaros o repartir agua. Los niños pequeños y algunos ancianos estaban exentos de trabajar. En América Latina, a los ancianos, vistos como una carga económica, era costumbre emanciparlos.

Allí y en los demás países esclavistas, era posible emancipar a los esclavos en un testamento u otro do-

A mi papá lo usaban como usan a los toros sementales en las granjas, y lo alquilaban a otros plantadores con ese propósito.
Barney Stone
Afroamericano antes esclavizado (n. 1847)

Las doncellas afroamericanas, como esta mujer de Nueva Orleans en un retrato de 1840, vestían un uniforme pulcro, pero cuidar su aspecto no les ahorraba palizas crueles, como reveló Mary Prince.

En Brasil, esclavos negros tenían que transportar a sus amos en hamacas o literas, a veces entre plantaciones, y también en ciudades como Río de Janeiro, como en esta imagen de 1816.

cumento, pero las leyes eran diferentes en cada país y cada colonia, y en algunos casos se trataba de restringir el número de libertos. Iglesias y sociedades benéficas podían comprar la libertad de un individuo, y algunos esclavos pudieron comprarla ellos mismos, pero, para la mayoría, la vida consistía en trabajo interminable.

Trato denigrante

Por principio, el esclavo era propiedad del esclavizador: una vez comprado, era habitual marcarlo con la inicial del amo y darle un nombre nuevo. En 1661, la isla de Barbados fue la primera colonia en amparar legalmente el derecho a subyugar a los esclavos, reducidos a ser equivalentes a «otros bienes y enseres». Otras islas del Caribe adoptaron leyes similares, como hicieron también las colonias norteamericanas de Virginia, Maryland, Georgia, Carolina del Norte y Carolina del Sur.

Los plantadores ejercían su autoridad por medio de palizas, latigazos, torturas y mutilaciones. Olaudah Equiano, liberto que publicó su autobiografía en 1789, contó cómo encadenaban las extremidades y ponían ganchos al cuello de los esclavos por ofensas menores. Describió el uso de empulgueras y mordazas de hierro, y relató una paliza hasta romperle los huesos a un esclavo «por dejar desbordarse una olla al hervir». En Antigua, no fue delito matar a un esclavo hasta 1723: los plantadores de la isla eran también los legisladores, y era imposible juzgar a nadie por maltratar a sus trabajadores. La situación era similar en toda América.

Ya desde el periodo colonial, en el sur de EEUU arraigó el miedo de »

EEUU en 1860

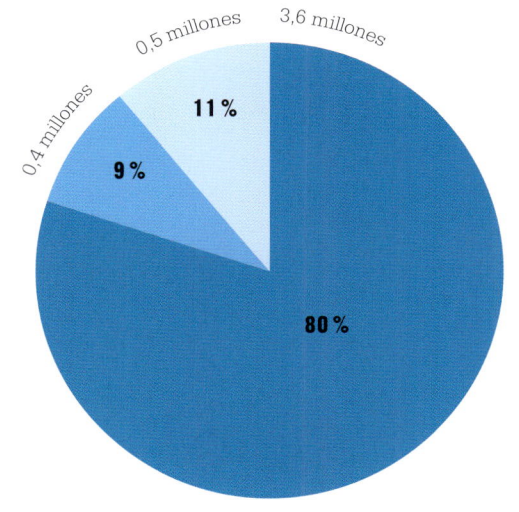

3,6 millones

0,5 millones

0,4 millones

11 %

9 %

80 %

En EEUU, en 1860, de los 4 millones de afroamericanos esclavizados por 385 000 propietarios, 3,6 millones vivían en granjas o plantaciones (propiedades con 20 o más esclavos).

Clave

■ Personas esclavizadas en plantaciones o granjas

■ Esclavizados fuera de plantaciones

■ Población negra libre

Esclavos reunidos al atardecer en el bosque en Misisipi, en un servicio religioso fúnebre con un predicador negro, obra de 1860 del pintor John Antrobus.

los blancos a la rebelión, ante cuya mera sospecha se respondía con leyes locales más represivas, aplicadas por patrullas de hombres blancos que detenían a todo esclavo que vieran fuera de una plantación. Asaltaban hogares e impedían reuniones en busca de cualquier indicio de revuelta, y si esta estallaba o se temía, aterrorizaban, torturaban y mataban a cualquiera al que señalaran como culpable.

Vida comunitaria

Tanto en el Caribe y América Latina como en el sur de América del Norte, las viviendas de los esclavos eran muy elementales: chozas o cabañas con suelo de tierra y pocos muebles, como un camastro, una mesa o un banco. En América del Norte en el siglo XIX, algunas plantaciones tuvieron estancias separadas para dormir y comer, y en al menos dos –Hermitage, en Georgia, y Boone Hall, en Carolina del Sur–, los trabajadores del campo vivían en casas de ladrillo, y aquellos que eran cualificados tenían casas propias, mientras que los sirvientes domésticos solían vivir en la casa del terrateniente. Era poco el tiempo disponible para el ocio, y había escasas

áreas comunes donde los esclavos pudieran reunirse, pero de las adversidades compartidas surgió una solidaridad profunda y un ánimo desafiante. Muchos se resistieron al maltrato, rompiendo herramientas, fingiendo enfermedad, robando comida o malinterpretando deliberadamente las instrucciones recibidas.

Las rebeliones intermitentes en el Caribe –la primera, en La Española, en 1521– inspiraron otras en otros lugares. Los registros reflejan más de 250 tentativas o rebeliones de diez o más personas en América en los 200 años anteriores a la guerra de Secesión estadounidense (1861–1865).

Muchos esclavos hallaron sentido o solaz en la religión. En la América Latina católica, los africanos eran bau-

> Toda la gente de color en las plantaciones y granjas de alrededor de la nuestra eran esclavos, y la mayoría recibía un trato horrible de sus amos.
>
> **Carl Boone**
> **Afroamericano antes esclavizado**

ESCLAVITUD Y REBELIÓN 129

> Dormíamos en un cobertizo largo, dividido en casillas estrechas como los establos de las vacas. Nuestras camas eran tablas sobre estacas clavadas en el suelo, sin colchón ni manta.
> **Mary Prince**

tizados nada más llegar, y, aunque el trato en las plantaciones era horrible, se favorecían las unidades familiares. Un culto religioso que podía incluir elementos del islam, el cristianismo y el judaísmo, combinados con tradiciones africanas, fue parte de la vida en la plantación en muchos casos. En el sur de EEUU, algunos propietarios prohibían a los esclavos asistir a la iglesia. Bill Collins, esclavizado en Alabama, recordaba que los domingos los esclavos acudían al granero, procurando no ser vistos, para rezar y pedirle a Dios que «arreglara algún modo de liberarnos». Aunque no fueran menos crueles con los esclavos, otros no veían contradictorio insistir en que los esclavos asistieran a los servicios religiosos. El espiritual negro surgió a partir de los himnos que escucharon los esclavos, adaptados e imbuidos de un anhelo desafiante de libertad. Esta cultura negra americana se expresó también en la evolución de nuevos lenguajes y dialectos, transmitidos en canciones y relatos.

El fin de la esclavitud

La entrada en vigor de la Ley de emancipación de 1834 abolió la esclavitud en las colonias británicas. Las plantaciones ofrecieron aprendizaje y formación, pero muchos africanos prefirieron ganarse la vida vendiendo sus propios cultivos. En América Latina, la emancipación se produjo a lo largo del siglo XIX. Muchos esclavos se unieron a las milicias patrióticas que combatieron por la independencia en Hispanoamérica, y, una vez lograda, exigieron la igualdad de derechos. En el sur de EEUU, la situación de los antes esclavos fue por lo general mucho peor: miles de personas negras que escaparon de la esclavitud o fueron liberadas en los años de la guerra de Secesión no pudieron hallar empleo remunerado y murieron de inanición, o a causa de brotes de viruela y cólera. Muchos se refugiaron tras las líneas del ejército unionista, y sufrieron como propiedad incautada al enemigo en llamados *contraband camps*, siendo algunos los mismos lugares insalubres donde se había retenido a los esclavos hasta su venta. En muchos casos, la única forma de salir era volver a trabajar en las plantaciones de las que habían huido. Para muchos de los emancipados en 1865 tras la victoria del ejército de la Unión, el precio que pagaron por la libertad fue devastador. ∎

Cabaña en Green Hill, plantación de tabaco y trigo en Virginia, una de las 17 casas de madera y piedra donde vivían 81 personas esclavizadas por Samuel Pannill en el siglo XIX.

Una escena feliz de boda de 1820 idealiza las uniones generalmente breves celebradas saltando la escoba, tradición cuyo origen suele atribuirse a una costumbre del pueblo akan, de África occidental.

Saltar la escoba

La expresión «saltar la escoba» para aludir a un matrimonio no ortodoxo se constata en Reino Unido en el siglo XVIII, pero se conoce sobre todo como ritual negro americano, popular entre los esclavos desde la década de 1800.

Para las parejas de esclavos en las plantaciones, la ceremonia de saltar la escoba reforzaba su unión, por simbolizar el barrer los espíritus malignos y malos recuerdos del pasado, y la esperanza de que la pareja sobreviva a un futuro incierto. Aun cuando un amo aprobara o incluso obligara a las relaciones sexuales entre esclavos, los matrimonios legales estaban prohibidos, ya que no tenían derechos civiles, y las familias eran rotas a menudo al vender a sus miembros.

Cuando la 13.ª enmienda abolió la esclavitud en EEUU, en 1865, muchos afroamericanos se apresuraron a ejercitar sus derechos civiles legalizando sus matrimonios. La ceremonia de saltar la escoba se mantuvo para honrar con orgullo una tradición de los esclavizados.

LA PRIMERA REVUELTA DE ESCLAVOS DE AMERICA

LA REBELIÓN DE ESCLAVOS DE LA ESPAÑOLA (1521)

La Española, la segunda mayor isla del Caribe, situada al oeste de Cuba y en el centro de las Antillas mayores, fue colonizada por los españoles y, luego, también por los franceses. Sería el escenario de la Revolución haitiana, la primera rebelión de esclavos con éxito del mundo, que condujo a la independencia de Haití en 1804; pero, mucho antes, la rebelión de esclavos de 1521 mostró lo que estos podían llegar a lograr.

Cuando Cristóbal Colón desembarcó en La Española en 1492, la habitaban unos 400 000 indígenas taínos. Colón tomó posesión de la isla para la Monarquía Hispánica, estableciendo con ello la primera colonia americana. Bajo el sistema de

Ilustración del trabajo esclavo en un ingenio azucarero de La Española en c. 1550. La población esclava era entonces de 20 000–30 000, y unos 7000 cimarrones desafiaban a los españoles.

Véase también: Los inicios del comercio atlántico de esclavos 116–121 ▪ La vida en las plantaciones 122–129 ▪ Los esclavos se rebelan en México 132–135 ▪ El abolicionismo en América 172–179 ▪ La Revolución haitiana 184–189

Las Ordenanzas sobre esclavos de 1522

No se permitía a los esclavos poseer armas.

No se permitía a los esclavos visitar otras haciendas.

Había duras penas para quienes buscasen su libertad.

No se permitía a nadie socorrer a los esclavos huidos.

Se animó a los esclavos a emparejarse y formar familias.

encomienda, los colonos españoles obligaron a los taínos a trabajar en minas de oro y haciendas azucareras. En 1510, la viruela y otras enfermedades y el trato brutal habían exterminado al 90 % de la población. Para remediar la grave escasez de mano de obra, en 1518, Carlos I aprobó por sanción real el transporte de africanos occidentales esclavizados a las nuevas colonias.

Lucha contra el sistema

La mayoría de los esclavos importados a las colonias españolas eran del noroeste de África, pero de culturas distintas e idiomas diferentes. Aunque trabajaban juntos, les era difícil comunicarse y, por tanto, coordinar una insurrección. Muchos se rebelaron de forma individual, huyendo de sus esclavizadores a las montañas. Al crecer la población esclava, fue siendo más factible organizarse y sublevarse contra los colonos.

En 1521, el gobernador de La Española Diego Colón, hijo del almirante, tenía en encomienda un ingenio azucarero en las afueras de la capital, Santo Domingo, donde estalló la rebelión. La organización de la revuelta se atribuye a María Olofa y Gonzalo Mandinga, dos de los primeros esclavos africanos rebeldes,

llamados cimarrones. Los rebeldes se armaron con estacas afiladas, y se apoderaron de los machetes usados para cortar la caña.

En la Nochebuena de 1521, mientras los españoles celebraban la fiesta, veinte rebeldes organizados marcharon hacia el oeste, desde el río Nigua hacia el pueblo de Azua, animando en el camino a otros esclavos africanos a dejar sus plantaciones y unirse a ellos. Los rebeldes no pudieron hacer frente a las tropas a caballo, equipadas con espadas y armas de fuego, enviadas con urgencia para acabar con ellos.

Los supervivientes huyeron a las montañas, pero fueron capturados

[¿…] y se os mueren, y por mejor decir los matáis, por sacar y adquirir oro cada día?
Antonio de Montesinos
Fraile dominico español (*c.* 1475–1545)

antes de cinco días. Con todo, habían logrado liberar a una docena de taínos esclavizados y matar a nueve españoles.

Los efectos

La rebelión de esclavos de 1521 fue la primera de su clase, y alarmó a la administración colonial de La Española: a los diez días de su inicio, había ya leyes destinadas a mantener el control y tratar de impedir levantamientos. Estas leyes imponían restricciones a las personas negras que vivían en la isla, fueran esclavos o no. A quienes huyeran de sus esclavizadores se les castigaba con penas brutales, como la amputación de un pie, y si reincidían, con la muerte. Las mismas leyes, no obstante, también favorecieron los matrimonios entre los esclavos, para que formaran familias. Se esperaba así desincentivar en alguna medida futuras rebeliones, además de aumentar la reserva de mano de obra esclava.

Haití, al oeste de La Española, no lucharía con éxito por la independencia hasta 282 años más tarde, pero la rebelión de 1521 dejó advertidas a las autoridades de que las personas a las que habían esclavizado podían organizarse y luchar por su libertad. ▪

UNA REBELION SANGRIENTA EN LOS CAÑAVERALES

LOS ESCLAVOS SE REBELAN EN MÉXICO (1570)

EN CONTEXTO

LOCALIZACIÓN
México

ANTES
1428 Los aztecas se apoderan del valle de México y fundan un imperio poderoso.

1517 El explorador Francisco Hernández de Córdoba llega a la península de Yucatán.

1521 Esclavos africanos de un ingenio azucarero en La Española organizan la primera rebelión de esclavos de América.

DESPUÉS
1835–1836 Texas se rebela y se declara independiente de México como República de Texas. Ingresa como estado en EE UU en 1846.

1846–1848 Las disputas territoriales llevan a México y EE UU a la guerra, que acaba con la anexión por EE UU de un vasto territorio del noroeste de México.

Desde la década de 1520 hasta el comienzo de la guerra de Independencia de México en 1810, fueron importados a Nueva España 250 000 africanos para trabajar en los ingenios azucareros, las minas de plata, los ranchos de ganado y el servicio doméstico. A lo largo de los tres siglos de esclavitud de los africanos en el virreinato, constan más de cien rebeliones y conspiraciones, entre ellas la de mayor éxito, la dirigida por Gaspar Yanga en 1570 en una hacienda azucarera en Veracruz.

La afluencia de esclavos africanos obedeció en buena parte a la catástrofe demográfica desencadenada sobre la población indígena por

Véase también: La vida en las plantaciones 122–129 ▪ La rebelión de esclavos de La Española 130–131 ▪ Las comunidades de la resistencia esclava en Brasil 136–139 ▪ Los *maroons* jamaicanos 146–147

Gaspar Yanga y sus compatriotas celebran la libertad en un cuadro del Museo Regional de Palmillas, en Yanga (antes San Lorenzo de los Negros), el pueblo libre fundado por él mismo.

la viruela, traída por los españoles, añadida a la explotación abusiva de la encomienda. El monarca Carlos I facilitó el recurso a los africanos para reemplazar a los trabajadores indígenas muy poco antes de fundarse en 1521 Nueva España, la mayor colonia de España. Además del México actual, incluyó un área muy extensa del resto de América del Norte y Central, partes del norte de América del Sur, e islas del Caribe y del Pacífico.

Compasión efímera
En 1519, la fundación por el conquistador Hernán Cortés de Veracruz, principal puerto de entrada en la costa del golfo de México, marca el inicio de la exportación de esclavos africanos a México por los españoles. Tras la conquista española en 1521 de la capital azteca, Tenochtitlán, la demanda se disparó con el desarrollo de la minería y las haciendas e ingenios azucareros, y se mantuvo en el máximo de 1580 a 1650.

Susceptible a la influencia de la Iglesia católica, que buscaba la conversión de los indígenas, Carlos I defendió en principio un trato compasivo a los esclavos. A algunos se les permitió comprar su libertad, y se favoreció la manumisión (la liberación del esclavo por una escritura o testamento). Los esclavos africanos tenían permitido casarse con indígenas, y esto garantizaba la libertad a su descendencia. La Iglesia amparaba el matrimonio cristiano, y procuró que se legitimaran también las relaciones entre españoles y esclavas africanas negras. A los descendientes de estas uniones, también libres, se les llamó mulatos, una de las muchas clasificaciones de un complejo sistema de castas. El número de personas de origen africano, tanto libres como esclavos, creció rápidamente.

Pero una cosa fue el discurso de la Iglesia y la ley, y otra la realidad del trabajo forzado en las minas y haciendas, así como la elevada mortalidad de los esclavos explotados en ellas. Los encomenderos simplemente ignoraron las admoniciones y leyes referentes a cualquier trato humano. Se produjeron violaciones de mujeres africanas, y las familias eran a menudo separadas. Tampoco era raro que los esclavos fueran aún más duramente castigados por la «blasfemia» que suponía que maldijeran mientras eran azotados.

Revuelta y huida
El agravio continuado, combinado con el número creciente de esclavos, dio lugar a la rebeldía individual y a insurrecciones organizadas en el virreinato. En 1537, la primera »

La población afromexicana		
Fecha	**Acontecimiento**	**Personas de origen africano en México**
1580–1650	Máxima importación de esclavos africanos a México.	*c.* 45 000 en 1580 *c.* 150 500 en 1650
1810	Comienza la guerra de Independencia de México, y se abandona la práctica de la esclavitud en gran medida.	Aproximadamente 500 000–600 000 (10 % de la población)
2020	Por primera vez, el censo mexicano incluye la categoría del origen afromexicano.	2 576 213 afromexicanos o en parte afromexicanos (2 % de la población)

> Yanga llevó a los rebeldes al monte, donde encontraron un lugar escondido donde asentarse [...], durante más de treinta años, Yanga y los suyos vivieron libres.
>
> **Andrés Pérez de Ribas**
> Misionero e historiador
> español (1576–1655)

tentativa de rebelión a gran escala fue frustrada, al ser informado de ella el virrey Antonio de Mendoza. Un agente le confirmó que, en la ciudad de México y las minas de los alrededores, los africanos dirigidos por un rey electo y apoyado por los indígenas habían prometido liberar a toda la población esclava. El virrey hizo prender y juzgar a los conspiradores. Después de confesar, fueron ahorcados y descuartizados como escarmiento público.

Las tensiones y al menos dos sublevaciones más en la década de 1540 movieron al virrey a imponer muchas restricciones a la población negra, tanto libre como esclava. Se impusieron toques de queda, y se prohibió la venta de armas de fuego y la organización de reuniones de tres o más personas negras sin la presencia de un testigo de casta superior.

Libertad en los montes

En la década de 1550, el nuevo virrey Luis de Velasco introdujo nuevas restricciones y la milicia civil de la Santa Hermandad para reforzar la seguridad del virreinato. En 1553 escribió que la población de negros y mestizos excedía con mucho a la de españoles, y añadía que todos deseaban adquirir su libertad a costa de las vidas de sus amos. Hacia 1570, una sublevación en la hacienda de caña de Nuestra Señora de la Concepción, en la región de Veracruz tierra adentro desde la costa del golfo de México, estaba destinada a ser legendaria. La lideró Gaspar Yanga (o Nyanga, «príncipe»), a quien se creía miembro de la realeza Yang-Bara, de lo que hoy es Gabón. Yanga y sus seguidores mataron a 23 españoles antes de escapar a las montañas, donde fundaron

un palenque de cimarrones, como llamaban a los esclavos negros rebeldes. El palenque de Yanga destacó por su éxito, tamaño y longevidad. Los fugitivos se armaron con machetes, arcos y flechas y todas las armas de fuego que pudieron robar. A salvo en su reducto apartado, planearon incursiones violentas en los caminos, ranchos y haciendas, tomando lo que necesitaban para subsistir y liberando siempre que podían a los esclavos que encontraban. El terreno abrupto favorecía la actividad guerrillera, y durante casi cuarenta años, al persistir los ataques y establecer Yanga más palenques, estas comunidades aterrorizaron la región de Veracruz, dejando en evidencia a los gobernadores españoles de la colonia.

Las revueltas se intensifican

Hubo más insurrecciones a medida que se importaba más mano de obra esclava africana para explotar las minas y haciendas en expansión. En el norte, los fugitivos formaron alianzas con los indígenas contra los españoles. Las autoridades, aparentemente impotentes, impusieron penas cada vez más duras, incluida la muerte o la castración para los desaparecidos por más de seis meses,

La estatua de bronce de Gaspar Yanga, obra del mexicano Erasmo Vásquez Lendechy, fue inaugurada en agosto de 1976 en Yanga (Veracruz).

Raíces africanas en Veracruz

El pueblo libre fundado por Yanga en 1618, hoy día el hogar de más de 20 000 personas, está en el interior del estado costeño de Veracruz. Este fue territorio cimarrón, repleto de asentamientos que se resistieron al dominio español. La población afromexicana de Veracruz es mayor que en gran parte del resto de México, y varios pueblos conservan nombres africanos, como Matamba y Mozomboa.

El antropólogo Gonzalo Aguirre Beltrán (1908–1996), criado en Veracruz, inició el campo de estudio sobre la importante historia de los negros en México. La cantante veracruzana Toña la Negra (1912–1982) contribuyó a visibilizar a los afromexicanos con su larga dedicación a afirmar con orgullo sus raíces africanas.

El son jarocho veracruzano, con arraigo en los carnavales de México, combina elementos españoles, indígenas y africanos, como lo hace el Festival de la Negritud de Yanga, celebrado por primera vez en 1986, en honor del fundador y de la herencia africana del lugar.

El carnaval de Coyolillo, que celebra la herencia afromexicana, tiene su origen en el único día libre concedido a los esclavos africanos, que dedicaron a una fiesta con máscaras.

chos casos. La importación de esclavos africanos se redujo a finales del siglo XVII, y, a finales del XVIII, la mayor parte de la población de origen africano tenía empleo, aunque por lo general en condiciones de explotación y por poco dinero. Entre 1810 y 1821, los descendientes de africanos se unieron a sus compatriotas insurgentes en la guerra de Independencia de México, y se integraron en la mezcla única de etnias y culturas de la nueva nación. La Primera República Federal abolió la esclavitud en 1829, siendo el segundo país de América en hacerlo, después de Haití, en 1804.

Yanga fue declarado héroe nacional en 1871, y desde entonces se le celebra como primer libertador de América. Los historiadores, sin embargo, tendieron a ignorar la historia de los afromexicanos, y se ocuparon más de la de sus compatriotas de origen europeo o indígena. Explorar y celebrar las raíces africanas es cosa relativamente reciente en México, y el censo nacional de 2020 fue el primero en el que los afromexicanos pudieron hacer constar dicha identidad. ■

pero tuvieron poco efecto. A fines de la década de 1570, la mayor parte de Nueva España, fuera de la Ciudad de México, estaba sublevada.

Victoria en Veracruz

En las últimas décadas del siglo XVI, la actividad guerrillera de los cimarrones en la región de Veracruz se intensificó, y los rebeldes rescataron a más esclavos, llegando a asaltar incluso las casas de los españoles para liberar al personal doméstico. El Camino Real del puerto de Veracruz a la Ciudad de México no era seguro, pues los cimarrones asaltaban las caravanas de productos traídos de la costa del golfo.

En 1609, el virrey Luis de Velasco puso al capitán Pedro González de Herrera al frente de un pequeño ejército y le ordenó recuperar el control de la región. Los cimarrones de Yanga hostigaron a los españoles en el camino, e hicieron prisionero a un español al que dejaron ir con una carta con condiciones para la paz:

autogobierno y libertad a cambio de cooperación en la región y el retorno a la misma de cualquier esclavo africano que pudiera huir. González de Herrera rehusó los términos, y la batalla que siguió fue costosa en vidas para ambos bandos. Yanga y su gente dejaron el palenque, incendiado por los españoles, y establecieron otro en las montañas, y los asaltos e incursiones continuaron. Nueve años después, en 1618, las partes acordaron al fin la paz en los términos propuestos por Yanga. El acuerdo concedía formalmente a los africanos antes esclavizados la libertad de vivir en palenques, y establecía el pueblo libre de San Lorenzo de los Negros, cuyo nombre fue cambiado a Yanga en 1932. Fue el primer asentamiento de esclavos liberados de América del Norte.

Independencia y libertad

A lo largo de los siglos XVII y XVIII hubo revueltas menores y fugas casi continuas, que abrían un camino a la libertad precario pero eficaz en mu-

Yo soy mulata, y a orgullo tengo tener la sangre de negro en mis venas.
Toña la Negra
Cantante mexicana (1912–1982)

ALDEAS DE GUERREROS

LAS COMUNIDADES DE LA RESISTENCIA ESCLAVA EN BRASIL (1570)

EN CONTEXTO

LOCALIZACIÓN
Brasil

ANTES
1444 Los portugueses
compran esclavos africanos
en la costa de Guinea. Los
llevan a Europa a trabajar
como sirvientes domésticos.

1470 Desembarco portugués
en las islas de Santo Tomé
y Príncipe, en el golfo de
Guinea. Allí emplearán
esclavos africanos en las
plantaciones de caña.

1500 Navegantes portugueses
avistan y reclaman Brasil, que
importará esclavos africanos
en la década de 1530.

DESPUÉS
1822 Brasil declara su
independencia de Portugal.

1888 La princesa regente
de Brasil abole la esclavitud,
liberando a unas 700 000
personas.

Portugal añadió Brasil a sus colonias a comienzos del siglo XVI. Muy pronto dedicaron la colonia a los cultivos, sobre todo a la caña de azúcar, para los mercados europeos. La combinación de suelos fértiles y técnicas de procesado avanzadas y el auge de la demanda crearon un *boom* económico. En la década de 1620, Brasil producía 14 000 toneladas de azúcar anuales, y dominaba la producción de azúcar en Occidente.

La producción de azúcar requería un trabajo ingente. Antes de la llegada de esclavos africanos a Brasil, los portugueses emplearon mano de obra cautiva local, pero las enferme-

Véase también: Los esclavos se rebelan en México 132–135 ▪ Los *maroons* jamaicanos 146–147 ▪ La Revolución haitiana 184–189 ▪ El fin de la esclavitud en Brasil 224–225 ▪ Los movimientos negros en Brasil 240–241

El noreste de Brasil fue la región más rentable para la producción de azúcar, en particular la Capitanía de Pernambuco, representada en este mapa de 1647, y también la vecina Bahía.

dades mortales introducidas por los colonos hicieron estragos entre la población: un brote de viruela en la década de 1560 mató a unos 30 000 indígenas. A partir de 1570, los portugueses importaron un gran número de esclavos africanos, y con ello comenzó una historia de brutalidad y resistencia que resuena poderosamente en Brasil aún hoy.

Huida de la brutalidad

En 1600, unos 50 000 africanos llegaron a Brasil para reemplazar a los indígenas como principal fuente de mano de obra del país, y se encontraron a la merced de sus esclavizadores blancos: era habitual recibir palizas y que les marcaran con hierro candente, y algunos murieron a manos de los esclavizadores. La ley portuguesa estipulaba la pena de muerte para los dueños de plantaciones que mataran a un esclavo, pero no solía aplicarse en la práctica. Hubo también muchos casos de trabajadores esclavizados que mataron a capataces o dueños. Entre los motivos declarados en los tribunales figuraron las palizas constantes y la privación de alimento y sueño.

Por las recompensas y descripciones físicas de los esclavizadores documentadas al tratar de recapturar a sus esclavos, se sabe que estos intentaban huir, sobre todo en las zonas rurales. La mayoría de los fugitivos eran hombres africanos. Solían huir solos y con un objetivo determinado, como el hogar de algún pariente liberado. La huida era generalmente breve, pues la mayoría »

La **economía** de Brasil –basada en la agricultura y la minería– **requiere mucha mano de obra esclava**.

↓

Trabajadores esclavizados **huyen** y fundan **asentamientos** permanentes, o **quilombos**.

↓

Los quilombos se fundan en el **bosque** denso y los **montes** inaccesibles, donde son más fácilmente defendibles.

↓

En los quilombos surgen **sociedades complejas**, y algunos cuentan con una **población grande**, **reyes** y **ejércitos**.

↓

Los quilombos atraen fugitivos de todas clases, incrementando con ello su población y su poder.

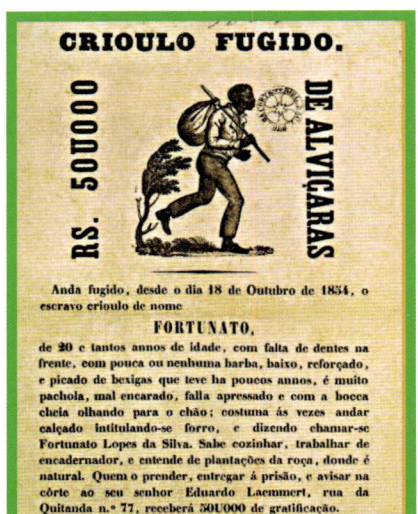

Una recompensa ofrecida por la captura de un joven fugitivo, plasmada en un cartel de 1852. Incluye detalles de su aspecto y sus habilidades, incluido el dato de que sabe cocinar y entiende de cultivos.

no lograba alejarse mucho antes de que los atraparan. Los dueños de las *fazendas*, debido al coste de perder mano de obra, se mostraban a veces conciliadores con los fugitivos que volvían, aplicando castigos moderados y alguna reparación por los agravios, pero los latigazos, la prisión y la tortura eran igualmente frecuentes.

Surgen los quilombos

Los trabajadores esclavizados trataban a veces de escapar a asentamientos llamados *quilombos* («aldea guerrera», en la lengua bantú mbundu de Angola) o *mocambos* («escondites», en mbundu). Como los cimarrones de Jamaica, los rebeldes construyeron sus pueblos en la densa selva y en lugares abruptos y de difícil acceso. En el caso de Brasil, los únicos vecinos eran indígenas, que en general aceptaron la presencia de los quilombos.

Las regiones con mayor presencia de trabajadores esclavizados,

como el noreste, tenían la mayor concentración de quilombos, de los cuales el mayor y más famoso fue Palmares, fundado en 1597. Durante la ocupación neerlandesa del noreste de Brasil entre 1630 y 1654, Palmares creció rápidamente, dado que el conflicto entre las potencias coloniales limitaba la capacidad para controlar su expansión. Se convirtió en una confederación de diez quilombos, el mayor de los cuales disponía de empalizadas, fosos, torres vigía y trampas ocultas. Sus pobladores eran esclavos africanos y nacidos en Brasil, indígenas y algunos blancos.

Palmares fue sometido a al menos 40 ataques por fuerzas portuguesas y neerlandesas. Algunos costaron numerosas bajas a las tropas coloniales, pero los ataques fueron en aumento, y, en 1695, un ejército colonial de 6000 hombres destruyó Palmares.

Demandas distintas

En el siglo XVIII, las islas francesas y británicas del Caribe comenzaron a cultivar caña de azúcar para el norte y este de Europa. A mediados de siglo, Brasil seguía siendo el tercer mayor productor del mundo, pero el centro de gravedad de la economía de la colonia se había alejado del no-

reste al descubrirse oro en Minas, en el sureste. En 1763, la capitalidad de Brasil se trasladó de Salvador, en Bahía, a Río de Janeiro, en el sureste. La nueva capital floreció, sobre todo a partir de la llegada de la corte real portuguesa, huida al exilio justo antes de la invasión de Lisboa por las fuerzas napoleónicas.

Las haciendas y minas brasileñas requerían un gran número de trabajadores esclavizados, lo cual produjo un número también creciente de fugitivos. La misma demanda de mano de obra se hizo sentir en Goiás, en el centro de la colonia, tras descubrirse oro allí, y en Rio Grande do Sul, con el desarrollo de los ranchos ganaderos a finales del siglo XVIII. Los esclavos fueron llevados también a São Paulo, en el sureste, convertido en centro del cultivo de café.

Al disminuir la producción de oro, el gobierno reformó la agricultura del noreste. El Estado del Gran Pará y Maranhão se convirtió en una región importante del cultivo de algodón y arroz, además del de caña azucarera. El marqués de Pombal, ministro del gobierno portugués, importó 12 000 esclavos africanos para el trabajo agrícola, y en la zona proliferaron los quilombos. Entre 1734 y 1816 existie-

Zumbi dos Palmares

Nacido en el Quilombo dos Palmares hacia 1665, Zumbi dos Palmares fue su último rey. Fue rey del quilombo a partir de 1678, sucediendo a Ganga Zumba, envenenado por acceder a jurar lealtad al rey de Portugal a cambio de reconocimiento legal.

Zumbi fue un líder eficaz que resistió a los ejércitos coloniales, organizó incursiones y trató de negociar con los portugueses. Durante un asalto portugués en 1694, por un ejército de 2000 blancos e indígenas con armas de fuego y arcos y flechas, fue traicionado y hecho prisionero. Los portugueses decapitaron y mutilaron su cuerpo, y exhibieron su cabeza en la ciudad de Recife. Palmares fue destruido al año siguiente.

En Brasil, Zumbi es una figura legendaria. En 1978 se declaró el 20 de noviembre Día Nacional de la Conciencia Negra, y, desde 2003, esa fecha es un día festivo que conmemora la muerte de Zumbi.

La vida en un quilombo fue retratada por el pintor alemán Johann Moritz Rugendas, que viajó por Brasil entre 1822 y 1825. En el mayor quilombo, Palmares, vivían hasta 20000 personas.

ron más de 80 asentamientos tales en Gran Pará y Maranhão. Los quilombos tenían a menudo una estructura organizativa formal basada en modelos africanos de gobierno. Los documentos reales dan fe de la existencia de reyes, capitanes y líderes comunitarios de otros tipos. Algunos quilombos tenían huestes equipadas con armas compradas o robadas; se decía que Vila Maria (también llamado quilombo de Sepotuba), en el remoto estado occidental de Mato Grosso, tenía un ejército de 200 hombres en la década de 1860.

El principal problema al que se enfrentaban los quilombos era la proporción de los sexos: a finales de la década de 1860, en el quilombo Manso de Mato Grosso vivían solo 20 mujeres adultas y 13 niños entre una población de 293. Otro desafío era cultivar alimento suficiente para toda la comunidad, sobre todo en los quilombos de Minas, cuyos suelos pobres dificultaban la agricultura. Estas dificultades movieron a los *quilombolas* a saquear las provisiones de las haciendas próximas y secuestrar a las mujeres, generando conflictos aún mayores.

Refugio para todos

Con el tiempo, los quilombos atrajeron a fugitivos de toda clase, incluidos los fugitivos de la ley. Eran atacados constantemente por las autoridades, que crearon unidades militares especialmente dedicadas a ellos. Minas creó un regimiento compuesto por *capitães do Mato*, mercenarios contratados para cazar fugitivos y destruir sus quilombos. El regimiento lo formaban hombres negros y blancos, y un 15 % eran *forros*, libertos antes esclavizados. A los *capitães do Mato* se les pagaba en función del número de *quilombolas* capturados. En áreas remotas de bosque denso o montaña, como Minas Gerais, los ataques a los quilombos eran operaciones costosas, y su propósito era más la contención que la destrucción completa. Se fundaron quilombos hasta la misma abolición de la esclavitud en 1888. Hoy existen aún unos tres mil, y la constitución de 1988 consagra su derecho a la tierra que ocupan. Sin embargo, muchos de sus pobladores no han recibido la documentación necesaria, y están de nuevo bajo la presión de las autoridades. Desde su llegada a la presidencia en 2018, Jair Bolsonaro ha favorecido los intereses del poderoso grupo de presión de la agroindustria, a expensas de los derechos a la tierra de comunidades indígenas y *quilombolas*. ∎

LA SEÑORA DEL TRUENO

LA REINA NZINGA SE ENFRENTA A PORTUGAL (1626)

EN CONTEXTO

LOCALIZACIÓN
Angola

ANTES

1444 Los portugueses llevan a esclavos africanos a Europa por primera vez.

***C.* 1500** El reino de Ndongo se funda en territorio que había pertenecido al vecino reino del Congo.

1575 En su avance hacia el sur, los portugueses fundan una colonia en la isla de Luanda, en la actual Angola.

DESPUÉS

1671 Los portugueses aprovechan la debilidad de Ndongo tras la muerte de la reina Nzinga y se apoderan del reino, que integran en la Angola portuguesa.

1975 Angola consigue la independencia de Portugal tras una compleja revuelta armada.

A veces, la fuerza puede exterminar las costumbres malvadas de los que no usan la razón y no comprenden argumento alguno a falta de castigo.
Reina Nzinga
Citada por el misionero italiano
Cavazzi de Montecuccolo (1621–1678)

Guerrera intrépida y hábil negociadora, la reina Nzinga (en ocasiones escrito Njinga) Mbande, de Ndongo y Matamba, en lo que hoy es Angola, mantuvo a raya con éxito las invasiones e incursiones para capturar esclavos de los portugueses –así como a sus rivales por el trono– durante tres décadas de la primera mitad del siglo XVII.

El pueblo mbundu de Ndongo, con el padre de Nzinga, el *ngola* («rey») Kia Samba, llevaba defendiendo el reino del acoso de los portugueses desde el establecimiento de la colonia de Luanda en 1575. Dada la situación, Nzinga empezó a recibir formación militar a edad muy temprana, y acompañaba a menudo al rey a las batallas y en asuntos de Estado. Gracias a estas experiencias aprendió el valor que tenía su patria africana para los portugueses.

A finales del siglo XVI, Portugal y España se habían apoderado de extensos territorios en América, y ambas potencias europeas descendían sobre la costa africana desde

Nzinga fue bautizada como cristiana en 1623, con el gobernador portugués de Angola como padrino, para cimentar la alianza. La motivación fue táctica, pero Nzinga reafirmaría su fe en la vejez.

el norte y oeste hacia el interior, en una carrera por los recursos, especialmente minerales, y por la mano de obra africana esclava para sus colonias americanas. Desde mediados del siglo XV, los portugueses pagaban los cargamentos humanos con armas de fuego y otros productos. Su marcha por el continente en busca de personas a las que esclavizar parecía imparable, hasta la entrada en el comercio de esclavos de los Países Bajos e Inglaterra.

Amenaza creciente

Portugal había establecido ya una serie de bases comerciales o factorías en la costa occidental africana, la primera en 1461, cuando la llegada de neerlandeses e ingleses en las décadas de 1610 y 1620 obligó a los co-

Véase también: La llegada de los europeos a África 94–95 ▪ Los estados hausas 96–97 ▪ La sucesión del manicongo 110–111 ▪ Los inicios del comercio atlántico de esclavos 116–121 ▪ Changamire Dombo y su ejército de «destructores» 152–153

merciantes esclavistas portugueses a abandonar su monopolio y buscar zonas alternativas que explotar. Se dirigieron al sur, a territorio mbundu, donde se decía que había minas de plata. Debilitado por el conflicto con los portugueses, que contrataron como mercenarios a los imbangalas (un pueblo guerrero africano) para ayudarles en las cacerías de esclavos, el nuevo rey mbundu, Ngola Mbande, envió a su hermana Nzinga para representar los intereses del reino de Ndongo en una conferencia de paz instigada por los portugueses en 1622. Nzinga comprendió pronto que una alianza con los portugueses, aunque arriesgada, podía resultar ventajosa, pues podían suministrar armas a los mbundu.

Ascenso al poder

Durante el primer encuentro en Luanda, la colonia portuguesa al este de Ndongo, Nzinga sabía que no podía presentarse como menos que una igual ante el gobernador portugués si quería negociar términos favorables. Viendo que solo el gobernador disponía de asiento, ordenó a uno de sus sirvientes que se arrodillara para sentarse sobre su espalda.

Como parte del acuerdo de paz establecido, Nzinga se convirtió al cristianismo, siendo bautizada con el nombre portugués Ana de Sousa. También persuadió a su hermano de la necesidad de convertir al pueblo, pues a cambio los portugueses accedían a poner fin a las incursiones de caza de esclavos en Ndongo.

En 1624, Ngola Mbande murió en circunstancias sospechosas, quedando libre el trono para su ambiciosa hermana. Consciente de la amenaza constante de las tribus vecinas, dispuestas a las incursiones y a atacar Ndongo con la esperanza de ganar prestigio a ojos de los europeos, la nueva reina consolidó el acuerdo con los portugueses. Con ello, Nzinga lograba un aliado poderoso en la lucha contra sus enemigos africanos.

El ascenso de Nzinga al trono no estuvo libre de oposición, ni fue seguido por la aclamación general. Muchos de sus súbditos no consideraban aptas para gobernar a las mujeres, y como su madre había sido esclavizada por su padre, y no había sido su primera esposa, Nzinga no era heredera legítima. Ella respondía a este argumento afirmando que, como hija de su padre, era descendiente directa del linaje real, condición que no tenían sus rivales.

Las relaciones con los portugueses se agriaron al apoyar estos a Hari, uno de los rivales más destacados de Nzinga por el trono. Hari fue instalado como rey marioneta de Ndongo, con el nombre portugués Felipe I. »

> Por estas y otras traiciones me refugié en los *matos* [bosques], lejos de mis territorios.
> **Reina Nzinga**
> **Carta al gobernador general de Angola (1655)**

Reina Nzinga

Según la leyenda, Nzinga Mbande estaba destinada a ejercer el poder. Nació hacia 1582, con el cordón umbilical apretado alrededor del cuello, y su nombre deriva de *kujinga* (en mbundu, «retorcer»). Sobrevivir a semejante peligro la señalaba como futura luchadora.

Hija predilecta de su padre, el rey de Ndongo, Nzinga fue educada en las artes de la diplomacia, el gobierno y la guerra desde edad muy temprana. Dos misioneros huéspedes del reino le enseñaron a leer y escribir el portugués.

Tras la muerte de su padre, y luego de su hermano, y a falta de un sucesor claro, Nzinga se hizo con el trono de Ndongo. Combatió a los pretendientes rivales y defendió sus tierras de los portugueses y de otros invasores durante décadas, a base de una combinación de diplomacia y fuerza militar.

La reina Nzinga tuvo una muerte apacible en 1663, a los 81 años, tras haber despejado el camino a su hermana Kambu (llamada Bárbara) para que la sucediera. Actualmente, en Angola, el nombre de Nzinga es sinónimo de resistencia y liberación.

Nzinga se vio obligada a huir, y se refugió con los imbangalas, que habían dejado de luchar para los portugueses en 1619. En 1626, Nzinga declaró la guerra a su antiguo aliado, y comenzó un conflicto que duraría treinta años.

En 1631, Nzinga conquistó el reino de Matamba, al este de Ndongo. Con la ayuda de los imbangalas, creó una gran fuerza de combate, empleando a los guerreros mercenarios como instructores de sus súbditos jóvenes en artes marciales y guerra de guerrillas. Preparó a su reino para meses, y quizá años, de asedio, almacenando alimentos y otros suministros. También hizo de Matamba un refugio para los que se resistían a ser esclavizados en otras partes de África, así como para soldados africanos reclutados y entrenados por los portugueses, que pasaron a engrosar su ejército. Mientras, tuvo que seguir esforzándose para acallar a los súbditos que dudaban de su capacidad para gobernar por ser mujer, vistiendo a menudo como un hombre y empuñando armas en primera línea. Poco a poco, Nzinga se fue ganando el respeto y apoyo del pueblo mbundu.

Alianza neerlandesa

En 1641, los neerlandeses arrebataron Luanda a los portugueses, obligándoles a retirarse al fuerte de Massangano. Nzinga había perdido el apoyo de los imbangalas, y vio la ocasión de formar una alianza con los neerlandeses contra el enemigo común. Con ello esperaba recuperar territorio perdido y, posiblemente, expulsar a los portugueses de sus reinos. La Compañía Neerlandesa de las Indias Occidentales había establecido ya alianzas con otros reinos africanos –incluido el reino del Congo, vecino y rival de Nzinga– para hacerse con el control de varios lugares de África occidental. Nzinga tomó la iniciativa de establecer relaciones diplomáticas con los neerlandeses, a los que ofreció venderles esclavos a cambio de ayuda militar.

Al principio, la coalición de Nzinga con los Países Bajos y Congo tuvo éxito, con una derrota importante de los portugueses en 1644. La reina pudo recuperar brevemente Ndongo, gracias en parte a la ayuda de antiguos súbditos leales que incitaron una rebelión contra la marioneta de los portugueses, el rey Felipe I, en el que había sido su reino. En 1646, sin embargo, los portugueses obligaron a las fuerzas de Nzinga a retirarse. Se rumoreó que habían capturado a la hermana de la reina y habían obtenido información vital sobre alianzas establecidas por Nzinga y futuros planes bélicos.

El fin del conflicto

Nzinga y sus aliados neerlandeses pusieron sitio a Massangano en 1647, pero la victoria resultó efímera. Los portugueses contraatacaron al año siguiente, con el refuerzo de tropas llegadas desde Brasil, y los

Nzinga dirigía a sus tropas en combate, desafiando así a quienes mantenían que las mujeres no podían mandar. Era hábil en el manejo de las armas, y vestía a menudo como un hombre.

Traicionada por los portugueses, la reina Nzinga **funda un nuevo Estado en Matamba** y toma diversas medidas para reforzar el reino frente al enemigo.

Dispone que los más jóvenes se críen en el *kilombo* (milicia comunitaria) para **formarlos en artes marciales** y guerra de guerrillas.

Recluta a **esclavos fugitivos y a soldados africanos** que habían desertado del ejército portugués.

Forma una **alianza con los neerlandeses**, también en guerra con Portugal.

Emplea su influencia restante para animar a sus antiguos súbditos a **fomentar la rebelión** en Ndongo.

neerlandeses, gravemente debilitados, se retiraron del conflicto tras firmar la paz con sus rivales europeos. Disponiendo ya solo de sus propios medios, Nzinga se retiró a Matamba, pero no se rindió. Sus esfuerzos por impedir una invasión portuguesa continuaron durante otros ocho años, y los portugueses, pese a su superioridad militar, no lograron imponerse en el territorio de Nzinga.

En 1656, tras varios años de negociaciones, Nzinga estableció un tratado formal con Portugal que puso fin a la guerra. Los portugueses la reconocieron como soberana de Matamba y Ndongo, pero, tras la destrucción infligida por décadas de conflicto, era mucho lo que había que reconstruir y renovar en sus reinos.

Nzinga se dedicó a convertir Matamba en un imperio comercial poderoso. Abrió las fronteras a los mercaderes y comerciantes de esclavos portugueses, permitiéndoles acceder al interior de África, y benefi-

ciándose del empleo de su territorio para transportar y comerciar con su botín. No tardó en controlar varias rutas comerciales lucrativas, pero también siguió dando la bienvenida a los antes esclavizados para incrementar la población del reino, diezmada por décadas de guerra.

Madre de Angola
Después de la muerte de Nzinga en 1663, el reino se sumió en una guerra civil que enfrentó a las facciones rivales en su disputa por el trono. Los portugueses sacaron partido de la situación, y en 1671 anexionaron Ndongo a la Angola portuguesa.

Hoy, los angoleños recuerdan a Nzinga como «Madre de Angola», y celebran sus dotes para la diplomacia y la guerra ante los constantes desafíos a los que tuvo que enfrentarse. Aunque tuvo que adaptar su identidad e imagen pública para parecer más «masculina», demostró que una mujer podía liderar a los mbundu; tanto es así que Matamba fue gobernada por mujeres durante ochenta de los siguientes cien años. Su resolución en cuanto a defender su territorio del colonialismo dejó una huella perdurable en el pueblo angoleño, que siguió luchando por la independencia hasta bien entrado el siglo XX. ■

La lucha por Angola fue parte de la guerra luso-neerlandesa (1602–1663) por los territorios de ultramar y el comercio. En la imagen, el asedio de Cochin (India), en 1656.

SOMOS FAMILIA, Y SOMOS LIBRES
LOS *MAROONS* JAMAICANOS (1655)

EN CONTEXTO

LOCALIZACIÓN
Jamaica

ANTES
***C.*600** Llegan a Jamaica los primeros habitantes, posiblemente desde las islas al este.

***C.*800** Taínos de lengua arahuaca emigran del norte de América del Sur a Jamaica.

Década de 1520 Los españoles traen a los primeros esclavos africanos a las haciendas del Caribe.

DESPUÉS
1800 Traslado de los *maroons* de Trelawny desde Nueva Escocia a la nueva colonia de Freetown, en Sierra Leona.

1842 Los *maroons* se niegan a acatar la Ley de reparto británica diseñada para dividir sus tierras.

1975 Nanny es la primera y única mujer declarada Héroe Nacional de Jamaica.

Los españoles llevan **esclavos africanos** a la isla de Santiago (después llamada Jamaica).

Al invadir los ingleses la isla, **huyen de la esclavitud y establecen comunidades propias** muchos africanos, conocidos como ***maroons* (cimarrones).**

Las comunidades de los *maroons*, ferozmente **independientes**, conservan su **cultura** y sus **tradiciones**; muchas existen aún hoy.

En 1655, una expedición británica invadió y se apoderó de la isla caribeña de Santiago, de la que había tomado posesión en nombre de la corona española Cristóbal Colón en 1494. Aprovechando la confusión, muchos africanos esclavizados por los españoles escaparon a las montañas del interior, donde resultaba difícil dar con ellos. Allí, algunos se unieron a los anteriores fugitivos taínos o africanos, y otros establecieron comunidades propias en la isla, llamada Jamaica desde entonces. Había dos grandes grupos de *maroons* (del castellano *cimarrón*, con el significado de «asilvestrado»): a los del interior montañoso del este de la isla se les conoce como *maroons* de barlovento, dirigidos durante décadas por la formidable Queen Nanny; los *maroons* de sotavento se asentaron en Cockpit Country, en el oeste de Jamaica, y su líder más notable fue Captain Cudjoe.

A medida que los asentamientos iban creciendo, hubo más escara-

Véase también: La vida en las plantaciones 122–129 ▪ La rebelión de esclavos de La Española 130–131 ▪ El abolicionismo en América 172–179

muzas con las milicias coloniales. Los *maroons* atacaban regularmente las plantaciones, y las tropas británicas asaltaban los asentamientos para recapturar a los fugitivos esclavizados.

Conflicto y libertad

La primera guerra cimarrón contra los británicos comenzó en 1728, y duró hasta la firma de tratados de paz en 1739 y 1740. Los tratados garantizaban a los *maroons* algunos derechos sobre la tierra, libertad y autonomía. A cambio, algunos *maroons* prometieron ayudar a los colonos devolviendo a los fugitivos y ayudando a sofocar conflictos que amenazaran la supremacía británica.

En 1795, las disputas por tierras entre los colonos y los *maroons* de Trelawny al este de la bahía de Montego desencadenaron la segunda guerra cimarrón. Después de ocho meses de conflicto en los que los *maroons* de barlovento permanecieron neutrales, los de Trelawny se rindieron, y la mayoría fueron exiliados a Nueva Escocia (Canadá).

Con todo, las tácticas de guerrilla de los *maroons* jamaicanos en los siglos XVII y XVIII les valieron un grado de libertad después de la primera guerra del que otras personas esclavizadas no gozarían durante al menos un siglo. Dicha libertad exigió concesiones, y hay pruebas de que ambas comunidades asistieron a los británicos con la captura y devolución de fugitivos, y que ayudaron a sofocar varios levantamientos. Por lo demás, sin embargo, pudieron vivir separados de los colonos británicos, y hoy mantienen muchas de las prácticas socioculturales y tradiciones de su origen africano occidental –akan, en particular– y alguna autonomía política.

Los cimarrones hoy

Por toda América, las comunidades cimarronas siguen celebrando su historia. Jamaica conserva cuatro de las comunidades originales: Accompong Town, Charles Town, Scott's Hall y Moore Town, inscrita en la lista de Patrimonio cultural intangible de la Unesco en 2008. ▪

Vistiendo atuendo histórico, estos *maroons* participan en el concurso Poolo Booto («barco hermoso») del Festival de Moengo, en Surinam, que tiene una población cimarrona de 65000 personas.

Nanny de los *maroons*

Nacida en la actual Ghana en torno a 1686, Nanny, líder célebre de los *maroons* de barlovento, era probablemente del pueblo akan y de la nación asante africana occidental. La tradición oral cuenta que llegó a Jamaica como mujer libre, o que huyó de la esclavitud, tal vez saltando del barco. Junto con Captain Quao, Nanny dirigió a los *maroons* de barlovento durante la primera guerra cimarrón, demostrando buen juicio táctico y dotes de combate.

Nanny era también curandera, y se le atribuían poderes mágicos que usaba contra los británicos. Según cuenta la leyenda, en 1737, en lo peor del conflicto, con su pueblo próximo a la inanición y a punto de rendirse, tuvo un sueño en el que sus antepasados le dijeron que aguantara. Al despertar encontró semillas de calabaza en el bolsillo, que plantó en la ladera, y en una semana maduraron las calabazas que aportaron el tan necesario sustento para las tropas. Nanny, quien se cree que murió en 1755, figura en los billetes de 500 dólares jamaicanos.

DESDE EL CIELO EN UNA NUBE DE POLVO BLANCO

EL NACIMIENTO DEL IMPERIO ASANTE (1680)

EN CONTEXTO

LOCALIZACIÓN
Ghana

ANTES
Mediados del siglo IX
Asentamiento de los antepasados akanes de los asantes en Asantemanso.

Siglos IX–XII Los akanes establecen relaciones comerciales estrechas con los imperios de Ghana y Malí.

1471 Los portugueses llegan a la actual Ghana, seguidos por comerciantes ofreciendo armas a cambio de oro.

DESPUÉS
1922 La Sociedad de Naciones entrega parte de Togolandia, antes protectorado alemán, a Reino Unido.

1957 Rebautizada Ghana por su presidente Kwame Nkrumah, la Costa de Oro es el primer Estado del África subsahariana en independizarse de Gran Bretaña.

El Imperio asante (o ashanti), en lo que hoy es el sur de Ghana y Costa de Marfil, fue la potencia más formidable de África occidental durante más de 200 años. Formado en 1680 a partir de Estados diversos, floreció gracias al oro y a un héroe conquistador llamado Osei Tutu. Según la leyenda, al declararse *asantehene* (rey supremo), Osei Tutu recibió un Taburete Dorado venido del cielo. Se contaba que si alguna vez se perdía el taburete, el Imperio asante se desmoronaría.

Los antepasados de los asante eran los oyoko, una rama del pueblo akan, que fueron emigrando al norte desde el asentamiento de Asante-

Véase también: El Imperio de Ghana 52–57 ▪ La llegada de los europeos a África 94–95 ▪ Los inicios del comercio atlántico de esclavos 116–121 ▪ El reparto de África 222–223 ▪ Ghana declara la independencia 272–273

El expresidente de Ghana John Kufuor vistió ropa tradicional de tejido kente para la ceremonia de jura del cargo en Acra en 2001.

Tejido kente

Según la tradición oral asante, el primer rey Oti Akenten introdujo y dio su nombre al kente, que como tejido más conocido de África es un símbolo de la identidad africana en general.

Se dice que los diseños fueron inspirados por la red de la araña Ananse, figura bromista o de pícaro divino del folclore akan (también llamada Anansi en el Caribe). Los diseños y colores simbolizan clanes y cualidades: el rojo representa la pasión; el negro, la unión con los antepasados; y el oro refleja categoría. El algodón y la seda teñidos, comprados históricamente a comerciantes, se tejen en un telar estrecho, y luego se cosen juntos formando piezas mayores.

Atuendo en origen reservado a la realeza o a los muy ricos, el tejido kente lo llevan hoy las clases medias, también de los africanos de la diáspora (el rayón puede sustituir a la seda), sobre todo en las ocasiones especiales, como marca de prestigio. Los hombres lo llevan a modo de toga romana; las mujeres, como vestido y chal.

---

manso, en el sur de Ghana, a finales del siglo XVI. Dirigidos por Oti Akenten, fundaron Kwaman (hoy Kumasi, la segunda mayor ciudad de Ghana) a mediados del siglo XVII. Durante su reinado, Akenten se anexionó los territorios de alrededor y de varias otras naciones akanes, como Adanse, Asen, Denkyira, Sehwi y Domaa.

Denkyira hace la guerra

Tras la llegada de los portugueses al golfo de Guinea a finales del siglo XV, los caciques locales comenzaron a pagar con oro y esclavos los mosquetes europeos para sustituir los arcos y jabalinas de sus ejércitos. En mayor cantidad que ningún otro lo hizo Boamponsem, rey de Denkyira entre 1650 y 1694. Este reino se extendía desde la costa hasta la frontera sur de Adanse, el Estado directamente al sur del territorio de Kwaman.

Ya el mayor importador local de armas de fuego, Boamponsem se rebeló en 1660 contra la soberanía de los asante y se apoderó de varias de sus naciones akanes, entre ellas Adanse, y convirtió Denkyira en la nación akan más poderosa de la región. Boampon-sem ejerció el control del corredor comercial de las regiones del interior a la costa, donde estaban los enclaves europeos, y su reino se extendía por la mayor parte de la cuenca de los ríos Ofin y Pra, zona rica en oro del centro-sur de Ghana.

Boamponsem exigía tributos excesivos a sus súbditos y a las demás naciones akanes, ejecutaba a los que no eran capaces de pagar, e instigaba sacrificios rituales humanos cada vez que mataban a un miembro de la realeza de Denkyira. Su sucesor Ntim Gyakari, igualmente despiadado pero menos hábil como militar, continuó con esta práctica.

Los asante responden

Gentes de las naciones akanes controladas por Gyakari, junto con los súbditos de Denkyira caídos en desgracia a ojos del rey, empezaron a buscar refugio en Kwaman, gober-nado por Osei Tutu. En su juventud, en las décadas de 1660 y 1670, Osei Tutu había vivido en la nación akan vecina de Akwamu, cuyas tácticas políticas y militares admiraba y, más tarde, utilizaría. Al morir el rey de Kwaman, Obiri Yeboah, hacia 1680, Tutu viajó de Akwamu a Kwaman, parando en el camino en el castillo de Christiansborg, un fuerte danés, donde cambió a algunos de sus seguidores por mosquetes. También le acompañaba un contingente »

La empuñadura dorada de la vara de un «lingüista» —consejero y narrador— es un ejemplo de orfebrería asante. Los asante extraían el oro de pozos y de lechos fluviales.

THE FIRST DAY OF THE YAM CUSTOM.

de 300 mosqueteros de Akwamu. Con tales recursos, Tutu emprendió la reconquista de los territorios akanes incorporados por Boamponsem.

Los éxitos militares de Tutu, su amparo a los enemigos de Denkyira y la negativa a pagarle tributos enfurecieron a Gyakari, quien envió mensajeros a Tutu exigiéndole un collar de joyas (símbolo de sumisión), oro y a su esposa favorita. Tutu rechazó las demandas de Gyakari, y, mientras ambos bandos se preparaban para la guerra, se le unieron otras naciones akanes que se resistían a pagar tributo. Alrededor de 1699, tras varios años de preparación, la coalición de naciones akanes de Tutu era muy superior en número a las fuerzas de Denkyira. Hasta los sirvientes domésticos de Gyakari le abandonaron, como había hecho ya Assensu Kufuor, líder de Nkawie, una de las poblaciones más importantes de Denkyira. Kufuor trajo consigo oro, armas de fuego y hombres para engrosar las filas de los asante.

La lucha continuó durante más de dos años. Las fuerzas de Denkyira empujaron al principio a los asante

El *asantehene*, bajo el toldo rematado por un elefante de oro, recibe a una misión diplomática británica en 1816. Coincidió con la fiesta del ñame, en la que se entregan tributos al rey.

hacia el norte, hasta que se encontraron con el grueso de las tropas de Tutu en Feyiase, al sur de Kumasi, donde tuvo lugar la batalla final en 1701. Gyakari murió en combate, y su ejército se retiró y dispersó. Tutu marchó sobre la indefensa capital de Denkyira, Abankeseso, y pasó dos semanas saqueando la ciudad y despojándola del oro que pudo.

El Taburete Dorado

Concluida la guerra, Tutu procuró mantener la paz entre Denkyira, Asante y todas las naciones akanes de la coalición. Ordenó a los caciques que entregaran los símbolos de su poder (taburetes, espadas y lanzas), que mandó enterrar en el lecho del río Bantama. Luego pidió ayuda a su amigo y consejero Okomfo («sacerdote») Anokye, quien, según la tradición oral, pronunció conjuros que hicieron venir del cielo el Taburete Dorado *(Sikwa Dwa)*. Descendió del cielo entre una fuerte tormenta, y cayó al regazo de Tutu, para regocijo de los jefes y del pueblo asante. El taburete es el símbolo de la unificación, de la autoridad de Tutu y del

Boamponsem, rey de Denkyira en la costa, **comercia** con los europeos para **obtener armas de fuego** y someter a los Estados vecinos.

El líder asante Osei Tutu logra el apoyo de otras naciones akanes **contra el dominio** opresor de Denkyira.

Con mosquetes y superioridad numérica, **prevalecen las fuerzas de Tutu**, que expande y consolida el **Imperio asante**.

El **Taburete Dorado** simboliza la **unificación pacífica** de las naciones akanes bajo el Imperio asante.

¡Lucharemos!
¡Hasta caer el
último de nosotros en
el campo de batalla!
Yaa Asantewaa
(1901)

espíritu del recién formado Imperio asante. Tutu fue el primer *asantehene*, título que han ostentado todos los soberanos asante desde entonces.

El Taburete Dorado conserva su lugar como objeto cultural más reverenciado de los asante, usado hasta hoy en la ceremonia inaugural de los nuevos reyes. Hecho de oro macizo, mide unos 46 cm de alto, 60 cm de largo y 30 cm de ancho. Los asante tratan el Taburete como a un ser vivo, al que incluso «alimentan» con sacrificios en festivales a lo largo del año: la creencia popular es que, si el Taburete pasa hambre, la nación asante corre peligro de morir. Guardado en un lugar secreto en un bosque sagrado, nunca se permite que toque el suelo, y sentarse en el está prohibido.

Edad de oro y decadencia

En el siglo XVIII, bajo Tutu y sus sucesores, el Imperio asante comerció principalmente con oro y personas esclavizadas. Tutu estableció un monopolio real sobre el oro, y el polvo de oro fue la moneda del imperio. El imperio suministraba esclavos africanos a los británicos y neerlandeses en la costa de Guinea, por lo general a cambio de armas de fuego. Pese a un periodo convulso al morir Tutu en 1717, bajo el *asantehene* Opoko Ware (1720–1750) el im-

perio se expandió hasta el tamaño aproximado de la actual Ghana. Durante este tiempo, florecieron la talla en madera, la orfebrería y los tejidos. El rey favoreció dicha creatividad, y sus prendas y adornos eran los más ricos y elaborados, como muestra de la prosperidad del imperio.

A partir de 1823, sin embargo, las disputas con Reino Unido por la tierra en los estados costeros condujeron a cinco guerras a lo largo de 70 años. La cuarta guerra (1894–1896) acabó en una victoria británica decisiva, y en el exilio del *asantehene* Prempeh I a las Seychelles.

El conflicto final fue la guerra del Taburete Dorado en 1900, desencadenada por la brusca exigencia del representante británico Frederick Mitchell Hodgson de que se lo trajeran para sentarse en él. Encabezada por Yaa Asantewaa, la reina madre de 65 años, la revuelta costó unas tres mil vidas –mil británicas y dos mil asantes. Las fuerzas de la reina madre fueron derrotadas, y las tierras asantes se convirtieron en Ashanti, colonia de la corona británica bajo la autoridad del gobernador de la Costa de Oro, hasta la independencia de Ghana en 1957. ∎

Para mostrar que
el taburete pertenecía
no solo al rey sino a la
nación asante, lo frotaron
con un ungüento preparado
con recortes de uñas y
mechones de cabello.
A. Kyerematen
«The Royal Stools of Ashanti» (1969)

El taburete en la cultura akan

Durante siglos, los taburetes o banquillos (*dwa*) han sido importantes en la cultura akan por su vínculo con las tradiciones del pueblo akan. Tallados de un solo bloque de madera –a menudo de *osese*, una madera blanca blanda– suele tener cuatro patas y tres partes: un asiento curvo, una base y un apoyo central, a menudo decorado y con una frase inscrita.

Los taburetes tienen funciones diversas: son objetos prácticos, que se utilizan para sentarse al lavar o cocinar; conmemoran los ritos de paso de la pubertad, el matrimonio y la muerte; el de la mujer (*mmaa dwa*) es un símbolo de fertilidad; y el del jefe (*osese dwa*), de autoridad. Los usados en la jura de nuevos jefes tienen a menudo diseños intrincados de oro o plata, y, cuando un jefe muere, se le honra frotando su taburete con una mezcla de yema de huevo y hollín. Los taburetes negros sirven como santuario del alma del jefe al que fueron consagrados, a la que permiten mantener el contacto con su pueblo desde el más allá.

Este taburete de jefe, con la inusual forma *kontonkrowie* («arcoíris circular») de cinco patas, evoca un proverbio akan sobre el papel del rey en unir al pueblo.

LA ROCA A LA QUE NO DAÑA LA AZADA

CHANGAMIRE DOMBO Y SU EJÉRCITO DE «DESTRUCTORES» (1684)

En el siglo XVII, los pueblos de la meseta de Zimbabue estaban envueltos en guerras civiles, y se enfrentaban a incursiones de fuerzas portuguesas que trataban de explotar el comercio del oro en el interior del continente. Dicho comercio lo controlaban dos reinos, Mutapa y Torwa, constituidos por los shonas emigrados de Gran Zimbabue durante la decadencia de la ciudad en el siglo XV. Alrededor de 1660, al perder gradualmente el control de la región y sus reservas de oro, comenzó a emerger un nuevo poder entre los shonas liderados por Changamire Dombo, dueño adinerado de ganado bovino.

Dombo estaba frustrado por la incapacidad del reino de Mutapa para impedir el acoso de los portugueses, y formó su propio ejército independiente, al que llamó *rozvi* («destructores»). La eficacia de los rozvis le valió a Dombo el título *chan-*

La muralla con patrones geométricos del yacimiento de la ciudad de Danangombe data de los siglos XVII–XVIII, el apogeo del Imperio rozvi.

Véase también: La ciudad de Gran Zimbabue 76–77 ▪ El comercio del oro en Mozambique 108–109 ▪ La reina Nzinga se enfrenta a Portugal 140–145 ▪ Las guerras xhosas 180–181 ▪ El Imperio zulú 198–199

gamire («gran señor»), y su ejército fue la fuerza más formidable de la región en la década de 1670. Desplazaron a los Torwa de su base de poder en el suroeste de Zimbabue, y construyeron una nueva capital en Danangombe.

Una gran victoria africana

Dombo estaba decidido a librar a la región de la influencia de Portugal, y en junio de 1684 se produjo su primer conflicto con las fuerzas portuguesas y sus mercenarios africanos en la batalla de Maungwe. Pese a hacer frente a las armas de fuego europeas con arcos y flechas, los rozvis resistieron a los portugueses durante un día entero. Por la noche, Dombo empleó la ayuda de las mujeres, que encendieron un anillo de fuego alrededor del campamento enemigo. Creyéndose completamente rodeados, los portugueses huyeron.

Dombo y sus «destructores» habían logrado una rara hazaña: la derrota de un ejército europeo por una fuerza africana. Su reputación temible fue embellecida con el renombre

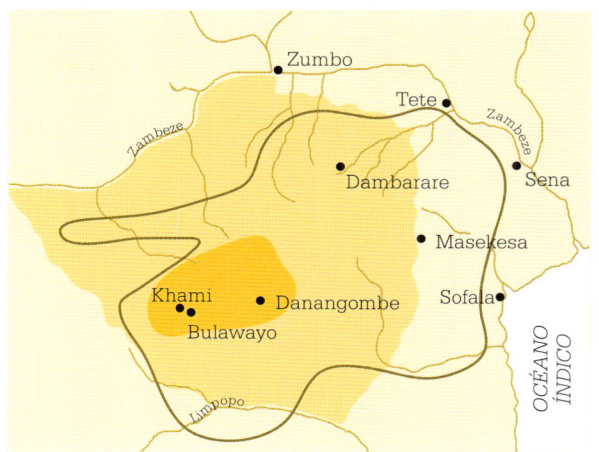

El Imperio rozvi surgió en la región gobernada por la dinastía Torwa desde Khami, cerca de la actual Bulawayo. Factorías portuguesas como Tete y Zumbo procesaban bienes para la exportación desde Sofala.

Clave

- Núcleo del Imperio rozvi
- Área actual de Zimbabue
- Límites aproximados del Imperio rozvi

del propio Dombo como mago, que dio pie a creencias como la de que los rozvis podían invocar enjambres de abejas en combate o dormir a sus enemigos. Como táctico militar, Dombo pudo emplear la formación de «cuernos de búfalo» cien años antes de que fuera algo propio de los ejércitos zulúes.

Sellar un imperio

Armado de un ejército regular competente, disciplinado y bien equipa-

do, Dombo no tardó en someter todo Zimbabue al control de los rozvis. Siguió expulsando a los portugueses de la región, y destruyó sus factorías en Dambarare, en 1693, y Masekesa, en 1695. Dombo murió poco después, pero dejó un sistema sucesorio y un gobierno jerárquico más sólido que el del reino de Mutapa. El Imperio rozvi, con la dinastía Changamire en su centro, se mantuvo como la mayor potencia de África del sur hasta el siglo XIX. ▪

Changamire Dombo

Poco se sabe del nacimiento o de la familia de Dombo, abreviatura de Dombolakonachingwango («La roca a la que no daña la azada»). Pudo ser descendiente de un líder Torwa, aunque según los documentos portugueses contemporáneos venía de ser ganadero de vacas del Estado de Mutapa.

Después de establecer su liderazgo entre los shonas, Dombo rompió con el Imperio de Mutapa, expulsó a los portugueses de Zimbabue

y reemplazó a las dinastías existentes con la propia. Como *mambo* (comandante en jefe) de los rozvis, se le atribuían poderes sobrenaturales, que compartía con su ejército de «destructores». En la tradición oral, Dombo es capaz de convertir vacas blancas en rojas, y los mismos soldados portugueses creían que tenía un aceite mágico que mataba con solo tocarlo. Después de su muerte en 1696, a Dombo le sucedió su hijo, el primero de los seis descendientes directos que gobernarían el Imperio rozvi durante los dos siglos siguientes.

[Dombo fue] un enemigo orgulloso que osó medir sus arcos contra nuestros mosquetes.
Padre António Conceição
Misionero portugués (1696)

LA RAZA ES UNA INVENCION HUMANA

LA CREACIÓN DE LA «RAZA» (1684)

EN CONTEXTO

LOCALIZACIÓN
Europa, EEUU

ANTES
Siglos v–iv a. C. Hipócrates escribe que la geografía influye en el aspecto y la disposición de los pueblos.

98 d. C. Tácito afirma que los pueblos de Germania no están «degenerados por matrimonios con ningunas de las otras naciones».

DESPUÉS
1956 Luther King denuncia como «blasfemia» la maldición de Ham, el mito de la condena del hijo de Noé a la esclavitud, asociado a la piel negra.

Mediados de la década de 1970 Académicos legales por la emancipación racial de EEUU plantean la teoría crítica de la raza frente al predominio social blanco y occidental.

Aunque la etnicidad no fue una cuestión ignorada en las antiguas Grecia y Roma, el concepto actual de *raza* se ha desarrollado a lo largo de los últimos cuatro siglos. La palabra *raza* y sus análogos en otros idiomas proceden del italiano *razza*, y fueron específicos de la cría de caballos hasta el siglo xvi. Desde entonces circuló en castellano, aplicada peyorativamente a moros y judíos, y empieza a constatarse en otros idiomas europeos en la clasificación de los seres vivos, estimulada por la ambición de comprender mejor el mundo natural que animaba la naciente revolución científica.

François Bernier, médico y viajero francés, fue el primero en publicar una clasificación de las diferencias humanas. En su ensayo de

Véase también: *Homo sapiens* emigra a África 20–21 ▪ Los inicios del comercio atlántico de esclavos 116–121
▪ El abolicionismo en América 172–179 ▪ Campañas globales contra el racismo 306–313

En «Nueva división de la Tierra», François Bernier **divide a los pueblos en cuatro «razas»**, según el origen geográfico y sus observaciones de rasgos físicos, como (para los africanos subsaharianos) **el color de la piel**:

la «primera raza», de Europa, sur de Asia, Oriente Próximo, norte de África y América;	**los africanos subsaharianos**, cuya «negritud» es un «rasgo esencial»;	**la raza del este y el noreste de Asia**, que incluye China, Japón, Indonesia y Asia central;	**los «lapones»** (hoy día llamados sami), a los que Bernier llama «animales viles».

1684 *Nueva división de la Tierra por las diferentes especies o razas que la habitan*, postuló cuatro «razas» diferenciadas por origen geográfico y características físicas. Atribuyó los distintos tonos del color de la piel de tres de las razas a la mayor o menor exposición al sol, idea que se remonta a la antigüedad, pero señaló la «negritud» de los africanos subsaharianos como un rasgo inmutable. Sin embargo, Bernier no propuso una jerarquía racial, e insistió en que su clasificación se basaba en sus observaciones de las personas con las que se había encontrado en sus viajes, descritas en términos subjetivos –aunque a menudo despectivos.

Mientras otros viajeros y estudiosos trataban de clasificar a los humanos por su aspecto y cultura, se planteó también el origen de tales diferencias, y las implicaciones para la condición intelectual, social, política y moral de cada grupo.

François Bernier escribió un libro generalmente crítico sobre sus impresiones de India, donde sirvió en la corte del emperador mogol Aurangzeb, ilustrada aquí por Paul Maret en 1710.

En el siglo XVIII, en Europa había dos teorías principales sobre los orígenes de la raza: el monogenismo (un origen único compartido por todos los humanos) y el poligenismo (distintos orígenes de las razas humanas).

El mismo origen, pero diferentes razas

La mayoría de los monogenistas cristianos y judíos consideraban a toda la humanidad como descendientes de Adán y Eva. A pesar del parentesco que eso implicaba, las conquistas coloniales en África y América dieron pábulo a la creencia de que los europeos eran superiores a los africanos y a los indígenas americanos.

En 1735, el botánico y médico sueco Carlos Linneo publicó *Systema naturae* («Sistema de la naturaleza»), la clasificación de los seres vivos en reinos, clases, órdenes, géneros y especies. Agrupó a los humanos **»**

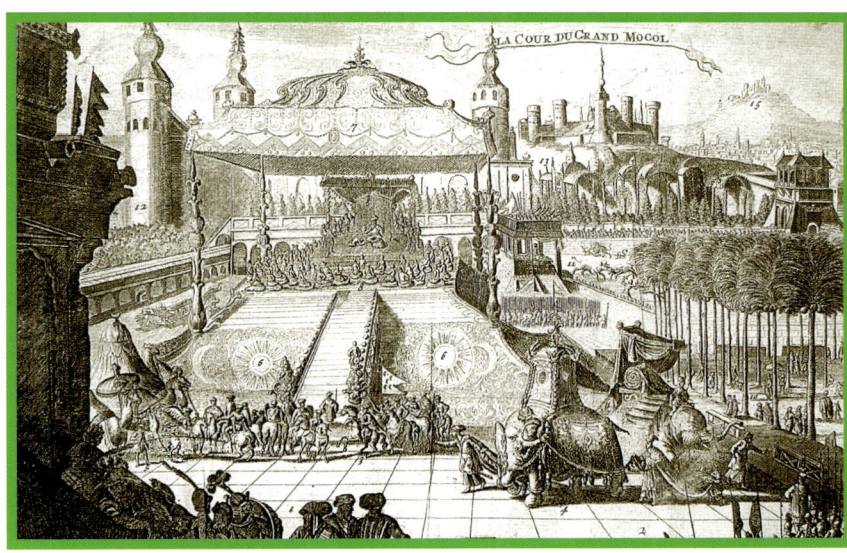

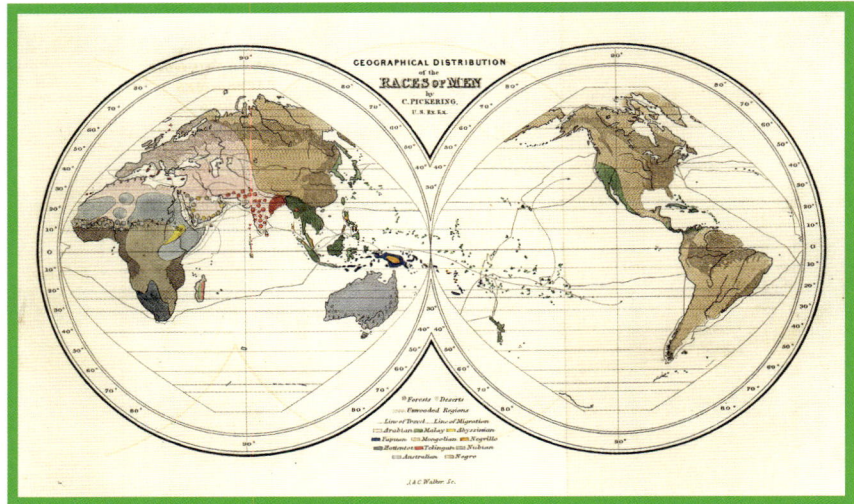

(clasificados como animales) en cuatro tipos, por su continente de origen —Europa, Asia, América y África—, descritos por el color de la piel.

A la altura de la 10.ª edición de *Systema naturae* (1758), Linneo había añadido el aspecto, el temperamento y el gobierno de las distintas gentes a su clasificación de los humanos. Así, atribuye a los europeos el ser musculosos, sabios, «con abundante cabello amarillo y ojos azules», y gobernados por leyes. A los africanos los juzga «perezosos», «astutos», «indolentes», «descuidados» y gobernados por el capricho, todo lo cual implica alguna clase de inferioridad innata.

En 1787, el antropólogo, naturalista y médico alemán Johann Friedrich Blumenbach se opuso a la noción de que las personas negras fueran menos inteligentes. En un trabajo que examinaba su fisiología y capacidad mental, concluyó que «en cuanto a recursos y capacidad mentales, no son inferiores al resto de la raza humana». Blumenbach coleccionó la obra de escritores originarios de África occidental como Phyllis Wheatley, y la correspondencia que mantuvo con algunos le confirmó que sus capacidades intelectuales eran iguales a las de algunas de las mejores mentes de Europa. Con todo, Blumenbach, que dividía a los seres humanos en cinco razas —caucásica, mongoloide, malaya, etíope (africana) y americana—, también estaba convencido de que los primeros humanos habían sido blancos «caucásicos», lo cual daría pie posteriormente a acusaciones de prejuicio racial.

El racismo científico

En contraste con los monogenistas, los poligenistas (o preadanistas) rechazaban el origen único de las «especies» humanas, convencidos de que un origen distinto explica que unas razas sean superiores a otras, en intelecto pero también moralmente. En los siglos XVIII y XIX, esta creencia sirvió para justificar el orden social y político, así como el colonialismo y la esclavitud de los africanos en América. El filósofo escocés David Hume era partidario tanto del poligenismo como de la noción de una jerarquía de las razas. En una nota al pie de su ensayo de 1753 «De los caracteres na-

cionales», afirmó que los negros son «naturalmente inferiores a los blancos» y que no existe nación civilizada «de ninguna otra piel que la blanca», comentarios profusamente citados por los defensores de la esclavitud.

En EE UU, el médico y naturalista Samuel Morton (1799–1851) afirmaba que los cientos de cráneos que había analizado revelaban que los «caucásicos» blancos tenían la mayor capacidad craneana, y los negros, la menor. Este llamado racismo científico –basado en la idea de que tales «pruebas» puedan apoyar la división de los humanos en tipos raciales– impresionó a su contemporáneo el cirujano Josiah Nott, aparte de resultar bastante conveniente para un propietario de negros americanos esclavizados.

Un oponente del racismo científico fue el antropólogo estadounidense de origen alemán Franz Boas, que estudió y reconoció los talentos de varios pueblos indígenas. Mostró

Franz Boas transmitió un respeto profundo por otras culturas. Entre sus alumnos se contaron la escritora afroamericana Zora Neale Hurston y la antropóloga cultural Margaret Mead.

> La raza fue engendrada por el racismo, no al contrario, y nunca fue tanto cuestión de genealogía y fisionomía como de jerarquía.
> **Ta-Nehisi Coates**
> **Escritor afroestadounidense,**
> ***Entre el mundo y yo (2015)***

que el tamaño del cráneo variaba, pero no en función de la inteligencia, sino de la dieta y la salud. A partir de 1899, como profesor de antropología de la Universidad de Columbia, influyó en toda una generación de antropólogos. Sin embargo, el racismo científico persistió en EE UU y otros lugares, y alcanzó su apogeo con los horrores de la Alemania nazi.

Las teorías de Gobineau

Entre las influencias más perniciosas y duraderas sobre la opinión pública europea y estadounidense está la de *Ensayo sobre la desigualdad de las razas humanas* (1853), de Joseph-Arthur de Gobineau, escritor y diplomático francés. Gobineau mantuvo que, por capacidad intelectual, la raza blanca era superior, y situó a la raza negra «al pie de la escala», con un intelecto que se movía «en un círculo muy estrecho». También manejó la noción tóxica de la mezcla de razas como contaminación o perversión de la pureza, causante de la decadencia de las civilizaciones. Josiah Nott encargó traducir la obra al inglés, y la publicó en EE UU en 1856 como parte de su actividad en defensa de la esclavitud.

En Europa, los postulados de Gobineau sobre el ario rubio y de ojos azules como ideal racial serían llevados a extremos criminales. Los nacionalistas alemanes y Adolf Hitler los asumieron, y con su respaldo legitimaron el exterminio masivo que desencadenaron sobre judíos y romaníes.

Reconsideración radical

Los horrores del Holocausto y los programas eugenésicos de los nazis, al conocerse, arrojaron una luz nada favorecedora sobre el racismo científico. En 1950, la Unesco condenó los falsos mitos y supersticiones que habían contribuido directamente a la guerra, y denunció la falsedad de las excusas pseudocientíficas para la discriminación racial. La declaración volvió a publicarse con revisiones en 1978, como Declaración sobre la Raza y los Prejuicios Raciales de la Unesco. Esta afirma que «todos los pueblos del mundo están dotados de las mismas facultades que les permiten alcanzar la plenitud del desarrollo intelectual, técnico, social, económico, cultural y político», aclarando luego que las diferencias entre las realizaciones de los diferentes pueblos se explican enteramente por factores geográficos, históricos, políticos, económicos, sociales y culturales.

Pese al acuerdo general en el mundo académico sobre el carácter socialmente construido de las diferencias raciales, las cuestiones de la «raza» y la diversidad humana siguen generando debate entre estudiosos y entre profanos. El racismo y los prejuicios no han desaparecido, y siguen conformando muchos aspectos de la sociedad moderna. ■

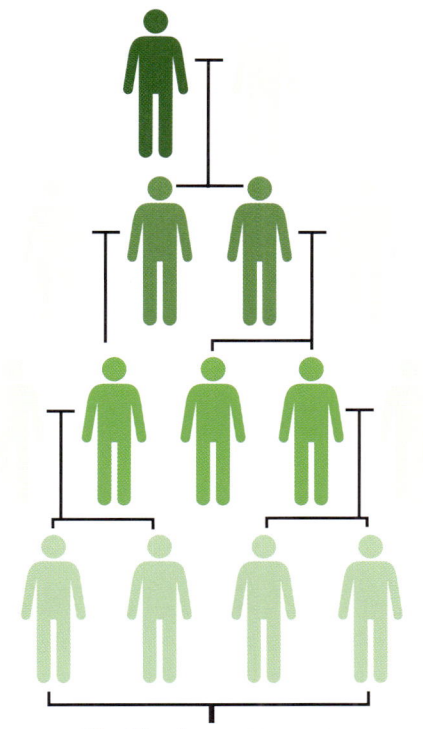

La «regla de una gota»

Clave
- ■ Antepasado negro
- Blanco
- ■ Raza mixta
- ■ Raza mixta
- ■ Raza mixta

Clasificados como negros

Producto de la noción de una base científica genética para la «raza», en la hoy difunta «regla de una gota» adoptada por algunos estados de EE UU a principios del siglo xx, un solo antepasado africano identifica como negra a una persona, sin importar el color de la piel o la propia percepción de su identidad.

REVOLUC Y RESIST

1700–1900

ION
ENCIA

El decreto Code Noir (Código Negro) de Luisiana **regula legalmente la esclavitud**.

1724

Primeras **guerras por territorio entre los colonos neerlandeses y los xhosas** en África del sur. El Imperio británico interviene en 1795, y el conflicto no acabará hasta 1878.

1779

Olaudah Equiano publica su autobiografía, *The interesting narrative of the life of Olaudah Equiano*, un **texto clave del movimiento abolicionista**.

1789

Un **movimiento integrista islámico** entre los fulanis emprende la *jihad* contra los reinos hausas de África occidental y establece el califato de Sokoto en 1809.

1804

1772

Los **garífunas defienden su territorio** en la isla caribeña de San Vicente en la primera guerra Caribe, que acaba en 1773.

1787

Un grupo de **«negros pobres»** zarpa de **Londres** para **Sierra Leona**, como parte de un plan de reasentamiento del naturalista británico Henry Smeathman.

1791

Los esclavizados en Saint-Domingue (la actual Haití) **inician una revuelta armada, y logran la independencia** en 1804.

1807

Tras la campaña de activistas blancos y negros, **el Imperio británico abole el comercio transatlántico de esclavos**.

En 1700 había ya pocas comunidades africanas no afectadas por el comercio de esclavos atlántico. La amenaza constante de incursiones esclavistas y la participación de otros africanos en el comercio de seres humanos fueron profundamente desestabilizadoras. Mientras tanto, los que llegaban encadenados al Nuevo Mundo se enfrentaban a la realidad brutal de ver devaluada su humanidad.

El trato infligido a los africanos esclavizados era radicalmente contrario a los ideales ilustrados de libertad y humanidad, tan populares en Europa y América en el siglo XVIII, y no todos daban por sentada la relevancia de tales ideas para la humanidad negra. Los africanos, deshumanizados y sometidos al trabajo forzado en plantaciones, fueron tratados como mercancía y propiedad de otros, principio consagrado por el decreto Code Noir en la colonia francesa de Luisiana en 1724. El Code Noir restringía las libertades fundamentales de los esclavizados, con penas brutales para quien lo incumpliera.

Formas de resistencia

El comercio de esclavos atlántico y su análogo africano oriental en Zanzíbar alimentaron toda una ideología antinegra, basada en creer que las personas negras eran de algún modo merecedoras de una vida de servidumbre. Esta percepción sirvió a las potencias europeas para justificar el colonialismo y las agresiones, como las guerras xhosas, en las que neerlandeses y británicos compitieron por despojar a los xhosas de territorios en África del sur. No fueron guerras fáciles para los europeos: los xhosas resistieron durante casi un siglo desde 1779, y sus vecinos, los zulúes, infligieron derrotas aplastantes a los británicos. A la vez, en África occidental, las mujeres guerreras de Dahomey lucharon hasta la muerte contra la invasión francesa en 1890.

Entre los africanos esclavizados sin tierra que defender, la resistencia frente a esta ideología hostil adoptó otras formas: rebeliones de esclavos, como la de Nat Turner en Virginia (EE UU) en 1831, y la anterior Revolución haitiana, la única revuelta armada de esclavos que conquistó la libertad de todo un pueblo negro del Nuevo Mundo. Asimismo, la opresión fue combatida en el ámbito de las ideas por intelectuales negros con acceso a una formación occidental, los cuales se mostraron más que capaces de razonar y de escribir con estilo relatos subyugantes.

El *Mino*, regimiento **formado enteramente por mujeres** entrenadas y parte reconocida del **ejército de Dahomey**, refuerza el poder militar del reino.

1818

Reino Unido abole la esclavitud, liberando a los africanos en sus colonias.

1833

El explorador alemán Karl Mauch descubre antiguos **yacimientos de oro** explotados en el distrito de Tati en **Botsuana**.

1867

Sin consultar a ningún representante de ningún Estado africano, Europa desata la **carrera por el reparto** de África y por sus recursos.

1884–1885

1831

A la **revuelta de esclavos** incitada por el predicador virginiano **Nat Turner** siguen leyes aún más represivas contra los esclavizados en EE UU.

1865

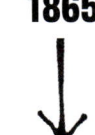

EE UU **abole la esclavitud** tras la derrota de los Estados Confederados en la guerra de Secesión.

1877

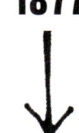

Se aprueban las primeras **leyes Jim Crow** que imponen la **segregación racial** en el sur de EE UU.

1896

La derrota italiana por el ejército etíope en la batalla de Adua obliga a la potencia colonial a reconocer la independencia de Etiopía.

Las primeras campañas abolicionistas fueron las de los cuáqueros de EE UU y Gran Bretaña, pero ya a finales del siglo XVIII se hicieron oír activistas negros, como el abolicionista británico Olaudah Equiano, autor de un libro sobre su experiencia de la esclavitud que fue éxito de ventas, y, luego, Frederick Douglass, interlocutor del presidente Lincoln durante la guerra de Secesión de EE UU.

Largo camino a la libertad

En 1807, Reino Unido ilegalizó el comercio de esclavos transatlántico. Siguieron el ejemplo otros países, como EE UU, en 1808, pero la propia esclavitud tardaría mucho en ser abolida. La resistencia continuó, a menudo en actividades de desobediencia civil, como el llamado Ferrocarril Clandestino, la red que ayudó a muchos esclavizados a escapar a estados libres de EE UU o Canadá a partir de 1831. La guerra de Secesión de EE UU (1861–1865) fue motivada por la esclavitud, y esta fue abolida al fin tras la derrota de los estados esclavistas del sur. Brasil siguió explotando a los esclavizados hasta 1888, e incluso entonces muchos de los liberados no tuvieron otra alternativa que trabajar sin sueldo para sus antiguos amos.

A la abolición le siguió un nuevo proyecto para ayudar a los desplazados por el comercio de esclavos. El reasentamiento de los «negros pobres» de Londres en Sierra Leona por filántropos británicos a finales del siglo XIX resultó polémico, pero la American Colonization Society lo creyó una buena opción, y en 1867 había unos 16 000 repatriados en Liberia.

En EE UU, con la política de reconstrucción, se trató de conceder derechos civiles a los afroamericanos, pero lo impidieron en el sur las leyes Jim Crow, que legitimaron la segregación racial.

Reparto de África

La Conferencia de Berlín (1884–1885) dividió África entre las potencias rivales europeas, bajo cuyo control quedó el 90 % del continente antes de acabar el siglo, con Liberia y Etiopía como únicas excepciones. Se trazaron las fronteras artificiales que, por lo general, se mantienen hoy, reuniendo en muchos casos a grupos étnicos dispares en un país, y la lucha contra el colonialismo continuó. No todas las reacciones al colonialismo consistieron en lucha armada. El nuevo orden mundial trajo también oportunidades, como la posibilidad de una educación formal, que empoderó a los intelectuales africanos para trabajar por la descolonización en el siglo XX. ∎

NUNCA FUIMOS ESCLAVIZADOS
LOS GARÍFUNAS (SIGLOS XVII–XVIII)

urante el siglo XVII hubo una carrera entre las potencias europeas por conquistar islas en el Caribe. Los amerindios que encontraron los colonizadores en las Antillas Menores, entre ellas San Vicente, se llamaban a sí mismos *caliponam* o *calinago*, de donde procede «caribe» y sus variantes en otras lenguas. La mayoría de las islas fueron ocupadas, pero no San Vicente, gracias a su terreno, las dotes guerreras de los caribes y su habilidad para explotar las diferencias entre franceses e ingleses. Al mismo tiempo, llegaban a San Vicente africanos proce-

En San Vicente, de la relación establecida entre **esclavos fugitivos africanos** y **pueblos indígenas amerindios** surge un nuevo grupo étnico, los garífunas.

Los garífunas sacan partido del **conflicto entre británicos y franceses** por el control de la isla en la lucha por **defender su territorio**.

Pese a la **derrota** contra los británicos y el **exilio** de San Vicente, los garífunas **establecen comunidades prósperas** en islas próximas y la costa de Honduras.

Los garífunas nunca fueron esclavizados.

Véase también: La vida en las plantaciones 122–129 ▪ La rebelión de esclavos de La Española 130–131 ▪ Los *maroons* jamaicanos 146–147 ▪ El abolicionismo en Europa 168–171 ▪ La Revolución haitiana 184–189

La primera y segunda guerras caribes

Una vez consumada la cesión de San Vicente a Reino Unido por parte de Francia en 1763, las tensiones entre los colonos británicos y los garífunas fueron ganando en intensidad hasta culminar en la rebelión y el inicio de la primera guerra caribe, en 1772. El principal líder de los garífunas fue el jefe Joseph Chatoyer, quien en 1773 firmó el primer tratado de paz de los británicos con un pueblo indígena caribeño. Sus términos dividían San Vicente entre los contendientes, pero los colonos siguieron tratando de controlar la isla entera.

Nuevas rebeliones condujeron al estallido de la segunda guerra caribe en 1795, en la que tropas francesas respaldaron a los garífunas, de nuevo liderados por Joseph Chatoyer. Los británicos lo mataron el mismo año, pérdida que, unida a la deserción francesa, llevó a la derrota de los garífunas poco más de un año después, en junio de 1796.

La supervivencia de los caribes negros, con su cultura única intacta, es el legado último del espíritu tenaz de sus antepasados.
Christopher Taylor
The Black Carib Wars (2012)

dentes de naufragios o de otras islas, que acabaron siendo asimilados a la lengua y la cultura caribes. En 1700, este grupo, conocido como los garífunas (que significa «comedores de yuca») o caribes negros, predominaba entre los caribes amerindios.

Disputas y conflicto

En 1719, los franceses fundaron un asentamiento en la costa oeste de San Vicente, dando lugar a nuevas disputas con los británicos por el control de la isla. En 1763 se produjo la anexión británica tras la derrota de Francia en la guerra de los Siete Años, concediendo territorios a los caribes y a los garífunas. A los colonizadores británicos les atraían las tierras ricas productoras de azúcar controladas por los garífunas, que se sentían ahora amenazados. Los garífunas rechazaron repetidamente a los británicos, y el conflicto acabó desatando la llamada primera guerra caribe (1772–1773), en la que Francia apoyó a los garífunas. La guerra acabó en tablas, y en una paz que garantizaba a los garífunas su territorio a cambio de reconocer la soberanía británica.

En 1779, Francia se apoderó de la isla, pero la devolvió a los británicos al concluir la guerra de Independencia de EE UU, en 1783. Los colonos franceses en San Vicente conservaron sus derechos, y también la animosidad hacia los británicos, en tándem con los garífunas. Una revuelta conjunta en 1795, apoyada con armas por Francia, llevó a la segunda guerra caribe (1795–1796) y a la victoria británica.

Expulsión y supervivencia

Los británicos llevaron a cabo un plan largo tiempo contemplado para

expulsar a todos los garífunas de San Vicente, haciendo prisioneros a más de cuatro mil en la isla vecina de Baliceaux. Fueron deportados a la isla española de Roatán, junto a la costa de Honduras, en julio de 1797. Únicamente unos dos mil llegaron a Roatán, muriendo el resto en el viaje o en Baliceaux. Los españoles transportaron a la mayoría de los garífunas a zonas de la bahía de Honduras, desde donde se establecieron en Belice, Guatemala y Nicaragua.

En la actualidad, la mayoría de los garífunas continúa viviendo en la costa de América Central. Muchos de ellos emigraron a EE UU, donde forman una comunidad de al menos 100 000 personas. Conservan el idioma caribe y el orgullo por su cultura, con música, danza y relatos orales transmitidos de generación en generación. ▪

Un garífuna celebra el Mes de la Herencia Africana en Tegucigalpa (Honduras), en 2018. Los garífunas son una de las mayores etnias minoritarias de Honduras.

EXTRAORDINARIAS POR SU CORAJE Y FEROCIDAD
LAS MUJERES GUERRERAS DE DAHOMEY (1708)

EN CONTEXTO

LOCALIZACIÓN
Benín

ANTES
***C.* 1600** El pueblo fon funda el reino de Dahomey, en el tercio sur del actual Benín.

1645 Comienza el reinado de Houegbadja, primer rey de Dahomey.

DESPUÉS
1892–1894 En la segunda guerra franco-dahomea, el superior armamento francés se impone al *Mino*, regimiento de mujeres que es desactivado, y el rey es derrocado.

1904 El reino de Dahomey queda oficialmente disuelto.

1958 Francia establece la República de Dahomey como colonia con autogobierno, que se independiza en 1960.

1975 La República de Dahomey se renombra como Benín.

1979 Muere Nawi, quien se cree fue la última amazona de Dahomey.

l misterio rodea a «las mujeres más temidas de la historia», llamadas «amazonas de Dahomey» por los europeos que visitaron el reino en el siglo XIX, en alusión a las despiadadas guerreras de la mitología griega. Se trataba del *Mino* («nuestras madres», en lengua fon), un regimiento femenino de primera línea del reino de Dahomey, que fue parte del actual Benín.

Poco se sabe del origen de esta unidad militar, pero se cree que, al ascender al trono en 1708, la reina Hangbe creó una guardia personal femenina. Era costumbre que solo un hombre pudiera ejercer la dignidad

La guerra es nuestro gran amigo, sin ella no hay telas ni brazaletes; vayamos a la guerra, a vencer o morir.
Atribuido a las mujeres guerreras de Dahomey

real, y el breve reinado de cuatro años de Hangbe, depuesta por su hermano menor Agaja, fue tan borrado de la historia que algunos historiadores cuestionan su existencia misma.

Lucha a muerte

Sean cuales sean los orígenes del *Mino*, sí consta que se integró formalmente en el ejército de Dahomey al acceder al trono el rey Ghezo en 1818. El poder militar era vital para la prosperidad del reino, pues permitió a Ghezo suspender el pago de tributos al vecino reino yoruba de Oyo y emprender campañas anuales para capturar prisioneros de guerra a los que esclavizar y vender.

Reclutadas vírgenes, incluso a edades de nueve y diez años, a las guerreras del *Mino* se les entrenaba para ser fuertes, inmunes al dolor y despiadadas, así como para ejecutar a sus enemigos por rápida decapitación. La disciplina era muy dura, pero servir en este regimiento de élite confería categoría y privilegios, como el acceso a provisiones de tabaco y alcohol, el derecho a poseer cada una hasta 50 esclavos y la oportunidad de influir en la política ocupando cargos en el consejo real. A mediados del siglo XIX, Ghezo amplió el ejército incorporando a unas seis mil guerreras.

Véase también: La reina Nzinga se enfrenta a Portugal 140–145 ▪ Los *maroons* jamaicanos 146–147 ▪ El reparto de África 222–223 ▪ La guerra de las mujeres 252 ▪ El auge del feminismo negro 276–281

Funciones de las mujeres guerreras de Dahomey en el siglo XIX

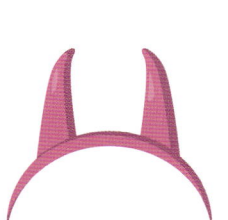    

Las cazadoras (*gbeto*) eran la unidad más antigua del *Mino*, creada para cazar animales. Llevaban coronas de hierro con cuernos de antílope.

Las fusileras (*gulohento*) iban armadas con arma larga o lanza y espada corta. Formaban el grueso del regimiento.

Las segadoras (*nyekplohento*) era un grupo selecto de guerreras temibles armadas con una sola espada afilada y pesada.

Las arqueras (*gohento*) eran guerreras jóvenes de gran talento capaces de disparar flechas barbadas o envenenadas.

Las cañoneras (*agbalya*) estaban armadas con artillería (generalmente antigua) y mosquetes de gran calibre y corto alcance.

Atacaban aldeas enemigas antes del amanecer, en busca de prisioneros, y rara vez fueron derrotadas, pero fracasaron en el intento de tomar la población vecina de Abeokuta (hogar de los egbas) en 1851 y 1864.

Mientras tanto, las naciones europeas tenían la vista puesta en África occidental, y disponían de armamento moderno en sus arsenales. En 1890, Béhanzin, último rey de Dahomey, se enfrentó a los franceses en la primera guerra franco-dahomea, en la que el *Mino* fue aplastado por la superior potencia de fuego francesa. La segunda guerra llevó a la disolución del regimiento y del reino, convertido en colonia francesa. Las mujeres del *Mino* fueron las últimas en rendirse, fieles a su antiguo ideario: «Soy una loba, la enemiga de todos los enemigos del rey que encuentre, y muera yo si no puedo vencer». ▪

Retrato de guerreras de Dahomey, publicado en *Le Petit Journal* en 1891. En 1894, la mayoría de las mujeres del *Mino* –condicionadas para luchar hasta la muerte– fueron abatidas por tropas francesas.

LOS ESCLAVOS NO TIENEN DERECHO ALGUNO A LA PROPIEDAD
EL DECRETO CODE NOIR DE LUISIANA (1724)

EN CONTEXTO

LOCALIZACIÓN
Luisiana (EEUU)

ANTES
1661 Se instituye el primer código de esclavos en la colonia británica de Barbados.

1682 René-Robert Cavelier de la Salle toma posesión de Luisiana en nombre de Francia.

1685 Se introduce el decreto Code Noir en las colonias francesas del Caribe.

1719 Llega el primer grupo de esclavos africanos a Luisiana.

DESPUÉS
1729 Los esclavos en Luisiana se unen a la revuelta indígena en Natchez (Misisipi).

1848 La esclavitud es abolida en las colonias francesas, y el Code Noir es derogado.

2001 El Parlamento francés reconoce como crimen contra la humanidad la esclavitud.

España, Portugal, los **Países Bajos** e **Inglaterra** introducen códigos de esclavos en sus **colonias**.

Estos códigos proporcionan una **base legal** a la esclavitud y **mantienen el orden** entre los esclavos.

Los códigos **tratan a los esclavos como propiedad** y **limitan sus libertades fundamentales**.

Los códigos **regulan la vida** de los negros libres, además de la de los esclavizados.

Aprobadas por Luis XV para el territorio norteamericano de Luisiana, las leyes del decreto Code Noir de 1724 se basaron en el código de esclavos de 1685 para los territorios franceses del Caribe, promulgado por Luis XIV. Fue modificado al ceder Francia Luisiana a España en 1763, pero por lo demás permaneció en vigor hasta la adquisición de Luisiana en 1803 por EEUU y la derogación de algunas de sus leyes.

El código contenía 60 artículos que proporcionaban un marco legal para la esclavitud al gobierno colonial francés. Los esclavos superaban largamente en número a los europeos blancos en las colonias francesas de América, y representaban un 65 % aproximado de la población total de Luisiana en 1732. El Code Noir se consideró necesario para mantener el orden jerárquico sobre la población esclavizada y proteger la mayor

Prohibimos a nuestros súbditos blancos, de ambos sexos, casarse con los negros bajo pena de ser multados y sometidos a algún otro castigo arbitrario.
Code Noir de Luisiana

inversión y el principal motor económico de la colonia: el trabajo esclavo. Esta mano de obra no remunerada era vital para excavar canales de drenaje, construir diques y plantar cultivos, entre otras tareas.

El código y su impacto

Aunque el Code Noir era difícilmente aplicable en toda la colonia, en conjunto tuvo efectos reales sobre las vidas de los esclavos. Las leyes francesas les concedían mayores derechos que las de sus homólogos británicos y neerlandeses: por ejemplo, prohibían a los esclavizadores obligar a los esclavos a casarse contra su voluntad, y estipulaban la obligación de proporcionarles alimento y ropa adecuados. El propietario no tenía permitido matar, mutilar ni infligir castigos excesivos a sus esclavos.

El contraste es llamativo con los códigos de esclavos británicos, que permitían al esclavizador actuar a su antojo. El decreto Code Noir prohibía vender por separado a los miembros de una familia, otra diferencia con los códigos británicos, que permi-

tían romper familias de forma habitual. En algunas zonas, el Code Noir dio como resultado una población mayor de negros libres que el sistema británico: el 13,2 % en Luisiana, comparado con el 0,8 % en Misisipi.

Con todo, el código era muy restrictivo para los esclavos, y también para los negros libres. Prohibía los matrimonios interraciales y la cohabitación, calificada como concubinato. Prohibía toda reunión o encuentro de esclavos de diferentes plantaciones. Estos tenían prohibido poseer armas de cualquier clase, y el bautismo católico era obligatorio: Francia era todavía un Estado confesional, y se trataba de combatir la difusión del protestantismo de los imperios rivales británico y neerlandés. A los esclavos que incumplieran las leyes se les reservaban castigos durísimos, como latigazos, ser marcados con hierro candente o incluso la muerte. ▪

Venta de esclavos junto con fincas y cuadros en una subasta en 1842 en Nueva Orleans. Los abolicionistas querían poner fin a tal trato degradante que convertía a personas en propiedades.

Códigos de esclavos británicos

A diferencia del decreto Code Noir francés, no hubo un código británico de aplicación general, sino leyes propias en cada colonia. El primer código de esclavos del Imperio británico fue el de la isla caribeña de Barbados en 1661, en el que se basaron muchos otros de la época, como el de Jamaica en 1664, copiado luego por Carolina del Sur en 1691. Estos, a su vez, sirvieron como modelo en muchas otras colonias de América del Norte. Los británicos argumentaban que los esclavos eran gente de naturaleza bárbara y salvaje, y que los códigos de esclavos eran esenciales para mantener bajo control sus poblaciones, consideradas como propiedad. A diferencia de en el Code Noir, los códigos de esclavos británicos concedían a los esclavizadores el derecho legal a castigar, torturar e incluso matar a los esclavos.

¿NO SOY ACASO UN HOMBRE Y UN HERMANO?

EL ABOLICIONISMO EN EUROPA (SIGLOS XVIII–XIX)

EN CONTEXTO

LOCALIZACIÓN
Europa

ANTES
1772 El caso Somersett sienta el precedente de la ilegalidad de sacar a la fuerza de Inglaterra a un esclavo para venderlo en otra parte.

DESPUÉS
1824 En *Immediate not Gradual Abolition*, la activista británica Elizabeth Heyrick defiende el fin inmediato de toda forma de esclavitud y rechaza la política de cambio gradual.

1833–1834 Reino Unido abole la esclavitud en sus colonias, compensando a los esclavizadores por la pérdida de «propiedad».

1839 El cuáquero Joseph Sturge y Lord Henry Brougham fundan la Sociedad Antiesclavista Británica y Extranjera para combatir la esclavitud en todo el mundo.

L a participación europea en el comercio transatlántico de esclavos creció mucho durante el siglo XVIII. El Imperio británico empleó el trabajo esclavo en las Trece Colonias hasta la guerra de Independencia de EE UU (1775–1783), además de en el Caribe, y el comercio de esclavos se consideraba clave para su prosperidad. Francia, España y Portugal tenían también colonias americanas dependientes del comercio de esclavos, y otros Estados, como los Países Bajos, se enriquecían comerciando con bienes producto del trabajo esclavo.

Desde finales del siglo XVIII, la agitación contra el comercio transatlántico fue ganando ímpetu en estos

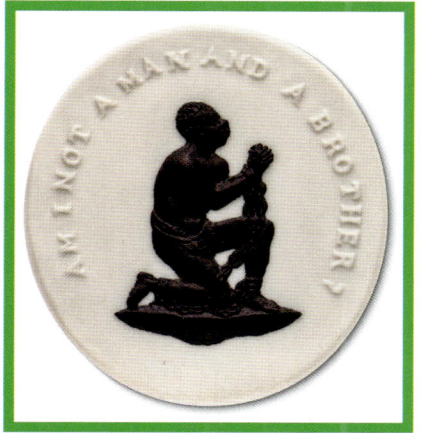

La imagen de un hombre suplicante, con el lema «¿No soy acaso un hombre y un hermano?», fue reproducida en objetos como este camafeo, producido por Josiah Wedgwood.

países, frente a los poderosos intereses que lo defendían. En la vanguardia del movimiento estuvieron los cuáqueros de Gran Bretaña y EE UU y otros inconformistas religiosos, como los metodistas, opuestos a la esclavitud por principios religiosos y morales. Los movimientos abolicionistas de ambos lados del Atlántico colaboraron, y muchos activistas viajaron para impartir y asistir a conferencias.

Líderes abolicionistas

En 1787 se formó la primera sociedad abolicionista británica, la Sociedad por la Abolición del Comercio de Esclavos, en una librería cuáquera de Londres. Sus miembros eran cuáqueros, menos los anglicanos Granville Sharp y Thomas Clarkson, presidente y secretario, respectivamente. Ocho años antes, Sharp, abogado y activista, había logrado establecer el precedente del caso Somersett, dictaminando el juez que el derecho a la libertad prevalecía sobre el derecho a la propiedad, y

era por tanto ilegal la venta en suelo británico del esclavo objeto de la demanda, James Somersett.

La Sociedad organizó mítines y conferencias, y llevó casos específicos a los tribunales. Clarkson, autor del influyente ensayo de 1785 *An liceat nolentes in servitutem dare?* («¿Es lícito esclavizar a otros contra su voluntad?»), envió una petición a William Wilberforce, parlamentario abolicionista destacado.

Los males de la esclavitud

La esclavitud no era algo tan manifiesto en las calles de Europa como en las colonias, aunque ciudades británicas como Londres, Liverpool y Bristol fueran núcleos de compra y venta de esclavos desde el siglo XVII, y los barcos negreros se construían en sus muelles y atracaban en sus puertos antes de partir de nuevo a las colonias. Para hacer comprensibles los males del comercio de esclavos entre una opinión pública europea, o bien insensibilizada, o bien no totalmente consciente de sus horrores, los abolicionistas crearon y dis-

tribuyeron imágenes. Su fin era compeler al público a ver a los esclavos como parte de la creación divina, con derecho a la dignidad humana. Dado el arraigo de la esclavitud en el tejido social, sabían que, sin cambiar la visión del público de los esclavos, había pocas esperanzas de lograr su apoyo a la causa.

Una de las imágenes más impactantes fue la figura del esclavo suplicante, un hombre negro arrodillado que alza las manos encadenadas al cielo, con la leyenda: «¿No soy acaso un hombre y un hermano?». Creada para la Sociedad por la Abolición del Comercio de Esclavos en 1787 por tres cuáqueros anónimos, el emblema fue reproducido en camafeos por el ceramista británico Josiah Wedgwood, abolicionista destacado. La imagen encarnaba los argumentos religiosos, éticos, intelectuales y legislativos en contra de la esclavitud, pero apelaba también a la vanidad personal, como si la emancipación fuera un regalo de los blancos, por su bondad, no un derecho humano fundamental, y como si la esclavitud **»**

En 1787 **se crea un emblema** para la Sociedad por la Abolición del Comercio de Esclavos.

Expresa el **deber cristiano** de reconocer la **humanidad compartida** con los esclavizados y poner fin al comercio.

Incluye la pregunta: «¿No soy acaso un hombre y un hermano?».

El abogado abolicionista Granville Sharp (centro) logra la libertad de Jonathan Strong en 1767. Strong había sido secuestrado en la calle en Londres por sus antiguo amo y revendido.

no fuera una absoluta abominación a la que había que poner fin.

Una herramienta poderosa

Los relatos en primera persona de esclavos liberados, leídos con frecuencia en público en los congresos abolicionistas, difundieron la conciencia de los horrores de la esclavitud y recabaron mayor apoyo al movimiento abolicionista. Uno de los primeros abolicionistas negros británicos en publicar una obra del género fue Olaudah Equiano, dedicado al activismo tras comprar su libertad. Sus memorias de 1789, *Narración de la vida de Olaudah Equiano, el Africano, escrita por él mismo*, un texto influyente del movimiento, contaban con detalle su secuestro en África occidental, los horrores de la travesía del Atlántico y la existencia brutal como esclavo en las colonias británicas. El libro fue un éxito de ventas, y en 1794 se había

La esclavitud es un mal de primera magnitud [...] contraria a todos los genuinos principios cristianos, y aun así infligida por hombres así denominados.
Ottobah Cugoano
Thoughts and Sentiments on the Evil of Slavery (1787)

traducido ya al ruso, al neerlandés y al alemán.

Los antes esclavizados no se limitaron al género narrativo de la esclavitud: uno de los asociados de Equiano, Ottobah Cugoano –luego una figura líder de los Hijos de África, la comunidad abolicionista londinense–, se sirvió del conocimiento profundo de la Biblia para redactar *Pensamientos y sentimientos sobre el malvado y perverso tráfico de la esclavitud y del comercio de la especie humana*, publicado en 1787. Más allá de responder a los argumentos basados en la aprobación divina de la esclavitud, la obra era una demostración en sí misma de la capacidad de raciocinio del autor, lo cual ponía de manifiesto la falsedad de que las personas negras fuesen incapaces de razonar y, por tanto, algo menos que humanos. Cugoano envió su libro a Jorge III y a políticos destacados, entre ellos Edmund Burke, quien expresó su disgusto respecto la esclavitud pero se mostró partidario de un trato mejor a los esclavos antes que de la emancipación inmediata.

Libertad, igualdad, fraternidad

En Francia, la primera agrupación antiesclavista fue la Societé des Amis des Noirs (Sociedad de Amigos de los Negros) formada en París en 1788. El abolicionismo francés se alimentaba de los ideales ilustrados que inspirarían la Revolución francesa al año siguiente: que todos los hombres tienen derecho a la libertad por el hecho de nacer, y que la dignidad de toda vida humana es inalienable. Entre sus miembros estaba el aristócrata Gilbert du Motier, marqués de Lafayette, autor del borrador de la Declaración de los Derechos del Hombre y del Ciudadano, y general de división de George Washington durante la guerra de Independencia de EEUU.

Sin embargo, muchos partidarios de la Revolución francesa argumentaban que sus ideales no eran extensibles a los esclavos, pues emanciparlos destruiría la economía francesa. Algunos pensadores ilustrados, entre ellos el filósofo alemán Immanuel Kant, se adherían al argumento de que los valores ilustrados no se aplicaban a los africanos, por ser inferiores.

En Haití, la colonia más rica de Francia, Toussaint Louverture lideró en 1791 la revolución de los esclavos contra los hacendados blancos, y derrotó al ejército francés enviado para someterlos. El éxito de la Revolución haitiana forzó a Francia a declarar la abolición de la esclavitud en 1794. Fue reinstaurada por Napoleón en 1802, como parte de sus esfuerzos por recuperar el control de las colonias, pero la rebelión había sacudido los cimientos de los intereses esclavistas y, con ello, la confianza en sí mismos de sus defensores, como hicieron las revueltas en las colonias británicas de Jamaica y Santa Lucía.

La abolición a la vista

Los años de campañas abolicionistas empezaron a dar frutos a medida que un país tras otro introducía leyes para limitar el comercio de esclavos. En Gran Bretaña, decenas de miles de personas firmaron peticiones, y William Wilberforce presentó el primer

El abolicionista francés marqués de Lafayette (izda.) luchó en la guerra de Independencia de EE UU, con ayuda de James Armitage (dcha.), esclavo negro que espió a los británicos.

¡Nunca habría desenvainado la espada por la causa de América de haber podido concebir que fundaba con ello una tierra de esclavitud!
Marqués de Lafayette

proyecto de ley para abolir el comercio en 1791. Aunque perdió por 163 votos contra 88, y pese a que las guerras con Francia hicieron descarrilar el movimiento abolicionista en Gran Bretaña, Wilberforce volvió a presentarlo año tras año, contribuyendo a concienciar a la opinión pública.

También surtieron efecto los boicots contra productos del trabajo esclavo, como el azúcar del Caribe. Un panfleto de 1791 del abolicionista William Fox en el que instaba a comprar azúcar de India e Indonesia vendió 70 000 copias en cuatro meses. Al año siguiente, se estima que 400 000 personas en Gran Bretaña apoyaban el boicot al azúcar caribeño.

En 1807, Reino Unido aprobó la Ley de abolición del comercio de esclavos, que prohibía a cualquier embarcación o súbdito británico participar en el comercio de esclavos, y encargaba a la Marina británica vigilar y hacer efectiva la prohibición en los mares. España aprobó leyes similares cuatro años después, y Suecia y los Países Bajos, cinco y seis años después, respectivamente. Pese a las varias prohibiciones del comercio, las incursiones y la venta de esclavos continuaron en las colonias, y naves británicas patrullaron el Atlántico durante muchos años,

persiguiendo a los esclavos y liberando a sus cautivos. Algunos países, abolido el comercio, se limitaron a mirar para otro lado cuando sus comerciantes siguieron traficando.

Aunque los abolicionistas habían ganado la batalla para prohibir el comercio, al menos un millón de africanos fueron ilegalmente esclavizados y transportados a lo largo del siglo XIX, y a los ya esclavizados en las colonias europeas se les seguía negando la libertad y la igualdad de derechos. Perdida la paciencia, abolicionistas a ambos lados del Atlántico reclamaron el fin de la esclavitud misma, exigiendo su fin inmediato en lugar de la reforma gradual. ∎

Los ilustrados anteponen la **razón**, el **progreso** y la **ciencia** a la religión, y creen en los **derechos naturales** del hombre.

Una idea clave de la Ilustración es las de que **todos los hombres nacen libres**…

… pero muchos filósofos ilustrados destacados **no creen que este derecho sea aplicable a los esclavos africanos**.

Para justificar la contradicción y defender la **inferioridad racial** de los africanos, algunos filósofos recurren a la **seudociencia**.

¿QUE REPRESENTA VUESTRO CUATRO DE JULIO PARA EL ESCLAVO?

EL ABOLICIONISMO EN AMÉRICA (1758–SIGLO XIX)

EN CONTEXTO

LOCALIZACIÓN
América

ANTES
1526 Los portugueses completan el primer viaje transatlántico con esclavos, desde Santo Tomé, en África occidental, a Brasil.

1619 Soldados británicos llevan africanos cautivos a América del Norte. Son vendidos en el asentamiento inglés de Jamestown.

1640 El primer veredicto legal esclavista en una colonia británica sentencia a la esclavitud perpetua en Virginia a un africano, llamado John Punch.

DESPUÉS
1928 Sierra Leona prohíbe la esclavitud doméstica.

1993 Nace el American Anti-Slavery Group para concienciar de la esclavitud en todo el mundo actualmente.

El Día de la Independencia, el 4 de julio, **celebra** la Declaración de Independencia y los **principios de libertad y justicia** sobre los que se fundó EEUU.

↓

Frederick Douglass, antes esclavizado, señala que los esclavos **no tienen libertad ni justicia**, y por tanto no pueden celebrar el Día de la Independencia.

↓

El propio día nacional **evidencia la disparidad** entre **esclavizadores** y **esclavos**.

↓

Douglass pregunta: «¿Qué representa vuestro cuatro de julio para el esclavo?».

Durante los siglos XVI y XVII, no fue contemplada apenas la idea de abolir el comercio de esclavos atlántico. La única perspectiva de libertad de que disponían los esclavos era huir o tener la esperanza de que su amo los emancipara algún día. En el siglo XVIII, algunos grupos de la comunidad cuáquera, que sí tenía la esclavitud por un mal, y otros inspirados por los ideales ilustrados de humanidad y libertad iniciaron la campaña contra la institución de la esclavitud.

En América del Norte, los colonos que exigían la independencia respecto al Imperio británico no podían obviar la hipocresía que suponía negar la libertad a los esclavos. En una reunión cuáquera en Filadelfia en 1758, el activista John Woolman instó a sus correligionarios cuáqueros a emancipar a las personas que tuvieran en servidumbre, declarando que «el color de un hombre no cuenta nada, en materia de derecho y equidad».

Los antiesclavistas

En sus inicios, el movimiento abolicionista fue predominantemente blanco, e incluía a muchas mujeres, las cuales reclamaban sus propios derechos y apreciaban las ventajas de una campaña conjunta por ambas causas. Acabada la guerra de Independencia de EEUU (1775–1783), los estados del norte fueron ilegalizando la esclavitud, y el número de abolicionistas negros creció. Muchos habían sido esclavos antes de la guerra, y su lucha era por tanto también personal. El activista negro más destacado del siglo XIX, Frederick Douglass, inspiró la causa abolicionista evocando sus propias experiencias.

Fundamental para el éxito del movimiento fue la formación de sociedades antiesclavistas para educar al público y presionar a los políticos. La primera sociedad antiesclavista de EEUU, la Sociedad para el Soco-

Véase también: El abolicionismo en Europa 168–171 ▪ El Ferrocarril Clandestino 190–195 ▪ El poblamiento de Liberia 200–201 ▪ La rebelión de Nat Turner 202–203 ▪ La guerra para acabar con la esclavitud 206–209

Frederick Douglass

Nacido en la esclavitud en 1818, Frederick Douglass se crio en el estado de Maryland. La esposa de su amo le enseñó el alfabeto, y aprendió a leer y escribir.

En 1838, Douglass escapó de la esclavitud con ayuda de su esposa, Anna. Huyó al norte, primero a Nueva York y luego a Bedford, en Massachusetts. Sus experiencias y oratoria impresionaron a los asistentes a un congreso antiesclavista, y se hizo famoso como conferenciante. Tras una gira de dos años por Gran Bretaña e Irlanda, Douglass regresó a EEUU y creó *The North*

Star, periódico antiesclavista que defendía también los derechos de las mujeres y el sufragio para los emancipados.

Durante la guerra de Secesión, Douglass fue consejero del presidente Lincoln. Entró en política tras la guerra, siendo el primer candidato negro a la vicepresidencia en 1872, y nombrado cónsul general en Haití en 1889. Murió en 1895.

Obra principal

1882 *Life and Times of Frederick Douglass.*

rro de los Negros Libres Ilegalmente Sujetos a Servidumbre, se fundó en Filadelfia en 1775. Le siguieron muchas otras, como la Sociedad por la Manumisión de la Ciudad de Nueva York, en 1785, y la Sociedad por la Abolición de la Esclavitud de Rhode Island, en 1789. Estas sociedades celebraron reuniones, organizaron conferencias y recaudaron fondos. Como sus homólogas británicas, creían poder acabar con la esclavitud publicitando sus males y apelando a los principios morales de los blancos. Adoptaron el emblema británico del esclavo encadenado y suplicante, que fue reproducido en objetos y recuerdos abolicionistas de todo tipo.

Como en Gran Bretaña, los abolicionistas animaron también a los que habían sufrido la esclavitud en carne propia a escribir relatos en primera persona para leer en los congresos. Esta literatura alteró la percepción del esclavo por los blancos como inculto, como hicieron los poemas de Phillis Wheatley, esclava africana en Boston (Massachusetts). En un poema de 1772 dirigido al conde de Dartmouth, secretario de Estado bri-

tánico en EEUU, Wheatley equiparó sutilmente la aspiración a la independencia de las colonias de Reino Unido con los sueños de libertad de los esclavos. El rey Jorge III era un conocido defensor de la esclavitud.

La esclavitud persiste

Reino Unido abolió el comercio atlántico de esclavos en 1807; EEUU, al año siguiente; otros países, poco después, incluida España y sus colonias –salvo Cuba–, en 1811; y los Países Bajos, en 1814. Sin embargo, la esclavitud y la compra y venta de esclavos continuaron en las colonias británicas del Caribe y en los estados meridionales de EEUU, cuyas plantaciones de algodón y tabaco dependían del trabajo esclavo. Los ya esclavizados siguieron como estaban, al igual que sus descendientes, que garantizaban una fuente renovable de mano de obra. Portugal

En 1773, la escritora Phillis Wheatley fue la primera persona de origen africano en publicar un libro en inglés. Varios de sus poemas critican la esclavitud y la desigualdad racial.

abolió el comercio de esclavos en la metrópoli en 1761, pero lo hizo con el fin de desviarlo a Brasil, donde continuaría durante otro siglo más.

Los partidarios de la esclavitud en EEUU, además de argumentar que la prosperidad de la nación dependía de ella, la defendieron como sistema benevolente y paternalista que reflejaba el orden natural: los esclavos eran inferiores, y por tanto no eran sujeto de los derechos »

Sojourner Truth

Nacida Isabella Baumfree en la esclavitud en 1797, Sojourner Truth fue liberada cuando la esclavitud se ilegalizó en su estado natal de Nueva York en 1827. Inspirada por experiencias místicas, trabajó en la casa del misionero evangélico Elijah Pierson en Nueva York, y se convirtió en predicadora. Defendió la fraternidad entre los hombres y la abolición de la esclavitud, y apoyó de manera abierta el sufragio femenino.

En 1843, Baumfree se marchó de la ciudad de Nueva York para «recorrer la tierra». Cambió su nombre a Sojourner Truth para simbolizar su deseo de difundir la verdad sobre el evangelio y la esclavitud, y predicó e hizo campaña hasta bien entrada la setentena. En 1865, después de aprobarse la 13.ª enmienda que abolía la esclavitud, luchó por la derogación de las leyes segregacionistas. Murió en 1883, a los 86 años.

Obras principales

1850 *The Narrative of Sojourner Truth*.
1851 «¿Es que no soy una mujer?» (discurso).

establecidos en la Constitución. Muchos argumentaron también que la emancipación perjudicaría a la sociedad blanca, al reducir los salarios y privar a otros de empleo pagado.

Hasta quienes no apoyaban la esclavitud tenían dudas sobre cómo convivirían pacíficamente blancos y negros una vez concedida la libertad a los esclavos. La American Colonization Society, fundada en 1816 por un predicador presbiteriano, propuso comprar esclavos y pagar por su transporte a África, estrategia vista como de «repatriación». Reino Unido había enviado ya a algunos esclavizados en el Caribe a Sierra Leona, a la que llamaron «Provincia de la Libertad».

Algunos activistas contra la esclavitud de EE UU, incluidos abolicionistas negros, veían con buenos ojos tales ideas como modo de poner fin a la esclavitud, pero para la mayoría se trataba de una deportación y de negar el derecho adquirido por los esclavos por el hecho de nacer: el de ser ciudadanos estadounidenses libres.

Agitación creciente

En la década de 1820, el apoyo a la esclavitud era aún fuerte, y los abolicionistas estadounidenses redoblaron sus esfuerzos. Hicieron cir-

Yo quería tener un futuro, un futuro con esperanza. La mente humana aborrece verse confinada al pasado y el presente.
Frederick Douglass

Si la primera mujer que hizo Dios tuvo fuerza para poner el mundo al revés ella sola, ¡estas mujeres juntas tienen que ser capaces de darle la vuelta, y ponerlo derecho otra vez!
Sojourner Truth

cular peticiones, escribieron miles de panfletos y dieron cientos de discursos. Fueron habituales los viajes de activistas en uno y otro sentido entre EE UU y Reino Unido para asistir a los congresos antiesclavistas. La abolicionista y sufragista Sarah Parker Remond, nacida en una familia negra prominente de Massachusetts, centro del movimiento abolicionista estadounidense, emprendió giras agotadoras por los países europeos. Sus discursos fueron tan influyentes que los políticos sureños trataron de impedirle regresar al país.

En Reino Unido, la Ley de abolición de la esclavitud de 1833 puso fin de hecho a la compra y venta de esclavos en todos los territorios del Imperio británico. Francia se sumó en 1848, pero quedaron EE UU y Brasil como grandes países esclavistas.

Defensor distinguido

Uno de los abolicionistas más eficaces durante la segunda mitad del siglo XIX fue Frederick Douglass, emancipado que había ascendido a una posición de influencia en EE UU. Douglass se adhería al argumento moral para vincular la abolición con la campaña por el sufragio femenino, pues ambos apelaban a los principios igualitarios consagrados por la Constitución de EE UU. Admiraba el activismo de Sojourner Truth por la abolición y los derechos de las mujeres, y se trataron a menudo, pero la relación se acabó agriando por la postura de Douglass en cuanto a lograr el sufragio para los hombres negros antes que para las mujeres.

Orador brillante, Douglass recorrió el circuito nacional e internacional de conferencias antiesclavistas, y trabajó con el abolicionista blanco más destacado del país, William Lloyd Garrison. En su juventud, Douglass trabajó en el periódico de Garrison *The Liberator*, la publicación antiesclavista de mayor circulación.

Diferentes tácticas

En la década de 1830 había unas 1500 organizaciones locales antiesclavistas en EE UU, con unos 100 000 miembros. La expansión del país al oeste, con la extensión de la esclavitud potencialmente asociada, planteaba la cuestión con mayor urgencia, y la impaciencia cundió entre algunos abolicionistas. La Sociedad Antiesclavista Estadounidense, fundada por Garrison en 1833, se había comprometido con la emancipación de los esclavos a través de la «persuasión moral», pero Garrison empezó a

La suma de mil seiscientos millones de dólares está invertida en sus huesos, tendones y carne.
Sarah Parker Remond

temer que fuera demasiado lenta. Tomando de Gran Bretaña el concepto del «inmediatismo», denunció la tenencia de esclavos como un pecado que debía acabar de una vez. Hizo llamamientos a la emancipación inmediata de los esclavos y el sufragio para los libertos, advirtiendo que, de lo contrario, habría una guerra racial.

Douglass, defensor del gradualismo, se distanció de Garrison, y en 1847 fundó su propio periódico, *The North Star*, dirigido a los abolicionistas negros. Ganar la batalla

moral había sido una estrategia importante en los primeros años del movimiento. A medida que progresó y sofisticó sus tácticas, se recurrió a menudo a los tribunales para liberar a individuos ilegalmente esclavizados. Douglass veía como lo más eficaz la »

Sojourner Truth con el reformador Booker T. Washington (centro) y el científico George Washington Carver en un mural de la Universidad de Hampton (Virginia) que celebra los logros de eminencias negras.

Los cuáqueros y algunos grupos evangélicos plantearon los argumentos morales y religiosos contra la esclavitud.

Las sociedades antiesclavistas formularon la estrategia, organizaron mítines y sometieron peticiones.

Los antes esclavizados escribieron relatos en primera persona que describían sus experiencias traumáticas.

presión a los políticos y los argumentos radicados en la Constitución.

Ni Douglass ni Garrison defendieron la violencia, pero la rebelión había tenido un papel en la historia de la lucha contra la esclavitud, y algunos abolicionistas, blancos y negros, llamaron a la acción directa. Una de las primeras insurrecciones, y una de las de mayor éxito, la liderada por el general abolicionista negro Toussaint Louverture en la isla francesa de Saint-Domingue (actual Haití), además de la emancipación, había traído la primera república negra del mundo, y el primer Estado negro independiente fuera de África en 1804.

En EEUU las rebeliones de esclavos habían fracasado casi siempre, y fueron seguidas de una represión brutal. La revuelta de Nat Turner en 1831, en la que él y sus compañeros mataron a 55 blancos, fue aplastada con fuerza abrumadora. No obstante, abolicionistas como Henry Highland Garnet, cuya familia había

logrado emanciparse siendo niño, defendía abiertamente la acción directa. En 1843 redactó su «Discurso a los esclavos de EEUU», en el que les instaba a exigir la libertad a sus esclavizadores, empleando la fuerza si era necesario.

La gota colma el vaso

Como respuesta a la red Ferrocarril Clandestino, que ayudaba a escapar a individuos esclavizados a los estados libres, la Ley de esclavos

fugitivos de 1850 obligó a devolver a los esclavos a sus esclavizadores. Fue la gota que colmó el vaso para los hombres y mujeres esclavizados, que solo podían ponerse a salvo si lograban llegar a Canadá. En 1853, las memorias de Solomon Northup *Doce años de esclavitud* describían con detalle desgarrador cómo Northup, nacido libre en el estado de Nueva York, fue secuestrado durante una visita a Washington D.C. y vendido como esclavo. El libro, reseñado en muchos

Los abolicionistas celebraron pícnics comunitarios como este en Weymouth Landing (Massachusetts) en 1845, para atraer partidarios y recaudar fondos.

Los boicots de productos fruto del trabajo esclavo empezaron a socavar las ventajas económicas de la esclavitud.

Los activistas comenzaron a defender el empleo de la fuerza, en rebeliones armadas o ataques a la propiedad del Estado.

torno a un 40 % de los hombres y mujeres esclavizados llevados a América fueron a Brasil. En 1807 constituían casi la mitad de la población. Reconocida su independencia por Portugal en 1825, el poder político en Brasil estaba en manos de los grandes terratenientes productores de azúcar, algodón y café. La esclavitud se consideraba vital para la economía, y la política escogida fue la abolición gradual. Leyes como la Ley del vientre libre de 1871, que liberaba a todos los nacidos a partir de su aprobación, y la Ley sexagenaria de 1885, que emancipó a los esclavos mayores de 60 años, trajeron un progreso gradual.

Algunos esclavizadores ignoraron las leyes, que solo se hacían cumplir para los casos llevados ante los tribunales. Se estima que Luís Gama, abogado abolicionista negro vendido como esclavo en la infancia, liberó a más de mil personas por este procedimiento. Otros abolicionistas negros destacados fueron el poeta simbolista João da Cruz e Sousa, quien hizo campaña por la abolición en el diario *Tribuna Popular*.

Dos años después de que lo hiciera Cuba, Brasil abolió finalmente la esclavitud en 1888. Fue el último país de Occidente en hacerlo. ∎

periódicos del norte, fue un acicate para la causa abolicionista. Vendió 30 000 copias en tres años, y Northup emprendió una serie de giras como conferenciante influyente.

Camino a la guerra

Ante la cascada de llamamientos a responder a la Ley de esclavos fugitivos por todos los medios posibles, Douglass, que había condenado el Discurso de Highland Garnet en 1843, comenzó a cuestionar su propio pacifismo. Cuando el abolicionista blanco John Brown y sus seguidores negros y blancos asaltaron el arsenal federal de Harper's Ferry en Virginia en 1859, Douglass se distanció del ataque, pero expresó admiración por su audacia, así como desdén por la opinión de los que llamaban «loco» a Brown. Al tratar los estados del sur de proteger y extender los intereses esclavistas, la guerra entre el norte y el sur parecía cada vez más probable. Douglass era ya partidario de intervenir militarmente: a estas alturas, era cuestión de respeto a uno mismo.

La guerra de Secesión de EE UU (1861–1865) puso fin a la esclavitud en todo EE UU, siendo este un objetivo de la guerra declarado por el presidente Abraham Lincoln. La 13.ª enmienda, que abolía la esclavitud, fue ratificada el 6 de diciembre de 1865.

Últimos baluartes

Tras el fin de la esclavitud en EE UU, quedaban solo como centros esclavistas en América la colonia española de Cuba y la antigua colonia portuguesa de Brasil. El camino a la abolición en ambos países fue lento. En

Úrsula, de Maria Firmina dos Reis

Artículos de prensa, panfletos y relatos de la esclavitud movieron a la opinión pública, pero lo hizo también la ficción. En EE UU, en la década de 1850, Frances Harper Watkins escribió poemas para periódicos antiesclavistas, además de novelas y relatos breves sobre la raza y la clase. En Brasil, *Úrsula*, de Maria Firmina dos Reis, escritora y profesora afrobrasileña autodidacta, tuvo un impacto similar. Publicada en 1859, *Úrsula* es una historia de amor condenada entre dos personajes blancos, pero la novela contiene las historias paralelas de los personajes negros esclavizados –Túlio, Susana y Antero–, sujetos al destino de los protagonistas. Los personajes negros tienen emociones, moral, opiniones y vidas propias.

La novela radical de Firmina dos Reis subrayaba la humanidad de los esclavizados, y obligaba al lector a enfrentarse a la realidad de vivir privado de la libre voluntad.

LOS MUERTOS SE ALZARAN Y EXPULSARAN AL HOMBRE BLANCO
LAS GUERRAS XHOSAS (1779–1878)

EN CONTEXTO

LOCALIZACIÓN
África del sur

ANTES
Siglo I D.C. Los bantúes ngunis, antepasados de los xhosas, emigran a África del sur.

1488 El portugués Bartolomeu Dias rodea el cabo de Buena Esperanza.

1652 La Compañía Neerlandesa de las Indias Orientales funda la Colonia del Cabo.

DESPUÉS
1909 El Acta de Sudáfrica unifica la Colonia del Cabo, Natal, Transvaal y el Estado Libre de Orange bajo la Unión Sudafricana, dominio autónomo del Imperio británico.

1961 Sudáfrica se convierte en república bajo el Partido Nacional, de blancos.

1994 Nelson Mandela es el primer presidente de Sudáfrica democráticamente elegido.

Entre 1779 y 1878, colonos y ejércitos neerlandeses y británicos estuvieron casi constantemente en guerra con los xhosas, pueblo agricultor y ganadero de lo que hoy es el Cabo Oriental en Sudáfrica. Hubo nueve conflictos principales con los xhosas, que los europeos llamaron guerras de la Frontera del Cabo o guerras Cafres, nombre con el que se referían a los xhosas.

Los primeros choques fueron el resultado de la rápida penetración hacia el este por territorio xhosa de los trekboeren, ganaderos nómadas neerlandeses que competían con los pastores autóctonos por la tierra y el agua. En las primeras tres guerras (1779, 1793 y 1799–1801) entre campesinos bóeres y los xhosas, los

Tropas británicas incendian una aldea y matan a sus habitantes en la guerra por despojar a los xhosas de su último territorio, en un grabado contemporáneo.

Véase también: Las migraciones bantúes 32–33 ▪ La llegada de los europeos a África 94–95 ▪ El Imperio zulú 198–199 ▪ El reparto de África 222–223 ▪ El panafricanismo 232–235 ▪ Nelson Mandela y el movimiento anti-*apartheid* 260–261

La tragedia de la matanza del ganado, en el tapiz de Keiskamma, reflejo de la historia del Cabo de la Edad de Piedra a la década de 1990.

La matanza del ganado xhosa

En 1856, la profetisa Nongqawuse dijo haberse encontrado con dos antepasados, que le prometieron que se alzarían los muertos si los xhosa cumplían ciertas condiciones, entre ellas destruir su ganado y cosechas. El ganado estaba muriendo ya en gran número por una enfermedad (pleuroneumonía contagiosa bovina) traída en 1853 por un barco europeo con vacas infectadas. La pleuroneumonía permanecía latente durante mucho tiempo, y las vacas contagiadas infectaban rápidamente a las sanas. Los xhosas atribuyeron la desgracia a la brujería.

Exhaustos por décadas de guerra con los británicos, y convencidos de que su ganado iba a morir en cualquier caso, la visión de Nongqawuse dio esperanza a muchos xhosas. A lo largo de 13 meses, los xhosas sacrificaron 400 000 vacas. En torno a 40 000 xhosas murieron de inanición, debilitando aún más la resistencia xhosa frente a los colonos británicos que les habían desposeído.

contendientes estaban igualados: los europeos contaban con armas de fuego y caballería, los xhosas, con la superioridad numérica; y el resultado fue un punto muerto.

Los británicos ocupan la tierra

Los británicos arrebataron la Colonia del Cabo a los neerlandeses en 1795, y comenzaron a ocupar la región adyacente en 1806. Contaban con un poder militar superior al de los bóeres, y podían traer refuerzos de Gran Bretaña o India en caso necesario. Para la lucha cuerpo a cuerpo, en la que se daba el mayor número de bajas, recurrían a sus aliados africanos, los mfengus del Cabo Oriental.

En 1812, los británicos empezaron a expulsar a los xhosas, primero del Zuurveld, área tapón entre el río Gamtoos y el Gran Río Fish. En otra guerra (1818–1819), en la que el jefe y profeta xhosa Makana prometió «convertir las balas en agua», los británicos volvieron a imponerse. Declararon territorio neutral el Zuurveld, pero asentaron a cinco mil colonos británicos en la ribera del Gran Río Fish.

Expulsados de sus territorios por los británicos, para sobrevivir, los xhosa recurrieron a las incursiones para robar ganado en la frontera, despertando una respuesta británica violenta y decisiva entre 1834 y 1836.

Un nuevo tratado trajo una paz relativa, pero nuevas tensiones por el territorio desembocaron en la guerra de 1846. Concluida esta, los británicos se anexionaron tierras antes neutrales entre los ríos Keiskamma y Kei, y crearon la colonia de la Cafrería Británica. En 1850 estalló una

El último clavo en el ataúd del antiguo modo de vida del pueblo xhosa.
Mtutuzeli Matshoba
Sobre la matanza del ganado xhosa de 1856–1857

rebelión xhosa contra los ocupantes, pero fue de nuevo derrotada.

Medidas extremas

La desesperación llevó a los xhosas a depositar su fe en profecías. En 1856, la profetisa de quince años Nongqawuse declaró que los antepasados del pueblo xhosa se alzarían de la tierra y expulsarían a los invasores; sin embargo, para invocarlos, los xhosas tenían que destruir el ganado y las cosechas. Al obedecer muchos la consigna, el hambre resultante causó más muertes y pérdidas importantes de territorio, y la resistencia quedó paralizada durante dos décadas.

La guerra definitiva fue la de 1877, cuando los británicos invadieron Gcalekaland, al este del río Kei, último bastión independiente de los xhosas, anexionado en 1878.

En los años posteriores, los xhosas mantuvieron con orgullo sus tradiciones culturales y asimilaron a otras tribus expulsadas al oeste por la expansión zulú. Después de la lengua zulú, el idioma xhosa tiene el mayor número de hablantes en Sudáfrica. ▪

PARA ENVIAR A LOS AFRICANOS A SU LUGAR NATIVO

LA FUNDACIÓN DE SIERRA LEONA (1787)

EN CONTEXTO

LOCALIZACIÓN
**Sierra Leona,
África occidental**

ANTES
Siglo xv Marinos portugueses
llaman *serra Lyoa* a una
cordillera avistada en África
occidental.

1670 Se construye el «fuerte de
esclavos» inglés de la isla Bunce,
en la costa de Sierra Leona.

1783 Después de la guerra de
Independencia de EEUU, los
británicos transportan más de
14000 lealistas negros a Gran
Bretaña, Indias Occidentales
y Nueva Escocia.

DESPUÉS
1808 El área de Freetown es
declarada colonia británica
y base de la marina para
interceptar barcos negreros.

1896 Los británicos colonizan
nuevos territorios y crean el
Protectorado de Sierra Leona.

1961 Sierra Leona se
independiza de Reino Unido.

L os orígenes de la nación africana de Sierra Leona se re-
montan a la búsqueda de una
solución –filantrópica y comercial– al
problema de las personas desplaza-
das por el comercio de esclavos y la
guerra. A finales del siglo XVIII, la participación británica en el esclavismo
había dado como resultado una población africana de quizá unas 15000

Freetown, capital de Sierra
Leona, fue fundada en 1792 por
lealistas negros de Nueva Escocia,
en la costa de una península junto
al mayor puerto natural de África.

personas en Gran Bretaña, entre ellas
trabajadores domésticos emancipados y los llamados «lealistas negros»,
personas antes esclavizadas que habían luchado en el bando británico
durante la guerra de Independencia
de EEUU (1775–1783). Los llamados
black poor («negros pobres») malvi-
vían en las calles, sobre todo de Londres, y dependían de la beneficencia
privada para sobrevivir.

Un sueño condenado
En 1786, un grupo de filántropos y
abolicionistas londinenses fundó el
Comité para el Socorro de los Negros

Véase también: Los inicios del comercio atlántico de esclavos 116–121
■ El abolicionismo en Europa 168–171 ■ El reparto de África 222–223

Negros libres asentados en Sierra Leona		
Año	**Número de personas**	**Procedencia**
1787	**Unos 350 «negros pobres»**	Gran Bretaña
1792	**1200 lealistas negros**	Nueva Escocia (Canadá)
1800	**550 cimarrones jamaicanos**	Jamaica, vía Nueva Escocia
1808–1871	**Más de 85 000 personas antes esclavizadas**	África

Pobres para ayudar a los africanos y lascares (marinos asiáticos, sobre todo indios) en la indigencia. Al comité le sedujo el ambicioso plan de Henry Smeathman –naturalista que había pasado un tiempo en África occidental– para un asentamiento agrícola y comercial en Sierra Leona que fuera poblado por africanos libres enviados desde Gran Bretaña.

Smeathman murió en julio de 1786, pero el comité y el gobierno británico no dejaron de respaldar la idea. En noviembre de 1786, el abolicionista y escritor negro Olaudah Equiano fue nombrado comisario y encargado de adquirir y distribuir suministros a los *black poor* voluntarios para la expedición. Indignado por el trato dado a los emigrantes y porque se les estaba forzando a abandonar sus hogares, Equiano criticó el plan de asentamiento, y en marzo de 1787 fue despedido del cargo.

El plan siguió adelante igualmente, y el 9 de abril de 1787, 350 pasajeros negros –más 59 mujeres blancas, esposas y viudas de hombres negros– pusieron rumbo a la «Provincia de la Libertad». Uno de cada diez murió en el viaje, y otro tercio falleció en los tres meses siguientes a la llegada a Sierra Leona, en mayo de 1787. En 1789, el primer asentamiento fue incendiado por los indígenas temnes. Desorganizados y faltos de liderazgo, el número de asentados menguó a unos 60.

Nueva esperanza

En 1791, Granville Sharp, abolicionista británico partidario del plan original, fundó la Compañía de Sierra Leona para crear un nuevo asentamiento. Fue en gran parte a instancias de Thomas Peters, uno de los más de tres mil lealistas negros evacuados a Nueva Escocia (actual Canadá), discriminados y no hechos al duro clima. En 1800 se les unieron unos 550 *maroons*, o cimarrones, africanos negros antes esclavizados que se habían rebelado en Jamaica, y más tarde, miles de esclavos africanos liberados por las patrullas de la marina británica.

Los africanos emancipados de Sierra Leona conformaron un nuevo grupo étnico, los krios (criollos), asentados en Freetown y alrededores. Hoy los krios son una minoría en el país, pero su lengua criolla (krio) basada en el inglés es la lengua mayoritaria en el país. ■

Olaudah Equiano

Llamado también Gustavus Vassa, el nombre que le dio un teniente de la marina británica, Olaudah Equiano nació alrededor de 1745 en la actual Nigeria. Fue capturado y esclavizado en la infancia y llevado al Caribe, donde fue vendido al mencionado oficial de la marina, y sirvió a bordo de buques de guerra durante la guerra de los Siete Años (1756–1763). En la juventud ahorró suficiente dinero para comprar su libertad, y pasó muchos años como marinero, llegando a viajar a Nueva Escocia y el Ártico.

Equiano acabó por instalarse en Londres, donde fue activo en el movimiento antiesclavista. En 1789 publicó su autobiografía, *Narración de la vida de Olaudah Equiano, el Africano, escrita por él mismo*, que relata los horrores de la esclavitud experimentada y vista de primera mano. El libro fue muy influyente en la campaña que condujo al fin a la abolición del comercio británico de esclavos en 1807. Equiano se casó con una inglesa blanca en 1792 y tuvo dos hijas antes de morir, en 1797.

INDEPENDENCIA O MUERTE

LA REVOLUCIÓN HAITIANA (1791)

EN CONTEXTO

LOCALIZACIÓN
Saint-Domingue/Haití, Francia

ANTES
1521 Estalla la primera rebelión de esclavos conocida en América, contra los colonos de La Española.

1789 Se aprueba en Francia la Declaración de los Derechos del Hombre y del Ciudadano.

DESPUÉS
1825 Francia impone al gobierno de Haití el pago de 150 millones de francos a cambio de reconocer la independencia.

1834 Reino Unido abole la esclavitud en la mayoría de sus colonias.

1848 Se reafirma la abolición de la esclavitud en Francia, tras haberse reimplantado en las colonias de ultramar en 1802.

1862 EEUU reconoce al fin la independencia de Haití.

L a Revolución haitiana consistió en toda una serie de rebeliones de esclavos e intervenciones militares que comenzó en 1791. El resultado fue la abolición de la esclavitud en la colonia francesa de Saint-Domingue en 1793, y su renacimiento como primera nación independiente y libre de la esclavitud del hemisferio occidental, Haití, en 1804.

En su primera expedición auspiciada por la Monarquía Hispánica, en 1492, Cristóbal Colón desembarcó en la isla de Ayiti, a la que llamó La Española. Los habitantes taínos resistieron como pudieron a los españoles a lo largo del siglo XVI, pero la combinación letal de guerra y viruela (llevada por los conquistadores) acabó exterminando a la inmensa mayoría de la población indígena. Así, los españoles comenzaron a transportar cautivos africanos para trabajar la tierra como esclavos.

Una isla dividida
En 1697, después de la guerra de los Nueve Años, en la que una alianza de Estados europeos se opuso a la política expansionista de Francia, el Tratado de Ryswick cedió el tercio occidental de La Española a Francia, que llamó Saint-Domingue a la nueva colonia. A lo largo del siglo siguiente, los franceses introdujeron y esclavizaron a casi un millón de cautivos africanos para trabajar en las nuevas y altamente rentables plantaciones azucareras. Las condiciones en estas eran tan mortíferas que, al comenzar la revolución, la población esclava era de solo 465 000. Los propietarios de Saint-Domingue infligían algunos de los castigos más crueles que se recuerdan: quemaban o enterraban vivos a los esclavos, y los clavaban a paredes o árboles, además de marcarlos con hierro candente y otras formas de mutilación. Como resultado, los que pudieron huir con éxito se organizaron en comunidades de cimarrones en las montañas, y periódicamente asaltaban o devastaban los cultivos.

El relieve dado a las ejecuciones de varios líderes cimarrones destacados no deja dudas acerca del miedo que inspiraban a los colonos franceses. Cuenta la leyenda que, en el momento en que uno de ellos, François Makandal, fue quemado vivo en 1758 por incitar a la rebelión, se convirtió en mosquito y salió volando.

Los esclavos empezaron a reunirse en secreto para conspirar, y en 1791 estallaron revueltas más gene-

Toussaint Louverture

Nacido François Dominique Toussaint, de padres esclavizados en una plantación de la colonia de Saint-Domingue en la década de 1740, Toussaint Louverture fue emancipado en la década de 1770. Inspirado por la filosofía ilustrada, y se cree que impactado por la referencia del abad Raynal y Denis Diderot a un «Espartaco negro» en *Histoire des deux Indes* («Historia de las dos Indias»), de 1777, Louverture fue una figura clave de la Revolución haitiana. Luchó con el ejército español contra los franceses; luego, con estos contra los británicos, y llegó al rango de general en el ejército francés antes de proclamarse gobernador general vitalicio de Saint-Domingue en 1801.

Ya manifiesta la intención francesa de reintroducir la esclavitud en la colonia en 1802, Louverture y un ejército de soldados negros fueron abrumados en número por los franceses, y, por orden de Napoleón, Louverture fue detenido y deportado a Francia. Fue encarcelado en un fuerte del macizo del Jura, cerca de la frontera suiza, donde murió de neumonía en 1803.

ralizadas. El encuentro más importante fue una ceremonia vudú en Bois Caïman, en una plantación de Morne-Rouge el 14 de agosto de 1791. A la cabeza de la reunión estaba un sacerdote vudú antes esclavizado llamado Boukman Dutty, que hizo un llamamiento a los esclavos a hacer la guerra a sus amos: «Arrojad la imagen del Dios de los blancos sediento de nuestras lágrimas, y escuchad la voz de la libertad que habla en los corazones de todos nosotros».

Lucha por la libertad

A mediados de septiembre de 1791, hasta 80 000 esclavos estaban en abierta rebelión, y más de 1500 plantaciones de café y azúcar habían sido destruidas. A esto vino a sumarse en 1793 la entrada de Gran Bretaña y España en la guerra contra Francia, después de la ejecución del rey Luis XVI por los revolucionarios franceses a principios de año. Los tres Estados, España, Francia y Gran Bretaña, se disputaron entonces el control de la colonia azucarera más lucrativa del

mundo. Tanto la población esclavizada como los mulatos y negros libres vieron en esta lucha de poder la ocasión de lograr sus fines políticos, y se aliaron alternativamente con Gran Bretaña o con España.

Al frente de la rebelión, entre otros, estaba Toussaint Louverture, que había vivido esclavizado en la plantación de Bréda. En febrero de 1793, Louverture y otros líderes clave combatieron al ejército francés

Nací esclavo,
pero la naturaleza
me dio el alma de
un hombre libre.
Toussaint Louverture
Informe al gobierno francés (1797)

Cap-Français, la capital de la colonia, ardió durante varios días después de su incendio por los revolucionarios negros en 1793. La población blanca huyó en barco, a EE UU y Cuba.

en alianza con tropas españolas. En junio, con algunos soldados negros luchando con los españoles y otros con los británicos o los franceses, reinaba la confusión. Desesperados por ganar la libertad, los esclavos africanos se amotinaron e incendiaron el puerto de Cap-Français. La población blanca de la ciudad huyó, y dos de los comisionados franceses enviados para restaurar el orden, Etienne Polverel y Léger-Félicité Sonthonax, respondieron decretando la emancipación general en las áreas de la colonia sobre las que tenían autoridad.

Conquistar la abolición

Louverture urgió a sus tropas a no aceptar como victoria nada menos que la abolición total de la esclavitud en todo Saint-Domingue. En agosto de 1793 pronunció la famosa » llamada de Camp Turel: «Quiero que la libertad y la igualdad reinen en Santo Domingo. Trabajo para lograr que existan. Uníos, hermanos, y luchad conmigo por la misma causa».

La Convención Nacional de Francia no tuvo otra opción que abolir la esclavitud en su imperio colonial en 1794, y Louverture unió sus fuerzas a las del general francés Etienne Laveaux para derrotar a Gran Bretaña y España. A Laveaux se le atribuye el nombre dado a Toussaint,

Se cuenta que la bandera de Haití fue creada en 1803: al arrancar Dessalines el blanco de la tricolor francesa, una mujer negra, Catherine Flon (abajo, dcha.), cosió las partes roja y azul.

L'ouverture («la apertura»), una alusión a su habilidad para hallar huecos en líneas enemigas. En 1795, España firmó el Tratado de Basilea, por el que además del tercio occidental de la isla cedía también a Francia los dos tercios orientales, la colonia de Santo Domingo. Los británicos siguieron tratando de arrebatar a Francia el control de la colonia hasta 1798, cuando el general británico Thomas Maitland llegó a un acuerdo de paz con Louverture. En un éxtasis de victoria y autoridad autoproclamada, este declaró: «Llevo luchando mucho tiempo, y si debo continuar, puedo hacerlo. He tenido que enfrentarme a tres naciones y las he derrotado a todas».

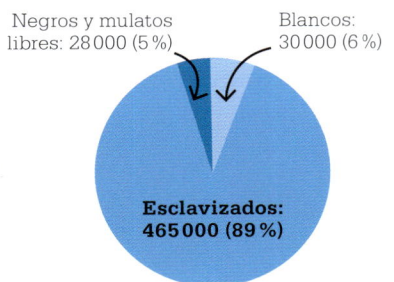

La población de Saint-Domingue

| Negros y mulatos libres: 28 000 (5 %) | Blancos: 30 000 (6 %) |

Esclavizados: 465 000 (89 %)

La población de Saint-Domingue en torno a 1791 vivía esclavizada en su gran mayoría. Semejante disparidad, combinada con la crueldad sufrida, hicieron casi inevitable la rebelión.

En julio de 1801, Louverture, autonombrado gobernador general vitalicio, promulgó su propia constitución para Saint-Domingue, en la que «los esclavos no pueden existir en este territorio y la servidumbre queda para siempre abolida». La constitución demostraba también la lealtad de Louverture a Francia, al decretar que todos los habitantes de Saint-Domingue morirían «libres y franceses».

En Francia, el primer cónsul Napoleón Bonaparte, llegado al poder en 1799, recibió con frialdad la noticia del autonombramiento de Louverture. No compartía la convicción de este de que fueran iguales, viendo más bien en él un rival que podía impedir el restablecimiento de la esclavitud. La respuesta de Napoleón fue enviar a Saint-Domingue a su cuñado, el general Charles Victor Emmanuel Leclerc, para deponer a Louverture.

Represalia francesa

A finales de enero de 1802, más de 20 000 hombres de la expedición de Leclerc desembarcaron en Saint-Domingue. Anticipándose a la llegada de la flota francesa, el general negro Henry Christophe ordenó incendiar Cap-Français. Napoleón llegó a enviar refuerzos de hasta 60 000 hombres más para aplastar la rebelión.

Louverture advirtió a su ejército y a los habitantes de la colonia de lo que esto significaba: los franceses pretendían reinstaurar la esclavitud. Tras recibir promesas en sentido contrario, sin embargo, el general Christophe desertó y se unió a los franceses, en abril de 1802. El general negro Jean-Jacques Dessalines siguió su ejemplo, y Louverture tuvo que rendirse al mes siguiente, con garantías de amnistía para él y su familia.

En mayo de 1802, Napoleón firmó el decreto ley que permitía el restablecimiento de la esclavitud en el Imperio francés. Esto por sí solo era más que suficiente para reavivar la rebelión: los antes esclavizados tenían que contemplar ahora la posibilidad de, después de once años libres de hecho, verse sometidos de nuevo a la voluntad de los esclavizadores blancos. Pero tampoco fueron honradas las promesas a Louverture, que fue detenido por el ejército de Leclerc en junio y deportado. Mientras lo llevaban a la fuerza a bordo del barco con destino a Francia, pronunció una de las frases más famosas de la Revolución haitiana: «Al derrocarme, solo se ha abatido en Saint-Domingue el tronco del árbol de la libertad de los negros. Pero este volverá a brotar de sus raíces, porque son muchas y muy profundas».

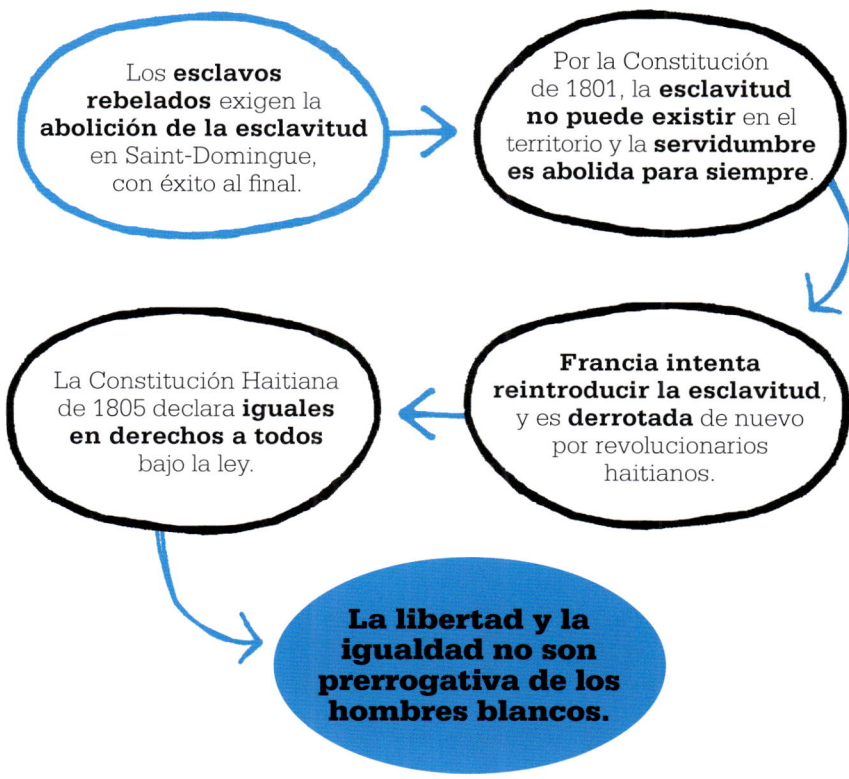

Los **esclavos rebelados** exigen la **abolición de la esclavitud** en Saint-Domingue, con éxito al final.

Por la Constitución de 1801, la **esclavitud no puede existir** en el territorio y la **servidumbre es abolida para siempre**.

Francia intenta reintroducir la esclavitud, y es **derrotada** de nuevo por revolucionarios haitianos.

La Constitución Haitiana de 1805 declara **iguales en derechos a todos** bajo la ley.

La libertad y la igualdad no son prerrogativa de los hombres blancos.

Poco después de la deportación, Dessalines y Christophe regresaron al bando revolucionario. Retomaron el mando como generales, y crearon la *armée indigène* («ejército indígena»), cuyo lema era «¡Independencia o muerte!».

El Haití independiente

Mientras trataban de someter a los revolucionarios negros, las tropas francesas sufrieron bajas masivas por la fiebre amarilla, y Leclerc murió de la misma en noviembre de 1802. Le sucedió en el mando su segundo, Jean-Baptiste-Donatien de Vimeur, conde de Rochambeau, quien ordenó emplear perros dogos cubanos para dar caza a los cimarrones.

Rochambeau fracasó en su misión, y en noviembre de 1803 se rindió a Dessalines tras su derrota en la batalla de Vertières. El ejército negro se hizo con el control de Cap-Français, cuyo nombre fue cambiado a Cap-Haïtien. Dessalines y otros generales negros proclamaron la independencia de la isla, y le devolvieron su antiguo nombre, Haití (Ayiti) en 1804.

La Revolución haitiana sigue siendo la única revuelta armada que condujo a la libertad universal para los africanos del Nuevo Mundo. Actualmente, habituados a ver a Haití asociado a la pobreza y las catástrofes, es importante comprender cómo esta revolución cuestionó los valores de la Ilustración europea, en la que se había llegado a defender que la libertad y la igualdad eran solo para el hombre blanco. Además, el principio en el que se basó la independencia de Haití –que ningún ser humano puede volver a ser esclavizado nunca más– influye en las ideas políticas de hoy acerca de qué significa ser libre. ∎

LOS VIAJEROS AGOTADOS

QUE HUYEN DE LA TIERRA DE LA

SERVIDUMBRE

EL FERROCARRIL CLANDESTINO (SIGLO XIX)

EN CONTEXTO

LOCALIZACIÓN
EE UU, Canadá

ANTES
1672 Primeras noticias escritas de ataques a terratenientes por parte de esclavos rebelados.

1786 George Washington protesta en una carta por el pleito ganado por una sociedad cuáquera para emancipar al esclavo huido de un vecino suyo.

1793 El Alto Canadá (actual Ontario) aprueba la Ley para limitar la esclavitud, por la que los esclavos llegados allí serán libres.

DESPUÉS
1865 La esclavitud es abolida en EE UU.

2016 El Secretario del Tesoro Jack Lew escoge la efigie de Harriet Tubman para los billetes de 20 dólares.

Fui la «conductora» del Ferrocarril Clandestino durante ocho años, y puedo decir lo que la mayoría de los conductores no puede: nunca descarrilé, y nunca perdí un pasajero.
Harriet Tubman
Convención por el sufragio femenino (1896)

Una familia cuáquera dirige a un grupo de esclavos hacia la libertad en el cuadro de 1830 *El Ferrocarril Clandestino*, de Charles T. Webber.

A mediados del siglo XVIII, la práctica de la esclavitud había arraigado en el sur de las colonias británicas norteamericanas, que pronto sería el sur de EE UU. Para los no sometidos al trabajo forzado en plantaciones, este era un elemento cotidiano más del paisaje, y generaba bien poca indignación pública. Con el tiempo, los nacidos o vendidos como esclavos buscaron el modo de escapar de su situación, y algunos hallaron refugio en los estados libres del norte o en la América del Norte británica (el actual Canadá).

Hacia el final del siglo XVIII, el número de esclavos huidos era cada vez mayor, y el clamor por la abolición de la esclavitud estaba creciendo en Gran Bretaña y en toda América. Con el auge del movimiento abolicionista y el apoyo a los esclavos que escapaban, creció el número de personas dispuestas a ayudarles a alcanzar la libertad. En la década de 1830 empezó a circular la expresión «Ferrocarril Clandestino» (o «Ferrocarril Subterráneo») para esta red de rutas secretas y casas de acogida.

Orígenes

La primera mención del Ferrocarril Clandestino, de 1831, procede del es-clavizador de un hombre de Kentucky que había escapado al estado de Ohio cruzando el río homónimo. El primero acusaba a un *underground railroad* de haber facilitado la huida.

El Ferrocarril Clandestino se convirtió en una red bien organizada en la década de 1840. Los primeros actos de socorro, refugio y protección de esclavos huidos fueron obra de cuáqueros deseosos de ayudar a estas personas a alcanzar la libertad; sin embargo, la red como tal no estuvo vinculada a ningún grupo religioso: lo que compartían todos los que la formaron y mantuvieron era la simple convicción de que lo que hacían era por el mayor bien de sus semejantes.

Rutas a la libertad

En 1793 se aprobó en EE UU la Ley de esclavos fugitivos, que obligaba a los estados libres a colaborar en la captura y devolución a sus dueños de los esclavos huidos. Otra Ley de esclavos fugitivos en 1850 fijó multas exorbitantes para los funciona-

Véase también: Los inicios del comercio atlántico de esclavos 116–121 ■ El decreto Code Noir de Luisiana 166–167 ■ El abolicionismo en América 172–179

rios de los estados libres remisos a cooperar. Como resultado, Canadá se convirtió en el principal destino de la ruta. El Ferrocarril Clandestino también «transportó» personas a México, donde la esclavitud era ilegal, y a las islas del Caribe que no eran centros del comercio de esclavos.

Las áreas del sur profundo conocidas como rutas para escapar del país eran patrulladas regularmente por cazarrecompensas (*slave catchers*), y, en consecuencia, muchos de los esclavos que recurrían al Ferrocarril Clandestino intentaban escapar desde los estados limítrofes con el norte. Las mayores cifras de refugiados corresponden a Virginia y Maryland. Desde estados más meridionales como Alabama o Georgia, las probabilidades de alcanzar la libertad eran bastante menores, y fueron menos los que lo intentaron.

El Ferrocarril Clandestino tenía numerosas «paradas» a lo largo del trayecto. Los hogares de los colaboradores, muchos equipados con trampillas, escondrijos y estancias secretas en áticos o sótanos, sirvieron para mantener fuera de la vista a los esclavos. Iglesias y escuelas cumplieron el mismo fin, y la jerga ferroviaria que designaba estos lugares es parte de la reputación »

Las principales rutas de escape para los esclavos en el Ferrocarril Clandestino se conocían como «líneas». Estas les llevaban a la vida en libertad en el norte de EE UU, Canadá, México y el Caribe.

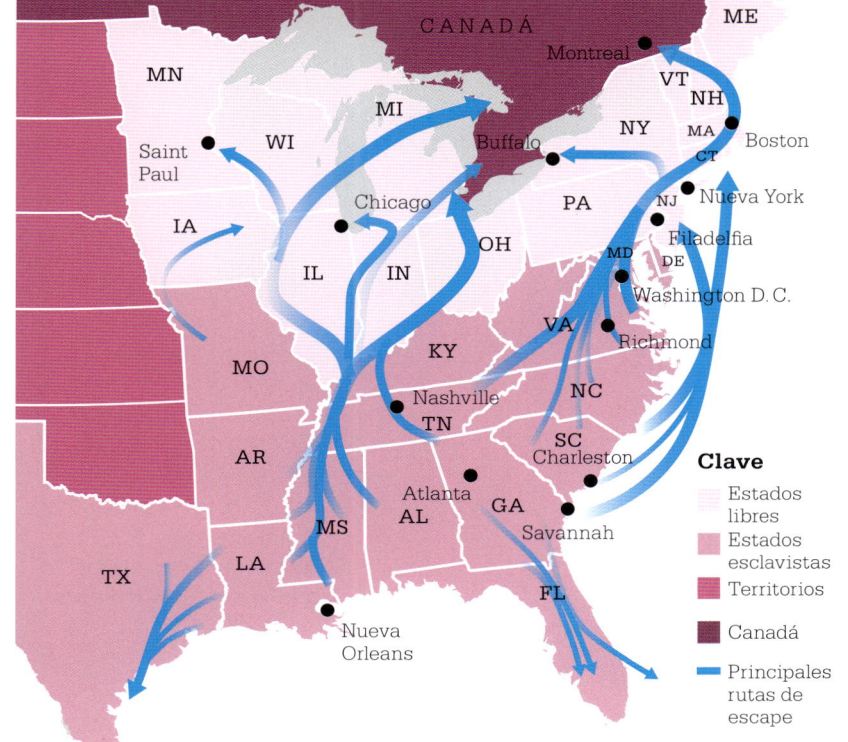

Clave

- Estados libres
- Estados esclavistas
- Territorios
- Canadá
- Principales rutas de escape

Harriet Tubman

Harriet Tubman, «Moisés de su pueblo», una de nueve hermanas y hermanos, nació en la esclavitud entre 1820 y 1822, en el condado de Dorchester, en Maryland, de nombre Araminta Ross. A los 12 años sufrió una herida craneal grave, al golpearla una pesa lanzada contra otro esclavo. La conmoción pudo inducirle trances y visiones en los que creía que Dios la guiaba.

Ya casada con el negro libre John Tubman, se hizo llamar Harriet. En 1849 escapó con la ayuda del Ferrocarril Clandestino, temiendo ser vendida a otra plantación. Fue luego una de las conductoras más célebres de la red, y guio hacia la libertad a más de 300 personas, según las estimaciones.

Durante la guerra de Secesión, Tubman sirvió a la Unión como enfermera, guía y espía. Acabada la guerra, centró sus esfuerzos en el sufragio femenino, y donó un terreno donde crear un hogar para ancianos negros americanos en Auburn (Nueva York), donde murió en 1913.

Código secreto

Los colaboradores del Ferrocarril Clandestino crearon un código propio lleno de términos ferroviarios para proteger su secreto. El ferrocarril era un medio de transporte aún emergente, y la jerga aún no se había generalizado.

Clave	Significado
Agente	Coordinador que planeaba rutas de escape y establecía contactos
Equipaje, carga o pasajero	Fugitivo ayudado por colaboradores del Ferrocarril Clandestino
Conductor	Guía del Ferrocarril Clandestino
Avanzar	Llevar a los fugitivos de estación a estación
Cielo o tierra prometida	Canadá y otros lugares donde los esclavos alcanzaban la libertad
Cargamento de patatas	Carreta de fugitivos ocultos bajo productos agrícolas
Operador	Persona que trabaja como conductor o agente
Paquete	Fugitivo pendiente de llegar
Piloto	Persona que viajaba al sur a buscar esclavos que quisieran escapar
Predicador	Líder o portavoz del Ferrocarril Clandestino
Río Jordán	El río Ohio, límite y vía importante a los estados libres
Pastor	Persona que convence a los esclavos para escapar
Estación o terminal	Vivienda u otro lugar a salvo
Jefe de estación	Persona que oculta a fugitivos en su casa
Accionista	Donante de dinero, ropa o alimentos al Ferrocarril Clandestino

legendaria del Ferrocarril Clandestino: eran «estaciones» y «terminales», y los anfitriones, «jefes de estación». Los «conductores» eran las personas que guiaban a los esclavos a lo largo del viaje hacia su libertad, y la conductora más famosa fue quizá Harriet Tubman. Nacida en la esclavitud, Tubman logró huir de una plantación de Maryland en 1849, y después hizo lo impensable: volver. Arriesgándose a la captura y la ejecución, Tubman viajó al sur trece veces para ayudar a otros esclavos a escapar hacia la libertad. Siguiendo el curso de los ríos para orientarse, viajó disfrazada, a pie, a caballo, en barco, en tren y en carreta.

Sistema secreto

Los colaboradores del Ferrocarril Clandestino fueron de condición social diversa. Ricos y pobres desempeñaron un papel importante en las operaciones de la red, por medio de donativos en dinero y suministros. La organización no solo trascendió las barreras de clase, sino también las raciales, pues ofrecieron refugio y ayuda tanto personas negras como blancas. Los implicados se enfrentaban a castigos tales como multas, cárcel, latigazos e incluso la muerte si eran descubiertos. Esca-

Si no hubiera usado todos los medios lícitos a mi alcance para liberar a estas personas, habría violado mis convicciones sobre el deber.
Thomas Garrett
Abolicionista estadounidense
(1789–1871)

Un mural tejido, de 2006, alude al mito moderno de que los patrones geométricos eran códigos tejidos en colchas que los esclavos y los dueños de casas de acogida tendían afuera.

par de la esclavitud requería estrategias muy variadas. Algunos tuvieron que realizar el viaje sin la ayuda de un conductor, y todos dependían de la información boca a boca para mantenerse a salvo. Como los periódicos no tenían edición dominical, el sábado se convirtió en el día por excelencia para escapar en busca de la libertad, ya que cualquier noticia escrita al respecto tendría que esperar al lunes.

No solo los conductores recurrían a los disfraces para ocultar su identidad y sus actividades: los que huían recibían a menudo otra ropa y documentos falsos, y adoptaban un modo diferente de hablar o moverse. Fue habitual que las operaciones se realizaran en noche cerrada, y muchos conductores preferían el invierno, por los cielos más oscuros y las noches más largas. Los huidos recorrían entre 15 y 30 km de una a otra estación, generalmente a pie, pero también en carreta, a caballo, y en algunos casos, en tren.

Comunicarse en clave era importante para mantener secreta la información. Conductores y esclavos que huían empleaban códigos en cartas a los colaboradores (agentes) para avisarles de las llegadas, y a los amigos y parientes de los esclavos para informarles de la huida de estos. Los esclavos usaron también estos códigos en canciones con las que advertían a quienes debían prepararse para escapar y se comunicaban estrategias, direcciones o itinerarios.

Final del trayecto
En 1861, al estallar la guerra de Secesión, el Ferrocarril Clandestino fue incorporado como una herramienta importante de la lucha de la Unión contra la Confederación. Conductores como Harriet Tubman trabajaron como agentes, participando en redadas para liberar a los esclavos en las plantaciones y reclutarlos para los regimientos negros del ejército unionista. También contribuyeron a la causa como espías y guías, reunieron información, elaboraron mapas e hicieron llegar a los esclavos el aviso de redadas inminentes. Los conductores colaboraron con el ejército de la Unión en la destrucción de arsenales confederados y en el incendio de plantaciones, campos, almacenes y casas de los simpatizantes del enemigo.

El último ejército confederado se rindió en junio de 1865. Las operaciones propias del Ferrocarril Clandestino habían cesado durante la guerra, al centrarse cada vez más en asistir en las del ejército de la Unión. En diciembre de 1865 fue ratificada la 13.ª enmienda a la Constitución de EE UU, que ponía fin a la esclavitud. Unas 100 000 personas habían encontrado el camino a la libertad con la ayuda de incontables hombres y mujeres que arriesgaron la vida por poner a salvo la de otros. ∎

La Primera Iglesia Baptista de Sandwich (Canadá) fue casa de acogida del Ferrocarril Clandestino, con túneles que llevaban al sótano.

LAS ESPADAS RESPLANDECIENTES DE LOS VERSOS CORANICOS

LA CONQUISTA FULANI (1804)

esde 1804, una serie de movimientos proselitistas islámicos se afirmaron entre los reinos hausas de África occidental. Predicadores y reformadores del pueblo de pastores fulanis orquestaron estas luchas revolucionarias santas, o yihads. Descontentos con lo que percibían como un lugar marginal en las comunidades en cuyo seno habitaban, querían imponer un nuevo orden social y político fundado en los principios islámicos. El más influyente fue Usmán dan Fodio, cuya fundación de un nuevo Estado islámico generó nuevas yihads, y cimentaron el islam como religión predominante en el norte de África occidental, mientras el cristianismo impuesto por los europeos se difundía en el sur.

El camino a la yihad

Los primeros musulmanes en territorio hausa fueron refugiados de Malí, en la segunda mitad del siglo XIV. En el siglo XVIII, la mayoría de los hausas eran musulmanes, pero solo nominalmente para el gusto de los estudiosos de la fe y otros fulanis devotos. Para estos, los soberanos hausas violaban los fundamentos del islam –como el *zakat*, uno de sus pilares, que regula la limosna– al apropiarse de fondos destinados a los pobres.

El gobierno de un país es el **gobierno de su rey**. Si el rey es musulmán, su tierra es **musulmana**.

Si el rey es **un infiel**, en cambio, su reino es una tierra de infieles.

En los Estados hausas, los reyes son infieles e **incumplen los principios islámicos**. La fe lleva a Dan Fodio a marcharse…

… y lanzar la yihad, o guerra santa, para fundar un **nuevo califato** que devolverá al pueblo a la senda del islam.

Véase también: La conquista musulmana de Egipto 58–59 ▪ El Imperio de Malí 86–91 ▪ Los estados hausas 96–97 ▪ «Zik» y la Nigeria independiente 286–287

Usmán dan Fodio

Nacido en Gobir en 1754, en el seno de una familia fulani cultivada, Dan Fodio fue instruido en matemáticas, astronomía, el *hadiz* (estudio de los dichos y hechos del profeta Mahoma) y la *sharía*, o ley islámica. A sus 20 años ya escribía y predicaba sobre las enseñanzas del profeta, junto con su hermano Abdullahi. Dan Fodio acabó por asentarse en Degel, localidad de Gobir en la que fundó una comunidad regida por principios islámicos. Esto planteó una amenaza creciente a los soberanos de Gobir, y desembocó en la yihad de Dan Fodio contra los reinos hausas. Tras la guerra se retiró de la vida pública, dejando el gobierno del nuevo califato de Sokoto a su hijo Mohamed Bello y a Abdullahi. Se retiró a Sifawa, población próxima a Sokoto, donde siguió escribiendo, enseñando y promoviendo la ley islámica. Murió en Sokoto en 1817.

Obra principal

1806 *Una aclaración de la obligación de los creyentes de emigrar, nombrar al imán y dirigir la yihad.*

Dan Fodio y otros predicadores produjeron abundantes escritos para orientar a los fieles, y lograron convencer a muchos de que no había otro camino a la reforma que la toma del poder por los musulmanes. En 1788, Dan Fodio negoció con Bawa, soberano (sultán, o *sarkin*) del reino hausa de Gobir (en el norte de la actual Nigeria), y obtuvo concesiones, entre ellas, la libertad para predicar. Los sucesores de Sarkin Gobir, en cambio, consideraron a Dan Fodio una amenaza, y en 1804 tuvo que huir a las afueras de Gobir.

Conquista y legado

Una vez proclamado *amir al muminin* («príncipe –o emir– de los creyentes»), Dan Fodio dispuso sus fuerzas y proclamó la yihad contra los reinos hausas, que fue conquistando de uno en uno hasta la derrota final del propio Gobir en 1808. Al año siguiente fundó el califato de Sokoto en la pequeña población de Gobir del mismo nombre. Los reinos hausas pasaron de Estados a emiratos, y sus emires eran los representantes de Dan Fodio, el califa, líder tanto religioso como político.

El califato fue el primer Estado único común a todos los hausas, y estos y los fulanis se fueron integrando cada vez más. Los británicos, que colonizaron la región a principios del siglo xx, toparon con dificultades y una larga resistencia armada, pero recurrieron a los hausa-fulanis como elemento estabilizador, y promovieron sus intereses en el norte de Nigeria. Hoy siguen siendo una comunidad políticamente influyente en el país. ▪

Hombres fulanis rezando en una mezquita de Sokoto en 2019. El sultán de Sokoto sigue siendo una figura clave en Nigeria, un tercio de cuya población (de unos 206 millones) son hausa-fulanis.

¡LEVANTAOS, HIJOS DEL CIELO!
EL IMPERIO ZULÚ (1816)

El pueblo zulú formó parte de la migración de los ngunis de habla bantú al sur de África, emprendida alrededor de 1500 d.C. El nombre *zulú* significa «cielo», del cual en su religión los zulúes son los hijos, como descendientes del gran creador Nkulunkulu.

Los zulúes pasaron de vivir del pastoreo en unidades familiares extensas a formar grupos consolidados, encabezados por jefes que formaron grandes ejércitos, se enriquecieron con los tributos de los cacicazgos vecinos sometidos y acumularon un poder creciente. Entre los siglos XVII y XVIII, todos ellos fueron conquistados y unificados por el rey Shaka Zulú (*c.* 1787–1828). Como nación importante por derecho propio, los zulúes construyeron el imperio más poderoso de África del sur.

En el siglo XIX, los británicos expandieron su Imperio en África del sur, pero toparon con la resistencia zulú, que desembocó en la guerra anglo-zulú en 1879. Los zulúes infligieron algunas derrotas aplastantes al ejército británico, cuya superioridad tecnológica era abrumadora, y esta proeza zulú les valió una reputación de heroísmo legendario que resuena aún hoy en día.

La formación de la identidad zulú

A finales del siglo XVIII, los líderes zulúes, entre ellos el rey Jama kaNdaba, su hija Mkabayi kaJama y su hijo el rey Senzangakhona kaJama, comenzaron a convertir a los zulúes en una nación militar. Shaka, hijo de Senzangakhona, empezó a reinar en 1816, y desarrolló muchas de las innovaciones militares de su padre. Una de ellas fue la *iklwa*, versión más corta de la lanza *assegai*, con una hoja mayor para el combate cuerpo a cuerpo, y otra fue la formación de ataque *impondo zenkomo* («cuernos

La imagen de Shaka Zulú es un símbolo de unidad y orgullo para los zulúes. Hoy son el mayor grupo étnico de Sudáfrica, y su idioma es el más hablado en el país como primera lengua.

Véase también: Las migraciones bantúes 32–33 ▪ Las guerras xhosas 180–181 ▪ El reparto de África 222–223 ▪ Nelson Mandela y el movimiento anti-*apartheid* 260–261

En la formación de «cuernos de búfalo», mientras los veteranos –el pecho– atacan frontalmente, los guerreros más jóvenes y rápidos –los cuernos– atacan los flancos y la retaguardia. El «lomo» acaba con el adversario si rompe el cerco.

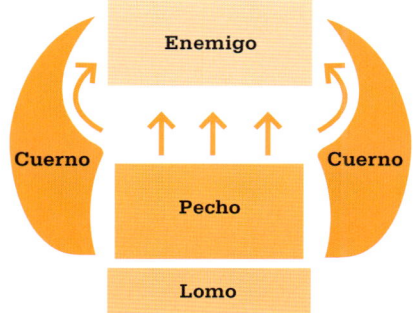

de búfalo», arriba). Shaka reclutó a jóvenes de todo el reino y los entrenó en táctica militar. El engaño y la sorpresa fueron recursos clave, empleados sin piedad por Shaka y su ejército de 40 000 guerreros al someter sistemáticamente a los clanes vecinos.

Shaka fue asesinado por sus hermanos en 1828. Desde 1816, el exterminio de miles de personas y la devastación del ganado y los cultivos en una serie de guerras entre grupos étnicos indígenas desestabilizaron la región, lo cual obligó a emigrar a muchos ngunis. Este periodo, conocido como el *Mfecane* («aplastamiento»), continuó después de la muerte de Shaka hasta alrededor de 1840.

Choque de imperios

En la década de 1870, el Imperio zulú fue considerado una amenaza para los planes británicos de crear una confederación de los varios Estados de África del sur. En diciembre de 1878, el rey Cetshwayo (descendiente de Shaka) recibió un ultimá-

tum imposible de cumplir, y pronto estalló la guerra. El 22 de enero de 1879 tuvieron lugar dos batallas que iban a ser símbolos, tanto de la resistencia africana al dominio blanco como de la superioridad militar europea. Primero, fuerzas británicas y un ejército zulú se enfrentaron en Isandlwana. Al frente de los zulús estaba Ntshingwayo kaMahole, un veterano familiarizado con las tácticas europeas. Su ejército aniquiló a los británicos, que perdieron más de mil hombres. Fue la primera vez que un ejército británico sufría una derrota completa a manos de un ejército africano que empleaba tácticas y armamento africanos.

El mismo día, el regimiento zulú del medio hermano de Cetshwayo, Dabulamanzi kaMpande, atacó a una fuerza mucho menor pero bien armada en Rorke's Drift. Murieron más de 300 zulúes, pero fuera de África circuló como un ejemplo heroico de

superioridad británica. El 4 de julio, los británicos infligieron una derrota decisiva a los zulúes en Ulundi, la capital zulú, donde masacraron a los habitantes y destruyeron el *umuzi*, la residencia real. Para algunos europeos, la resistencia zulú abrió una perspectiva alternativa a la supuesta inferioridad africana. Otros vieron en los zulúes la encarnación del ideal del noble salvaje, categoría icónica que quedaría plasmada en el alfabeto de deletreo internacional, en el que *Zulu* (o Zulú) representa la Z, y en la cultura popular blanca de Occidente, en la que son representados como pueblo noble y valeroso pero destinado al fracaso en películas como *Zulú* (1964) y *Amanecer zulú* (1979). ▪

Dos oficiales británicos rescatan un estandarte en la batalla de Isandlwana, en un cuadro de 1881 que representa el heroísmo aislado del soldado blanco rodeado de una masa de zulúes.

LA TIERRA DE LOS LIBRES

EL POBLAMIENTO DE LIBERIA (1820)

El 31 de enero de 1820, el *Elizabeth* zarpó de Nueva York con 88 negros estadounidenses en busca de una vida mejor en África. Iban a un continente que todos les decían que era su hogar, aunque la mayoría había nacido en la esclavitud en EEUU. Algunos esperaban llegar a ser misioneros. Para este grupo de pioneros, el viaje a lo que un día sería Liberia fue largo y peligroso. El *Elizabeth* atracó primero en la Isla Sherbro, junto a la costa de la colonia británica de Sierra Leona, donde un tercio de los pasajeros murieron de malaria.

El viaje lo había organizado la American Colonization Society (ACS), una alianza entre cuáqueros y antiguos esclavizadores, principalmente, que veían en la repatriación la solución para una población negra creciente que, según argumentaban, no alcanzaría la igualdad de derechos en EEUU. Aunque algunas personas negras creyeron que emigrar podría mejorar su situación, la mayoría lo vio como una deportación. Los opuestos al plan organizaron protestas y míti-

El Senado de Liberia, representado en un dibujo de 1856, por Robert K. Griffin, de Monrovia; esta cámara alta del Parlamento bicameral del legislativo liberiano, se basó en el modelo de EEUU.

Véase también: El abolicionismo en América 172–179 ▪ La fundación de Sierra Leona 182–183 ▪ El panafricanismo 232–235 ▪ El Año de África 274–275

La fundación de Liberia por afroestadounidenses es patente en la bandera, muy similar a la de EEUU. Las once franjas representan a los signatarios de la Declaración de Independencia de Liberia, en 1847.

nes para exigir la ciudadanía y sus derechos en el país que había esclavizado a sus antepasados, y los abolicionistas negros rechazaron de plano los planes de colonización.

Una colonia costera

Los agentes de la ACS tardaron dos años en obtener una franja de tierra en la costa africana occidental, en cabo Mesurado, adquirida al gobernante local Zola Duma (King Peter) a cambio de bienes y armas, y no sin amenazas. Los indígenas deis y bassas, que comerciaban con los europeos desde el siglo XV, se sintieron agraviados.

En abril de 1822, los colonos llegaron al fin a cabo Mesurado, y comenzaron a construir Monrovia como capital del país, al que, en 1824, llamaron Liberia, nombre derivado del latín *liber* («libre»). Las relaciones con la población indígena fueron hostiles, pero las marinas británica y estadounidense protegían a los colonos.

En 1827 llegaron colonos en número creciente para poblar nuevas colonias en la costa, por iniciativa de agentes de sociedades similares a la ACS. Dos colonias se unieron a Li-

beria para formar la Mancomunidad de Liberia en 1838, y otras en años posteriores.

Independencia temprana

La prosperidad creciente de Liberia fue alimentada por los ingresos de los aranceles aplicados a comerciantes británicos y de otros países. En la década de 1840, los británicos se negaron a pagar, y el gobierno estadounidense denegó el apoyo solicitado por Liberia. En 1846, los colonos optaron por el autogobierno, y, un año después, Joseph Jenkins Roberts fue el primer presidente de Liberia.

En 1867, la ACS y otras sociedades habían despachado a unos 16 000 estadounidenses negros a Liberia, adonde habían llegado varios miles de africanos más liberados de los barcos negreros.

Llamados américo-liberianos, los colonos eran una fracción minúscula de la población liberiana, pero fueron política y económicamente dominantes hasta 1980, cuando Samuel Doe, del pueblo indígena krahn, dio un golpe militar con éxito. En 2005, después de dos guerras civiles, la presidenta Ellen Johnson Sirleaf fue la primera mujer jefe de Estado de África. ▪

Amo África, y no la cambiaría por América.
Rosabella Burke
Colona liberiana antes esclavizada (1859)

Martha Erskine Ricks

Ricks nació esclavizada en Tennessee en 1817, pero su padre, George, compró la libertad de la familia. A los 13 años viajó con sus padres y seis de sus hermanos a Liberia, bajo los auspicios de la American Colonization Society. Como sus compañeros de viaje, los Erskine soñaban con vivir libres en un lugar donde pudieran prosperar, pero la mayoría de ellos murieron de enfermedad. Solo Martha y su hermano Hopkins llegaron a la edad adulta.

Martha se casó con Zion Harris, y tras la muerte de este, con Henry Ricks. En 1848 viajó a EEUU y Reino Unido con el primer presidente de Liberia, Joseph Jenkins Roberts. Como otros colonos, Martha cultivaba la tierra y criaba ganado, pero hoy en día se la recuerda sobre todo como tejedora de talento. En 1892, Martha cumplió el sueño de toda una vida: con la ayuda de Edward Blyden, embajador liberiano en Reino Unido, viajó a Londres, conoció a la reina Victoria en el castillo de Windsor y entregó a la monarca un elaborado *quilt* que representaba un árbol de café en flor. Martha murió en Liberia en 1901.

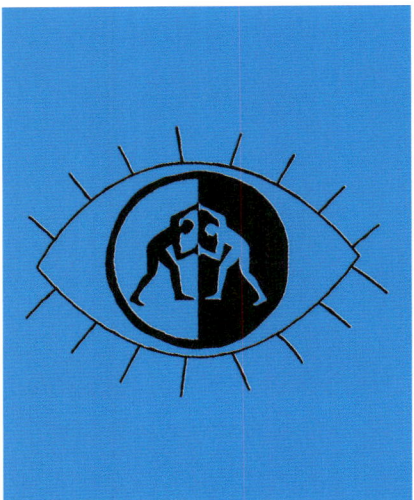

ESPIRITUS BLANCOS Y ESPIRITUS NEGROS ENTRANDO EN BATALLA
LA REBELIÓN DE NAT TURNER (1831)

La rebelión más sangrienta de la historia de EEUU estalló en Southampton County (Virginia), la noche del 21 de agosto 1831, y duró hasta la mañana siguiente. Liderados por el predicador esclavizado Nat Turner, los sublevados mataron a 55 hombres, mujeres y niños blancos, el mayor número de muertes de blancos en una sola revuelta.

Turner, predicador y líder espiritual entre sus iguales esclavizados, tenía visiones que creía que eran mensajes divinos. En 1828, una de esas visiones lo convenció de que Dios le encomendaba la misión de castigar la esclavitud con una rebelión. Esperó a recibir la señal para desencadenarla.

Turner interpretó el eclipse solar de 1831 como señal de que había llegado el momento. Una semana después, se reunió en el bosque con

Nat Turner y seis compañeros
se reúnen en secreto en el bosque de la plantación del esclavizador de Turner, Joseph Travis, horas antes de rebelarse.

Véase también: Las comunidades de la resistencia esclava en Brasil 136–139 ▪ El abolicionismo en América 172–179 ▪ La Revolución haitiana 184–189 ▪ La guerra para acabar con la esclavitud 206–209 ▪ La edad dorada de la Reconstrucción 210–213

Nat Turner

Nathaniel («Nat») Turner, nacido en 1800 de padres esclavos en una plantación en Southampton County (Virginia), aprendió a leer y escribir a edad temprana, y destacó por su inteligencia. De formación metodista, Nat pasaba gran parte de su tiempo libre leyendo la Biblia. Convertido en predicador, pronunciaba sermones a otros esclavos. Creía recibir mensajes divinos a través de visiones, e interpretó que había sido escogido para liberar a su pueblo de la esclavitud, por lo cual era conocido entre los suyos como «el Profeta».

En 1825, Turner tuvo una visión de conflictos violentos entre blancos y negros. Tres años después, creyó haber recibido el mensaje de iniciar la rebelión, y, tras un eclipse solar en 1831, que tomó como señal, Turner y un grupo de seguidores comenzaron a prepararla. Antes de terminar el año, Turner sería sentenciado a muerte y ahorcado, el 11 de noviembre de 1831.

Obra principal

1831 *Las confesiones de Nat Turner.*

---

un grupo de esclavos de las plantaciones vecinas para planear la insurrección. Comenzarían por la casa del esclavizador de Turner, Joseph Travis, matándolo a él y a todos los blancos que encontraran, y reunirían armas.

El grupo pretendía apoderarse de los arsenales del condado en Jerusalem, y luego continuar unos 48 km y ocultarse en el Great Dismal Swamp (Gran Pantano Triste).

Rebelión y represalia

El 21 de agosto, Turner y seis rebeldes fueron de plantación en plantación, armados con hachas, hachuelas y cuchillos. Unos 75 de los esclavos a los que iban liberando se les unieron.

La rebelión duró doce horas antes de ser sofocada por más de 3000 miembros de la milicia estatal y civiles armados, con el respaldo de tropas federales. Más de cien sublevados fueron capturados y ejecutados por la milicia, y el estado ejecutaría después a otros 56. Mientras cundía el terror entre la población blanca de la región, se estima que fueron ata-

cadas y asesinadas otras doscientas personas negras.

Turner evadió la captura durante más de dos meses, y fue aprehendido al fin el 30 de octubre. Sentenciado a muerte, fue ahorcado el 11 de noviembre.

El impacto de Turner

La rebelión de Nat Turner destruyó el mito de los esclavos resignados a la servidumbre, incapaces, por pasivos, de emprender una rebelión violenta. Al levantamiento se respondió con leyes represoras nuevas que prohibieron la educación, el movimiento y la reunión a los esclavos.

Virginia y la vecina Carolina del Norte impusieron nuevas restricciones para impedir a los negros (tanto esclavizados como libres) predicar y asistir a servicios religiosos sin supervisión blanca. En Virginia se aprobó una propuesta, llamada de colonización, para expulsar a los negros libres del estado. También se les negó el juicio con jurado, y, si eran condenados por un delito, se permitía venderlos y relocalizarlos. Desde 1835, los legisladores sureños silen-

ciaron los debates sobre la esclavitud en el Congreso durante casi una década, y prohibieron la lectura de peticiones antiesclavistas en la cámara. Por su parte, los abolicionistas del norte se sirvieron de la rebelión como argumento para intensificar los esfuerzos por poner fin a la institución de la esclavitud. Hasta el estallido de la guerra de Secesión, en 1861, la brecha entre esclavizadores y abolicionistas no hizo más que crecer. ▪

El Espíritu se me apareció al instante y dijo […], Cristo ha soltado el yugo que cargó por los pecados de los hombres […]. Yo debía tomarlo y luchar.
Nat Turner
Las confesiones de Nat Turner (1831)

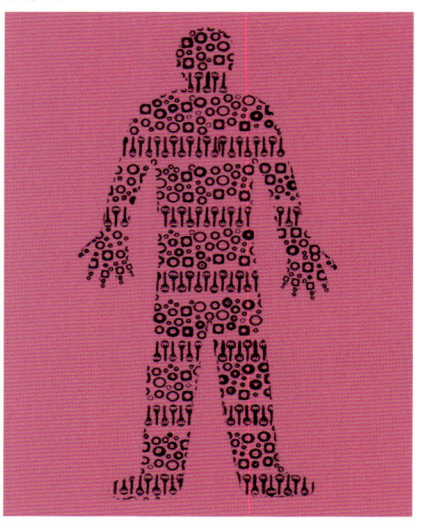

INTERCAMBIADOS POR TELAS Y ABALORIOS

EL COMERCIO DE ESCLAVOS DE ZANZÍBAR (1840)

LOCALIZACIÓN
Zanzíbar

ANTES
1503 El Imperio portugués impone el vasallaje a Zanzíbar.

1698 El sultán de Omán expulsa a los portugueses y se apodera de Zanzíbar.

DESPUÉS
1861 Zanzíbar se convierte en sultanato independiente.

1873 Tras la intervención británica, se cierra el mercado de esclavos de la ciudad de Zanzíbar, y el comercio es abolido en 1876. La esclavitud será legal en la isla hasta 1897.

1890 Zanzíbar se convierte en protectorado británico.

1909 La esclavitud es abolida en África oriental.

1963 Zanzíbar se independiza de Reino Unido.

No todos los comerciantes de esclavos son **europeos**.

→

Ante la prohibición islámica de esclavizar a musulmanes, los **árabes** omaníes **comercian con esclavos de África oriental.**

↓

Zanzíbar **prospera** bajo control árabe mientras **crece la demanda de trabajo esclavo.**

←

Se llevan **esclavos africanos** a la isla de **Zanzíbar**, que se **venden** en el mercado del barrio antiguo de la ciudad.

↓

Zanzíbar pasa a ser uno de los **mayores centros esclavistas** del mundo.

---

os relatos históricos de la esclavitud suelen mencionar el comercio de esclavos por los europeos, pero el comercio esclavista de Zanzíbar revela que también otros, como los árabes musulmanes, se lucraron con él. A mediados del siglo XIX, la isla de Zanzíbar (o Unguja), junto a la costa de Tanzania, tenía uno de los mayores mercados de esclavos del mundo en la Ciudad de Piedra, hoy barrio antiguo de Zanzíbar.

A principios del siglo XVI, Zanzíbar fue incorporado al Imperio portugués. La Ciudad de Piedra, junto a un puerto natural, era ya parte de las rutas comerciales del Índico que conectaban el sureste de Asia, India, Arabia y África oriental. Especias, seda y marfil, además de esclavos, se transportaban por el océano en *dhows*, embarcaciones tradicionales árabes de velamen triangular. Sin embargo, el comercio de esclavos

Véase también: El comercio transahariano de esclavos 60–61 ▪ La llegada de los europeos a África 94–95 ▪ Los inicios del comercio atlántico de esclavos 116–121 ▪ La guerra para acabar con la esclavitud 206–209 ▪ El reparto de África 222–223

El poder militar creciente de Europa puso fin a la expansión islámica, y, cuando escasearon los esclavos blancos, los árabes musulmanes volvieron la vista al África negra.

Tidiane N'Diaye
Antropólogo franco-senegalés

despegó realmente en Zanzíbar después de que el sultanato de Omán le arrebatara el control de la isla a Portugal en 1698, tras dos años de asedio. En 1840, el sultán Said bin Sultán trasladó la corte de Mascate (Omán) a la Ciudad de Piedra de Zanzíbar.

Comercio terrible

En la estela del sultán, los comerciantes omaníes acudieron en tropel a Zanzíbar, y desarrollaron las tierras más fértiles para el cultivo del clavo y los cocoteros. En 1850, Zanzíbar y la isla vecina de Pemba (también bajo control omaní) eran los mayores productores de clavo del mundo.

Al crecer estas propiedades en tamaño y rentabilidad, la demanda de mano de obra barata creció en la isla, al igual que en las demás tierras gobernadas por los árabes y otras partes del mundo islámico, donde la mano de obra esclava era escasa. Pronto, las calles de la Ciudad de Piedra se llenaron de esclavos, y su mercado era el principal núcleo del comercio de esclavos de África

Oriental. Miles de africanos, procedentes de un área muy extensa, eran transportados cada año a Zanzíbar para su venta.

Los esclavos eran transportados desde el continente en caravanas y *dhows*, pero en unas condiciones tan espantosas que muchos morían en el camino. Al llegar se les encadenaba en cámaras subterráneas, y luego, si vivían más de tres días, eran vendidos en el mercado de la Ciudad de Piedra. Otra práctica brutal y supuesta prueba de fortaleza era atar al esclavo a un árbol y azotarlo con ramas urticantes. Los que no lloraban, gritaban o se desmayaban alcanzaban un precio más alto en el mercado.

Demandados

Aunque muchos esclavos se quedaron para trabajar en las plantaciones de Zanzíbar –como los de Hamed bin Muhamad (o Tippu Tip, «el amasador de riqueza»), que tenía unos 10 000 esclavos–, más de la mitad fueron exportados a otros lugares del mundo islámico, como Omán,

Arabia, Egipto y Persia. La ley islámica prohibía esclavizar a otros musulmanes, y la demanda de «infieles» africanos era elevada.

El fin de la esclavitud

Zanzíbar se independizó de Omán en 1861, pero los mercados públicos de esclavos no se cerraron completamente hasta después de la guerra anglo-zanzibariana de 1896, a la que siguió el periodo de dominio británico. Aún entonces, la emancipación de los esclavos no fue automática, siendo necesario solicitar la manumisión a las autoridades coloniales.

La historia de la esclavitud y del imperialismo en Zanzíbar está presente por toda la isla aún, en monumentos conmemorativos y lugares históricos que mueven a la reflexión sobre el pasado. ▪

Esclavos africanos en fila en el mercado para su inspección por los potenciales compradores. Cada esclavo llevaba un brazalete con el nombre del comerciante.

HOMBRES DE COLOR, ¡A LAS ARMAS!

LA GUERRA PARA ACABAR CON LA ESCLAVITUD (1861–1865)

EN CONTEXTO

LOCALIZACIÓN
EEUU

ANTES
1803 EEUU compra a Francia el territorio de Luisiana, doblando el tamaño de EEUU e iniciando la expansión hacia el oeste.

1820 El Congreso de EEUU aprueba el Compromiso de Misuri, que prohíbe la esclavitud al norte del paralelo 36°30', salvo en el estado de Misuri.

DESPUÉS
1868 La 14.ª enmienda a la Constitución concede la igualdad de derechos a todas las personas nacidas o nacionalizadas en EEUU.

1870 La 15.ª enmienda establece que no puede negarse el derecho al voto sobre la base de la raza.

En 1861, la guerra de Secesión de EEUU, el episodio más sangriento de la historia del país, estalló en el estado esclavista de Carolina del Sur. Los cuatro años de guerra civil entre el Norte y el Sur desgarraron EEUU, pero la mayoría de los estadounidenses negros vio en ella la oportunidad de acabar con la esclavitud de una vez por todas. En 1863, en un discurso en Rochester (Nueva York), Frederick Douglass pronunció la llamada «Hombres de color, ¡a las armas!».

El camino a la guerra

Varios fenómenos de la década de 1850 contribuyeron a la inevitabilidad de la guerra. La expansión del país, del que emigraban al oeste colonos blancos desde la guerra de Inde-

Véase también: El abolicionismo en América 172–179 ▪ La Revolución haitiana 184–189 ▪ El poblamiento de Liberia 200–201 ▪ El fin de la esclavitud en Brasil 224–225 ▪ Combatientes negros en la Segunda Guerra Mundial 254–257

Activas desde 1863 hasta 1865, las Tropas de Color de EE UU (USCT) contaban con 175 regimientos. Al final de la guerra de Secesión, unos 200 000 estadounidenses negros habían luchado en el ejército y la marina.

pendencia, amenazaba con extender también la esclavitud, lo cual no solo indignaba a la población negra y a los abolicionistas, sino también a los agricultores del norte, que temían la competencia de los productores a los que se permitía usar trabajo esclavo.

Para contener la creciente división que generaba la esclavitud, el Congreso introdujo varias leyes para apaciguar a quienes tenían intereses esclavistas. La Ley de esclavos fugitivos de 1850 obligaba al retorno de los esclavos, incluso en los estados libres, y la Ley Kansas-Nebraska de 1854 permitió la esclavitud en dichos estados, cancelando el Compromiso de Misuri de 1820, que había prohibido la esclavitud en todo nuevo territorio al norte del límite sur de Misuri (el paralelo 36°30').

La Ley de Kansas-Nebraska crearía potencialmente nuevos estados esclavistas en el oeste, y condujo a la formación del Partido Republicano

por políticos antiesclavistas, entre ellos Abraham Lincoln, contrarios a la extensión de la esclavitud.

En marzo de 1857, la llamada decisión Dred Scott, un dictamen clave del Tribunal Supremo que obtuvo siete votos contra dos, puso de relieve la realidad de los negros norteamericanos. Dred Scott y su esposa Harriet, pareja de esclavos de Misuri, habían vivido varios años con la familia de sus esclavizadores en el estado libre de Minnesota. El fallo de 1857 establecía que no tenían derecho a la libertad al regresar a Misuri, pese al principio «una vez libre, libre para siempre» que regía hasta entonces en el estado. El veredicto se basó en que los negros no eran, ni serían nunca, ciudadanos de EE UU, y en que, por tanto, no tenían los mismos derechos que los blancos, entre ellos el de elevar peticiones a los tribunales. Los abolicionistas del norte habían respaldado a Dred Scott, y la decisión tensó aún más las relaciones entre los estados del norte y del sur.

Se forma la Confederación

En noviembre de 1860, Abraham Lincoln fue elegido 16.° presidente de EE UU. Antes de pasado un mes de las elecciones, temiendo que Lincoln presentara leyes para poner fin »

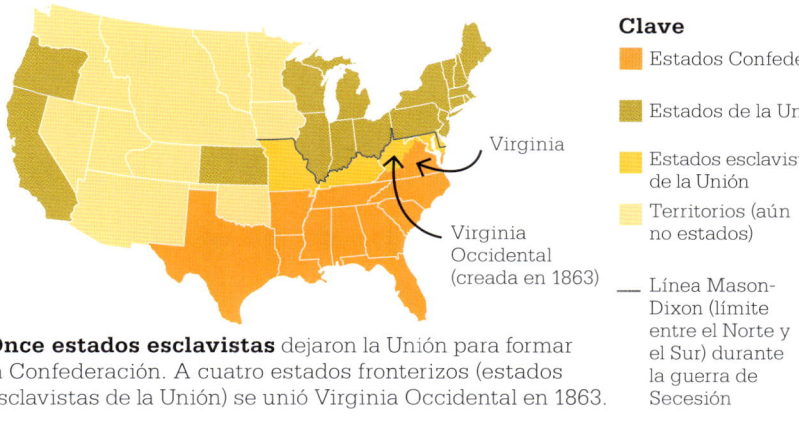

Once estados esclavistas dejaron la Unión para formar la Confederación. A cuatro estados fronterizos (estados esclavistas de la Unión) se unió Virginia Occidental en 1863.

Virginia

Virginia Occidental (creada en 1863)

Clave

- Estados Confederados
- Estados de la Unión
- Estados esclavistas de la Unión
- Territorios (aún no estados)
- Línea Mason-Dixon (límite entre el Norte y el Sur) durante la guerra de Secesión

a la esclavitud, Carolina del Sur declaró la secesión de la Unión. En febrero de 1861, la habían abandonado otros seis estados esclavistas –Misisipi, Florida, Alabama, Georgia, Luisiana y Texas–, que juntos formaron los Estados Confederados de América, presididos por Jefferson Davis, de Misisipi, tras haber renunciado a su escaño en el Senado en enero.

El país estaba al borde de la guerra, y, en abril de 1861, tras una escaramuza en el Fuerte Sumter, en la costa de Carolina del Sur, en la que tropas confederadas abrieron fuego contra las de la Unión, Lincoln ordenó a los estados del Norte formar una milicia. Su prioridad entonces era restaurar la Unión, y reiteró la promesa de no abolir la esclavitud en los estados donde ya existía. Pero, en cuestión de días, los estados esclavistas de Virginia, Arkansas, Tennessee y Carolina del Norte se unieron a la Confederación. Los estados limítrofes de Kentucky, Delaware, Misuri y Maryland permanecieron en la Unión, y más tarde se les uniría Virginia Occidental, separada del resto de Virginia en 1863. En julio de 1861, el peligro de

```
La Proclamación de Emancipación de 1863
de Lincoln libera en teoría a los esclavos.
            ↓                          ↓
Pero solo se aplica a        La Confederación,
los esclavizados en los      en guerra con la Unión,
Estados Confederados,        se niega a reconocer
no en los fronterizos.       la proclamación.
            ↓                          ↓
En la práctica, los esclavos en EE UU no fueron liberados
hasta 1865, por la 13.ª enmienda a la Constitución.
```

una guerra civil se hizo realidad con la victoria confederada en la primera batalla de Bull Run (o de Manassas), en Virginia. No sería una victoria fácil para las fuerzas de la Unión, pese a su superioridad numérica.

La reacción de los afroestadounidenses a la guerra fue diversa: en el Sur, la mayoría de los esclavos la vieron como una guerra de liberación; en el Norte, algunos argumentaron que no debían arriesgar sus vidas sin gozar de los derechos y privilegios de la ciudadanía. Desde el principio, Frederick Douglass, creyendo que la victoria de la Unión traería la libertad a los esclavos, publicó editoriales en su periódico *The North Star* urgiendo a los hombres negros a formar milicias –grupos informales de combatientes– para ayudar a la Unión. Lincoln las rechazó al principio, temiendo la reacción en los estados fronterizos leales a la Unión.

En la segunda batalla del Fuerte Wagner, en julio de 1863, la conducta del 54.º Regimiento de Infantería de Massachusetts, demostró el temple de las tropas negras.

Nuevas estrategias

En el segundo año de la guerra, Lincoln siguió reclamando a los estados rebeldes que regresaran a la Unión. Para los estados esclavistas fronterizos que no la habían abandonado, propuso compensar a los esclavizadores que liberaran a sus esclavos, y reasentar a estos en Haití o Liberia. En el verano de 1862, sin embargo, sin final de la guerra a la vista, y bajo la presión de elementos más radicales dentro del partido republicano, la estrategia de Lincoln empezó a cambiar: en julio aprobó el alistamiento de soldados negros para funciones que no fueran de combate, como construir fuertes y vigilar líneas de suministro. Dos meses después, con el respaldo de la victoria en Antietam, en el estado limítrofe de Maryland, Lincoln promulgó la Proclamación Preliminar de Emancipación, que amenazaba con liberar a todos los esclavos en los estados rebeldes, salvo que estos últimos se reintegraran en la Unión antes del día de Año Nuevo de 1863. La guerra continuó, y el ultimátum fue ignorado. En 1862, en la víspera de Año Nuevo, estadou-

Circularon muchas copias de recuerdo de la Proclamación de Emancipación de 1863 de Lincoln. Esta, de 1888, incluye las figuras alegóricas de la Justicia y la Libertad.

nidenses negros de todo el país se reunieron en hogares e iglesias, esperando el pronunciamiento de Lincoln. El 1 de enero de 1863, Lincoln anunció la Proclamación Final, en la que reafirmaba lo ya anunciado: que todos los esclavos en los estados rebeldes «serán entonces, en adelante y para siempre libres», y que las fuerzas de la Unión debían liberarlos en su avance por territorio confederado. La proclamación no incluía a los esclavos de los estados fronterizos leales, ni a los estados ya sometidos al control de la Unión, pero el júbilo estalló entre los estadounidenses negros. La emancipación era ahora objetivo declarado de la guerra, y las fuerzas de la Unión, un ejército de liberación obligado a proteger a los esclavos que liberara. Privada de la mano de obra gratuita, la economía de los estados sudistas estaba destinada al colapso.

Victoria y abolición

Lincoln anunció también que los combatientes negros serían admitidos en el ejército y la marina de la Unión, aunque en regimientos segregados y con oficiales blancos. Se les pagó bastante menos que a sus homólogos blancos hasta 1864, cuando tuvo éxito una campaña por la igualdad de salario liderada por Frederick Douglass. Convencido de que luchar por la Unión era el camino de su pueblo a la ciudadanía, Douglass hizo campaña por el alistamiento de tropas negras para el ejército y la marina unionistas. Sus hijos estuvieron entre los llamados a las armas: Charles llegó a sargento primero del 5.° de caballería de Massachusetts, y Lewis, a sargento mayor del 54.° de Infantería de

Massachusetts. El desarrollo de la guerra en 1863 y 1864 fue favorable a la Unión, con el respaldo del alistamiento negro y una estrategia más agresiva de sus generales.

El 31 de enero de 1865, el Congreso aprobó la 13.ª enmienda a la Constitución de EE UU, que abolía la esclavitud. Al día siguiente, Lincoln firmó la enmienda, la cual fue enviada a los estados para su ratificación, que Lincoln no presenciaría. El 14 de abril de 1865, a los cinco días del fin de la guerra, Lincoln fue mortalmente herido de un disparo en la cabeza y murió al día siguiente. ∎

Nuestra elevación debe venir del esfuerzo y ser obra de nuestras propias manos.
Martin Robison Delany
Primer oficial de campo negro del ejército de EE UU (1812–1885)

EL PRECIO DEL DESASTRE DE LA ESCLAVITUD

LA EDAD DORADA DE LA RECONSTRUCCIÓN (1865–1877)

EN CONTEXTO

LOCALIZACIÓN
EE UU

ANTES
1861 Estalla la guerra de Secesión entre los estados del Norte y los del Sur.

1865 En la guerra de Secesión, los sudistas son derrotados. La 13.ª enmienda a la Constitución de EE UU garantiza la emancipación de los esclavos.

DESPUÉS
1877–década de 1950 Los estados del Sur aprueban leyes Jim Crow para imponer la segregación y la discriminación racial.

1954–1968 Activistas por los derechos civiles hacen campaña contra la segregación racial y por la protección de los derechos consagrados en las enmiendas 14.ª y 15.ª a la Constitución de EE UU.

Tras la Proclamación de Emancipación de 1863 por Lincoln, que liberó de la esclavitud a cuatro millones de personas, los políticos empezaron a debatir sobre cómo integrar en la sociedad a los antes esclavizados cuando acabara la guerra. Las ideas anteriores para reasentarlos fuera de EE UU fueron descartadas debido al coste y también a la oposición creciente de los abolicionistas negros y de algunos blancos.

La Reconstrucción, el periodo de posguerra entre 1865 y 1877, se caracterizó por iniciativas sociales progresistas para los antes esclavizados y la aprobación de leyes para proteger los derechos tan duramente ganados. Hacia el final de la Reconstrucción, unos dos mil estadounidenses negros

Véase también: El decreto Code Noir de Luisiana 166–167 ▪ El abolicionismo en América 172–179 ▪ El poblamiento de Liberia 200–201 ▪ La guerra para acabar con la esclavitud 206–209 ▪ Jim Crow 216–221 ▪ El linchamiento de Emmett Till 268–269

Esta estampa celebra la aprobación de la 15.ª enmienda en 1870. Arriba, en el centro (de izda. a dcha.), Martin Robison Delany, primer mayor negro del ejército de EE UU, Frederick Douglass y el senador Hiram R. Revels.

ocupaban cargos públicos. A la vez, sin embargo, al no poder sacar provecho de la esclavitud, los terratenientes sureños explotaron las ventajas de la indigencia de muchos de los antes esclavizados, que también fueron objeto de la ira vengativa de bandas de exaltados sureños.

Opinión dividida

Definir exactamente qué condiciones imponer a los estados rebeldes antes de readmitirlos a la Unión fue una cuestión debatida entre los políticos. Los radicales del Partido Republicano proponían un control estricto de los estados del Sur, y creían que la readmisión debía condicionarse a que un mínimo del 50 % de los votantes de estados sudistas jurara fidelidad a la Unión. Por motivos distintos, Lincoln y Andrew Johnson, presidente tras el asesinato de Lincoln, prefirieron un enfoque más conciliador que no fuese inconstitucional (la prioridad de Lincoln) o despertara la hostilidad blanca (lo que más preocupaba a Johnson, que simpatizaba con el Sur). Tampoco hubo acuerdo entre la presidencia y los radicales sobre quién debía determinar qué y cuánta ayuda administrar a los antes esclavizados: los radicales defendieron el control federal; Johnson lo consideró asunto a decidir por cada estado.

Hambre de educación

Antes incluso del fin oficial de la guerra, Lincoln estableció el Departamento de Refugiados, Libertos y Tierras Abandonadas, conocido como Freedmen's Bureau. Financiado por el gobierno y apoyado por iglesias y filántropos negros, proporcionó alimento, ropa, ayuda médica y cupones de transporte para facilitar la reunión de las familias y encontrar trabajo.

También estableció escuelas para todas las edades, después de que la educación para las personas negras fuera ilegal en la mayor parte del sur hasta la guerra de Secesión.

Miles de norteños negros y blancos fueron al sur a establecer escuelas y enseñar. Atacados con frecuencia por sureños hostiles opuestos a la mejora de las condiciones de vida de los antes esclavizados, los profesores tuvieron que ser protegidos por tropas federales en muchos casos. Adonde no llegó la ayuda estatal, las comunidades negras se ayudaron a sí mismas juntando lo poco que tenían para contratar a un maestro y encontrar un local disponible.

El programa educativo, una de las iniciativas de mayor éxito del periodo de la Reconstrucción, creó más de mil escuelas en el sur. Algunos de sus alumnos estudiaron luego en institutos y universidades para alumnos negros, como la de Atlanta, establecida por el Freedmen's Bureau en 1865, Fisk, en Nashville (Tennessee), »

Elegido representante de Misisipi en el Senado de EE UU en 1870, Hiram R. Revels era ministro de la Iglesia Episcopal Metodista Africana, de cuyo seno surgieron muchos líderes negros.

La Reconstrucción presidencial y la radical

Reconstrucción presidencial
(Lincoln y Johnson)

- **El 10 % de los votantes** del estado deben jurar lealtad para reintegrarse en la Unión

- **Perdón** para todos los antiguos confederados

- Los estados **pueden decidir sobre la ayuda** a los emancipados

- Los líderes políticos pueden **buscar o comprar** el perdón y seguir ejerciendo

- **Ratificación de la 13.ª enmienda** para abolir la esclavitud

- **Adopción** de **nuevas constituciones** con **sufragio universal masculino** en los estados del sur

Reconstrucción congresual
(republicanos radicales)

- **El 50 % de los votantes** del estado deben jurar lealtad para reintegrarse en la Unión

- Estados del sur divididos en **cinco distritos militares** bajo generales de la Unión

- **Obligación** de los estados de **ayudar** a obtener vivienda y trabajo a los emancipados

- Los líderes políticos deben **ser reemplazados**

---

en 1866, y el Augusta Institute (hoy Morehouse College), fundado en Augusta (Georgia), en 1867.

La tierra del sur

El Freedmen's Bureau gestionó también contratos entre trabajadores negros y empleadores cuando los libertos encontraban empleo. Durante la guerra, la tierra del sur había pasado a ser propiedad de la Unión por las Leyes de confiscación. Algunos republicanos radicales, como

Un pastor negro predicando, en *Congregación negra en Washington* (1845). Las iglesias negras crecieron mucho tras la guerra, y serían focos de la lucha por los derechos civiles.

Thaddeus Stevens y Charles Sumner, querían distribuir las tierras confiscadas entre los libertos en concepto de indemnización.

Ya durante la guerra hubo alguna redistribución limitada de la tierra. En enero de 1865, el general unionista William T. Sherman, cuya estrategia de guerra total devastó áreas extensas del sur, aplicó repetidamente la Orden de Campo Especial n.º 15, por la que tierras confiscadas en la costa de Georgia, Carolina del Sur y Florida se distribuyeron entre los emancipados. La orden, que especificaba que «cada familia recibirá una parcela de no más de 40 acres (16 hectáreas) de tierra arable», fue consensuada con eclesiásticos negros locales, la mayoría de los cuales habían vivido esclavizados ellos mismos. En junio de 1865, unos 40 000 emancipados de Georgia habían recibido tierra y una mula para ararla.

En agosto de 1865, el presidente Johnson revocó el plan de los «40 acres y una mula» y devolvió la tierra a sus anteriores dueños como parte de un plan de amnistía para el sur. Los terratenientes sureños introdujeron el modelo económico de la aparcería. En esta, los dueños de las plantaciones alquilaban parcelas a los emancipados y a algunos blancos pobres, a cambio de una parte de la cosecha, por lo general no menos de la mitad. También prestaron dinero a los emancipados, a menudo con intereses altos, para comprar simiente, equipo y animales de carga. La aparcería tenía grandes ventajas para los terratenientes, mientras que muchos de sus arrendatarios, que asumían el riesgo de las malas cosechas, quedaron atrapados en un ciclo de trabajo agotador, deudas y pobreza.

Códigos negros

Tras la guerra, los emancipados pudieron viajar, firmar contratos y ser dueños de propiedades, pero en los estados del sur se empezaron a introducir códigos o leyes para privar de sus derechos a los estadounidenses negros. En enero de 1866, Misisipi introdujo leyes contra el vagabundeo que permitían encarcelar y multar a los que no tuvieran contrato de trabajo. Los terratenientes solían pagar las multas y cobrarse la deuda en trabajo, devolviendo así a los emancipados a la esclavitud. En Carolina del Sur se impuso a los estadounidenses negros un impuesto especial si trabajaban en cualquier actividad que no fuera agrícola o de servicio doméstico.

Los radicales del Partido Republicano actuaron para contrarrestar esta erosión de derechos, pero fueron frustrados por el presidente: en 1866, la Ley de derechos civiles, que reconocía la ciudadanía y la igualdad de derechos a los estadounidenses negros, fue aprobada por el Congreso, pero resultó vetada por Johnson. Para inscribir tales derechos en la Consti-

Una multitud ataca una escuela de emancipados en la masacre de Memphis (1866): 46 personas murieron, más de 70 fueron heridas y cinco mujeres violadas.

> Según se ofrezca la ocasión y sirva la capacidad, buscaremos nuestro lugar, también en las letras, artes, ciencias y profesiones.
> **Blanche K. Bruce**
> **Discurso ante el Senado (1876)**

tución, el Congreso aprobó la 14.ª enmienda en junio de 1866, pero todos los estados anteriormente esclavistas, salvo Tennessee, se negaron a ratificarla hasta julio de 1868. Como afirmara Frederick Douglass en 1865, no habría igualdad de derechos para los negros estadounidenses hasta que tuvieran la papeleta para votar en la mano. En 1870 se añadió a la Constitución la 15.ª enmienda, que prohibía los impedimentos al sufragio basados en «la raza, el color o la anterior condición de servidumbre». Las mujeres, en cambio, no formaron parte del censo electoral hasta 1920.

Aunque los estados tenían permitido establecer requisitos (como un nivel mínimo de alfabetización), el derecho al voto condujo a la elección de hombres negros para la función pública. Entre 1870 y 1877 fueron elegidos 17 congresistas negros y dos senadores: Hiram R. Revels, en 1870, y Blanche K. Bruce, en 1874. Sin embargo, la lucha por la igualdad de derechos no había terminado, como demostrarían las nuevas restricciones impuestas en el sur a partir de 1877, así como la agitación y las campañas por los derechos civiles en el siglo xx. ∎

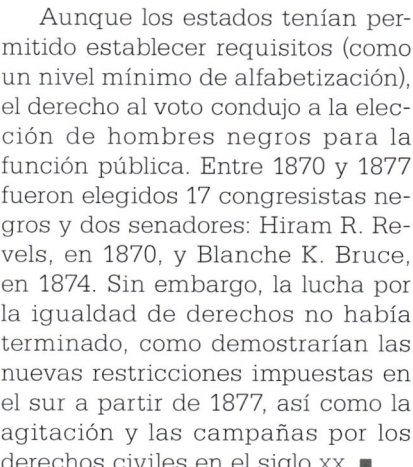

Linchamientos

Mientras los políticos dirimían los derechos legales de los negros en EEUU, en el sur se trató de imponer la supremacía blanca por la fuerza. Se intimidó a los emancipados para que desistieran de votar, y se infligieron castigos espantosos a los acusados de delitos, como el linchamiento —la ejecución ilegal, a menudo precedida de mutilación—, con el fin de aterrorizar a todos los negros y a cualquier blanco que les ayudara. Al retirarse las tropas unionistas en 1877, el clima de terror empeoró.

Los linchamientos atraían multitudes de espectadores blancos, que podían superar a veces los dos mil. Solo en 1892 hubo 292 linchamientos, y la periodista negra Ida B. Wells, que aquel año perdió a tres amigos en ellos, difundió los horrores de la práctica, llamándola crimen nacional que merecía un remedio nacional. En el sur se llevaron a cabo linchamientos durante otros 60 años.

EXPLOTAR LA TIERRA Y SUS RECURSOS
LA FIEBRE DEL ORO EN BOTSUANA (1867)

EN CONTEXTO

LOCALIZACIÓN
Botsuana

ANTES
C. 800 D. C. Pueblos de habla bantú practican la minería del hierro y del cobre en el este de Botsuana.

C. 1800 Llegan colonos europeos a Botsuana; la Sociedad Misionera de Londres establece misiones en la década de 1840.

DESPUÉS
1870 Comienza la fiebre del diamante en África, tras el hallazgo de Erasmus Jacobs, hijo de 15 años de granjeros sudafricanos; y prospectores europeos y trabajadores botsuaneses acuden al sur.

1885 Reino Unido declara protectorado bajo control británico a Botsuana, como Bechuanalandia; excepto Etiopía y Liberia, todos los países de África están bajo control europeo.

Los africanos extraían oro cientos de años antes de la llegada de los europeos al continente. En el distrito de Tati en Botsuana, cerca de la frontera zimbabuense, la minería del oro a cielo abierto se remonta al siglo XIII. Los pozos se abrieron en vetas de cuarzo. En 1867, el explorador alemán Karl Mauch descubrió estas antiguas áreas mineras.

La fiebre del oro en África

La noticia del hallazgo de Mauch recorrió el mundo. El territorio se lo disputaban dos tribus locales, la matabele y la mangwato; algunos europeos solicitaron los derechos mineros a una, y otros, a sus rivales, con la esperanza de que los concedieran para provocar a la otra. Los europeos consiguieron los derechos que buscaban, pero no lograron incitar una guerra tribal.

El potencial de las minas atrajo a prospectores de Europa, Australia y América; fue la primera fiebre del oro africana. Duró solo dos años, ya que la mena era de bajo grado,

> La tendencia del capitalismo en Europa consistió desde el principio en competencia, eliminación y monopolio.
> **Walter Rodney**
> *De cómo Europa subdesarrolló a África* (1972)

pero había ya noticia de campos de diamantes en Kimberley (Colonia del Cabo), y la carrera por colonizar África se había desatado.

Mientras competían por explotar los recursos del continente, las potencias europeas se apresuraron a crear más asentamientos y adquirir concesiones mineras. El curso futuro de África había sufrido un cambio profundo. ∎

Véase también: El Imperio de Ghana 52–57 ▪ La ciudad de Gran Zimbabue 76–77 ▪ El reparto de África 222–223 ▪ El *boom* económico africano 302–303

AHORA SOMOS PARTE DE EUROPA

LA CONSTRUCCIÓN DEL CANAL DE SUEZ (1869)

EN CONTEXTO

LOCALIZACIÓN
Egipto

ANTES
1850 a.C. Se cree que Senusret III es el primer faraón que inició la construcción de un canal del Nilo al mar Rojo.

1789 d.C. Napoleón I ocupa Egipto, y considera construir un canal en el istmo de Suez, pero abandona el plan.

DESPUÉS
1875 La deuda obliga a Egipto a vender sus acciones de la Compañía del Canal de Suez a Reino Unido.

1956 El presidente egipcio Nasser nacionaliza el canal y desata la crisis de Suez: fuerzas británicas, francesas e israelíes atacan Egipto, pero se retiran por las presiones de EE UU.

2021 Un gran carguero bloquea por accidente el canal durante seis días, lo cual provoca una retención de tráfico valorada en unos 9600 millones de dólares al día.

El canal de Suez, uno de los logros de la ingeniería más famosos del mundo, une los mares Mediterráneo y Rojo a través de 193 km del istmo de Suez. Como ruta marítima directa entre Europa y Asia, su valor económico para Egipto es enorme.

Los trabajos del canal comenzaron en 1859, tras obtener el diplomático francés Ferdinand de Lesseps el consentimiento del valí (virrey o gobernador) de Egipto, Sa'id Pasha,

La ceremonia inaugural del canal de Suez tuvo lugar el 17 de noviembre de 1869, con el jedive de Egipto Ismaíl Bajá como anfitrión. El primer barco en cruzarlo fue un yate imperial francés.

y haber formado la Compañía del Canal de Suez. Sa'id Pasha concedió la explotación del canal a la compañía por 99 años, transcurridos los cuales este pasaría al control de Egipto, y accedió a proporcionar los peones para las obras.

Trabajo forzado
Hombres y muchachos egipcios abrieron los primeros tramos del canal con picos y palas. Trabajaron en condiciones espantosas, con escasa agua y alojados en barracones abarrotados e insalubres. La promesa de pagarles no se materializó. Se cree que, del millón estimado de trabajadores egipcios en el canal, murieron cien mil.

En 1863, el nuevo virrey de Egipto (con el título de jedive, o «señor») Ismaíl Bajá prohibió emplear trabajo forzado, y la Compañía del Canal de Suez recurrió a las excavadoras y el dragado con operarios europeos. El canal fue celebrado como un gran logro del poder y la tecnología coloniales; hay muchas fotografías de la impresionante maquinaria de construcción, pero pocas de los primeros trabajadores. ■

Véase también: Los Imperios Antiguo, Medio y Nuevo de Egipto 24–29 ■ La conquista musulmana de Egipto 58–59 ■ El reparto de África 222–223

SEPARADOS PERO IGUALES

JIM CROW (1877–1964)

EN CONTEXTO

LOCALIZACIÓN
EEUU

ANTES

1861 Siete estados sureños abandonan la Unión y crean un gobierno confederado propio. Estalla la guerra de Secesión, y otros cuatro estados abandonan la Unión.

1865 La esclavitud es abolida en EEUU después de la rendición confederada y el fin de la guerra de Secesión.

DESPUÉS

1968 El Congreso aprueba la Ley de derechos civiles de 1968 para un acceso justo e igual a la vivienda de todos los estadounidenses.

1968 Martin Luther King es asesinado el 4 de abril en Memphis (Tennessee).

2008 Barack Obama es la primera persona negra elegida presidente de EEUU. Es elegido para un segundo mandato en 2012.

«Jim Crow» −interpretado con la cara pintada por el actor blanco Thomas D. Rice− propagó estereotipos racistas sobre los afroestadounidenses.

E n 1828, el actor y dramaturgo Thomas D. Rice empezó a interpretar su popular *minstrel show* con la cara pintada de negro. Su número estrella era el personaje del esclavo ignorante y holgazán, Jim Crow. El espectáculo, representado por primera vez en Louisville (Kentucky), fue el más famoso del género en la época, y, hacia 1838, el nombre «Jim Crow» circulaba como un apodo despectivo habitual para los negros estadounidenses. El nombre pasó luego a referirse al sistema de segregación y discriminación racial en vigor en el sur de EEUU desde 1877 hasta mediados de la década de 1960.

El final de la Reconstrucción

La esclavitud fue abolida en EEUU tras la guerra de Secesión, pero la lucha por la igualdad de derechos para los estadounidenses negros estaba lejos de haber terminado. Los antiguos Estados Confederados del sur del país instituyeron un nuevo sistema de opresión racial con los códigos negros, destinados a sustituir a los anteriores códigos de esclavos, y con fines comparables. Los códigos imponían contratos de miseria a los estadounidenses negros y les limitaba a ocupaciones domésticas y agrícolas. Como respuesta, el Congreso, dominado por los republicanos, aprobó tres enmiendas a la Constitución entre 1865 y 1870, conocidas como Enmiendas de la Reconstrucción, las cuales tenían como objetivo proteger los derechos civiles de los emancipados y prohibir la discriminación en el derecho al voto.

El 7 de noviembre de 1876, la jornada electoral acabó en un recuento reñido, con resultados poco claros en Luisiana, Carolina del Sur y Florida.

A inicios de 1877, el candidato republicano Rutherford B. Hayes hizo un trato para devolver el autogobierno al sur y retirar las tropas federales, que habían intervenido activamente en la defensa de los derechos civiles y políticos de los estadounidenses negros. Los antiguos Estados Confederados, parte de cuya población blanca estaba resentida por la competencia de los negros emancipados en el mercado del trabajo, aprobaron rápidamente leyes segregacionistas, empezando por las del uso de los transportes más comunes.

Veredicto del Tribunal Supremo

El 7 de junio de 1892, el zapatero estadounidense Homer Plessy subió a un tren en Nueva Orleans, y ya sabía que lo iban a detener. Dos años antes, el estado de Luisiana había aprobado la Separate Car Act (Ley de va-

Véase también: La guerra para acabar con la esclavitud 206–209 ▪ El panafricanismo 232–235 ▪ El caso Brown contra el Consejo de Educación 264–267 ▪ El boicot de autobuses en Montgomery 270–71 ▪ El movimiento Black Power 288–289

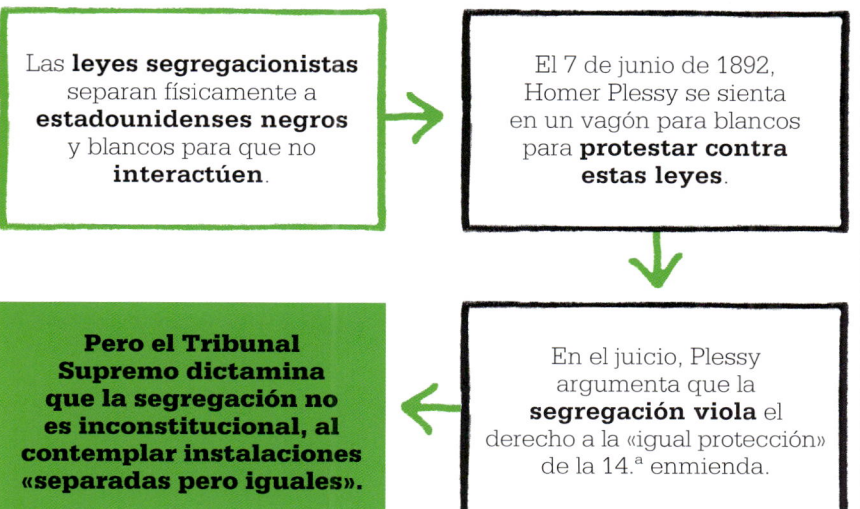

Las **leyes segregacionistas** separan físicamente a **estadounidenses negros** y blancos para que no **interactúen**.

El 7 de junio de 1892, Homer Plessy se sienta en un vagón para blancos para **protestar contra estas leyes**.

En el juicio, Plessy argumenta que la **segregación viola** el derecho a la «igual protección» de la 14.ª enmienda.

Pero el Tribunal Supremo dictamina que la segregación no es inconstitucional, al contemplar instalaciones «separadas pero iguales».

gones separados), de segregación en el transporte público. Plessy pasaba por blanco, pero tenía una bisabuela africana, siendo, por tanto, *octoroon* («ochavón») y «negro» por ley, y actuaba conforme al plan del Comité des Citoyens, una agrupación local antisegregacionista de negros, criollos y blancos. Plessy se sentó en el vagón reservado a pasajeros blancos, y un revisor le preguntó si era «de color».

Plessy se identificó como negro, y se negó a abandonar el vagón. Fue detenido en el acto por un detective privado, contratado por el comité para garantizar que fuera acusado de quebrantar la Separate Car Act, y no por algún otro delito o falta.

El acto de desobediencia civil Plessy estaba diseñado para llevar el caso hasta el Tribunal Supremo de EE UU, pero, en 1896, este tribunal dictaminó que las instalaciones públicas para personas negras y blancas podían ser «separadas pero iguales». Esto abrió la veda a la proliferación de leyes segregacionistas que afectaban a viviendas, escuelas, parques, hospitales, restaurantes y fuentes y lavabos públicos, y por todas partes aparecieron señales y carteles «Jim Crow» sobre entradas y salidas. Los servicios, lejos de ser «iguales», para las personas negras, eran casi siempre muy inferiores, descuidados o estropeados, si no eran inexistentes.

La discriminación racial en el derecho al voto era ilegal bajo la Constitución de EE UU, pero, hacia 1890, varios estados del sur empezaron a excluir a los estadounidenses negros del censo con criterios racialmente motivados, tales como impuestos al sufragio en cantidades fijas, sin atender a los ingresos, y pruebas de alfabetización. Muchas de estas leyes incluían cláusulas que protegían a los blancos de tales restricciones, permitiendo prescindir de los requisitos a quienes fueran descendientes de votantes anteriores a la guerra de Secesión. En 1904, solo 1342 negros pudieron cumplir con las nuevas reglas para registrarse en el censo electoral de Luisiana, comparado con los 130 334 registrados en 1896.

Normas de etiqueta

La etiqueta social de la era Jim Crow consistía en reglas no escritas que operaban junto con las leyes segregacionistas para tratar de impedir las interacciones sociales y sexuales entre personas de distinta raza. El fin era mantener sometidas a las personas negras en la jerarquía social, y violar las normas de la etiqueta racial podía castigarse con palizas o linchamientos. Así, los negros eran presentados a los blancos, no al revés, »

El esclavo fue liberado; estuvo un breve momento al sol; y volvió luego hacia la esclavitud.
W. E. B. Du Bois

La separación arbitraria de los ciudadanos, sobre la base de la raza […] carece de base legal alguna.
John Marshall Harlan
Juez del Tribunal Supremo, al discrepar del veredicto del caso Plessy contra Ferguson, de 1896

y a los negros se les llamaba por el nombre de pila, cuando no *boy* o *girl* («chico» o «chica»), fuera cual fuera su edad. A los blancos se les debían títulos de cortesía como *Mr.* o *Mrs.* («Sr.» o «Sra.»), o se les llamaba *boss* («jefe») o *cap'n* («capitán»). Al hablar con los blancos, de las personas negras se esperaba amabilidad y deferencia, y, en particular, que los hombres se descubrieran. No tenían permitido mirar a los ojos de una mujer blanca ni ofrecerle fuego. La costumbre dictaba que blancos y negros comieran separados. Los negros podían recoger comida en los restaurantes para los blancos, pero debían comer fuera.

Violencia racial

La aplicación de las leyes Jim Crow fue impuesta por fuerzas del orden corruptas y racistas, así como por la violencia impune de multitudes blancas. La forma más extrema de intimidación fueron los linchamientos públicos. Entre 1882 y 1968, al menos 3466 personas negras fueron linchadas solo por reclamar sus derechos civiles o por haber sido acusadas de asesinato o violación, cuando a menudo las víctimas solo habían infringido el protocolo Jim Crow o se consideraba que competían con los blancos por puestos de trabajo.

Un 90 % de los linchamientos se produjeron en el sur, y la mayoría de las víctimas fueron ahorcadas. Las bandas de blancos violentos, entre ellas el Ku Klux Klan (KKK), asaltaban e incendiaban hogares negros de noche, principalmente para linchar a líderes comunitarios o políticos.

Fundado en 1865 en Pulaski (Tennessee), el KKK nació como club social de veteranos confederados de la guerra de Secesión, y se convirtió en un grupo extremista para combatir las medidas de la Reconstrucción. En 1870 estaba presente en casi todos los estados sureños, usando tácticas de intimidación como el incendio y el asesinato contra las personas negras y quienes las apoyasen, todo con el fin de restablecer la supremacía

Señal Jim Crow de lavabos segregados en Mobile (Alabama). La segregación en los autobuses fue ilegalizada en el estado por un dictamen legal en 1956.

> Uno siente siempre la dualidad, un americano y un negro; dos almas, dos pensamientos, dos aspiraciones sin reconciliar.
> **W.E.B. Du Bois**

El nacimiento de una nación, película de propaganda racial sobre el KKK, atizó el resurgir del racismo antinegro a principios del siglo xx.

blanca. En 1871, el Congreso aprobó una ley que ilegalizó los crímenes de odio, y el KKK entró en declive al final de la Reconstrucción, aunque resurgió en la década de 1920.

Movimiento por los derechos civiles

Acabar con las leyes Jim Crow costó muchos actos de resistencia y valor, así como la unión de muchas personas en protestas a gran escala. La Asociación Nacional para el Progreso de las Personas de Color (NAACP) fue fundada en Nueva York en 1909 por activistas líderes del movimiento por los derechos civiles, como el sociólogo W. E. B. Du Bois y la periodista Ida B. Wells. La NAACP protestó contra las leyes Jim Crow y los linchamientos, y en 1917 organizó una de las mayores manifestaciones masivas en EE UU contra la violencia racial.

En su carrera como periodista, Ida B. Wells escribió sobre política racial en los estados del sur y condenó los linchamientos. Reunió datos, identificó a las víctimas e informó de todo

THE FIERY CROSS OF THE Ku Klux Klan—

D. W. GRIFFITH'S MIGHTY SPECTACLE

THE BIRTH OF A NATION FOUNDED ON THOMAS DIXON'S 'THE CLANSMAN'

ello en la prensa negra. Wells trataba también de poner en evidencia a los medios convencionales, que daban falsamente a entender que todas las víctimas eran delincuentes.

Du Bois popularizó la expresión «línea de color», al llamar la atención sobre la injusticia de las leyes inspiradas en el principio «separados pero iguales». En 1903, describió la línea de color como el resultado de

convertir las diferencias raciales en «el fundamento para negar a medio mundo el derecho a participar con plenas capacidades en las oportunidades y privilegios de la civilización moderna». Du Bois también animó a la comunidad negra a luchar por la igualdad de derechos a través de la agitación política y la protesta.

En 1954, tras un pleito promovido por la NAACP, el Tribunal Supremo de EE UU dictaminó que la segregación infantil en las escuelas públicas era inconstitucional. En 1956, tras un año de boicot a los autobuses en Montgomery (Alabama), el tribunal estableció también la inconstitucionalidad de cualquier ley para segregar los asientos en los transportes.

Tras un verano de protestas, el gobierno de EE UU aprobó la Ley de derechos civiles de 1964, que prohíbe la discriminación basada en la raza. Al año siguiente, miles de manifestantes caminaron de Selma (Alabama) a Montgomery para protestar por los problemas a los que hacían frente los estadounidenses negros al registrarse para votar. La marcha desencadenó la aprobación de la Ley de derecho al voto, que ilegalizó prácticas electorales discriminatorias, como las pruebas de alfabetización y otras. ∎

W. E. B. Du Bois

Nacido en 1868 en Great Barrington (Massachusetts), W. E. B. Du Bois fue el primer estadounidense negro en recibir un doctorado en Harvard. En 1897 fue nombrado profesor de sociología en la Universidad de Atlanta en Georgia, y la Oficina de Estadísticas Laborales le encargó estudios sobre los hogares negros de Virginia. En *Las almas del pueblo negro* (1903), en contra de la postura del educador Booker T. Washington, partidario de que los negros aceptaran la segregación y prosperaran a base de trabajar duro para lograr alcanzar su independencia económica, Du

Bois argumentó que la agitación política por los derechos civiles y la educación era el único camino hacia la igualdad. A lo largo de su carrera insistió también en la necesidad de que la comunidad negra accediera a la educación superior. A los 93 años, Du Bois fue invitado a trasladarse a Ghana, donde murió dos años después, en 1963.

Obras principales

1899 *El negro de Filadelfia.*
1903 *Las almas del pueblo negro.*
1935 *Black Reconstruction.*

DIVIDIR Y VENCER

EL REPARTO DE ÁFRICA (1884–1885)

EN CONTEXTO

LOCALIZACIÓN
África

ANTES
1444 Comienza el comercio regular de seres humanos por el Atlántico con africanos capturados y enviados a Portugal.

1807–1808 Reino Unido y EE UU abolen el comercio internacional de esclavos. La esclavitud persiste en las colonias británicas y en EE UU.

Década de 1860 Los europeos descubren diamantes y oro en África del sur y Botsuana, desatando «fiebres del oro».

1873 Los británicos invaden el Imperio asante en la tercera guerra anglo-asante.

DESPUÉS
1956 Sudán se independiza de Reino Unido; Marruecos y Túnez, de Francia.

1960 17 naciones africanas obtienen la independencia en el «Año de África».

Tras la revolución industrial y la transición del trabajo manual a la producción mecanizada en Europa, la atención europea pasó del comercio de esclavos a la búsqueda de materias primas para sus florecientes industrias. A mediados del siglo XIX, las principales potencias de Europa habían abolido el comercio internacional de esclavos en favor del comercio «legítimo» de materias primas, productos agrícolas y recursos naturales. Representantes de varios países europeos recorrieron toda África para obtener derechos comerciales y territoriales. Muchos lograron tratados engañosos con soberanos africanos que desposeyeron

La Conferencia de Berlín (1884–1885) determinó el destino de África. Los países europeos explotaron los recursos naturales africanos e impusieron cuotas que destruyeron la agricultura tradicional.

a estos últimos de su territorio y sus recursos de forma permanente.

Hubo tensiones entre los países europeos mientras trataban de afianzar su influencia en varias regiones. En 1885, con tratados establecidos en el Congo, el rey Leopoldo II de Bélgica creó el Estado Libre del Congo como colonia personal. Leopoldo disfrazó de misión filantrópica su sangrienta empresa, y exprimió el país con un sistema de trabajos forzados que

Véase también: Los inicios del comercio atlántico de esclavos 116–121 ▪ La construcción del canal de Suez 215 ▪ Etiopía desafía al colonialismo 226–227 ▪ El Año de África 274–275 ▪ El *boom* económico africano 302–303

causó un gran número de muertes. Francia se apresuró a responder a la carrera por ganar territorio, y también Alemania envió una expedición, sembrando la alarma entre sus principales rivales, cuyas áreas de influencia estaban ya amenazadas por la expansión portuguesa e italiana.

El reparto del continente

Para aliviar las crecientes tensiones, el canciller alemán Otto von Bismarck convocó a 13 países europeos y a EEUU a una conferencia en Berlín el 15 de noviembre de 1884.

El objetivo era definir las áreas de influencia y acordar reglas colectivas de compromiso mutuo en el continente africano. Se dividieron los territorios, sin consultar a los representantes de ninguna nación africana. Para minimizar los conflictos territoriales entre potencias europeas, se adoptó el criterio de ocupación efectiva, que daba a los países el derecho a tomar posesión de los territorios donde tuvieran tratados, banderas o gente sobre el terreno. Así, Gran Bretaña, Francia, Alemania, Bélgica, Portugal, España e Italia se repartieron África. Los acuerdos finalizaron el 26 de febrero de 1885, fecha que marca el inicio de la colonización por toda África.

El impacto de la colonización

En 1900, el paisaje político y económico de África había cambiado radicalmente: en la década de 1870, el 10% del continente estaba bajo control europeo, cifra que en 1900 era el 90%. Aparte de Etiopía y Liberia, la mayor parte del resto del continente fue gobernada por los europeos, aunque en buena parte fuese de forma indirecta, a través de autoridades locales.

El desarrollo económico de África estaba en manos de Europa, pues la tierra y los recursos se explotaban para el beneficio de los ocupantes coloniales, generalmente a un alto coste humano y económico. África suministró materias primas a las fábricas europeas, sirviendo de mercado para los excedentes de la producción industrial europea. Bajo la dominación colonial, los africanos abandonaron sus lugares de trabajo tradicionales para trabajar en minas y otras empresas coloniales, que llevaron también al colapso de las industrias locales.

La partición de África creó fronteras artificiales que reunieron naciones y etnias precoloniales y dividieron familias y grupos de aldeas. Estas fronteras se mantuvieron incluso después de haber alcanzado la independencia, y siguen siendo causa de conflictos interétnicos en la actualidad.

La colonización perjudicó también al comercio regional: atados a la economía global como suministradores de materias primas en lugar de manufacturas, los países africanos siguen comerciando más con las antiguas metrópolis europeas que unos con otros. ▪

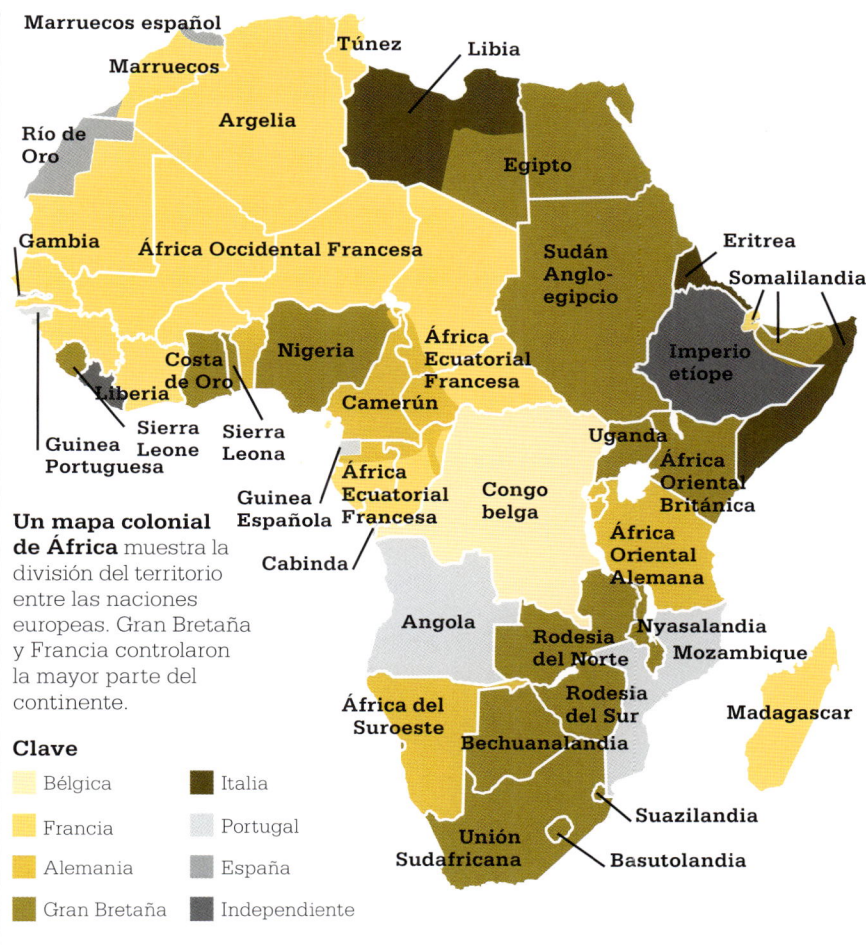

Un mapa colonial de África muestra la división del territorio entre las naciones europeas. Gran Bretaña y Francia controlaron la mayor parte del continente.

Clave

- Bélgica
- Francia
- Alemania
- Gran Bretaña
- Italia
- Portugal
- España
- Independiente

LA LEY AUREA

EL FIN DE LA ESCLAVITUD EN BRASIL (1888)

EN CONTEXTO

LOCALIZACIÓN
Brasil

ANTES
1538 El primer cargamento conocido de esclavos africanos llega a la provincia de Bahía.

1549 Portugal permite a los comerciantes vender hasta 120 africanos a cada *fazendeiro*, lo cual provoca la importación masiva de esclavos africanos.

1822 Pedro I es nombrado primer emperador de Brasil después de independizarse de Portugal.

DESPUÉS
1889 Pedro II es derrocado en un golpe militar, y Brasil se convierte en república.

1988 Cien años después de la abolición de la esclavitud en Brasil, 5000 afrobrasileños marchan en Río de Janeiro, declarando que aún está pendiente la liberación de la esclavitud.

Durante 350 años, Brasil tuvo un papel clave en el comercio de esclavos transatlántico, primero como colonia más grande y rica de Portugal, y luego como imperio independiente. Brasil importó 4,9 millones de africanos –casi la mitad del comercio transatlántico total–, al principio para trabajar en las plantaciones azucareras, y luego también en las minas de oro y diamantes y las plantaciones de café.

Gran Bretaña puso fin a su propio comercio transatlántico en 1807, ejemplo que pronto siguieron otros países europeos. Brasil siguió importando cautivos y explotando los lazos comerciales directos que mantenía con África. Al independizarse de Portugal en 1822, el apoyo a la abolición creció, hasta que el comercio de esclavos se declaró ilegal en 1831.

Sin embargo, la mayoría de los esclavizadores brasileños siguieron comerciando, con la connivencia de un gobierno reacio a hacer cumplir la prohibición. El gobierno de Gran Bretaña, como mayor potencia naval del mundo y para responder a la presión

El Senado de Brasil, ante una multitud el 12 de mayo de 1888, aprueba el proyecto de abolir la esclavitud en Brasil, hecho ley al día siguiente.

Véase también: Las comunidades de la resistencia esclava en Brasil 136–139 ▪ El abolicionismo en Europa 168–171 ▪ Los movimientos negros en Brasil 240–241

A mediados del siglo XIX, el café había desplazado al azúcar como cultivo dominante para la exportación en Brasil. Esto estimuló el crecimiento industrial y el surgimiento de una clase media, principalmente urbana, favorable a la abolición.

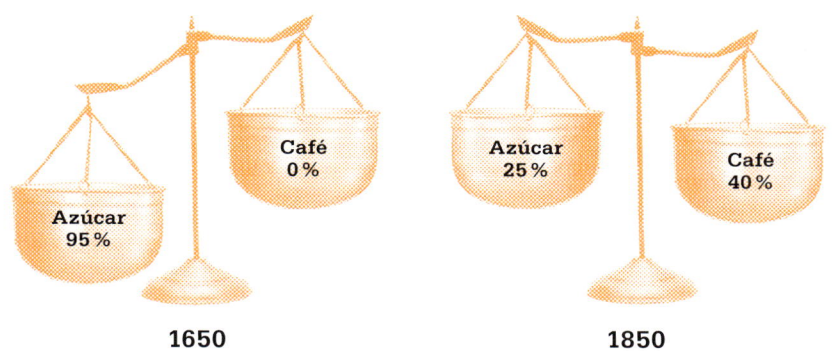

Café 0 %

Azúcar 95 %

Azúcar 25 %

Café 40 %

1650　　　　　　　　**1850**

Luís Gama

Nació en la provincia de Bahía en 1830, de madre libre ghanesa, y fue esclavizado a los 10 años para saldar las deudas de su padre, un aristócrata portugués. Tras ocho años como doméstico en São Paulo, se alistó en el ejército, donde estudió derecho. De vuelta en São Paulo, Gama trabajó en la oficina del Departamento de Policía, y en 1859 publicó un libro de poemas *Primeiras trovas burlescas*, en el que satirizaba a la monarquía, la aristocracia y las aspiraciones sociales de la clase mulata.

A lo largo de las décadas de 1860 y 1870, Gama escribió para la prensa abolicionista, y en 1872 ayudó a fundar el antimonárquico Partido Republicano de São Paulo. Sin ser un abogado titulado, obtuvo la libertad de más de 500 esclavos brasileños en los tribunales, y creó un fondo para comprar emancipaciones en 1881. Gama murió en 1882, sin llegar a ser testigo de la emancipación plena por la que había luchado.

Obra principal

1859 *Primieras Trovas Burlescas.*

---

de los abolicionistas británicos, intervino incautando barcos negreros y atacando puertos brasileños y africanos. Esto redujo el suministro de mano de obra esclava y elevó el precio, obligando al fin a Brasil a abolir su comercio de esclavos en 1851.

Campañas abolicionistas

Aunque el comercio había cesado, los brasileños esclavizados seguían explotados y privados de libertad, como denunciaron abolicionistas brasileños destacados –entre ellos, el poeta, periodista y activista negro Luís Gama–, dándose así un paso más hacia la abolición en 1871, con la aprobación de la llamada «Ley del vientre libre». Esta ley liberaba a todos los nacidos de mujeres esclavizadas, pero estipulaba también que estos debían trabajar para los esclavizadores de sus padres hasta la edad adulta. En 1885 se aprobó la Ley sexagenaria, que emancipaba a todos los esclavizados mayores de 60 años.

El impulso final para la abolición vino de una inesperada líder de la emancipación: Isabel, princesa imperial de Brasil, hija del emperador Pedro II y regente durante las estancias regulares de su padre en el extranjero. En 1888, Isabel firmó la Ley áurea, que declaraba libres a los restantes 700 000 brasileños esclavizados. Sin saberlo, Isabel precipitó el fin de la monarquía en Brasil, derrocada en 1889 en un golpe militar con el respaldo de los hacendados agraviados.

La abolición incompleta

En realidad, la vida cambió poco para los hasta entonces esclavizados. Poco se hizo para facilitar el acceso a la plena ciudadanía, los empleos seguros, la educación o la tierra. A falta de otras opciones viables, muchos tuvieron que trabajar gratis para sus antiguos esclavizadores.

El legado de la esclavitud se hace sentir hasta hoy en Brasil, que tiene la mayor población de origen africano del mundo fuera de la propia África. Los afrobrasileños siguen enfrentándose al racismo y la discriminación, y muchos siguen luchando por el derecho a la igualdad. El 13 de mayo, aniversario de la Ley áurea, ha sido declarado por el activismo «Día de la abolición incompleta». ▪

LOS LEONES CONQUISTADORES DE ABISINIA

ETIOPÍA DESAFÍA AL COLONIALISMO (1896)

EN CONTEXTO

LOCALIZACIÓN
Etiopía

ANTES
Siglo I D. C. Se funda el reino de Aksum en el norte de Etiopía y Eritrea. Sus reyes afirman ser descendientes del rey Salomón y de la reina de Saba.

1137 La dinastía Zagwe sustituye a la de los aksumitas.

1270 Yekuno Amlak, coronado emperador de Etiopía, funda la nueva dinastía salomónida.

DESPUÉS
1975 El *Derg*, gobierno comunista de Etiopía, abole la monarquía.

1982–1983 Una hambruna devastadora en Etiopía causa 1,2 millones de muertes.

1991 El Frente Democrático Revolucionario del Pueblo Etíope (FDRPE) toma el poder. Gana las primeras elecciones pluripartidistas en 1995.

E tiopía, que fue llamada Abisinia en Europa, fue uno de los dos únicos países de África (junto con Liberia) que resistieron la colonización por una potencia europea a finales del siglo XIX. Los etíopes tuvieron que hacer frente a los intentos de Italia de apoderarse del país.

Tras la apertura del canal de Suez en 1869, que ponía fin a la necesidad de circunnavegar África para llegar a Europa desde el Índico, la región del mar Rojo adquirió gran importancia. Gran Bretaña, que había ocupado Egipto en 1882, apoyaba las ambiciones de Italia en Etiopía para cerrar el valle del Nilo a los franceses, sus rivales en Egipto. Etiopía dio la bienvenida a los italianos, que habían colonizado ya Eritrea: esta tenía acceso al mar Rojo, ventaja comercial perdida hacía tiempo por Etiopía. Con Eritrea bajo el control de una potencia cristiana, Etiopía esperaba recuperarla, y los líderes regionales también flirtearon con los italianos, esperando que apoyasen sus pretensiones al trono de Etiopía.

El éxito de Etiopía en la batalla de Adua asombró a Europa. El superior tamaño del ejército etíope y la calidad de su armamento minaron las expectativas del predomino blanco en África.

Menelik II

Nacido en 1844, Sahle Miriam era hijo del príncipe Haile Melekot –hijo a su vez de Sahle Selassie, rey de la región de Shewa– y de una sirvienta de palacio.

Al ser coronado en 1889, adoptó su nuevo nombre en honor de Menelik I, el legendario fundador del reino, tenido por hijo del rey Salomón y de la reina de Saba. Fue uno de los más grandes emperadores de Etiopía, y expandió el Imperio etíope casi hasta sus fronteras actuales. Hábil diplomático, y con la reputación adquirida en Europa por su victoria en Adua, logró armar a su ejército encandilando a emisarios extranjeros.

Menelik era muy aficionado a la tecnología, y quedó encantado cuando la reina Victoria le envió un equipo fonográfico y un mensaje pregrabado. Durante su reinado se crearon los primeros sistemas telefónico y telegráfico de Etiopía, se construyeron ferrocarriles y se reintrodujo una moneda nacional (el birr).

Menelik murió en 1913, cuatro años después de un ataque cerebrovascular, por el que su esposa la emperatriz Taitu ejerció la regencia.

En 1889, Menelik II asumió el título de emperador de Etiopía. Italia no perdió el tiempo y le propuso un pacto, el Tratado de Wichale, redactado en italiano y amhárico, idioma del grupo étnico dominante de Etiopía. En el artículo XVII de la versión en amhárico se leía que Menelik «puede recurrir a los buenos oficios del gobierno italiano en sus tratos con otras potencias extranjeras»; en el texto en italiano, la palabra empleada era «debe» en lugar de «puede», lo cual reducía a Etiopía a un protectorado. Al descubrir la discrepancia, Menelik renunció al tratado.

Acción decisiva

Siete años después, en 1896, la invasión italiana de Etiopía desde Eritrea culminó en la batalla de Adua. Convencido por agentes eritreos infiltrados de que la victoria sobre Menelik sería rápida, el general italiano Oreste Baratieri decidió lanzar un ataque sorpresa. El 29 de febrero de 1896, dividió el ejército en tres columnas, que marcharon toda la noche. Al salir el sol, la lectura errónea de los mapas había dejado aislada sin remedio a una de ellas. Además, Menelik estaba informado del ataque, y sus tropas restaban a la espera. Destruyeron al ejército italiano, y, en pocos meses, Italia tuvo que cancelar el Tratado de Wichale y reconocer la independencia etíope.

Haile Selassie

El siguiente emperador importante en la historia de Etiopía fue Haile Selassie I. Coronado en 1930, sustituyó el sistema tradicional de regiones semiautónomas por una administración central. La primera constitución moderna de Etiopía, de 1931, dio al emperador el «poder supremo» para introducir reformas a pesar de la oposición de los dirigentes locales. Las reformas fueron interrumpidas por otra invasión italiana en 1935, en la que el ejército etíope fue abrumado, y la capital, Adís Abeba, fue ocupada por los italianos desde 1936. Selassie huyó al exilio a Gran Bretaña.

Cuando volvió a Etiopía en 1941, Selassie siguió modernizando el país, con mejoras educativas y de las fuerzas del orden, e incrementando su poder personal. Reprimió a las etnias minoritarias, e impuso el amhárico a escala nacional. En la década de 1960 estallaron rebeliones que hicieron tambalearse al gobierno de Selassie. En 1974, Selassie no reaccionó ante una grave hambruna, y, entre la indignación popular, perdió el apoyo del ejército. Fue depuesto por un comité militar en septiembre de 1974, y la dinastía salomónida llegó así a su fin. ▪

Un enemigo que pretende destruir nuestra patria y cambiar nuestra religión ha atravesado las fronteras que nos dio Dios.
Menelik II

DESCOLO
Y DIASPO
1900–PRESENTE

NIZACION
RAS

La **primera Conferencia Panafricana** se celebra en Londres (Reino Unido), y asisten figuras negras eminentes de todo el mundo.

Se funda la próspera comunidad negra de Greenwood en Tulsa (Oklahoma), que será conocida por el apodo **«Wall Street negro»**.

Primera publicación del **periódico afrobrasileño** *O Menelik*, que da voz al activismo político negro en Brasil.

La **protesta o guerra de las mujeres** igbo en Nigeria contra los impuestos directos conduce a la reforma de la estructura política colonial.

1900

1906

1915

1929

1905

1912

1918

1939–1945

La **rebelión Maji Maji** de la población nativa de Tanzania contra el dominio alemán inspira a otros africanos a luchar contra el colonialismo.

Se **funda** en Sudáfrica el **Congreso Nacional Africano**, como movimiento de liberación negro por el derecho al voto y, más adelante, por el fin del *apartheid*.

Tras la Gran Migración de 1916, Harlem (Nueva York) florece como foco de la creatividad negra en EEUU y lugar del **Renacimiento de Harlem**.

Reclutamiento de africanos para luchar en la Segunda Guerra Mundial. Los nacionalistas exigen la independencia a la Europa debilitada de la posguerra.

Acomienzos del siglo xx, la esclavitud era ilegal en muchas partes del mundo, pero el atrincherado prejuicio antinegro gozaba aún de gran predicamento. Gran parte de África estaba en poder de un puñado de potencias europeas, las cuales impusieron una partición en unidades administrativas en las que comunidades diversas debían convivir sujetas a las mismas normas. En EEUU y otros lugares, el esclavismo fue reemplazado por la violencia institucional y las políticas de discriminación racial.

Autodeterminación

Por todo el mundo surgieron movimientos intelectuales y revolucionarios para subvertir el orden político y la opresión de las ideologías hostiles. El movimiento panafricanista llamó a la unidad de todos los pueblos y personas de origen africano, a compartir las experiencias de la opresión y a celebrar la historia, la cultura y las tradiciones africanas. La primera de varias conferencias tuvo lugar en 1900, con la descolonización y la autodeterminación en el programa. A menor escala, varios movimientos de base culminaron en levantamientos contra las potencias coloniales, como la rebelión del Ejército de la Tierra y Libertad de Kenia (grupo radical al que los británicos llamaron los Mau Mau), que inició sus actividades en la década de 1940.

Muchos radicales negros se mostraron combativos en la lucha por la autodeterminación, pero muchos más adoptaron un enfoque distinto: acabada la Primera Guerra Mundial, en el barrio neoyorquino de Harlem surgió el llamado Renacimiento de Harlem como un movimiento literario negro estadounidense, para luego incluir el jazz y el blues y otras expresiones artísticas. Representando lo que significa ser negros en EEUU, escritores y artistas socavaron los burdos estereotipos imperantes y alimentaron la lucha por los derechos civiles. A pesar de la inmensa fama de la que gozaron artistas negros como Ethel Waters y Louis Armstrong, seguían teniendo que entrar y salir de los clubs de jazz por la puerta trasera.

El movimiento ideológico y literario Négritude, surgido en París en la década de 1930, se inspiró en el Renacimiento de Harlem y el radicalismo político francés. Lo que unía a todos estos movimientos, fueran artísticos o políticos, era el orgullo y la autoafirmación raciales. Gradualmente, sus esfuerzos empezaron a dar frutos. Ghana fue el primer país de África occidental en lograr la independen-

Unas **mil personas** llegan a Reino Unido **desde Jamaica** a bordo del *Empire Windrush*. Serán recibidos con hostilidad y obtendrán malas condiciones laborales.

1948

Inspirado por el panafricanismo, **Kwame Nkrumah, líder de la independencia de Ghana** de Reino Unido, es su primer presidente.

1957

En Francia, en un intento de fomentar la igualdad, **una ley** prohíbe almacenar datos étnicos, raciales o religiosos sin consentimiento expreso.

1978

EE UU elige a su primer presidente negro, **Barack Obama**.

2008

1955

La negativa de la costurera negra Rosa Parks a ceder el asiento a un pasajero blanco en el autobús desata el **boicot de autobuses de Montgomery**.

Década de 1960

Paralelamente al movimiento Black Power, **mujeres negras** de todo el mundo comienzan a desarollar un **feminismo propio**.

1994

Unas **800 000 personas**, en su mayoría tutsis, son **asesinadas por extremistas hutus** en el conflicto étnico de Ruanda.

2020

El asesinato de **George Floyd** por un agente de policía en Minneapolis (EE UU) desata protestas globales contra la violencia racial.

---

cia, en 1957. Solo en el año 1960 se independizaron otros 17 países africanos, y muchos otros se convirtieron en Estados soberanos modernos a lo largo de la década siguiente.

Igualdad de derechos

Mientras muchos países africanos celebraban su libertad, en otros la batalla por la desegregación apenas había comenzado. En 1948 se implantó en Sudáfrica el *apartheid*, que legalizaba la segregación basada en la raza. El Congreso Nacional Africano (ANC) emprendió una campaña de décadas para combatirlo, hasta el éxito en 1990. El líder del ANC Nelson Mandela, después de pasar 18 años en la cárcel por defender la causa, fue el primer presidente negro del país.

En 1950, Oliver Brown demandó al Consejo de Educación de Topeka (Kansas) por negarse a que su hija se matriculara en la escuela local solo para blancos. Cuatro años después, el Tribunal Supremo de EE UU. dictaminó que la segregación racial en las escuelas era inconstitucional. Este veredicto, combinado con la injusticia del veredicto «no culpable» en el caso del linchamiento de Emmett Till en 1955, dio ímpetu al naciente movimiento por los derechos civiles en EE UU. En 1963, un cuarto de millón de personas participaron en la Marcha sobre Washington por la justicia y la igualdad para los estadounidenses negros. La Ley de derechos civiles se aprobó un año después.

Black Lives Matter

En tiempos recientes, personas negras de distintos países han cooperado para promover el bienestar colectivo, afirmar el orgullo racial y la herencia común y luchar por un futuro sin racismo. Esto incluye colaboraciones en la música, el cine y las artes, además de en protestas contra la brutalidad policial y otras formas de violencia institucional.

En Reino Unido, los disturbios de Brixton (Londres) contra el acoso policial en 1981 se propagaron a otras ciudades británicas, y, más recientemente, las protestas se han amplificado más allá de las fronteras nacionales. El movimiento Black Lives Matter, iniciado en EE UU en 2013, no tardó en captar la atención mundial, y, en 2020, millones de personas –de todas las razas– salieron a las calles a protestar por el asesinato policial de George Floyd, enarbolando el lema «Black Lives Matter». La magnitud de esta respuesta apunta a que las actitudes están cambiando, y quizá marque un cambio hacia un futuro más justo. ∎

UNOS ESTADOS UNIDOS DE AFRICA

EL PANAFRICANISMO (1900)

EN CONTEXTO

LOCALIZACIÓN
Todo el mundo

ANTES
1816 Se funda la American Colonization Society (ACS) para reasentar a negros libres en África.

1847 Liberia se independiza y crea sus propias leyes.

1863 La Proclamación de Emancipación de Abraham Lincoln libera a los esclavos en los Estados Confederados.

DESPUÉS
1916–1970 En la Gran Migración, más de seis millones de afroamericanos emigran del sur al noreste y Medio Oeste de EE UU.

1958 Se crea la Conferencia de los Pueblos Africanos para impulsar la independencia africana.

1960 17 países de África logran la independencia.

Declaramos a todos los hombres, mujeres y niños de nuestra sangre en todo el mundo […] ciudadanos libres de África, la madre patria de todos los negros.
Declaración de los Derechos de los Pueblos Negros del Mundo,
emitida por la UNIA (1920)

Véase también: Movimientos negros en Francia 250–251 ▪ El Año de África 274–275 ▪ El movimiento Black Power 288–289 ▪ La diáspora africana hoy 314–315

El panafricanismo, ideología política que promueve la solidaridad y la conciencia común entre todas las personas de origen africano, tiene sus raíces en la experiencia compartida de la opresión por los africanos de la diáspora. El éxito de la Revolución haitiana (1791–1804) y la Declaración de Independencia de Haití convirtieron la idea de la soberanía negra en un grito de guerra para los activistas negros.

En EE UU, los abolicionistas negros del siglo XIX, como Frederick Douglass, David Walker y Alexander Crummell debatieron sobre cuál era la mejor solución a la desigualdad racial: emigrar a África o constituir una nación soberana dentro de EE UU.

Poco después del fin de la guerra de Secesión y la ratificación de la 13.ª enmienda a la Constitución –que abolía la esclavitud– en 1865, hubo una articulación más desarrollada del panafricanismo. Uno de los intelectuales más influyentes fue el político liberiano Edward Blyden, quien, como Crummell, argumentaba que una llamada eficaz a la unidad africana requería el retorno de la diáspora a la patria ancestral, para trabajar con otros africanos en la reconstrucción del continente.

Conferencia Panafricana

En el Caribe, el abogado trinitense H. Sylvester Williams formó la Asociación Africana (nombre luego cambiado a Asociación Panafricana) en 1897. Su objetivo era contar con un foro más amplio en el que las personas negras pudieran manifestar sus problemas comunes y unirse para combatir el paternalismo, el racismo y el imperialismo. El éxito de la Asociación Africana inspiró a Williams la convocatoria de la primera Conferencia Panafricana en Londres, en 1900, que inició el proceso de institucionalización del panafricanismo. A la »

La primera Conferencia Panafricana de 1900, en Londres, en la que W. E. B. Du Bois pronunció su famosa frase: «El problema del siglo XX es el problema de la línea de color».

Edward Wilmot Blyden

Edward Wilmot Blyden nació en 1832 en las Indias Occidentales Danesas (actuales Islas Vírgenes de EE UU). Viajó a EE UU en 1850 para cursar estudios superiores pero muchas instituciones le denegaron la matrícula por su raza. Con la ayuda de la American Colonization Society, Blyden emigró a Liberia en enero de 1851, y fue editor de *Liberia Herald*, *The Negro* y *The African World*.

Blyden viajó a EE UU con frecuencia para animar a las personas negras a sacudirse el yugo de la opresión, volviendo a África y participando en su desarrollo. Fue uno de los primeros en manejar la noción de «personalidad africana», que empleó para desmentir las teorías seudocientíficas sobre la supuesta inferioridad negra y para promover la igualdad.

Su postura sin concesiones en cuanto al nacionalismo, la emigración y el orgullo negros le valieron el título de «padre del panafricanismo». Murió en Sierra Leona en 1912.

Obra principal

1888 *Christianity, Islam and the Negro Race.*

> El panafricanismo mira más allá de los confines estrechos de clase, raza, tribu y religión. En otras palabras, quiere la igualdad de oportunidades para todos.
> **George Padmore**
> *Pan-Africanism or Communism* (1956)

conferencia asistieron muchas personalidades negras relevantes, tanto de África como de la diáspora. El miembro más destacado de la delegación estadounidense fue el activista por los derechos civiles W. E. B. Du Bois, que clausuró la conferencia con su discurso «A las naciones del mundo», finalizado con el ruego de respetar los derechos humanos de los súbditos y ciudadanos negros de todas las naciones. Al final de la misma, Du Bois organizó el Congreso Panafricano, que celebró su primer encuentro en París en 1919, y al que siguieron otros a lo largo de las décadas.

La Conferencia Panafricana y los posteriores congresos tuvieron un impacto importante en la difusión del panafricanismo durante gran parte del siglo XX, ya que inspiraron un cambio en la conciencia negra y condujeron a un esfuerzo creciente entre los escritores, artistas y académicos negros por dignificar y enaltecer a la raza negra. Esto favoreció el desarrollo de los llamados *black studies*, el estudio de la historia y la cultura de los pueblos negros y de fenómenos como el Renacimiento de Harlem, movimiento que impulsó la literatura y las artes negras en EE UU.

En la década de 1930 surgieron otros pensadores panafricanos, como los trinitenses C. L. R. James y George Padmore, dos de los panafricanistas más relevantes de su época. Padmore y James emigraron a Harlem (Nueva York) e intercambiaron ideas con artistas e intelectuales negros estadounidenses. Sus obras influyeron a muchos panafricanistas del siglo XX.

Del ámbito cultural francófono emergieron panafricanistas como el académico y político senegalés Cheikh Anta Diop y los martiniqueses Aimé Césaire y Frantz Fanon. En sus escritos aplicaron la filosofía marxista, dentro de una tradición radical negra, para reflexionar sobre cuestiones como la invasión italiana de Abisinia (Etiopía) en 1935 y el trato dado a los combatientes negros durante la Segunda Guerra Mundial.

Los panafricanistas de esta época contribuyeron al surgimiento de movimientos diversos entre la diáspora africana, tales como el afrosurrealismo, la Créolité, en el Caribe, y el Black is Beautiful en EE UU. En África, influyeron en los líderes nacionalistas y en las formas que adoptó la lucha por la independencia.

Orgullo y liberación

En EE UU y el Caribe, el auge de la influencia del panafricanista de origen jamaicano Marcus Mosiah Garvey y su variante del nacionalismo negro, llamada garveyismo, popularizaron el panafricanismo. Garvey fundó la Asociación Universal de Desarrollo Negro (UNIA) en 1914, y revivió el movimiento Back to Africa defendido por líderes panafricanistas anteriores. Atrajo a personas negras de orígenes diversos para unirlas y proyectar la belleza de la historia y la cultura negras. A mediados de la década de 1920, UNIA tenía entre 6 y 11 millones de miembros por todo el mundo,

Público asistente al quinto Congreso Panafricano, en Manchester (Reino Unido), en 1945. El nuevo liderazgo de este congreso fue mayoritariamente africano.

Danzantes africanos tradicionales durante un desfile la víspera del Festival Cultural Panafricano (PANAF) de 2009, celebrado en Argelia.

con más de 700 filiales en EE UU y otras muchas en el Caribe, América del Sur, África, Australia y Europa. La bandera roja, negra y verde de la organización fue adoptada como enseña del panafricanismo.

En la posguerra de la Segunda Guerra Mundial, el panafricanismo se centró en los llamamientos a la independencia de África, destacando el liderazgo del ghanés Kwame Nkrumah. Tras llevar a su país a la independencia en 1957, Nkrumah encabezó la campaña por un continente africano libre y autosuficiente. En 1958, Ghana acogió la primera reunión de la Conferencia de los Pueblos Africanos (All-African Peoples Conference, AAPC), en la que se logró una unión política y social entre el norte arabófono del continente y las regiones subsaharianas de África. La AAPC y, posteriormente, la Organización para la Unidad Africana (OUA) crearon un efecto dominó, y 36 países se independizaron entre 1960 y 1970.

El panafricanismo perdura

A lo largo del siglo XX, el panafricanismo mantuvo su impacto y presencia en otras grandes luchas de la época, como el movimiento por los derechos civiles y el movimiento Black Power

en EE UU. Por todo el Caribe, sobre todo en Trinidad y Jamaica, los intelectuales panafricanistas desafiaron a sus regímenes coloniales y reclamaron reformas políticas y el derecho al voto. En 1966, el líder panafricanista y presidente de Senegal, Léopold Senghor, inauguró el primer Festival Mundial de las Artes Negras (luego llama-

do Festival Mundial de las Artes y la Cultura Negra y Africana) para promover la unidad negra a través de las artes. La segunda edición, celebrada en Nigeria en 1977, atrajo a representantes de 48 países. Durante las décadas de 1980 y 1990, de las ideologías panafricanas nació el afrocentrismo, que combatió la perspectiva europea predominante en la educación destacando las perspectivas, la historia y las culturas de los pueblos africanos. El afrocentrismo influyó en la expresión y la identidad culturales, sobre todo entre jóvenes que reflejan la herencia africana en sus nombres, ropa, lenguaje, dieta y creencias.

La ideologías panafricanistas perviven en movimientos actuales como Black Lives Matter, y continúan promoviendo la unidad como la clave para el desarrollo africano. ∎

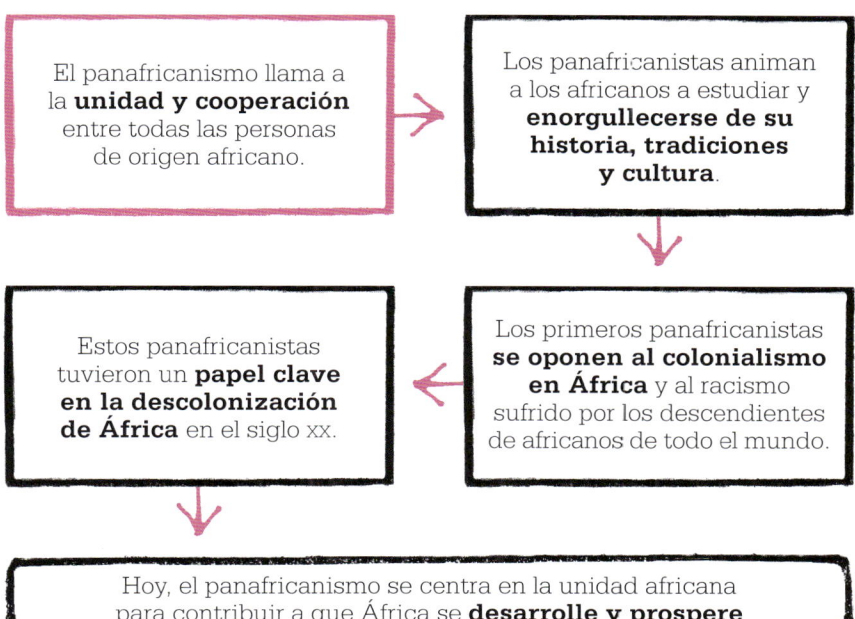

El panafricanismo llama a la **unidad y cooperación** entre todas las personas de origen africano.

Los panafricanistas animan a los africanos a estudiar y **enorgullecerse de su historia, tradiciones y cultura**.

Estos panafricanistas tuvieron un **papel clave en la descolonización de África** en el siglo XX.

Los primeros panafricanistas **se oponen al colonialismo en África** y al racismo sufrido por los descendientes de africanos de todo el mundo.

Hoy, el panafricanismo se centra en la unidad africana para contribuir a que África se **desarrolle y prospere social, política y económicamente**.

EL AGUA DE LA VIDA

LA REBELIÓN MAJI MAJI (1905–1907)

EN CONTEXTO

LOCALIZACIÓN
Tanzania, África oriental

ANTES
1884–1885 La conferencia de Berlín decide la partición de África.

1888–1889 Estalla la revuelta de Abushiri contra las ambiciones territoriales alemanas en la costa africana oriental.

1891 Los hehes derrotan a las tropas coloniales alemanas y resisten otros siete años.

DESPUÉS
1919 Tras la Primera Guerra Mundial, el Tratado de Versalles despoja a Alemania de sus colonias africanas. Gran Bretaña recibe el África Oriental Alemana, llamada Tanganica.

1961 Tanganica logra la independencia.

1964 Tanganica y Zanzíbar forman la República Unida de Tanzania.

Tras la partición de África en la Conferencia de Berlín de 1885, Alemania tomó posesión de su esfera de influencia en África oriental (las actuales Tanzania, Burundi y Ruanda), que declaró protectorado bajo administración de la Compañía Alemana del África Oriental. Tras el fracaso de esta en administrarlo con éxito, Alemania asumió el control directo de la colonia en 1891. Para consolidar su dominio,

Soldados africanos, o askaris, que representaban el grueso de las tropas coloniales alemanas, defienden un fuerte en Mahenge contra el ataque de los Maji Maji en agosto de 1905.

los gobernadores coloniales desencadenaron un reinado del terror a base de violencia contra comunidades enteras, el asesinato de reyes y jefes tribales y la imposición de elevados impuestos. También emplearon el trabajo forzado para construir carreteras, e impusieron un sistema de cuotas para obligar a los africanos a cultivar las cantidades deseadas de algodón para la exportación. Este régimen represivo violó normas locales, alienó comunidades y generó oposición al dominio alemán.

En julio de 1905, durante una época de sequía y crisis económica, el profeta tanzano Kinjikitile Ngwale dijo disponer de una sustancia, el

Prisioneros Maji Maji encadenados tras su captura. La rebelión involucró a habitantes de unos 26 000 km² de territorio, y duró dos años.

maji maji (agua sagrada), que protegía de las balas.

Rociados y embravecidos por la supuesta protección del *maji maji* (una mezcla de agua, aceite de ricino y semillas de mijo), habitantes de la región de Matumbi se lanzaron a la rebelión contra el gobierno colonial. Con lanzas y flechas, atacaron pequeños destacamentos alemanes, destruyeron campos de algodón y reclamaron territorios ocupados. Al difundirse las noticias, otros grupos étnicos de la colonia, unos veinte a finales de agosto de 1905, se unieron al levantamiento.

Represalias alemanas
El 30 de agosto, un grupo de 20 000 sublevados marchó sobre un fuerte en Mahenge (Tanzania). Fueron rechazados por las ametralladoras alemanas, con miles de bajas africanas.

En respuesta al ataque, Alemania desplegó refuerzos para sofocar la rebelión, que se había propagado ya a toda el África Oriental Alemana, a pesar del reciente ahorcamiento de Ngwale y del fracaso demostrado del *maji maji* como protección. El gobierno colonial lanzó una contraofensiva en octubre de 1905, comenzando por un ataque a un campamento de los ngonis, que acababan de unirse a la resistencia. Mataron a cientos de hombres, mujeres y niños ngonis. Al final del año, Alemania había vuelto a ocupar la mayoría de los territorios controlados por los rebeldes, pero la resistencia continuó hasta 1907.

Para poner fin a la revuelta, el gobernador colonial Gustav Adolf von Götzen adoptó una política de tierra quemada, destruyendo deliberadamente granjas y suministros de alimentos y provocando el hambre en la colonia. En agosto de 1907, se estima que habían muerto entre 200 000 y 300 000 africanos –la cifra oficial fue de 75 000 muertes–, y que había sido ejecutado hasta el último participante en la revuelta.

Inspiración de nacionalistas
Aunque la rebelión Maji Maji no consiguió sacudirse la dominación colonial alemana, inspiró a otros africa-

> El *maji* […] no debía ser de o para ningún único grupo, clan o identidad étnica, sino de y para todos.
> **Gilbert Gwassa**
> **Historiador tanzano (1939–1982)**

nos en la lucha contra la colonización europea. En Tanzania creó una conciencia nacional, al haber luchado juntos diferentes grupos étnicos en una causa común.

La rebelión obligó también a Alemania a introducir reformas agrarias y económicas en todas sus colonias. La forma de gobierno semimilitar fue sustituida en el África Oriental Alemana por un modelo menos opresor, hasta el estallido de la Primera Guerra Mundial, tras la cual tuvo que ceder la colonia al Imperio británico. ▪

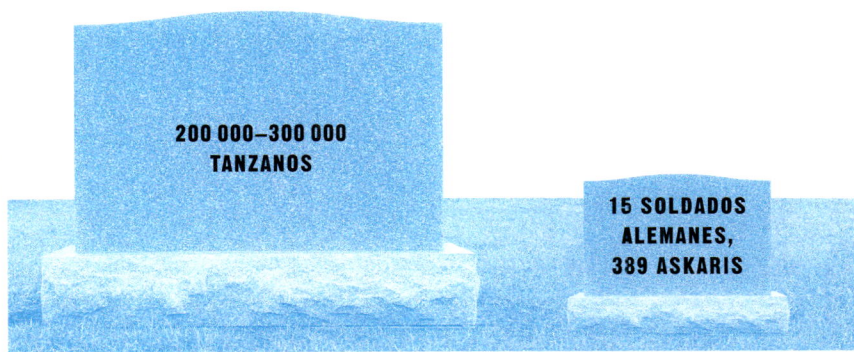

200 000–300 000 TANZANOS

15 SOLDADOS ALEMANES, 389 ASKARIS

Las bajas entre los tanzanos fueron mucho mayores que en el bando colonial. Se estima que murieron en la lucha entre 200 000 y 300 000, en combate y como resultado de la hambruna.

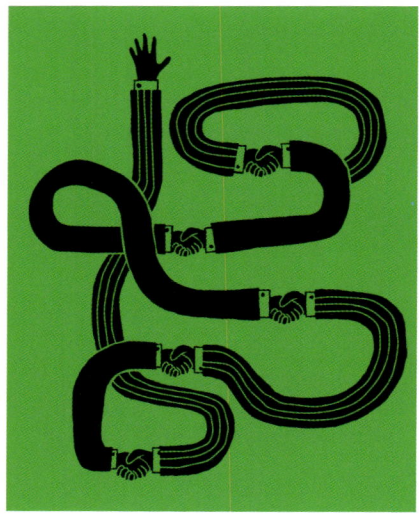

POR LOS NEGROS Y PARA LOS NEGROS

EL «WALL STREET NEGRO» (1906)

Se construye Greenwood en terreno **vendido** por un propietario negro **solo a personas negras**.

El distrito se convierte en una **comunidad negra autosuficiente** con **negocios prósperos propios**.

Greenwood es una comunidad hecha por y para las personas negras.

Concluida la guerra de Secesión y abolida la esclavitud en 1865, la vida siguió siendo dura para los estadounidenses negros del sur. Se acabaron las brutalidades de la vida bajo la esclavitud, pero los gobiernos estatales sureños instituyeron los restrictivos Códigos Negros, que dificultaron el acceso a la educación y al empleo, y muchos negros vivían en la pobreza.

Por la Ley Dawes de 1887, el gobierno federal dividió y redistribuyó el territorio de los nativos de EEUU, quedando este disponible para los nuevos colonos. Como resultado, los indígenas perdieron el control de más de 405 000 hectáreas.

Una gran extensión de Oklahoma fue una de tales áreas, y la carrera desbocada hacia las llamadas tierras «no asignadas» en 1899 dio a los colonos la oportunidad de convertirse en titulares de tierra barata. Algunos de estos colonos, los llamados *boomers*, eran estadounidenses negros, y fundaron más de 50 comunidades propias en Oklahoma. Greenwood, fundada en 1906 en la ciudad de Tulsa, llegó a ser tan próspera que la apodaron el «Wall Street negro».

Una comunidad floreciente
El distrito de Greenwood fue fundado por O. W. Gurley, un propietario de tierras negro. Gurley compró

Véase también: La guerra para acabar con la esclavitud 206–209 ■ La edad dorada de la Reconstrucción 210–213 ■ El movimiento Black Power 288–289

Residentes bien vestidos ante un comercio de Greenwood. Como vecindario en crecimiento, compartían los ideales de la educación, el trabajo duro y la libertad.

16,2 hectáreas de tierra, que anunció que solo vendería a personas negras, y abrió una tienda de alimentación, el primer negocio de propiedad negra del lugar. Se formó una comunidad independiente y autosuficiente, con sus propios comercios de comestibles, restaurantes, salas de cine y salones de belleza, y el dinero circulaba permanecía en la propia comunidad. El distrito no tardó en contar con su propio sistema de transportes, servicio de vuelos chárter, sistema postal y periódicos.

Objeto de ataque

Pese a sus éxitos, Greenwood vivió también tiempos tumultuosos. Tras la admisión de Oklahoma como 46.º estado de la Unión en 1907, se aprobó la legislación Jim Crow, que institucionalizaba la segregación y otras regulaciones racistas. En 1919, en Oklahoma se produjeron ataques de supremacistas blancos, hechos insertos en el llamado Verano Rojo, un sangriento periodo de disturbios raciales en ciudades de todo EEUU.

Dos años después, un hombre negro de Tulsa fue falsamente acusado de agredir a una mujer blanca, y el resultado fue el asalto a Greenwood de cientos de supremacistas blancos. Ardieron hogares y negocios, y entre 100 y 300 personas fueron asesinadas. No hubo detenciones.

Los residentes se esforzaron por reconstruir el distrito, a pesar de las enormes pérdidas económicas y humanas. En la década de 1950, la desegregación trajo población blanca a Greenwood, y los residentes negros empezaron a marcharse.

Hoy, Greenwood tiene un centro dedicado a la historia y cultura negra estadounidense. El legado del distrito es duradero, por haber ofrecido a los estadounidenses negros un lugar donde tener una vida próspera y feliz, y por servir de inspiración al movimiento por los derechos civiles. ■

Descendientes de esclavos liberados […] consideraron [Oklahoma] un territorio de esperanza y un lugar donde crear sus propias oportunidades.
Ralph Ellison
Novelista negro estadounidense
(1914–1994)

O. W. Gurley

Nacido en 1868 de padres antes esclavizados en Huntsville (Alabama), Ottowa W. Gurley llegó a ser un empresario muy rico. Tuvo varios empleos antes de ser propietario de tierras, director de escuela y dueño de un comercio.

En 1906, Gurley y su esposa se mudaron a Tulsa. Habían tenido noticia de los grandes campos petrolíferos de la zona, y vieron una oportunidad. Gurley abrió una tienda de comestibles y compró tierra que dividió en una serie de lotes para personas negras. Construyó un hotel, cofundó una iglesia y desarrolló otras propiedades. J. B. Stradford, su colega empresario llegado a Tulsa en 1899, tenía planes para una comunidad negra en las afueras de la ciudad, y empezaron a colaborar.

Después de los ataques a Greenwood en 1921, todas las propiedades de Gurley estaban en ruinas, y sufrió pérdidas enormes. Él y su esposa abadonaron Tulsa y se mudaron a Los Ángeles, donde regentaron un pequeño hotel. Gurley murió en 1935, a los 67 años.

LA VOZ DE LA RAZA
LOS MOVIMIENTOS NEGROS EN BRASIL (1915–1964)

EN CONTEXTO

LOCALIZACIÓN
Brasil

ANTES
1850 Brasil ilegaliza el tráfico de esclavos africanos.

1881 Una reforma electoral favorece al nuevo movimiento abolicionista, urbano y más radical.

1910 Revuelta de la *chibata* («látigo») contra la flagelación de los alistados de color por los oficiales navales blancos brasileños.

DESPUÉS
1986 El Ministerio de Educación y Trabajo de Brasil crea oficinas antidiscriminación.

2012 El Senado brasileño aprueba aplicar cuotas raciales para asignar plazas en las universidades federales.

2021 Los estudios apuntan a que la población negra de Brasil tiene una probabilidad 1,5 veces mayor de morir de COVID-19.

La esclavitud fue abolida en Brasil en 1888, pero la abolición no trajo la esperada transformación social. Los emancipados se encontraron viviendo en la Primera República brasileña, fundada en 1889 por y para los grandes terratenientes blancos, y controlada por ellos.

Adoptando las doctrinas del llamado «racismo científico», que defendían la supremacía blanca, la Primera República hizo grandes esfuerzos por «blanquear» a la población. El estado de São Paulo invirtió millones en traer a emigrantes blancos de Europa, y los negros empezaron a verse privados del trabajo en la competencia con los colonos de origen europeo. La ciudad de São Paulo había sido un núcleo de la actividad política negra desde finales del siglo XIX. A principios del siglo XX aparecieron las primeras publicaciones brasileñas negras en la ciudad, como el periódico líder *O Menelik*, fundado en 1915. En 1931, el periódico paulista negro *Progresso* recla-

Frente Negra Brasileira proporcionó eventos sociales, sanidad y defensa legal a la comunidad negra brasileña, promovió la educación y la formación y organizó bandas de jazz.

Véase también: La guerra para acabar con la esclavitud 206–209 ▪ La edad dorada de la Reconstrucción 210–213 ▪ Jim Crow 216–221 ▪ El fin de la esclavitud en Brasil 224–225 ▪ El movimiento Black Power 288–289

> ¿Entonces los negros no son personas? ¿Por qué? ¿Por qué serían los blancos mejores que los negros?
> **O Menelik**

El periódico *O Menelik*

En 1896, Etiopía repelió la invasión de un ejército colonial italiano. Mientras el resto de África sucumbía abrumada por el poderío militar europeo, el prestigio que adquirieron Etiopía y Menelik II, su emperador, los convirtió en iconos de la resistencia negra.

Un testimonio de ello, en 1915, fue *O Menelik,* un periódico afrobrasileño pionero que se definía como «publicación mensual con noticias, literatura y crítica dedicadas a los hombres de color», y prometía hacer llegar el conocimiento de los brasileños negros a un público más amplio. *O Menelik* fue uno de varios periódicos fundados por clubes sociales y recreativos, las primeras organizaciones negras documentadas surgidas tras la abolición de la esclavitud en Brasil. Su función primordial inicial fue hacer circular información entre los miembros.

El tono de *O Menelik* era más belicoso que el de sus contemporáneos, una actitud crítica pionera que sirvió de molde a la nueva generación de publicaciones afrobrasileñas de finales de la década de 1920 y la siguiente.

maba la participación directa en la reforma política, afirmando que «los hombres y mujeres de la raza negra deben prepararse para luchar […], para que […] el pueblo negro esté representado».

La era Vargas
Después de perder las elecciones presidenciales en 1930, el abogado y político brasileño Getúlio Vargas lideró una sublevación militar que derrocó a la Primera República y su sistema de partido único. Los activistas negros respondieron fundando Frente Negra Brasileira.

A los pocos meses de su fundación, Frente Negra Brasileira se había aliado con el movimiento fascista de Brasil, al coincidir sus líderes en querer un gobierno nacionalista fuerte que detuviera la inmigración. Muchos de sus miembros se sintieron alienados, y se marcharon para formar otros partidos.

En 1932, la revuelta contra el gobierno de Vargas –desencadenada por la matanza de cuatro estudiantes en una protesta por tropas gubernamentales el 23 de mayo– daría lugar a una nueva Constitución brasileña en 1934. Fue abolida pasados solo tres años, al establecer Vargas una dictadura. En 1937, Brasil entró en el periodo dictatorial del Estado Novo, y los partidos políticos fueron ilegalizados, incluido el Frente. La prensa negra fue ilegalizada también, pero volvió después de un cambio de régimen en 1945, que obligó a Vargas a renunciar. Hubo

> Su pudiéramos formar un bloque de voto, entonces el negro vería cambiar su situación, sin tener que inclinarse a cada paso ante la voluntad y los mandatos de otros.
> **O Clarim da Alvorada**
> **Periódico afrobrasileño (1929)**

nuevos intentos de fundar partidos políticos negros, sin éxito. Seguía presente la memoria amarga del Frente, y, entre 1946 y 1964, las organizaciones negras fueron principalmente de tipo cultural.

Movimiento negro unificado
Un golpe de Estado en 1964 llevó a Brasil a otra dictadura. Pese al *boom* económico que siguió, las personas negras con formación vivieron frustradas por la negativa de los empleadores brasileños a contratarles, lo cual impulsó la formación del Movimento Negro Unificado (MNU).

El MNU, grupo de izquierda radical, no tuvo una influencia muy extendida entre la clase obrera negra, pero logró cambios políticos. En 1982, se crearon comisiones gubernamentales para estudiar los problemas a los que se enfrentaba la población negra, y, cuatro años después, el Ministerio de Educación y Trabajo creó las oficinas antidiscriminación. ▪

242

JOVENES, VALIOSOS Y NEGROS

EL RENACIMIENTO DE HARLEM
(C. 1918–1937)

EN CONTEXTO

LOCALIZACIÓN
EEUU

ANTES
1895 Paul Laurence Dunbar publica *Majors and minors*, y se convierte en el primer poeta negro influyente de EEUU.

1903 W. E. B. Du Bois explora la identidad negra en *Las almas del pueblo negro*.

DESPUÉS
1948 El presidente Harry Truman escoge como canción de campaña «I'm just wild about Harry», del musical negro *Shuffle along*.

1965 El poeta y dramaturgo Amiri Baraka funda el Black Arts Movement, para el que toma ideas del Renacimiento de Harlem.

1993 Toni Morrison: primera estadounidense negra premiada con el Nobel de literatura.

Harlem, en la ciudad de Nueva York, fue la capital cultural de los estadounidenses negros desde *c.* 1918 hasta fines de la década de 1930. Fue el epicentro del Renacimiento de Harlem, también llamado New Negro Movement, que inspiró a artistas e intelectuales negros en otras ciudades de EEUU y en Londres, París, las Indias Occidentales y África occidental. El núcleo original del movimiento fue la literatura negra estadounidense. A su alrededor orbitaron el jazz, el blues y las artes visuales y escénicas durante un periodo de producción cultural negra sin igual ni precedente, animada por intenciones artísticas y políticas. El Renacimiento de Harlem fue alimentado por la emigración de

La Biblioteca Pública de Nueva York de la calle 135, en Harlem, centro de cultura afroestadounidense y plataforma de escritores, artistas e intérpretes, fue la primera de la ciudad en dar empleo a bibliotecarios negros.

estadounidenses negros del sur rural a las ciudades del norte a finales del siglo XIX e inicios del XX, que buscaban escapar de la discriminación racial y la pobreza y tratar de mejorar su situación social y económica.

Una nueva identidad cultural

Tras la emancipación de los estadounidenses negros de los estados del sur, se disparó el número de niños negros escolarizados, y los índices de alfabetización pasaron del 20 %, en 1870, al 77 %, en 1920. Fruto de ello surgieron escritores de talento, animados por la búsqueda de una nueva identidad libre de las sombras de la opresión del pasado. Muchos publicaron por primera vez en *The Crisis*, la revista de la Asociación Nacional para el Progreso de las Personas de Color (NAACP) fundada en 1909. Mientras fue su editor el sociólogo W. E. B. Du Bois, además de noticias, cada número traía poesía, narrativa y arte visual, y se convirtió en la revista negra estadounidense más leída.

Miles de estadounidenses negros lucharon por su país en la Primera Guerra Mundial, pero la esperanza de ver recompensado su patriotismo con mayores derechos civiles quedó defraudada. Excluidos de los sindicatos, estaban expuestos al desempleo crónico; y, negado también el derecho al voto, la política era otra vía cerrada. Así las cosas, los impulsores del Renacimiento –como Du Bois y el sociólogo Charles S. Johnson, con toda una vida dedicada al activismo por la igualdad racial– consideraron que sobresalir en las artes creativas podría influir en los mediadores blancos del poder para lograr avances en materia de derechos políticos. En conjunto, los escritores y artistas negros representaron la vida afroamericana con »

No me importa […] el arte que no sirva para la propaganda. Pero me importa que la propaganda se limite a un solo lado, con el otro despojado y silenciado.
W. E. B. Du Bois

The New Negro

En una época en que la mayoría de los libros sobre personas negras eran de autores blancos, Alain Locke, becario Rhodes y «decano» del Renacimiento de Harlem, vio la necesidad de una publicación hecha por estadounidenses negros que tratara la vida negra en toda su profundidad. En 1925 publicó la primera parte de *The New Negro*, «*The Negro Renaissance*», con relatos breves de Zora Neale Hurston, poesía de Countee Cullen y Georgia Johnson, obras teatrales de Jessie Fauset y Willis Richardson, y canciones folclóricas de Langston Hughes. En la segunda parte, «*The New Negro in a New World*», sociólogos, antropólogos y politólogos trataban las relaciones raciales contemporáneas en EE UU, con ilustraciones de Winold Reiss y Aaron Douglas y fotografías de máscaras africanas. *The New Negro* fue el primer libro dedicado en exclusiva a la autoexpresión negra que exploró las raíces de la creatividad negra y cimentó la producción cultural futura.

autenticidad y dignidad, contrarrestando los estereotipos burdos con los que se caricaturizaba a los negros en los medios convencionales. Verse retratados como bufones y salvajes lujuriosos (con los miembros del Ku Klux Klan en el papel de héroes) en el filme *El nacimiento de una nación* (1915), de D. W. Griffith, indignó a la NAACP, que reclamó la censura o prohibición de la cinta. Los censores, casi todos blancos, hicieron poco caso.

Herencia e identidad

Al examinar lo que significa ser negro en EEUU, los artistas y escritores del Renacimiento de Harlem afirmaron el orgullo por la herencia cultural africana colectiva, que remodelaron como un símbolo de esperanza y promesa de futuro en vez de como distintivo de inferioridad. Novelistas y poetas produjeron prosa y poesía innovadoras, y exploraron las ideas, emociones y vidas de los estadounidenses negros, como reflejo de una búsqueda más amplia de significado e identidad. Individualmente, los escritores buscaron vínculos significativos con algo mayor que ellos mismos. En *Cane* (1923), Jean Toomer exploró sus raíces sureñas, mientras que otros autores,

A los afroestadounidenses se les **niegan derechos civiles** y **son retratados con estereotipos burdos** en los medios convencionales.

Escritores, artistas y músicos representan las **tradiciones y experiencias** de los afroestadounidenses de forma **auténtica y digna**.

Las **creaciones** del Renacimiento de Harlem son aclamadas **a escala nacional e internacional**.

Un nuevo **orgullo y una nueva identidad cultural** afroestadounidenses alimentan la lucha por los **derechos civiles**.

Nosotros, los artistas negros jóvenes que creamos ahora, queremos expresar nuestro yo de piel oscura sin miedo ni vergüenza.
Langston Hughes
The Negro Artist and the Racial Mountain (1926)

como Gwendolyn Bennett y Richard Bruce Nugent, acudieron al continente africano en busca de inspiración.

Countee Cullen, poeta destacado de la época, llegó a Harlem a los nueve años, y fue reconocido cuando era aún alumno de secundaria. «Incidente», uno de sus poemas más conocidos, del libro *Color*, publicado en 1925, es un relato en primera persona de un muchacho cuyos largos meses en Baltimore están marcados por un único recuerdo: el insulto racial que recibió mientras iba en un autobús.

James Langston Hughes, escritor y activista apasionado del Renacimiento, infundió en su poesía ritmos de jazz, y usó un inglés afroestadounidense vernáculo para celebrar el valor de la vida cotidiana de la comunidad negra. A lo largo de una carrera de cinco décadas, escribió nueve obras de ficción, once obras de teatro, diez libros de poemas, ocho libros infantiles y dos autobiografías. Cullen y Hughes, y otros autores importantes, como la también cineasta y antropóloga Zora Neale Hurston, describieron de modo conmovedor la realidad de la vida de los estadounidenses negros a inicios del siglo XX, y exploraron los factores políticos, sociales y culturales que habían llevado a esta situación, comenzando a construir una nueva identidad afroestadounidense definida por el orgullo cultural.

Música y arte

Mientras los escritores negros proporcionaban el guion del Renacimiento de Harlem, los músicos de blues y jazz pusieron la partitura, y ambos confluyeron en las artes escénicas. *Shuffle along*, musical de Flournoy Miller y Aubrey Lyles, se estrenó en Broadway en 1921 con un elenco enteramente negro, y fue representado más de 500 veces. Lanzó la carrera de muchos intérpretes negros, e inspiró otras obras con actores afroestadounidenses, como la ópera *Porgy y Bess* el musical *Show boat*. Varios artistas visuales negros de talento, como Loïs Mailou Jones, Augusta Savage, Aaron Douglas y William H. Johnson, destacaron también en el contexto del Renacimiento de Harlem. Jones hizo su primera exposición en solitario a los 18 años, y se trasladó luego a París, donde su obra pictórica, reflejo de tradiciones africanas, fue muy aclamada. Savage fue escultora y educadora; en la década de 1920 creó bustos de figuras negras eminentes, como la de W. E. B. Du Bois; realizó la escultura *The harp (El arpa)* para la Exposición General de Nueva York de 1939, y el mismo año abrió su propia galería de arte, la primera de un artista afroestadounidense. Douglas pintó murales, e hizo ilustraciones y portadas para publicaciones negras. De su obra destacan los cuatro murales de *Aspects of negro life*, encargados para la sucursal de la Biblioteca Pública de Nueva York en la calle 135, obra que representa la historia de la comunidad negra en EE UU. Johnson absorbió la modernidad y el arte folclórico en Francia y Escandinavia en las décadas de 1920 y 1930. Volvió a Nueva York en 1938, y enseñó en el Harlem Community Art Center.

Una influencia creativa perdurable

Las aspiraciones afroestadounidenses se vieron frustradas en muchos casos por la Gran Depresión de la década de 1930, en la que los trabajadores negros tenían el doble de posibilidades de perder el empleo que los blancos. El Renacimiento de Harlem, sin embargo, había alimentado un orgullo y una autonomía nuevos, y tendría un impacto duradero en las posteriores expresiones artísticas negras de todo el mundo. Así, la riqueza y creatividad del Renacimiento de Harlem pusieron los cimientos del Black Arts Movement (BAM) en la década de 1960, muy influyente a su vez en la producción artística negra del siglo XXI. ∎

Paisaje urbano de Harlem con iglesia (*c.* 1939–1940) representa el estilo deliberadamente cándido y colorista con el que William H. Johnson captó la percepción afroamericana de la vida urbana.

Zora Neale Hurston

Zora Hurston nació en Alabama en 1891, y se crió en Eatonville (Florida), comunidad negra en las afueras de Orlando. Cuando tenía 13 años murió su madre, y a los 16 formó parte de una compañía de teatro itinerante, antes de volver a estudiar. En 1925, Hurston obtuvo una beca para estudiar antropología en Barnard College (Nueva York), y después el posgrado en la Universidad de Columbia. Sus estudios influyeron mucho en sus escritos, que contienen agudas observaciones de la cultura popular negra. Escribió muchos artículos académicos y relatos breves, muy aclamados pero poco lucrativos. Trabajó posteriormente como criada para poder seguir escribiendo, y murió pobre y olvidada en 1960. Gracias a un artículo de la autora afroestadounidense Alice Walker, aparecido en la revista *Ms.* en 1975, la obra de Hurston fue revalorizada y encontró nuevos lectores.

Obras principales

1935 *Mules and Men.*
1937 *Sus ojos miraban a Dios.*
1942 *¡Mi gente!, ¡mi gente! (Dust Tracks on a Road).*

EL TAMTAM ETERNO QUE LATE EN EL ALMA NEGRA

LA ERA DEL JAZZ (DÉCADAS DE 1920 Y 1930)

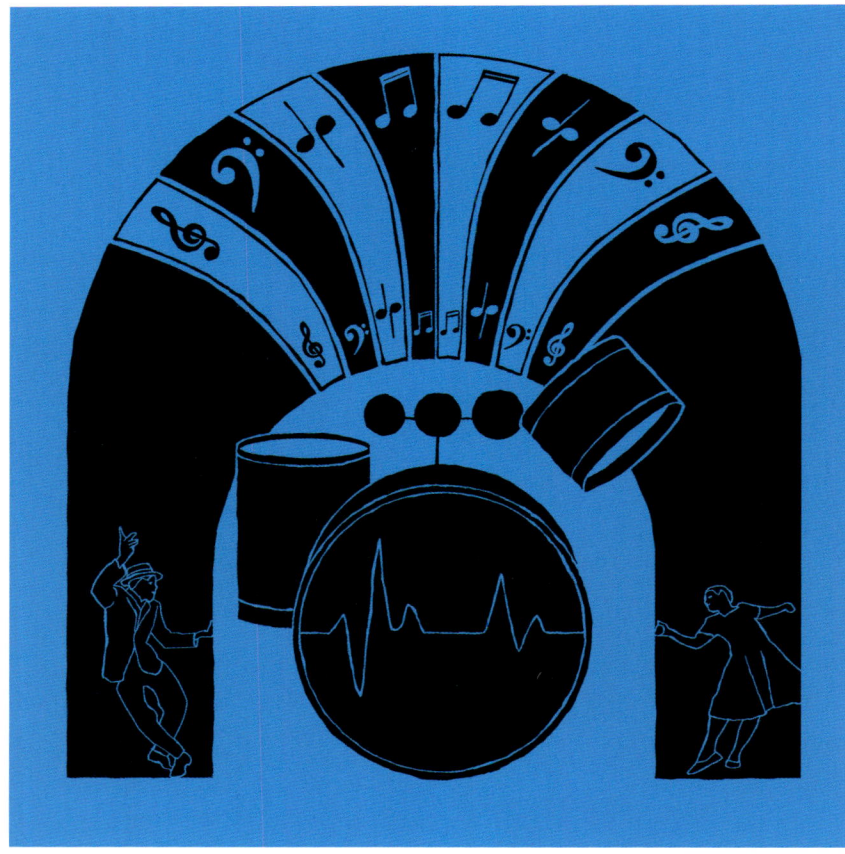

L a era del jazz fue un periodo en el que todos los aspectos de la cultura popular estadounidense fueron dominados por esta creación musical afroamericana, vital y, en gran medida, improvisada.

El novelista estadounidense F. Scott Fitzgerald, el primero en identificar así la era, consideró que abarcaba la década de 1920, pero el primer disco de jazz fue editado en 1917, y se puede considerar como final por todo lo alto el primer festival masivo de jazz al aire libre, en 1938.

Las bandas empleaban instrumentos de viento y percusión, con ritmos dinámicos y contagiosos, siendo habitual también la presencia del piano. A diferencia de lo acostumbrado en la música clásica, rara vez había partitura, y se espera-

Véase también: Los inicios del comercio atlántico de esclavos 116–121 ■
El Renacimiento de Harlem 242–245 ■ La Marcha sobre Washington 282–285

> El jazz es libertad.
> Piénsalo.
> **Thelonious Monk**
> Músico de jazz afroestadounidense
> (1918–1982)

ba de los músicos que improvisaran y se expresaran con libertad.

El efecto unificador del jazz

La libertad del jazz se tradujo en música de un atractivo y gracia irresistibles para los jóvenes, negros y blancos, que disfrutaban de bailar el nuevo estilo escuchado en fiestas, clubes y, más tarde, la radio. Durante la llamada ley seca, vigente en EE UU desde 1920 hasta 1933, los dueños de los locales ilegales, o *speakeasies* (de *speak easy*, «habla bajito»), abiertos para eludir la prohibición por el crimen organizado, contrataban bandas de jazz.

La nueva música trajo prestigio y fama a músicos negros como Louis Armstrong y Duke Ellington, y a cantantes como Ethel Waters. Los directores blancos de bandas populares como Paul Whiteman y Benny Goodman adoptaron el jazz, un lenguaje que en ocasiones permitía a personas negras hablar en pie de igualdad a los blancos, quizá por primera vez desde que fueran esclavizados: las barreras comenzaban a disolverse.

Aunque los músicos negros fueran la principal atracción de los clubes, seguían obligados a entrar y salir por la puerta de servicio, y no tenían permitido confraternizar con la clientela. Y era peor aún si la gira incluía el sur, donde los músicos solían tener que dormir a la intemperie después de tocar, a falta de hoteles dispuestos a alquilarles una habitación.

Orígenes del jazz

El atractivo transracial del jazz puede remontarse a sus orígenes en Nueva Orleans, una ciudad portuaria abierta a una mezcla singular de tradiciones musicales. Los primeros colonos franceses introdujeron la banda militar, el festival musical del *Mardi Gras*, y los primeros instrumentos de viento metal. La mayoría de la población negra de la ciudad procedía del Caribe, y trajeron consigo los ritmos sincopados, ejecutados con percusión por los llegados de África occidental.

Desde 1817, las autoridades de Nueva Orleans permitieron a los »

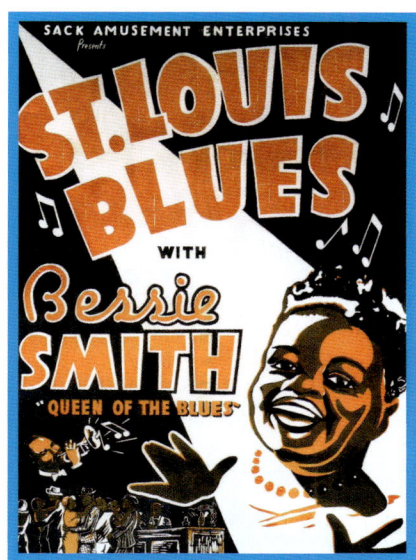

Cartel publicitario de 1929 con la cantante Bessie Smith. Llamada «Emperatriz del Blues», en sus actuaciones, Smith expresaba las esperanzas de los afroestadounidenses.

Louis Armstrong

El trompetista Louis Armstrong, nacido de padres pobres en Nueva Orleans en 1901, definió el papel del solista en el jazz. Apodado «Satchmo» (de *satchel mouth*, «boca de saco»), Armstrong vivió inmerso en el jazz desde niño. Una familia judía para la que hacía recados le ayudó a comprar su primera corneta a los diez años, y ya tocaba de adolescente en bandas locales y en los barcos del Misisipi, antes de mudarse a Chicago en 1922 y a Nueva York en 1929.

Su carrera abarca cinco décadas, y sus 55 sesiones de grabación para Okeh Records entre 1925 y 1928 revelan el virtuosismo asombroso y la nitidez cristalina del sonido que extraía del instrumento, que conquistaron a un público muy amplio. Fue también un cantante importante: su canción de 1926 «Heebie Jeebies» fue una de las primeras grabaciones en incluir el *scat*, la técnica de imitar un instrumento con sílabas sin sentido. Su voz áspera es una de las más emblemáticas del siglo xx. Actuó y tocó en varias películas, como *Alta sociedad* (1956) y *Hello Dolly!* (1969). Murió en Nueva York en 1971.

Los espirituales son canciones folclóricas de tema bíblico, asociadas a la esclavitud y propias del sur de EEUU, que preservaron la cultura afroamericana.

El blues lo crearon músicos negros del sur de EEUU en la década de 1860, con raíces en los cantos de trabajo africanos y los espirituales.

El jazz tiene raíces en el blues y el ragtime, con la improvisación como elemento importante. Emplea ritmos sincopados, y son frecuentes los patrones de «llamada y respuesta».

esclavos reunirse para cantar y bailar los domingos en un lugar establecido, Congo Square. Allí pudieron exhibir sus habilidades musicales en la percusión y la improvisación, y en la «llamada y respuesta», en la que la frase de un cantante o instrumentista es respondida por otro.

A mediados del siglo XIX, los afroamericanos habían desarrollado una tradición propia basada en varios formatos: espirituales y cantos sagrados de esperanza y redención; canciones del trabajo, que ayudaban a soportar días largos y duros; y *field hollers* («gritos de campo»), relacionados con

las anteriores pero acompasados de forma creativa a los ritmos de, por ejemplo, cavar con pala.

Blues y ragtime

Hubo otras dos creaciones de la inventiva negra precursoras del jazz. La primera, el blues, popularizó una escala en la que el tono de una o más notas de la escala convencional *(blue notes)* está entre un sostenido o bemol o a un cuarto de tono. El estilo surgió en el sur a mediados del siglo XIX, y lo llevaron guitarristas itinerantes a Nueva Orleans a finales de la década de 1890.

La segunda, el ragtime, llegó del Medio Oeste en la década de 1890. Su compositor más célebre, Scott Joplin, desarrolló un estilo sincopado, o *ragged* («roto», «deshilachado» o «irregular»), al piano, con los acentos en las notas débiles del ritmo esperado. Se prestaba perfectamente al baile, y trajo fama a una pareja de bailarines blancos, Vernon e Irene Castle, cuyo arreglista musical era otro afroamericano de talento, James Reese Europe. El jazz incorporó escalas de blues y ragtime, y también todos los desarrollos musicales anteriores desde el periodo colonial. Desde principios del siglo XX surgieron bandas de jazz por toda Nueva Orleans.

Primeras estrellas de jazz

En 1915, el criollo de Nueva Orleans Jelly Roll Morton publicó la primera partitura de jazz, titulada «Jelly Roll Blues», pero fue un conjunto blanco, la Original Dixieland Jass Band, el que grabó el primer disco en 1917, se dijo que después de que dejaran pasar la oportunidad músicos ne-

Duke Ellington con su orquesta y la cantante Bette Roche en 1943. En una carrera de más de seis décadas, Ellington se dio a conocer como el compositor de jazz más grande de su época.

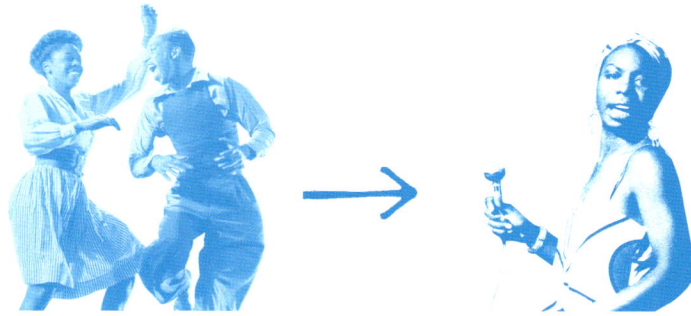

El swing, dominante en las décadas de 1930 y 1940, deriva del jazz, y algunas bandas incorporaron más músicos para adaptarse al formato de la banda de swing.

El soul combina gospel, blues y jazz. Popular entre la comunidad negra de EE UU en las décadas de 1950 y 1960, es un estilo caracterizado por voces poderosas.

En 1918, en los meses finales de la Primera Guerra Mundial, fue el antes arreglista de ragtime James Reese Europe quien llevó el jazz a Francia. Como líder de la banda negra del regimiento, inició una gira por Francia como parte del esfuerzo bélico, y tocaron ante multitudes entusiastas.

En la década de 1930, el jazz en su forma original fue superado por el swing en EE UU, en parte por la popularidad del jazz contenido y elegante de la banda de Benny Goodman. En 1935, Goodman fue el primer músico de jazz blanco en invitar a tocar a músicos negros con él sobre el escenario. En 1938, acabando ya la era a continuación de la Gran Depresión de la década de 1930, se celebró el primer festival de jazz al aire libre en el estadio Randall's Island de Nueva York. Asistieron unos 24 000 jóvenes, negros y blancos. Hubo 25 actuaciones, Goodman y Ellington entre ellos, y el público mixto bailó en los pasillos de las gradas.

gros. La histórica cara A fue «Dixieland Jass Band One-Step». Desde entonces, el jazz fue una obsesión nacional, y una influencia omnipresente, desde en el famoso concierto de George Gershwin en Nueva York en 1924 en el que estrenó *Rhapsody in blue* –obra para la orquesta de jazz de Paul Whiteman y piano solista– hasta la primera película sonora de Hollywood, *El cantor de jazz*, en 1927. Pero fueron estadounidenses negros quienes impulsaron y representaron la era del jazz. Louis Armstrong fue el trompetista más grande del estilo, y Duke Ellington escribió el himno que mejor encarna su espíritu libre, «It don't mean a thing (If it ain't got that swing)», en 1932. Ethel Waters cantaba con descaro la repleta de alusiones «My handy man» (1928). James P. Johnson escribió la música del baile definitorio de la época, el charlestón (1923), y el Savoy Ballroom de Harlem vio nacer el Lindy Hop en 1928.

Cumbre y declive

El jazz pronto ganó seguidores devotos en el mundo entero, y sobre todo en Francia, país que había contribuido a sembrar las semillas del estilo en Nueva Orleans dos siglos antes.

El jazz fue un logro negro estadounidense, y no sería el último. En la década de 1950, cuando el fervor popular por el jazz era eclipsado por *big bands* y *crooners*, la música volvería a unir a la juventud con otra variante del blues, el rock 'n' roll. ∎

Josephine Baker

Josephine Baker nació en EE UU en 1906. No tuvo éxito como bailarina hasta que fue descubierta en un papel menor de un espectáculo de Harlem. La estadounidense Caroline Reagan, residente en París, buscaba artistas negros para un espectáculo sobre la era del jazz que quería llevar a Francia, la *Revue Nègre*. Contrató a Baker, que fue la estrella de la producción al estrenarse en París en 1925. Su interpretación provocativa del charlestón, el baile de moda de la era del jazz, la hizo muy famosa.

A Baker le impresionó la integración racial que observó en París, y se quedó a vivir allí. Pronto formó parte de la élite de la comunidad estadounidense de la ciudad, junto con escritores como F. Scott Fitzgerald y Ernest Hemingway. En 1937 adquirió la nacionalidad francesa, y durante la Segunda Guerra Mundial trabajó para la Resistencia francesa. Hizo campaña por los derechos civiles en la década de 1960 junto con Martin Luther King, y habló a los manifestantes de la Marcha sobre Washington en 1963. Murió en París en 1975.

EXIGIMOS SER CIUDADANOS
MOVIMIENTOS NEGROS EN FRANCIA (DÉCADA DE 1920)

EN CONTEXTO

LOCALIZACIÓN
Francia

ANTES
***C.* 1918** Empieza en Nueva York el Renacimiento de Harlem.

1919 Francia acoge el segundo Congreso Panafricano en París.

1920 El activista jamaicano Marcus Garvey presenta la «Declaración de los Derechos de los Pueblos Negros del Mundo» en Nueva York.

DESPUÉS
1929 Las hermanas martiniquesas Paulette, Jeanne y Andrée Nardal abren un salón de encuentro de intelectuales negros en París.

1931–1932 Sale la influyente revista francesa *Revue du Monde Noir (Revista del Mundo Negro)*.

1960 Léopold Sédar Senghor, cofundador del movimiento Négritude, es el primer presidente del Senegal independiente.

Para los intelectuales y radicales negros que vivían en París, el fin de la Primera Guerra Mundial ofreció la oportunidad de negociar mejoras para los descendientes de africanos y para los africanos de las colonias francesas de ultramar. En la década de 1920, estos activistas desarrollaron una forma propia del panafricanismo, movimiento que aspira a la unidad de todos los pueblos de origen africano.

La protesta
Un gran número de inmigrantes del África Occidental Francesa y las Antillas habían sido obligados a servir en el ejército francés, pero, al acabar la guerra en 1918, se les negó la ciudadanía. Surgieron organizaciones políticas de base en París, y la primera en lograr un apoyo importante fue la Ligue Universelle pour la Défense de la Race Noire (LUDRN), fundada en 1924 por el abogado de origen dahomeyano Kojo Tovalou Houénou, quien fundó también el primer periódico negro francés, *Les Continents*.

Los objetivos de la LUDRN eran defender los derechos de las perso-

Ante la Liga contra el Imperialismo
en Bruselas (Bélgica), en 1927, el líder del CDRN Lamine Senghor (sexto desde la izda.) denunció el colonialismo con un lema: «No más esclavos».

Véase también: El panafricanismo 232–235 ▪ El Renacimiento de Harlem 242–245 ▪ El Año de África 274–275 ▪ La diáspora africana hoy 314–315

Desde la Primera Guerra Mundial hubo mucha **emigración negra de las colonias a Francia**.

Surgen **organizaciones políticas** para el **progreso de las comunidades negras**.

La **hostilidad del Estado francés** y las diferencias ideológicas llevan a la **supresión de estas agrupaciones**.

Emerge la **teoría de la negritud**, que llega a tener un papel importante en el **rechazo del colonialismo**.

nas negras en todo el mundo, fomentar la solidaridad entre la población negra y favorecer la «evolución de la raza» a través de la educación. La organización condenó los abusos de la dominación colonial francesa, e hizo campaña por el derecho a la nacionalidad francesa. En 1924, el LUDRN se vio envuelto en un caso por difamación a raíz de un artículo en *Les Continents*, en el que se calificaba de agente del colonialismo a Blaise Diagne, primer diputado africano electo de la Asamblea Nacional Francesa. En 1926, el LUDRN se vio obligado a pasar a la clandestinidad.

Promoción de la independencia

El LUDRN sentó las bases para un grupo más radical, el Comité de Défense de la Race Nègre (CDRN), liderado por el activista senegalés Lamine Senghor. El CDRN criticó la política colonial francesa y defendió el nacionalismo, es decir, la independencia de las colonias de Francia. El carácter anticolonialista de sus exigencias enfureció al gobierno francés, y Senghor fue detenido y encarcelado en 1927. Después fue liberado, pero murió el mismo año, y la organización tuvo que reinventarse.

El activista sudanés Tiemoko Garan Kouyaté, miembro fundador del CDRN, se puso al frente de la reconstituida Ligue de la Défense de la Race Nègre (LDRN) en 1928. La LDRN se mostró aún más combativa que su predecesor en sus intentos de influir en la administración francesa, y bajo Kouyaté estableció vínculos con organizaciones comunistas. La pérdida del liderazgo de Kouyaté en 1931, junto con la hostilidad del gobierno, debilitaron mucho a la organización, y en 1933 cesó su actividad.

Estos grupos no lograron mucho de lo recogido en sus programas anticolonialistas, pero fueron influyentes en la evolución histórica del panafricanismo. Quizá su consecuencia más importante fue despejar el camino al movimiento Négritude, que se propuso elevar y fomentar la conciencia negra en África y la diáspora. ▪

Negritud

Producto de la rica escena intelectual parisina de las décadas de 1930 y 1940, Léopold Sédar Senghor, Aimé Césaire y Léon Damas fueron las luminarias del movimiento literario llamado Négritude (Negritud), que, según Césaire, era «el reconocimiento del hecho de que uno es negro, la aceptación de este hecho y de nuestro destino como negros, de nuestra historia y cultura».

Aunque nació entre los escritores francófonos africanos y caribeños como protesta contra la dominación colonial y las políticas de asimilación francesas, Négritude fue un movimiento internacional. Instó a los africanos a examinar su herencia cultural y determinar cuáles de sus valores eran más útiles en el mundo moderno. Justo antes del auge de los movimientos independentistas africanos, contribuyó al rechazo del colonialismo, y sus objetivos políticos y culturales se habían cumplido en la mayor parte de África en la década de 1960.

El pintor cubano Wifredo Lam combinó la cultura africana con elementos cubistas y surrealistas en *Autorretrato III* (1938).

¿ESTUVO TU MADRE ALLÍ?
LA GUERRA DE LAS MUJERES DE 1929

EN CONTEXTO

LOCALIZACIÓN
Nigeria

ANTES
1912 El gobernador británico de los protectorados de Nigeria del Norte y Nigeria del Sur, Frederick Lugard, establece un sistema de gobierno indirecto en el que funcionarios coloniales supervisan las estructuras del poder local.

1916 Los funcionarios militares británicos nombrados para los gobiernos locales del sur de Nigeria desplazan a los consejos de aldea tradicionales.

1928 Los hombres igbos son gravados con impuestos directos por primera vez.

DESPUÉS
1938 Protestas en el sureste de Nigeria inspiradas por la revuelta de las mujeres de 1929.

1959 Primeras elecciones nacionales de Nigeria.

1960 Nigeria se independiza de Reino Unido.

L a primera lucha importante contra la administración colonial británica en Nigeria fue la llamada revuelta de las mujeres (en igbo, *ogu umunwanyi*) de 1929, motivada por discrepancias sobre un censo realizado en Oloko (sur de Nigeria), en noviembre de 1929. Ya excluidas de la política e indignadas por el aumento de los aranceles, las mujeres de la zona sospecharon que iban a ser sometidas a impuestos directos, cuando eran económicamente dependientes de sus maridos, ya obligados a pagarlos.

Miles de mujeres acudieron a la protesta en Oloko –liderada por una mujer igbo, Madame Nwanyeruwa–, donde hicieron una ritual y tradicional «sentada» ante el *warrant chief*, u oficial del distrito, que en realidad consistía en cantar y bailar a su alrededor para avergonzarlo.

El funcionario británico cedió a las demandas de las mujeres, pero en diciembre ya se habían rebelado las de otras áreas de la colonia. Edificios de la administración y fábricas fueron destrozados, y se produjeron choques violentos entre mujeres y funcionarios. Se cree que participaron unas 25 000 mujeres, y más de 50 de ellas perdieron la vida antes de acabar las revueltas, en enero de 1930.

Una nueva administración británica trató de reformar la estructura política colonial, aboliendo el sistema de funcionarios militares y permitiendo el nombramiento de mujeres en los tribunales. La guerra de las mujeres fue también un antecedente de los posteriores movimientos anticolonialista e independentista en Nigeria. ■

Las mujeres no pagarán impuestos hasta que acabe el mundo.
Madame Nwanyeruwa
Declaración sobre los resultados de la revuelta de las mujeres

Véase también: Las mujeres guerreras de Dahomey 164–165 ▪ El auge del feminismo negro 276–281 ▪ «Zik» y la Nigeria independiente 286–287

SERA CORONADO UN REY NEGRO

EL MOVIMIENTO RASTAFARI (DÉCADA DE 1930)

EN CONTEXTO

LOCALIZACIÓN
Jamaica, Etiopía

ANTES
1920 Marcus Garvey predice la coronación de un rey negro, y proclama que el día de la liberación está próximo.

1930 Haile Selassie I es coronado emperador de Etiopía.

DESPUÉS
1966 Durante la visita a Jamaica de Haile Selassie, este ofrece a los rastafaris la oportunidad de mudarse a Shashamane (Etiopía), y migran unos dos mil. La fecha de la visita, el 21 de abril, se convierte en el día santo llamado Grounation Day.

1974 Haile Selassie es derrocado por un golpe militar y asesinado un año después.

2019 El rastafarismo tiene un millón de seguidores en el mundo. De los emigrados de Jamaica a Etiopía, quedan unos 200.

El rastafarismo, movimiento religioso y político con raíces en los relatos bíblicos y el pensamiento panafricanista, nació en Jamaica en la década de 1930. Para los rastafaris, la esclavización de los africanos por los colonizadores europeos en el siglo XIX y el exilio africano por el mundo eran la causa de lo que llamaron *downpression* («opresión»). Cuando termine esta subyugación, creen los rastafaris, todos los africanos regresarán a su patria, Etiopía.

Un «mesías negro»
En 1920, el líder político jamaicano Marcus Garvey anunció que sería coronado un rey negro que sería un «redentor». Diez años después, Haile Selassie I ascendió al trono en Etiopía. Tanto la profecía de Garvey como la noticia de la coronación llevaron a la fundación del movimiento rastafari, llamado así por el nombre de Haile Selassie antes de ser coronado emperador: Ras Tafari. Los creyentes le tienen por el mesías negro enviado para salvar al pueblo africano.

El rastafarismo se difundió globalmente gracias a la música reg-

La coronación de Haile Selassie en 1930 fue vista por muchos jamaicanos como una profecía cumplida. Pese a su muerte en 1975, tras un golpe militar, hoy en día el rastafarismo conserva su popularidad.

gae, popularizada en Occidente por el músico jamaicano y rastafari Bob Marley. Además de un sistema de creencias, es un modo de vida fundamentado en la paz, que incluye la meditación y la oración, dejarse el cabello largo (generalmente en *dreadlocks* («rastas»)) y seguir una dieta *ital* (natural y sin carne ni alimentos procesados). ∎

Véase también: Los *maroons* jamaicanos 146–147 ▪ Etiopía desafía al colonialismo 226–227 ▪ El panafricanismo 232–235 ▪ La migración «Windrush» 258–259

LLEVABAMOS EL MISMO UNIFORME

COMBATIENTES NEGROS EN LA SEGUNDA GUERRA MUNDIAL (1939–1945)

EN CONTEXTO

LOCALIZACIÓN
Todo el mundo

ANTES
1861–1865 Más de 200 000 afroestadounidenses luchan en la guerra de Secesión.

DESPUÉS
1945 Entierro en Normandía de tres miembros del primer batallón femenino negro que sirvió en ultramar.

1948 Veteranos de la Segunda Guerra Mundial protestan en Acra (actual Ghana) por no recibir las prestaciones por su servicio.

2017 Se inaugura en Londres un memorial de guerra a los soldados africanos y caribeños de ambas guerras mundiales.

2021 El gobierno británico pide perdón por no honrar debidamente a los veteranos africanos e indios de la Primera Guerra Mundial.

Tras la derrota de Alemania y sus aliados en la Primera Guerra Mundial, Alemania comenzó a rearmarse en 1933 bajo el régimen de Adolf Hitler, líder del Partido Nazi. En 1936, Hitler firmó alianzas con Japón e Italia (el Eje), y comenzó a invadir partes de sus vecinos europeos. Esto no tuvo consecuencias hasta la invasión alemana de Polonia el 1 de septiembre de 1939, respondida con sendas declaraciones de guerra de Gran Bretaña y Francia dos días después, lo cual dio inicio a la Segunda Guerra Mundial entre el Eje y las potencias aliadas.

Frente al Eje (Alemania, Italia y Japón), los aliados eran inicialmente Reino Unido, Francia y Polonia,

y después se unieron la URSS (tras ser agredida), EE UU y otros países. Al extenderse los frentes, los países europeos recurrieron a la mano de obra y las tropas coloniales.

Fuerzas coloniales

Ya en la guerra civil española, el bando nacional sublevado desde África había utilizado a 100 000 soldados marroquíes en la contienda. A inicios de la Segunda Guerra Mundial, los gobiernos europeos preferían no movilizar tropas africanas negras en el continente, pero las exigencias de la guerra no dejaron otra alternativa. Las colonias británicas, francesas y belgas lucharon con los aliados, y las italianas, con las potencias del Eje.

Soldados del ejército británico de la Costa de Oro (Ghana) tuvieron un papel importante en la ocupación de la colonia del África Oriental Italiana en 1941.

Reino Unido movilizó a los soldados de sus regimientos coloniales, el West African Frontier Force y el King's African Rifles, enviados al teatro de operaciones China Birmania India (CBI) bajo la 81.ª División. Unos 23 000 africanos occidentales fueron enviados también al Cuerno de África y a través del Índico. En Europa, Reino Unido se atuvo a la política de la Primera Guerra Mundial, evitando oponer tropas africanas a otras europeas, y empleándolas en funciones distintas del combate.

Entre 1939 y 1940, Francia reclutó unos 300 000 hombres en sus colonias del norte de África, y 197 000 en las de África occidental. A diferencia de las fuerzas coloniales británicas, algunas unidades africanas fueron enviadas a frentes europeos de la península itálica, Sicilia y Alemania, y unos 63 000 soldados africanos lucharon en Francia, sirviendo también en el norte de África y Asia occidental.

En Europa, las unidades africanas sirvieron en primera línea del frente, estando mucho más expuestas y vulnerables. Fueron la diana de ejecuciones masivas por unidades alemanas, entre las que ya desde la guerra mundial anterior se juzgaba como alguna clase de deshonra el emplear tropas negras en Europa contra soldados blancos, y más aún después de que Alemania fuera despojada de sus propias colonias y tropas africanas al concluir aquella.

Tras ocupar Francia en 1940, Alemania repatrió a algunos soldados africanos al continente. Muchos soldados se volvieron a alistar en el ejército francés tras la derrota alemana en Siria y Líbano, como parte de la 1.ª División de la Francia Libre. Fue la división francesa más condecorada de la guerra, y protagonizó la liberación del sur y este de Francia, pero, en 1945, el gobierno francés repatrió a las tropas africanas con el fin de «blanquear» el ejército.

Héroes ignorados

Ni Francia ni Gran Bretaña reconocieron la aportación africana a sus respectivas victorias. Acabada la »

Soldados negros de colonias francesas africanas viajan a Francia para ayudar a los aliados el 8 de junio de 1944, dos días después del desembarco del Día D.

Cuando salí, no me dieron nada. Nos abandonaron, sin más.
Eusebio Mbiuki
Veterano de guerra keniano

En 1942, el *Pittsburgh Courier* crea la campaña «Double-V» por la **victoria sobre el enemigo extranjero y el doméstico**.

The Courier comparó el **trato a los ciudadanos negros en EE UU** con el dado por los nazis a los judíos.

La campaña **animó a alistarse** a los afroestadounidenses vinculando la lucha en la guerra a la **lucha contra la discriminación racial**…

… y difundió muchas de las historias del **millón de afroestadounidenses** que sirvieron en la guerra.

En 1946, la «Doble-V» fue sustituida por una sola «V», símbolo de la **necesidad de combatir la discriminación** en EE UU.

guerra, a muchos veteranos de las colonias se les negaron la paga por desmovilización, la pensión y las prestaciones. Además, el ejército británico pagó hasta tres veces menos a sus combatientes negros que a los blancos del mismo rango.

El Regimiento Caribeño

Durante la Primera Guerra Mundial, los soldados de las Indias Occidentales respondieron al racismo con motines, lo cual dejó una impresión desfavorable sobre la lealtad de los soldados caribeños en la Oficina de Guerra británica. Pese a la discriminación a la que hacían frente, los súbditos negros de las colonias caribeñas acudieron en defensa de la causa británica al estallar la Segunda Guerra Mundial.

La Oficina de Guerra era reacia a reconstituir el Regimiento de las Indias Occidentales, temiendo que las tropas negras caribeñas, mejor pagadas, fomentaran la rebelión entre las tropas africanas del ejército británico. Sin embargo, la Oficina Colonial quería evitar las consecuencias políticas de seguir negándose a desplegar tropas caribeñas dispuestas a combatir. Ambos ministerios debatieron la cuestión hasta 1944, cuando la Ofici-

Miles de voluntarios caribeños se unieron a la Real Fuerza Aérea británica entre 1939 y 1945 como pilotos, artilleros navegadores y personal en tierra.

na de Guerra reclutó al fin a hombres en las Indias Occidentales para formar el Regimiento Caribeño del ejército británico. Se envió una unidad al Mediterráneo, pero esta se limitó a tareas generales como escoltar a prisioneros de guerra, limpieza de minas y carga y descarga de equipo militar.

Soldados afroestadounidenses

Una de las unidades negras estadounidenses más célebres de la Primera Guerra Mundial fue el 369.º Regimiento de Infantería, conocido como los Harlem Hellfighters. Este regimiento pasó más tiempo en las trincheras y sufrió más de 1400 bajas (más que ninguna otra unidad de EE UU). Pero cuando EE UU entró en la Segunda Guerra Mundial, en 1941, el Departamento de Guerra no tenía protocolos concretos para desplegar tropas negras, aparte de reclutarlas para trabajos y mantenerlas segregadas. Al expandirse los teatros de operaciones de la guerra en 1942, tropas negras fueron desplegadas en el Caribe, Asia y Europa. Al final de la guerra habían entrado en servicio 1,2 millones de estadounidenses negros.

En los frentes de guerra, las leyes Jim Crow de segregación racial se aplicaron a todas las secciones del estamento militar. La mayoría de las tropas negras sirvieron en unidades de trabajo y servicio, y los que ascendieron a puestos de mando estaban limitados a las unidades negras líderes. La Asociación Nacional para el Progreso de las Personas de Color (NAACP) y la prensa negra denunciaron la hipocresía de un ejército de EE UU luchando en defensa de la democracia mientras imponía la segregación en sus propias fuerzas.

Con las bajas crecientes en 1944, EE UU desplegó el 761.º Batallón de Tanques, la primera división afroestadounidense en combatir sobre el terreno en Europa. Esta fue una unidad clave para liberar Francia de la ocupación alemana. El mismo año fueron desplegados los aviadores de Tuskegee, grupo de pilotos y personal aéreo militares. Las unidades militares estadounidenses siguieron segregadas, aunque con una excepción: durante la batalla de las Ardenas, ofensiva alemana en Bélgica que duró del 16

> ¿Debo sacrificarme para vivir como medio estadounidense? ¿Merecen los Estado Unidos que conozco ser defendidos? ¿Será una democracia auténtica y pura tras la guerra? Estas y otras preguntas hay que responder.
> **J. G. Thompson**
> *Pittsburgh Courier* (1942)

de diciembre de 1944 hasta el 25 de enero de 1945, la necesidad de hombres movió al mando a reorganizar y refundir distintas unidades.

Camino a la igualdad

Al regresar a EE UU, los veteranos negros fueron recibidos con hostilidad por parte de la sociedad blanca, que los percibía como una amenaza a las normas de la segregación racial, y a muchos se les negaron las prestaciones correspondientes al servicio.

Mientras servían en Europa, los afroestadounidenses fueron testigos de la vida en sociedades en las que no había una «línea de color» formalmente establecida. En Gran Bretaña, por ejemplo, no había locales de acceso restringido, y algunos soldados tuvieron trato con mujeres blancas, cosa tabú en EE UU. Al volver, muchos militares negros se unieron a la NAACP y participaron en el movimiento por los derechos civiles.

En África, los veteranos negros difundieron ideas de igualdad y tuvieron un papel en el crecimiento de los movimientos y las organizaciones políticas por la independencia. Muchos se presentaron a las elecciones, como el poeta senegalés Léopold Senghor, primer presidente de Senegal.

Al comenzar la Guerra Fría entre EE UU y la Unión Soviética, las unidades segregadas en Alemania pusieron a EE UU cada vez más en evidencia. Tanto la propaganda alemana como, luego, la soviética aprovecharon el racismo prevalente en EE UU para desacreditar su liderazgo global. Finalmente, el 26 de julio de 1948, el presidente Harry Truman autorizó la integración racial de las fuerzas armadas estadounidenses. ∎

Los aviadores de Tuskegee

En 1941, tras presiones del activismo para que se permitiera a militares negros servir en tareas de combate, un millar de ellos se formaron como pilotos en el Campo de Aviación de Tuskegee (Alabama). Fueron enviados a varios lugares de Europa y del norte de África como escolta de bombarderos.

En 1944 se combinaron varios escuadrones negros para formar la 332.ª División, que escoltó a los bombarderos pesados de la 15.ª Fuerza Aérea sobre territorio enemigo en aparatos con la cola pintada de rojo, de donde su apodo, los *Red Tails*. Alcanzaron la tasa de éxitos más elevada de todos los grupos de escolta de la 15.ª Fuerza Aérea, contribuyendo a desacreditar el mito de que los negros no eran aptos para tareas de combate. Tras la guerra, muchos aviadores negros tuvieron largas carreras en el cuerpo.

En 2007, el presidente George W. Bush entregó la Medalla de oro del Congreso a más de 300 aviadores supervivientes de Tuskegee en reconocimiento a sus servicios al país.

TE DICEN QUE ES LA MADRE PATRIA
LA MIGRACIÓN «WINDRUSH» (1948)

Ante la **falta de mano de obra** tras la Segunda Guerra Mundial, el gobierno británico invita a **ciudadanos de las colonias** a reconstruir el país.

Se les promete trabajo y la nacionalidad británica, y miles de emigrantes caribeños acuden a Reino Unido esperando ser bienvenidos en la **«madre patria»**.

Al llegar se encuentran con **malas condiciones laborales**, un **clima inclemente** y la **hostilidad y racismo crecientes** de los residentes blancos.

Los caribeños se unen en **campaña contra el racismo** y **organizan eventos comunitarios** para mantener alta la moral.

EN CONTEXTO

LOCALIZACIÓN
Caribe, Reino Unido

ANTES
1939–1945 Unos 16 000 hombres y mujeres caribeños luchan por Reino Unido en la Segunda Guerra Mundial. Más de 40 000 participan en el esfuerzo bélico civil en EE UU.

1948 La Ley de nacionalidad concede la ciudadanía plena a los súbditos de la Commonwealth y de las colonias, lo cual incluye el derecho a emigrar a Gran Bretaña y a asentarse allí.

DESPUÉS
1962 La Ley de inmigración de la Commonwealth anula el derecho automático de sus ciudadanos a asentarse en Reino Unido.

1971 La Ley de inmigración de Reino Unido permite solo la residencia temporal a los inmigrantes sin vínculos estrechos en el país. Entra en vigor en 1973.

Al acabar la Segunda Guerra Mundial, Gran Bretaña se enfrentó a una escasez de mano de obra para las tareas de la reconstrucción nacional. El gobierno apeló a las colonias de la Commonwealth, a cuyos ciudadanos invitó a la «madre patria» prometiendo empleo y el derecho a asentarse en Reino Unido. En los años siguientes llegaron miles de caribeños, ilusionados por el cambio de vida que podía suponer vivir allí. Muchas familias juntaron lo que pudieron para pagar el pasaje transatlántico a uno de sus miembros.

Los primeros barcos con inmigrantes empezaron a llegar en 1947, pero sería el *Empire Windrush* de Jamaica, que atracó con más de mil pasajeros en Tilbury (Essex), en 1948, el

Pasajeros caribeños del antiguo crucero y transporte de tropas alemán *Empire Windrush* se preparan para desembarcar en Inglaterra. Los 1027 pasajeros oficiales incluían a 539 jamaicanos, 139 bermudeños y 73 trinitenses.

que daría nombre a la comunidad de origen caribeño conocida como «generación Windrush».

Trabajo, pero no sin adversidad

La mayoría de los caribeños encontró empleo, pero no una vida fácil. Los trabajos mal pagados dificultaban a los que habían dejado parientes atrás ahorrar lo suficiente para traerlos. El duro invierno británico, las largas jornadas, las malas condiciones de trabajo y las diferencias culturales suponían un choque para los llegados del clima cálido y ritmo más apacible de la vida caribeña, y a muchos les decepcionó también la suciedad y miseria de los barrios donde vivían.

Los inmigrantes caribeños fueron recibidos con una hostilidad creciente tanto por sus colegas blancos como por el público en general. En 1958 estallaron disturbios en Londres (en Notting Hill) y Nottingham al atacar ingleses blancos de clase obrera a residentes caribeños, a lo que estos respondieron con la fuerza. En 1959, el asesinato del británico antiguano Kelso Cochrane por una banda de jóvenes blancos en Londres

vino a acrecentar la tensión racial, y sus asesinos nunca fueron detenidos.

La comunidad caribeña se unió ante tales manifestaciones racistas, y sus grupos de presión y activistas llevaron a aprobar la Ley de relaciones raciales de 1965, que prohibía la discriminación basada en «el color, la raza o el origen étnico o racial».

El escándalo de la deportación

A partir de 1962, una sucesión de leyes empezó a limitar la emigración a Gran Bretaña desde las colonias, poniendo fin a las llegadas a gran escala del Caribe a inicios de la década de 1970. Más de 50 años después, sin embargo, el nombre «Windrush» volvió a los titulares por un escándalo. En 2018, el gobierno británico se vio obligado a admitir que muchos caribeños, tanto de la generación Windrush como de otras posteriores, habían sufrido injusticias graves. Debido a la pérdida de documentos, o a la negativa a reconocer que no era necesaria la documentación cuando llegaban los primeros o sus parientes próximos, muchos caribeños habían sido irregularmente detenidos, y se les habían negado sus derechos legales y amenazado con la deportación, siendo en efecto deportados algunos.

En marzo de 2020, un estudio independiente del gobierno declaró que el trato dado por la administración a la generación Windrush y a sus hijos revelaba «un grave fracaso institucional», y se prometió indemnizar a quienes reúnan los requisitos. ▪

El carnaval de Notting Hill

Para levantar el ánimo y mostrar solidaridad frente a la creciente tensión racial, la activista de origen trinitense Claudia Jones organizó el primer carnaval caribeño en el ayuntamiento de Saint Pancras, en Londres, en enero de 1959. Hubo otros eventos en recintos cerrados en la década siguiente, y, ya en 1966, la iniciativa de entretener a la infancia local originó el carnaval de Notting Hill actual.

Los activistas Rhaune Laslett y Andre Shervington iniciaron el evento callejero de agosto, invitando al músico trinitense Russell Henderson y su banda de percusión metálica a participar en el carnaval de Notting Hill. En 1974, más de 100 000 personas acudieron al evento, atraídas por la música caribeña y la ropa festiva, y muy pronto llegaron el ska, reggae y dub jamaicanos, y la soca y el calipso tradicional de la isla de Trinidad.

La fiesta de dos días de agosto se convirtió en una institución cultural que atrae cada año a más de dos millones de visitantes. Hoy sigue siendo un espacio para la cohesión comunitaria y la celebración.

Desfile de danzantes vestidas con los colores de Jamaica en el carnaval de Notting Hill de 2019.

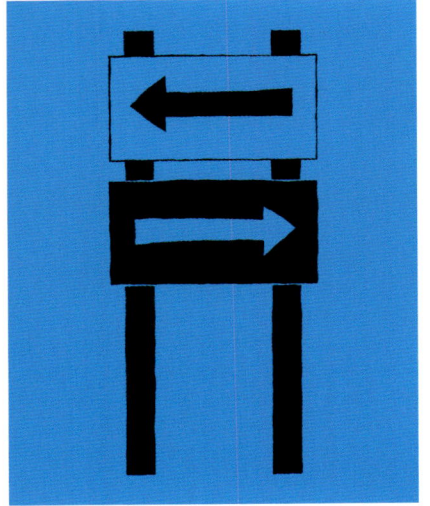

NO HAY CAMINO FACIL A LA LIBERTAD

NELSON MANDELA Y EL MOVIMIENTO ANTI-*APARTHEID* (1949)

EN CONTEXTO

LOCALIZACIÓN
Sudáfrica

ANTES
1652 Los neerlandeses crean la Colonia del Cabo.

1797 Los británicos restringen el tránsito e imponen pasaportes internos a los negros en la Colonia del Cabo.

1910 El Acta de Sudáfrica concede a los blancos el control político completo sobre otros grupos raciales.

1912 Se funda el partido Congreso Nacional Africano.

DESPUÉS
1993 Se concede el premio Nobel de la paz conjunto a Nelson Mandela y F. W. de Klerk por poner los cimientos de la democracia en Sudáfrica.

1996 Nelson Mandela establece la Comisión para la Verdad y la Reconciliación para ocuparse de los abusos de los derechos humanos del régimen del *apartheid*.

En 1948, el Partido Nacional (NP) ganó las elecciones en Sudáfrica, y adoptó el sistema de segregación racial del *apartheid*. Se aprobaron leyes más extremas para privar de derechos a los sudafricanos negros, entre ellas la Ley de registro de población de 1950, que clasificaba a la población en cuatro grupos raciales: blancos, negros, indios y *coloured* (de raza mixta). Todo ello condujo al «pequeño *apartheid*» (la segregación en espacios públicos y eventos sociales) y al «gran *apartheid*» (los límites a la propiedad de la tierra, los derechos políticos, la vivienda, el empleo y la ciudadanía).

Resistencia interna

Aunque el *apartheid* había sido elevado a ley, muchos se opusieron, entre ellos Nelson Mandela. A sus 26 años, Mandela se convirtió en líder de las juventudes del Congreso Nacional Africano (African National Congress, ANC), partido político y grupo de liberación negro creado para combatir el *apartheid*. En 1949, el ANC adoptó el «Programa de Acción», en el que llamaba a sus miembros a emprender huelgas, boicots y otras formas de resistencia no violenta. Como una de sus figuras líderes, Mandela dio discursos y defendió las protestas no violentas.

Hendrik Verwoerd, primer ministro desde 1958, refinó aún más la política del *apartheid*. El sistema de los llamados bantustanes fue adoptado en 1959, creándose diez entidades independientes en las que los sudafricanos negros estaban obligados a residir. Entre 1961 y 1994, más de 3,5 millones de personas fueron obligadas a dejar sus hogares y trasladarse a bantustanes en áreas rurales pobres. En algunos casos, si padres e hijos estaban registrados y eran identificados como pertenecientes a

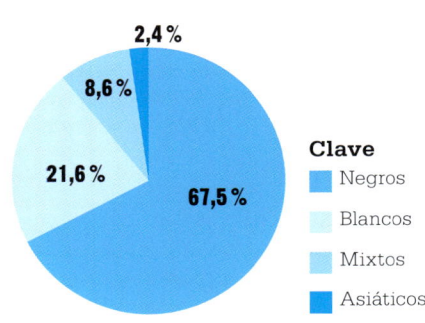

La mayoría de los sudafricanos eran negros, como muestra el gráfico de población que representa las distintas razas entre 1904 y 1960. La segregación racial impuesta por el *apartheid* forzaba al 80 % de la población a residir en solo el 13 % del territorio.

Clave
- Negros
- Blancos
- Mixtos
- Asiáticos

67,5 %
21,6 %
8,6 %
2,4 %

Véase también: El abolicionismo en América 172–179 ▪ Jim Crow 216–221 ▪ El reparto de África 222–223
▪ El panafricanismo 232–235 ▪ El Año de África 274–275 ▪ El movimiento Black Power 288–289

Nelson Mandela

Cuando nació en Mvezo (Sudáfrica) en 1918, llamaron Rolihlahla a Nelson Mandela, hijo de Henry Mandela, consejero de un jefe del clan Madiba, la familia gobernante del pueblo tembu de habla xhosa.

En 1941, Mandela se marchó a Johannesburgo para estudiar derecho. Su interés por la política y la historia africanas, unido a su pasión por la igualdad para los sudafricanos negros, le llevaron a ser líder de las juventudes del Congreso Nacional Africano (ANC). Mandela fue una figura destacada y activa de la campaña del ANC contra la política del

apartheid. En 1955, participó en la redacción de la Carta de la Libertad, en la que se exigía la igualdad racial para los sudafricanos negros.

Mandela fue detenido en varias ocasiones, y en 1964 fue condenado a cadena perpetua en la isla de Robben, donde permanecería 18 años. Liberado en 1990, se convirtió en el primer jefe de Estado negro de Sudáfrica en 1994. Tras su muerte en 2013, más de 100 000 personas hicieron cola para ofrecer sus respetos al insigne difunto.

grupos raciales distintos, se separaba a las familias.

En 1960, 69 personas desarmadas fueron masacradas cuando la policía abrió fuego sobre los manifestantes en la población negra de Sharpeville, durante una protesta no violenta del grupo anti-*apartheid* Congreso Panafricanista (PAC). Mandela y otros miembros del ANC abandonaron la estrategia no violenta y defendieron las protestas no pacíficas contra la represión armada. A causa de su papel en la fundación de la rama militar del ANC, Mandela fue detenido en 1962, acusado de planear una guerra de guerrillas y actos de sabotaje. Fue condenado a cadena perpetua con trabajos forzados en la isla de Robben.

Presión internacional

El encarcelamiento de Mandela no impidió que crecieran la influencia del ANC, el número de sudafricanos contrarios al *apartheid* y los partidos políticos que reclamaban derechos democráticos para los sudafricanos negros. A la vez, crecía también la conciencia internacional de la opre-

sión racial sufrida por los sudafricanos negros y la injusta condena a Mandela.

En 1976, el Consejo de Seguridad de las Naciones Unidas votó para imponer un embargo sobre la venta de armas a Sudáfrica, y en 1980 pidió la libertad de Mandela. En 1986, la comunidad internacional, incluidos Reino Unido y EE UU, impuso sanciones económicas a Sudáfrica como

medida de presión, y se unieron a la protesta contra el *apartheid* ciudadanos de todo el mundo.

La democracia en Sudáfrica

En 1989 fue elegido líder del NP y presidente de Sudáfrica F. W. de Klerk, que sorprendió al país con rápidas medidas para poner fin al sistema del *apartheid*. El 11 de febrero de 1990 fue liberado Nelson Mandela, y comenzó a trabajar con De Klerk en la transición pacífica a la democracia.

El 27 de abril de 1994, millones de sudafricanos hicieron cola para ejercer su recién logrado derecho al voto en las primeras elecciones plenamente democráticas del país. Ganó ampliamente el ANC, y Mandela fue elegido presidente, al frente de un Gobierno de Unidad Nacional en el que estaban representados partidos minoritarios. ▪

Cartel anti-*apartheid* de 1985
difundido en San Francisco (EE UU), donde los trabajadores del muelle se negaron a descargar mercancía sudafricana.

NO QUEREMOS LA GUERRA, QUEREMOS JUSTICIA

LA REBELIÓN DE LOS MAU MAU (1952)

EN CONTEXTO

LOCALIZACIÓN
Kenia, África oriental

ANTES
1902 Los europeos obtienen el derecho sobre tierras en Kenia, ignorando a sus propietarios africanos.

1913 Los arrendamientos por 999 años a los europeos crean un monopolio del uso de la tierra.

1932–1934 La Comisión de la Tierra de Kenia ignora las quejas de los africanos desplazados.

DESPUÉS
1956 Reino Unido concede la representación a kenianos en el Consejo Legislativo.

1963 Kenia celebra elecciones nacionales y se convierte en nación independiente.

2011 Supervivientes de los Mau Mau demandan a Reino Unido por torturas y abusos en campos de detención. Reino Unido admite los crímenes e indemniza a las 5228 víctimas.

Los británicos imponen normas que **reducen a la pobreza a los kenianos**, entre ellos, a los kikuyus.

Los kikuyus son **desplazados a reservas** y se convierten en jornaleros de las **tierras antes suyas**.

La pobreza y el descontento **alimentan la resistencia radical** que culmina en la rebelión de los Mau Mau.

Reino Unido concede a Kenia **mayores derechos sobre la tierra** y **mayor autonomía política**.

Mientras las potencias europeas se repartían África, Reino Unido tomó posesión formal de Kenia en 1895, y la declaró Colonia de la corona en 1920. Durante este periodo, los europeos se asentaron en Kenia y ocuparon tierras fértiles en el área del Gran Valle del Rift y las tierras altas, desplazando a las comunidades locales y cultivando estas regiones. Los más afectados fueron los kikuyus, el mayor grupo étnico de Kenia.

Pese a las demandas de reforma agraria, redistribución de la tierra y representación política de los kenianos, nada importante cambió, lo cual dio lugar al surgimiento de un grupo radical, el Ejército de la Tierra y Li-

No podíamos ya aceptar que un *mzungu* (europeo) fuera mejor que un africano.
Bildad Kaggia
Político keniano (1921–2005)

Véase también: La llegada de los europeos a África 94–95 ▪ El reparto de África 222–223 ▪ Etiopía desafía al colonialismo 226–227 ▪ La rebelión Maji Maji 236–237 ▪ La guerra de las mujeres 252 ▪ El Año de África 274–275

Sospechosos Mau Mau detenidos en un campo de prisioneros keniano en 1952. Los veteranos relatarían más tarde las torturas y abusos sufridos a manos de soldados británicos.

bertad de Kenia (KLFA), compuesto principalmente por miembros kikuyus, kambas, embus y merus. A finales de la década de 1940, el KLFA (los llamados Mau Mau por los británicos), inició la lucha por el derecho a la tierra y la libertad.

Por la tierra y la libertad

Vinculados por un juramento de fidelidad para garantizar la lealtad de los miembros a la causa, y bajo la dirección del líder rebelde Dedan Kimathi, los activistas Mau Mau se dividieron en unidades guerrilleras y, desde bases ocultas en el bosque, asaltaron granjas cuyos propietarios eran blancos o los leales al gobierno.

El gobierno colonial respondió declarando el estado de emergencia en octubre de 1952; además, detuvo a varios supuestos líderes rebeldes, y comenzó a difundir propaganda en Kenia y el extranjero que retrataba a la organización como banda de salvajes violentos e irracionales dominados por impulsos bestiales. En 1953 se ampliaron las operaciones militares, con ataques aéreos allá donde se sospechara de la presencia de campamentos, detenciones masivas, encarcelamientos y asesinatos de partidarios del KLFA. Hacia 1955, habían matado a 11 000; además, 1090 presos fueron ahorcados, y había 80 000 kenianos en campos de detención. Del otro bando, a manos del KLFA murieron 1819 kenianos leales al gobierno británico y 32 europeos. El estado de emergencia duró hasta 1960, aunque la organización Mau Mau se consideró derrotada con la captura de Kimathi, el 21 de octubre de 1956.

El legado de los Mau Mau

La rebelión obligó al gobierno británico a emprender algunas de las reformas políticas y agrarias que habían exigido los nacionalistas kenianos. En 1956 se ampliaron las propiedades de los kikuyus y se revocaron leyes anteriores que solo permitían a los agricultores europeos cultivar café, el principal cultivo de exportación de Kenia. Gran Bretaña aumentó los escaños de los miembros kenianos del Consejo Legislativo, y se comprometió a una transición hacia el autogobierno en manos de la mayoría. En diciembre de 1963, Kenia se convirtió en una nación independiente, con el líder nacionalista de la Unión Africana de Kenia (KAU), Jomo Kenyatta, como primer presidente.

Dadas las buenas relaciones con Gran Bretaña, el gobierno de Kenyatta mantuvo la prohibición de la organización Mau Mau. Con el fin de esta en 2003, sus miembros fueron oficialmente reconocidos como héroes nacionalistas y arquitectos de la independencia del país. A partir de entonces han emergido los relatos de detenciones ilegales, castraciones y abusos sexuales por soldados y colonos británicos. ▪

Kikuyus reunidos en el estadio Ruring'u, en Nyeri (Kenia), en 1963, en un gesto simbólico de rendición tras el final de la rebelión de los Mau Mau.

¿POR QUE TIENEN NUESTROS HIJOS QUE VIAJAR TAN LEJOS PARA IR A LA ESCUELA?

EL CASO BROWN CONTRA EL CONSEJO DE EDUCACIÓN (1954)

EN CONTEXTO

LOCALIZACIÓN
EE UU

ANTES
1868 Entra en vigor la
cláusula sobre protección
igualitaria de la 14.ª enmienda
a la Constitución de EE UU.

1896 El Tribunal Supremo
de EE UU dictamina que la
segregación racial y la doctrina
«separados pero iguales» son
constitucionales.

DESPUÉS
1960 Ruby Nell Bridges,
de seis años, es la primera
alumna afroestadounidense
integrada en una escuela
solo para blancos en el sur
de EE UU.

1964 La Ley de derechos
civiles pone fin a la segregación
en lugares públicos y prohíbe la
discriminación laboral basada
en la raza, el color, la religión,
el sexo o el origen nacional.

En 1954, el Tribunal Supremo de EE UU dictaminó que la segregación racial de los niños en las escuelas públicas era inconstitucional. El caso, conocido como Brown contra el Consejo de Educación de Topeka, establecía el precedente de que la decisión del Tribunal Supremo en 1896 sobre el caso Plessy contra Ferguson, que había respaldado la doctrina «separados pero iguales», era inconstitucional, y que la segregación era una afrenta a los derechos civiles de los estadounidenses negros.

Antes de la decisión del Supremo, muchos estados de EE UU tenían leyes segregacionistas que obligaban a estadounidenses negros y blancos

Véase también: Jim Crow 216–221 ▪ El linchamiento de Emmett Till 268–269 ▪ El boicot de autobuses en Montgomery 270–271 ▪ El auge del feminismo negro 276–281 ▪ La Marcha sobre Washington 282–285

La **14.ª enmienda** a la Constitución de EEUU declara que todos los ciudadanos deben gozar de **igual protección legal**.

El Tribunal Supremo de EEUU dictamina que la **segregación racial es constitucional**, mientras las instalaciones sean de **igual calidad**.

Varias demandas presentadas en nombre de niños argumentan que la escuela segregada es **inherentemente desigual**, por **perjudicar la autoestima de los niños negros**.

El Tribunal Supremo lo acepta, y ordena la integración de los distritos escolares.

a emplear instalaciones separadas, como baños públicos y vagones de tren, y a los niños a ir a escuelas distintas, mientras fueran de igual calidad –que a menudo no lo eran.

Presión creciente

El caso que condujo a la decisión de 1954 del Tribunal Supremo comenzó en 1950, cuando Oliver Brown demandó al Consejo de Educación de Topeka (Kansas), donde a su hija de ocho años Linda Brown se le había denegado el derecho a estudiar en una escuela primaria solo para blancos a solo siete manzanas de su vivienda. Linda se veía obligada a asistir a una escuela primaria segregada negra a kilómetros de distancia, pasando por la escuela blanca en el camino a la parada del autobús. Los abogados de Brown argumentaron que, aunque la escuela segregada ofreciera la misma calidad, la discriminación racial era perjudicial para el desarrollo emocional y psicológico de los niños afroestadounidenses.

Brown fue uno de los 18 padres negros de Topeka que pusieron en tela de juicio la legalidad del dictamen «separados pero iguales». En escuelas públicas de otros lugares de EEUU se plantearon cuatro casos similares: Briggs contra Elliot, en Clarendon County (Carolina del Sur) en 1949; un caso en Prince Edward County (Virginia), en 1951; Bolling contra Sharpe, en Washington D.C., en 1951;

y un caso en Wilmington (Delaware), en 1952. El Tribunal Supremo decidió reunir todos estos casos en una demanda colectiva: Brown contra el Consejo de Educación de Topeka.

El caso

Thurgood Marshall, director del Fondo de Defensa Legal y Educativa de la NAACP (Asociación Nacional para el Progreso de las Personas de Color), fue el abogado defensor de los demandantes. Marshall había sido el principal abogado de la defensa en el caso Briggs contra Elliot, en Carolina del Sur. George E. C. Hayes y James M. Nabrit, abogados del caso Bolling contra Sharpe, estaban también en el equipo. Lo que argumentaron es que las escuelas públicas racialmente segregadas ni eran igualitarias ni podían serlo; y que, por tanto, semejante sistema privaba a los niños negros de su derecho a la protección igualitaria al amparo de la ley. También plantearon que las escuelas segregadas violaban directamente la cláusula sobre protección igualitaria de la 14.ª enmienda a la Constitución, que establece que la ley debe tratar por igual a todos los individuos. »

En el ámbito de la educación pública, no hay lugar para la doctrina «separados pero iguales».
Earl Warren
Presidente del Tribunal Supremo de EEUU (1954)

Sentada en la escalinata del Tribunal Supremo, con un periódico cuyo titular anuncia el fin de la segregación en las escuelas públicas, Nettie Hunt explica la importancia de la prohibición a su hija Nikie.

segregación creaban entre los niños negros un sentimiento de inferioridad que afectaba a su autoestima.

Veredicto final

El 17 de mayo de 1954, los nueve jueces del Tribunal Supremo de EE UU emitieron el veredicto final sobre el caso Brown contra el Consejo de Educación, que fue unánime: la segregación en las escuelas públicas estadounidenses era inconstitucional, y las instalaciones educativas separadas, inherentemente desiguales.

La decisión fue una gran victoria para los niños afroestadounidenses y sus padres, pero gran parte de los estadounidenses sureños blancos protestaron de inmediato. La resistencia fue tan generalizada que el Tribunal Supremo emitió una segunda decisión en 1955, conocida como Brown II, por la que se ordenaba a los distritos escolares integrarse sin demora. Uno de los problemas es que el Tribunal Supremo no había

Marshall y sus colegas aportaron pruebas sociológicas de los efectos dañinos de la segregación. El psicólogo Kenneth Clark, por ejemplo, citó un experimento llamado prueba de las muñecas, diseñado por él y su esposa y colega Mamie Clark, para estudiar las percepciones raciales de niños entre los tres y siete años: al darles dos muñecas idénticas en todo salvo el color de la piel, la mayoría de los niños y las niñas negros (10 de 16) preferían la muñeca blanca, y le asignaron rasgos positivos. Once de los niños tenían percepciones negativas de la muñeca negra. Los Clark concluyeron de estos resultados que los prejuicios, la discriminación y la

Thurgood Marshall

Thurgood Marshall, abogado y activista por los derechos civiles afroestadounidense, llevó el caso Brown contra el Consejo de Educación. Socio del abogado negro Charles Hamilton Houston, creía que la ley podía servir como instrumento de cambio social.

Nacido Thoroughgood Marshall en Baltimore (Maryland), en 1908, hijo de profesora de primaria y botones de ferrocarril, Marshall cambió legalmente su nombre a Thurgood en la infancia. Tras licenciarse con honores en la Universidad de Lincoln, en Pensilvania, asistió a la escuela de derecho de Howard (donde fue alumno de Hamilton Houston), después haber sido rechazado por la universidad de Maryland, solo para blancos. En 1936, como abogado cualificado, citó la 14.ª enmienda para ganar el caso Murray contra Pearson, que obligó a la Universidad de Maryland a admitir al alumno negro Donald Murray a los estudios de derecho.

En 1967, seis años después del caso Brown contra el Consejo de Educación, Marshall fue el primer juez afroestadounidense del Supremo. Murió en Bethesda (Maryland), en 1993, a los 84 años.

> Ella marchó como una soldadito, y estamos todos muy muy orgullosos de ella.
> **Charles Burks**
> **Antiguo agente federal,**
> **sobre Ruby Bridges (1960)**

especificado cómo debían integrarse las escuelas, y tampoco había ofrecido orientación alguna acerca de cómo los distritos escolares debían aplicar el nuevo mandato.

Como resultado, la victoria legal de Brown contra el Consejo de Educación no transformó de inmediato el país. Muchos distritos escolares siguieron segregados durante años después del veredicto, pese a los intentos de la NAACP por registrar a alumnos negros en escuelas blancas segregadas de ciudades de todo el sur del país.

Conflictos nuevos

En 1957, un grupo de nueve estudiantes negros apodado los «Nueve de Little Rock» se matricularon oficialmente en el instituto hasta entonces exclusivamente blanco de Central High School, en Little Rock (Arkansas). El 4 de septiembre, primer día de clase, el gobernador de Arkansas Orval Faubus ordenó a la Guardia Nacional de Arkansas impedir entrar a la escuela a los Nueve, declarando que se negaba a obligar «a su pueblo a integrarse contra su voluntad». El Distrito Escolar de Little Rock condenó al gobernador, y llamó a la oración colectiva en la ciudad. El presidente Dwight D. Eisenhower intentó me-

diar, reuniéndose con el gobernador e instándole a cumplir con el dictamen del Tribunal Supremo.

El 23 de septiembre, ante la renuencia del gobernador Faubus, el presidente Eisenhower federalizó la Guardia Nacional de Arkansas y ordenó a la 101.ª División Aerotransportada escoltar a los estudiantes negros a la escuela. La crisis de Little Rock polarizó a los estadounidenses: de una parte estaban los partidarios de las medidas de integración; y de la otra, sus detractores acérrimos, sureños blancos en general.

Debido a la gran resistencia a la integración de las escuelas en el sur, el cambio fue lento. Algunas escuelas introdujeron exámenes de ingreso para alumnos negros para limitar su acceso. En 1960, Ruby Bridges fue la primera alumna negra en acabar con la segregación en una escuela primaria para blancos en Nueva Orleans. Había aprobado la prueba de ingreso para estudiantes negros junto con otros cuatro niños, y su madre, a diferencia de los demás padres, más temerosos, estaba decidida a que Ruby ocupara su plaza. Durante un curso ente-

ro, Ruby fue la única alumna en su clase, porque los padres blancos se negaron a permitir que sus hijos fuesen educados con ella.

Catalizador del cambio

Pese a tanta oposición, la decisión de Brown contra el Consejo de Educación de Topeka animó —y dio publicidad— al naciente movimiento por los derechos civiles y a su lucha por dar fin a la segregación en otras áreas de la vida, como las instalaciones públicas y la educación superior. El caso sentó un precedente legal que serviría para derogar otras leyes que imponían la segregación en lugares públicos. En 1964 se aprobó la Ley de derechos civiles, uno de los logros legislativos más importantes del movimiento. Dicha ley acabó con la segregación en los lugares públicos y prohibió la discriminación laboral basada en la raza, el color, la religión, el sexo o el origen nacional. ∎

Agentes federales escoltan a Ruby Bridges para protegerla de manifestantes blancos. La niña recibió instrucciones de mirar hacia delante para no ver la ira de la multitud que la abucheaba.

QUE LA GENTE LO VEA

EL LINCHAMIENTO DE EMMETT TILL (1955)

EN CONTEXTO

LOCALIZACIÓN
EEUU

ANTES
1865 Acaba la guerra de Secesión, y la esclavitud es abolida en EEUU.

1865 Se funda el Ku Klux Klan en Tennessee.

1877 Las primeras leyes Jim Crow imponen la segregación y limitan los derechos de los afroestadounidenses.

1919 Aumentan los linchamientos, con 97 ataques durante el sangriento «Verano Rojo».

DESPUÉS
1963 Un atentado con bomba en una iglesia negra de Alabama indigna al país.

1964 La Ley de derechos civiles prohíbe algunas formas de segregación y discriminación racial.

2020 El Departamento de Justicia cierra sin cargos el caso Emmett Till.

El origen del verbo «linchar» se remonta a Charles Lynch, justiciero estadounidense que dirigió ataques contra lealistas británicos tras la guerra de Independencia de EEUU (1775–1783). El linchamiento es una ejecución extrajudicial en la que un grupo de civiles usurpa la ley y asesina al acusado, torturándolo primero en muchos casos.

Acusaciones y terror

En 1865 se abolió la esclavitud, pero los emancipados siguieron enfrentándose a la hostilidad de los blancos. Tras fundarse ese mismo año el Ku Klux Klan (KKK) e introducirse las leyes Jim Crow, el linchamiento fue el instrumento para aterrorizar a la

Y que esto le pasara a un niño…, eso marca completamente la diferencia.
Mamie Till Mobley
Entrevista (1996)

comunidad negra. Grupos de blancos exaltados acusaban a estadounidenses negros de delitos y los torturaban y ejecutaban, generalmente ahorcándolos. Los linchamientos fueron un espectáculo público para muchos estadounidenses blancos. Entre 1882 y 1968 se cometieron más de 4700, de los cuales 3446 (un 73%) de las víctimas fueron negras. En el linchamiento de los llamados Seis de Newberry, en 1916, seis estadounidenses negros fueron apresados y ahorcados solo por conocer a un hombre negro acusado de un delito.

En 1955, Emmett Till, de catorce años, fue linchado durante una estancia con sus parientes en Misisipi. Fue acusado de flirtear con una mujer blanca, Carolyn Bryant, en una tienda donde trabajaba como cajera. Till era de Chicago, y quizá no era totalmente consciente de la estricta segregación y del racismo generalizado en los estados del sur. El marido de Carolyn, Roy Bryant, y su medio hermano J. W. Milam, secuestraron a Till en la casa de su tío abuelo. Le golpearon, mutilaron, dispararon en la cabeza y tiraron al río Tallahatchie. Su cuerpo fue recuperado a los tres días, y solo pudo identificarse por un anillo.

La madre de Emmett, Mamie Till Mobley, decidió dejar abierto el fé-

Véase también: La edad dorada de la Reconstrucción 210–21 ▪ El boicot de autobuses en Montgomery 270–271 ▪ El movimiento Black Power 288–289

Reunión comunitaria en la iglesia de Sharp Street, en Baltimore (Maryland), para protestar por el asesinato de Emmett Till en 1955.

Mamie Till Mobley

Nacida en Misisipi en 1921, Mamie Till Mobley pasó toda su vida tratando de conseguir justicia después del asesinato de su único hijo, Emmett Till, con el que se había mudado al South Side de Chicago después de separarse del padre de Emmett, Louis.

Después del asesinato de Emmett, Mamie se mostró decidida a mostrar al mundo la brutalidad de la que había sido objeto. El cuerpo fue expuesto en la iglesia Roberts Temple, en Chicago, y unas 50 000 personas lo visitaron. La cobertura mediática llamó la atención nacional sobre la violencia racial en el sur del país. Mamie pronunció discursos por todo EE UU. Su actividad ayudó a espolear al movimiento por los derechos civiles, que iba tomando ímpetu.

Mamie no dejó de protestar y hacer campaña, e incluso le escribió al presidente para pedir justicia. Murió en 2003 en Chicago. Publicadas en 2004, sus memorias cuentan cómo convirtió la tragedia en acción reivindicativa.

Obra principal

2004 *Death of Innocence.*

retro durante el funeral, y expuesto durante cinco días para mostrar la crueldad infligida a su hijo. La noticia causó indignación en todo el país.

La injusticia enciende la causa

Menos de dos semanas después del funeral, Bryant y Milam fueron juzgados por asesinato. En menos de una hora, un jurado compuesto por hombres blancos los absolvió de todos los cargos. Meses después admitieron su culpabilidad. Esta injusticia, añadida a tantas otras, galvanizó el movimiento por los derechos civiles, y, en 1964, la Ley de derechos civiles ilegalizó la discriminación racial. El FBI reabrió el caso Till dos veces, en 2004 y en 2018, después de que Carolyn Bryant reconociera en 2017 que Till no la había

tocado ni acosado. El caso está hoy oficialmente cerrado.

En febrero de 2021, seguía sin haber leyes antilinchamiento en EE UU. Desde el linchamiento de Emmett Till ha habido noticia de otros doce, once de ellos a víctimas negras. En 2020, el asesinato de Ahmaud Arbery, un hombre negro inocente acosado y tiroteado por tres blancos, fue declarado linchamiento. El aumento del número de ahorcamientos de personas negras en EE UU, sea por suicidio o asesinato encubierto, lleva a muchos a considerar aún vigente en EE UU esta práctica de un pasado vergonzoso. ▪

DE LO UNICO QUE ESTABA CANSADA ERA DE CEDER

EL BOICOT DE AUTOBUSES EN MONTGOMERY (1955)

En la década de 1950, por todo el sur de EE UU, la segregación racial imponía la supremacía blanca y degradaba a los estadounidenses negros. Estaban segregados también los transportes públicos: en Montgomery (Alabama), las autoridades blancas aprobaron leyes para imponer asientos separados en los autobuses urbanos, con los conductores encargados de hacerlas cumplir. Los blancos se sentaban en la parte delantera del vehículo, pero si esta se llenaba, los pasajeros negros debían ceder el asiento a los blancos. Al tener que pagar lo mismo que estos, la obligación era humillante para los negros, y a menudo se negaban a ceder el asiento.

El 1 de diciembre de 1955, Rosa Parks, costurera negra de camino a casa desde el trabajo, fue detenida por negarse a ceder el asiento en un autobús urbano. Parks no fue la primera detenida, pero su activismo y el respeto del que gozaba entre la co-

El incidente de Rosa Parks en el autobús

Parks ocupó un asiento de pasillo en el autobús, en fila con otros tres pasajeros negros.

Tras tres paradas, el conductor manda a los cuatro pasajeros de la fila hacer sitio a un hombre blanco. Tres pasajeros negros se dirigen a la parte trasera, pero Parks se niega y se cambia al asiento de la ventana, donde es detenida.

Sección negra

Sección blanca

Conductor

Después de pagar, los pasajeros negros acceden al autobús por la puerta trasera.

Los pasajeros negros pagan delante, pero luego deben bajar y entrar por detrás.

Véase también: Jim Crow 216–221 ▪ El Renacimiento de Harlem 242–245 ▪ Combatientes negros en la Segunda Guerra Mundial 254–257 ▪ El caso Brown contra el Consejo de Educación 264–267 ▪ El movimiento Black Power 288–289

Rosa Parks

Rosa Louis McCauley, nacida en Tuskegee (Alabama), en 1913, se mudó con sus abuelos maternos a Pine Level, en el condado de Montgomery (Alabama), tras la separación de sus padres. En 1932 se casó con Raymond Parks, que era activista de la sección local de la Asociación Nacional para el Progreso de las Personas de Color (NAACP), pero Parks no fue activa en la política racial hasta la década de 1940. Más adelante ingresó en la sección de Montgomery de la NAACP, donde trabajó como secretaria, ayudando a organizar campañas de registro para votar, y registrándose ella misma en abril de 1945.

Tras el boicot de autobuses, Parks se trasladó a Detroit (Míchigan), donde trabajó para el congresista de Míchigan John Conyers, Jr., desde 1965 hasta 1988. También fundó el Instituto para el Autodesarrollo Rosa y Raymond Parks, para fomentar el estudio de la historia de EEUU y los derechos civiles. Antes de morir en 2005, Parks recibió la Medalla Presidencial de la Libertad en 1996 y la Medalla de Oro del Congreso en 1999.

munidad negra aportaron una figura útil para acabar con la segregación en los transportes a través de acciones positivas.

Respaldo al boicot

Jo Ann Robinson, líder del Women's Political Council (WPC), distribuyó panfletos por la ciudad instando a los usuarios a no tomar el autobús el lunes, 5 de diciembre, día del juicio de Rosa Parks. Ese día, la mayoría de los usuarios negros boicotearon los autobuses, con el apoyo de los líderes locales negros. Se estableció la Montgomery Improvement Association (MIA) para coordinar, negociar con los funcionarios municipales y organizar a los usuarios negros para compartir vehículos. Martin Luther King, pastor de la iglesia baptista de la avenida Dexter, en Montgomery, fue elegido presidente de la organización.

En torno al 75 % de los usuarios de los autobuses en Montgomery eran negros, y, sin los ingresos por billetes, la empresa perdía dinero, al igual que los comercios del centro que atendían a clientes negros. Consciente del daño económico que esto causaba, la MIA negoció con las autoridades municipales y los empresarios blancos a lo largo del invierno, pero sus demandas –entre ellas, la ocupación de asientos por orden de llegada y el trato igualitario para los pasajeros negros– fueron rechazadas una y otra vez. En enero de 1956 hubo un atentado con bomba en la casa de Martin Luther King, y, en marzo, King fue encarcelado por violar un estatuto de 1921 que prohibía boicotear negocios.

Los usuarios negros siguieron negándose a utilizar los autobuses, y la MIA llevó el caso al tribunal federal de Alabama en mayo. En junio de 1956, el tribunal dictaminó que la segregación en los autobuses del estado era inconstitucional, decisión que respaldó el Tribunal Supremo de EEUU. Después de trece meses, el boicot terminó finalmente el 20 de diciembre.

Fundamentos del activismo

El boicot fue probablemente la primera protesta a gran escala con éxito realizada por estadounidenses negros en los inicios del movimiento por los derechos civiles. El heroísmo de tantos negros de clase trabajadora inspiró a los activistas jóvenes de principios de la década de 1960, quienes emplearían la desobediencia civil no violenta para desafiar la segregación racial. El boicot generó también una mayor atención a la cuestión de los derechos civiles, y dio fama nacional a Martin Luther King, establecido como líder influyente en la lucha por la justicia y la igualdad. ▪

Un grupo de afroestadounidenses organizados para compartir vehículos, como alternativa durante el boicot de Montgomery. Al fondo, un autobús vacío.

¡GHANA ES LIBRE PARA SIEMPRE!

GHANA DECLARA LA INDEPENDENCIA (1957)

LOCALIZACIÓN
Ghana

ANTES
1874 Reino Unido declara oficialmente Colonia de la corona la Costa de Oro.

1945 Nkrumah asiste al quinto Congreso Panafricano en Manchester (Reino Unido).

1946 La reforma constitucional limitada frustra a la élite formada de la Costa de Oro.

1948 Disturbios generalizados al disparar tropas británicas sobre manifestantes ghaneses.

DESPUÉS
1960 Ghana es declarada república, con el CPP como partido único.

1966 Nkrumah es derrocado por un golpe militar y policial. Habrá otros tres golpes en los siguientes diez años.

1981 El líder militar Jerry Rawlings derroca al gobierno por segunda vez e implanta una democracia estable.

Los británicos dominaron la costa de África occidental durante unos 150 años antes de la independencia de Ghana, el 6 de marzo de 1957. La independencia, lograda en gran medida por Kwame Nkrumah, estuvo seguida por golpes militares y democracias fallidas, pero inspiró movimientos similares en todo el continente.

Ghana fue el primer país de África occidental en alcanzar la independencia, gracias a los movimientos nacionalistas que empezaron a surgir alrededor de 1918, alimentados por la anexión de sus tierras. A inicios del siglo XIX, Ghana no era un Estado cohesionado, sino un conjunto de reinos autónomos. En 1874, Gran Bretaña estableció la colonia de la Costa de Oro. Lo que nació como una franja de costa de 100 km de ancho se expandió hasta ocupar toda la actual Ghana en 1918, incluido el territorio

Kwame Nkrumah, a hombros de funcionarios durante la celebración de la independencia de Ghana. El símbolo nacional del país, el águila, es una figura protectora y vigilante.

Véase también: El Imperio de Ghana 52–57 ▪ El nacimiento del Imperio asante 148–151 ▪ El panafricanismo 232–235 ▪ El Año de África 274–275

¡Nuestra independencia no significa nada si no está ligada a la liberación total del continente africano!
Kwame Nkrumah

el Partido de la Convención del Pueblo (CPP) en 1949, que hizo campaña bajo el eslogan «¡Autogobierno, ya!». El partido movilizó eficazmente a las masas gracias a que vinculó las injusticias económicas a la lucha por la independencia política.

El movimiento, no violento, se centraba en las huelgas y boicots, pero Nkrumah fue encarcelado de nuevo. Al celebrarse elecciones para la nueva asamblea legislativa de la Costa de Oro en 1951, Nkrumah se presentó a las elecciones desde su celda. El CPP ganó 34 de los 38 escaños, y Nkrumah fue liberado para ponerse al frente de la nueva administración. Tras ganar las elecciones generales de 1954 y 1956, el CPP logró el reconocimiento del país, llamado Ghana, como miembro independiente de la Commonwealth y las Naciones Unidas.

Grietas en el régimen

El discurso ofrecido por Nkrumah el Día de la Independencia estaba lleno de esperanza, y no solo para el futuro de Ghana, sino para África en su conjunto. Sin embargo, pronto aparecieron grietas en el nuevo régimen. El principal partido de la oposición, el Partido del Congreso de Ghana (GCP), reclutó a disidentes del CPP desilusionados por la actitud autoritaria y mesiánica de Nkrumah, y este respondió fundando una república en 1960, con el CPP como partido único.

En 1966, la corrupción, la enorme deuda externa y el declive del nivel de vida habían dejado hecho jirones el sueño socialista panafricano de Nkrumah, que fue depuesto el 24 de febrero por el Consejo Nacional de Liberación, dirigido por el general Joseph Ankrah. Muchos golpes y décadas después, Ghana se convertiría al fin en una democracia estable en 1981. ▪

de los asante, que habían combatido a los británicos en cuatro guerras.

A mediados del siglo XX, debilitadas por la Segunda Guerra Mundial, las potencias europeas tenían dificultades crecientes para mantener el control de las colonias. India se independizó en 1947, y Gran Bretaña trató de compensar tal pérdida reforzando su control en África.

En enero de 1948, los ghaneses boicotearon los productos importados de Europa con precios inflados. En febrero, un grupo de empobrecidos veteranos de la Segunda Guerra Mundial se manifestaron ante el gobernador británico con una lista de agravios: sueldos pendientes, precios inflados y el alto coste de la vida. Las tropas británicas abrieron fuego contra la protesta pacífica y mataron a tres veteranos, lo cual provocó un estallido de disturbios en toda la colonia.

El CPP

Al apoyar Kwame Nkrumah la manifestación de los veteranos, los británicos le encarcelaron junto con muchos otros líderes nacionalistas, hecho que generó nuevas protestas. Durante su estancia en prisión, Nkrumah formó

Kwame Nkrumah

El político radical y artífice de la independencia ghanesa Kwame Nkrumah nació en 1909. Tras estudiar en EEUU y Reino Unido, Nkrumah volvió a la Costa de Oro para luchar por el derecho al autogobierno de la colonia.

Nkrumah tenía también planes ulteriores, pues creía que la independencia de Ghana inspiraría a otras colonias africanas a lograrla también. Nkrumah quería crear un Estado socialista panafricano, con él al timón, y soñaba incluso con inspirar a los estadounidenses negros a lograr la emancipación racial. Las tendencias autocráticas de Nkrumah, sin embargo, alarmaron a los ghaneses. Tras ilegalizar a los partidos de la oposición en 1960, hubo varios intentos de asesinarlo. Al ser derrocado, sus leales lo abandonaron, y se mudó a Guinea, donde vivió en el exilio. Nkrumah murió de cáncer en 1972, y fue enterrado en su Nkroful natal.

Obras principales

1963 *Africa Must Unite.*
1968 *Handbook of Revolutionary Warfare.*
1968 *Dark Days in Ghana.*

ESTE ES UN NUEVO DIA EN AFRICA

EL AÑO DE ÁFRICA (1960)

EN CONTEXTO

LOCALIZACIÓN
África

ANTES
1918 El presidente de EEUU Woodrow Wilson presenta sus Catorce Puntos, que promueven el libre comercio, la democracia y la autodeterminación de las colonias como puntos clave para la paz tras la Gran Guerra.

1945 Semanas después del fin de la Segunda Guerra Mundial, el quinto Congreso Panafricano de Manchester (Reino Unido) exige la independencia de las colonias de África, Asia y las Indias Occidentales.

1947 India, la colonia más poblada del siglo xx, se separa de Reino Unido.

DESPUÉS
1976 Las Seychelles, último territorio británico africano en declarar la independencia.

1977 Yibuti, última colonia africana en independizarse de una potencia europea, se separa de Francia.

En 1960, diecisiete colonias africanas se convirtieron en naciones independientes, invirtiendo una tendencia histórica de modo decisivo y trascendental. La intervención en los asuntos africanos había sido una constante durante gran parte de los trece siglos anteriores, primero por los árabes, a través del comercio transahariano de esclavos, y luego por los europeos, con el comercio transatlántico de esclavos.

Multitudes abarrotan las calles de Nuakchot para celebrar la independencia mauritana de Francia en noviembre de 1960. Mauritania ingresó como miembro de la ONU en 1961.

Al zarpar de África en 1866 el último barco negrero oficial, cabía esperar el fin de la influencia extranjera, pero, en lugar de ello, las potencias europeas se repartieron África entera en la Conferencia de Berlín, en 1884–1885. En 1908, África era una colección de 50 colonias que ofrecían acceso directo a sus abundantes materias primas.

El nacimiento de un sueño

Las naciones africanas se resistieron, pero no pudieron sacudirse el yugo europeo. En el primer Congreso Panafricano celebrado en Londres en 1900, sin embargo, se articuló por primera vez el sueño de la indepen-

Véase también: El comercio transahariano de esclavos 60–61 ▪ Los inicios del comercio atlántico de esclavos 116–121 ▪ El reparto de África 222–223 ▪ Ghana declara la independencia 272–273 ▪ «Zik» y la Nigeria independiente 286–287

Después de la Segunda Guerra Mundial, los países europeos y EE UU sintieron la presión de cumplir sus promesas para asegurarse el apoyo africano. Los 17 países independizados en 1960 inspiraron a los que seguían luchando por la autonomía.

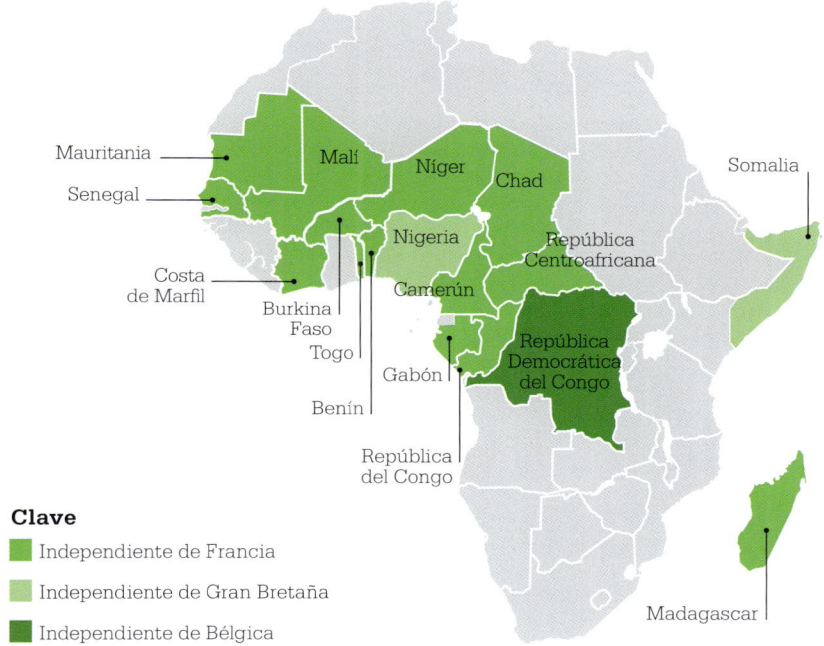

Mauritania
Senegal
Malí
Níger
Chad
Somalia
Nigeria
República Centroafricana
Costa de Marfil
Camerún
Burkina Faso
Togo
Gabón
Benín
República Democrática del Congo
República del Congo
Madagascar

Clave

- Independiente de Francia
- Independiente de Gran Bretaña
- Independiente de Bélgica

del Congo, Gabón, Senegal, Malí y Mauritania. El Imperio francés había quedado roto de un plumazo.

Los británicos no iban demasiado a la zaga. El primer ministro Harold Macmillan, de visita en Sudáfrica en febrero, habló del «viento de cambio» que soplaba sobre el continente. Dos colonias británicas, Somalia y Nigeria, se unieron a las catorce francesas en julio y octubre. El Congo Belga se independizó en junio, convertido en la República Democrática del Congo.

El futuro parecía resplandeciente para los panafricanistas del mundo entero. En diciembre, las Naciones Unidas declararon que el fin del colonialismo era una necesidad. Con todo, eran muchos los conflictos que resolver. La dominación de la minoría blanca no acabó en Rodesia ni Sudáfrica hasta 1979 ni 1994, respectivamente, y la autodeterminación africana se iba a caracterizar en demasiados casos por golpes militares, regímenes brutales y largas dictaduras. Por ahora, sin embargo, la esperanza se había desatado. Era un momento en el que Kwame Nkrumah podía decir, como hizo el 23 de septiembre de 1960: «Este es un nuevo día en África». ▪

dencia africana. El primer país en lograrla fue Egipto, independizado de Reino Unido en 1922.

En 1941, la Carta del Atlántico acordada por EE UU y Reino Unido proclamó el apoyo a la autodeterminación de todos los pueblos. El primer ministro británico Winston Churchill argumentaba que esto no afectaba a las colonias del Imperio británico, pero India se separó de Gran Bretaña en 1947, y, una década más tarde, el presidente panafricanista Kwame Nkrumah guio a Ghana a la independencia.

El año de la independencia

Lo que precipitó la avalancha sin precedentes de 1960 fue la Constitución francesa de 1958 del presidente de Gaulle: ofrecía a las colo-

nias un camino a la independencia, y Guinea Francesa lo emprendió de inmediato. La mayoría de los países esperó algo más.

El gobierno británico predijo lo que iba a ocurrir. El responsable de información de la Oficina Colonial, Owen Morris, declaró que «1960 será un año de África». En cascada, catorce colonias francesas afirmaron su independencia: Camerún, Togo, Madagascar, Benín, Níger, Burkina Faso (entonces llamada Alto Volta), Costa de Marfil, Chad, República Centroafricana, República

Mujeres somalíes enarbolan la bandera nacional durante una ceremonia para celebrar la independencia de Somalia. La Somalilandia británica y la Somalilandia italiana se unificaron en 1960.

NO HAY JUSTICIA DE GENERO SIN JUSTICIA RACIAL

EL AUGE DEL FEMINISMO NEGRO (DÉCADAS DE 1960 Y 1970)

EN CONTEXTO

LOCALIZACIÓN
**EEUU, Reino Unido,
resto del mundo**

ANTES
1851 Sojourner Truth insiste en
la igualdad de la mujer negra en
la Convención de los Derechos
de las Mujeres en Akron (Ohio).

1964 En EEUU, la Ley de
derechos civiles prohíbe la
discriminación basada en la
raza, la religión, el origen
nacional o el sexo.

1973 Se forma en Londres el
Brixton Black Women's Group
para concienciar de los
problemas de la mujer negra.

DESPUÉS
1985 Se publica *Heart of
the race,* de Beverley Bryan,
Suzanne Scafe y Stella Dadzie,
colección de testimonios orales
de mujeres negras británicas.

2013 Las afroestadounidenses
queer Opal Tometi, Alicia Garza
y Patrisse Khan-Cullors crean el
movimiento Black Lives Matter.

La corriente feminista principal atiende ante todo
a la igualdad de derechos de las mujeres blancas.

Las mujeres negras necesitan **un feminismo propio**,
por encontrarse sometidas a la **opresión racial**
además de a la **opresión de género**.

**No hay justicia de género
sin justicia racial.**

En la segunda mitad del siglo XX, las mujeres de muchas partes del mundo incidieron más en analizar y denunciar las muchas maneras en que los hombres y el sistema patriarcal controlaban a las mujeres en las esferas tanto pública como privada. Se publicaron libros y revistas feministas, y se organizaron grupos de concienciación y protestas políticas para exigir el cambio. El movimiento de liberación de las mujeres, predominantemente blanco, se centró en un principio en el género, sin reconocer la lucha particular a la que se enfrentaban las mujeres no negras, ni los modos en que las mujeres blancas occidentales se beneficiaban de la estructura supremacista blanca.

Poder negro
Paralelamente al movimiento de liberación de las mujeres, el movimiento conocido como Black Power («Poder negro») estaba prendiendo en EEUU y Reino Unido. Sus organizaciones promovieron el orgullo y la independencia negros, y exigieron el control de la sanidad, la vivienda y la educación destinadas a la población negra. Al principio reforzaron los roles de género tradicionales, pidiendo a las mujeres miembros que estuvieran detrás de sus compañeros negros, y no junto a ellos como iguales.

Angela Davis en un mitin Black Power en Raleigh (Carolina del Norte), en 1974. El radicalismo de Davis alienó a muchas feministas blancas.

Alice Walker

La menor de ocho hermanos, Alice Walker nació en Eatonton (Georgia), en 1944. Después de asistir a la única escuela de secundaria disponible allí para alumnos negros, estudió en el Spelman College, en Atlanta, y el Sarah Lawrence College, en Bronxville (estado de Nueva York). En Spelman conoció a Martin Luther King, quien la convenció de unirse al movimiento por los derechos civiles. Más tarde, Walker fue escritora residente en varias instituciones de enseñanza superior, y en 1970 publicó su primera novela, *The third life of Grange Copeland*. Luego publicó relatos breves, ensayos, poesía y novelas, entre ellas, *El color púrpura*, ganadora del Pulitzer en 1982. Ambientada en el sur profundo en las décadas de 1930 y 1940, se basa en las cartas de una joven negra inmersa en una sociedad patriarcal y supremacista blanca.

Obras principales

1981 *You Can't Keep a Good Woman Down.*
1982 *El color púrpura.*
1983 *In Search of Our Mother's Gardens.*

En *Yo sé por qué canta el pájaro enjaulado* (1969), Maya Angelou describe la brutalidad racial y sexual experimentada por la autora como niña afroestadounidense en el sur profundo.

gras, como la estadounidense Angela Davis, reconocieron en ello una nueva forma de imperialismo.

«Mujerismo»

El desinterés de las feministas blancas por la cuestión racial, unido a la percepción que las mujeres negras tenían de las luchas de género como divisivas y antihombres, impidió a muchas mujeres negras identificarse como feministas. Reconociendo este hecho, en 1979, la escritora y poeta afroestadounidense Alice Walker acuñó el término *«womanist»* («mujerista»), en alusión a las feministas no blancas que rechazaban la segregación por género a la que aspiraban muchas feministas blancas.

En 1989, la feminista Kimberlé Crenshaw acuñó la expresión «interseccionalidad» para describir cómo una persona puede experimentar niveles superpuestos de opresión. El término se ha aplicado desde entonces a la interacción de distintos aspectos de la identidad, como la »

Las herramientas del amo no desmantelarán nunca la casa del amo.
Audre Lorde
Poeta, madre, lesbiana y guerrera afroestadounidense (1934–1992)

Aunque tales actitudes serían denunciadas más adelante, y pese a que entre los líderes de los Black Panthers británicos había una mujer, Althea Jones-Lecointe, la justicia de género era secundaria para la causa del Black Power a principios de la década de 1970. Seguían siendo los hombres quienes determinaban la agenda y tomaban las decisiones.

Experiencias únicas

De la doble opresión de ser negra y mujer no se ocupaban ni el movimiento feminista ni las organizaciones antirracistas. De modo análogo, en las naciones nuevamente independientes de África y Asia, la mujer se veía subyugada por el hombre en sus organizaciones, incluso cuando había luchado hombro a hombro en las luchas de liberación. Las feministas blancas y generalmente de clase media de EE UU y Europa solían estereotipar a estas mujeres como pobres, analfabetas y vulnerables, y trataron de imponerles su concepción del feminismo sin considerar sus circunstancias particulares. Algunas feministas ne-

Desigualdad salarial

La igualdad salarial es una cuestión feminista, pero existe la discriminación doble por sexo y raza. Según la Oficina del Censo de EE UU, en 2018, las mujeres negras ganaban de media 62 centavos por cada dólar de un hombre blanco, y las mujeres blancas, 79 centavos. En EE UU, casi el 80 % de las madres negras aportan los mayores ingresos principales a la familia. Sin la brecha salarial, podrían pagar por un mayor cuidado infantil.

HOMBRES BLANCOS

MUJERES BLANCAS

MUJERES NEGRAS

raza, la sexualidad, la clase, la riqueza, la discapacidad y la religión. En la década de 1970 fueron surgiendo organizaciones feministas negras, y en 1974 se formó en Boston (Massachusetts) el Colectivo del río Combahee, organización socialista lesbiana feminista negra, creada como reacción al hecho de que ni el movimiento por los derechos civiles ni el feminismo reconocían las necesidades específicas de las mujeres negras.

Luminarias negras

En EE UU empezaron a surgir pensadoras feministas negras, como las escritoras Angela Davis, Audre Lorde y Maya Angelou, y la miembro del Ejército Negro de Liberación Assata Shakur. Fueron clave sus aportaciones a la teoría crítica de la raza, que considera a las instituciones legales inherentemente racistas, diseñadas para promover los intereses blancos y consolidar la marginación de los negros. La teoría trató de ofrecer un marco para la «abolición» de esta injusticia poniendo el foco en la ayuda mutua en vez de la cárcel y el castigo.

La autora y activista afroestadounidense bell hooks (Gloria Jean Watkins) publicó en 1981 *¿Acaso no soy yo una mujer?: mujeres negras y fe-*

La feminista negra británica Olive Morris habla frente a la Biblioteca de Brixton en Londres en 1978. Miembro clave del movimiento British Black Panthers, cofundó luego la OWAAD.

minismo, título que alude al discurso «Ain't I a woman?», de la abolicionista y sufragista Sojourner Truth ante la Convención por los Derechos de las Mujeres en Akron (Ohio), en 1851. El libro explora cómo el legado de la esclavitud y los movimientos blancos de clase media por el sufragio femenino seguían afectando a la vida de las mujeres negras en la década de 1970.

En Reino Unido, la periodista y activista de origen trinitense Claudia Jones hizo campaña contra el racismo en el empleo, la educación y la vivienda. Deportada de EE UU por su militancia comunista y actividad antirracista, Jones llegó a Reino Unido en 1956. En 1958 fundó la *West Indian Gazette*, primer periódico activista negro de Gran Bretaña. Ese año organizó una celebración de la cultura caribeña en el barrio de Camden para reunir fondos destinados a la defensa de los jóvenes negros que se vieron envueltos en los disturbios de Notting Hill, ataques por blancos a lo largo de cinco noches a personas

El Colectivo del río Combahee

Formado en 1974 en Boston (EE UU), el Colectivo del río Combahee se escindió de la Organización Feminista Negra Nacional para denunciar la discriminación múltiple de las mujeres negras.

En 1977, el colectivo emitió la Declaración del Colectivo del río Combahee, sobre los sistemas superpuestos de opresión de las mujeres negras. Estos incluyen el racismo, el sexismo, el imperialismo y el capitalismo. El documento usó por primera vez la expresión «política identitaria» referida a los intereses particulares de un grupo dado.

La declaración fue una piedra angular de los eventos de concienciación de las mujeres negras, tales como los retiros organizados del colectivo. Este se disolvió en 1980, pero la declaración sigue vigente como una de las exposiciones más claras y poderosas de las múltiples formas de opresión sistémica.

y negocios negros del barrio. La fiesta acabaría convertida en el Carnaval de Notting Hill, uno de los mayores festivales anuales de Reino Unido.

La década de 1970 fue la del surgimiento del movimiento de las mujeres negras británicas, con marchas, huelgas, sentadas y otras protestas. Entre los grupos de base se contaron el Grupo de Mujeres Negras de Brixton y la Organización de las Mujeres de África y de Origen Africano (OWAAD), nombre ampliado luego a Origen Africano y Asiático, en reconocimiento del racismo experimentado por las mujeres asiáticas del país.

La OWAAD dio prioridad a la problemática específica de la mujer negra, en muchos casos cuestiones de supervivencia: un sueldo justo por trabajos fuera de casa, como la limpieza, sector en que los derechos de las mujeres negras no solían estar protegidos; y la demanda de centros públicos de cuidado infantil para las trabajadoras negras. La OWAAD hizo también campaña contra las pruebas médicas con mujeres negras, la brutalidad policial y la aplicación perversa de las leyes de inmigración. En esta época, en Reino Unido alcanzaron relieve activistas como Olive Morris, Beverly Bryan y Stella Dadzie.

Mientras tanto, en la Europa continental arraigaba el afrofeminismo, que trataba de contextualizar las experiencias de las mujeres negras en países de pasado colonialista. Grupos como el Colectivo Mwasi, hoy activo en Francia, y el Colectivo de Ironías Crueles, en los Países Bajos, surgieron del movimiento afrofeminista de la década de 1970.

Nuevas necesidades

No todas las organizaciones feministas negras fueron un medio favorable a las lesbianas, como se demostró en la conferencia de 1981 de la OWAAD, en la que los planes para un taller de lesbianas fueron recibidos con hostilidad e insultos. Las feministas lesbianas negras comenzaron a crear espacios propios. En Reino Unido, el Black Lesbian Group se formó en 1982, el Black Lesbian Support Network, en 1983, y Zami I, la primera conferencia nacional de lesbianas negras, se celebró en Londres en 1985.

En EE UU, Salsa Soul Sisters, formada en 1974, fue una de las primeras organizaciones lesbianas abiertamente multiculturales. Dedicada a las afroestadounidenses y latinas, surgió de la tensión entre lesbianas y feministas heterosexuales negras,

> Mientras unas mujeres dominen a otras por el poder de clase o racial, la sororidad feminista no podrá realizarse plenamente.
> **bell hooks**
> **Feminista afroestadounidense**
> **(1952–2021)**

y de las diferencias con miembros de la comunidad LGBTQ+ blanca.

Las feministas negras siguen luchando por los derechos e intereses específicos de las mujeres negras, denunciando injusticias como las diferencias de salario y sus peores perspectivas de salud. En Reino Unido, autoras como Reni Eddo-Lodge, que publicó *Por qué no hablo con blancos sobre racismo* en 2017, siguen denunciando el racismo estructural. Las mujeres negras y la opresión a la que se enfrentan no encajan fácilmente en los movimientos políticos y sociales convencionales, al esperarse de ellas que releguen aspectos fundamentales de sí mismas para apoyar la lucha por la justicia racial o de género. Estudiosas y organizaciones feministas negras buscan crear marcos para comprender a la mujer negra en su plenitud. Desde los mismos días de la esclavitud hasta hoy, la mujer negra se ha resistido a los caminos reduccionistas hacia la libertad. ∎

La escritora británica Reni Eddo-Lodge (izda.) y la feminista y filósofa brasileña Djamila Ribeiro comparten plataforma en el Festival WOW (Mujeres del Mundo) en Río de Janeiro en 2018.

TENGO UN SUEÑO

LA MARCHA SOBRE WASHINGTON (1963)

EN CONTEXTO

LOCALIZACIÓN
EEUU

ANTES
1948 EEUU promueve
la Declaración Universal
de los Derechos Humanos,
pero tiene escaso impacto
sobre los afroestadounidenses.

1955 Rosa Parks es detenida
por negarse a ceder el asiento
a un pasajero blanco en un
autobús en Montgomery
(Alabama).

1960 En Carolina del Norte,
alumnos negros protestan con
una sentada en una cantina
segregada de Woolworth.

DESPUÉS
1964 La Ley de derechos
civiles garantiza la igualdad
de derechos laborales y prohíbe
la segregación en lugares
públicos y la discriminación en
pruebas de aptitud para el voto.

1965 El presidente Lyndon B.
Johnson firma la Ley de derecho
al voto, que prohíbe todas las
prácticas discriminatorias que
impiden ejercer el derecho al
voto en EEUU.

1968 La Ley de vivienda justa
prohíbe la discriminación en la
venta, alquiler y financiación
de vivienda en EEUU.

El 28 de agosto de 1963, unas 250000 personas, entre ellas activistas blancos y negros por los derechos civiles, líderes religiosos y personas de alto perfil público, se reunieron ante el Monumento a Lincoln en Washington para manifestarse y proclamar los derechos de los estadounidenses negros al trabajo y la libertad.

Véase también: Jim Crow 216–221 ▪ El movimiento Black Power 288–289 ▪ Campañas globales contra el racismo 306–313

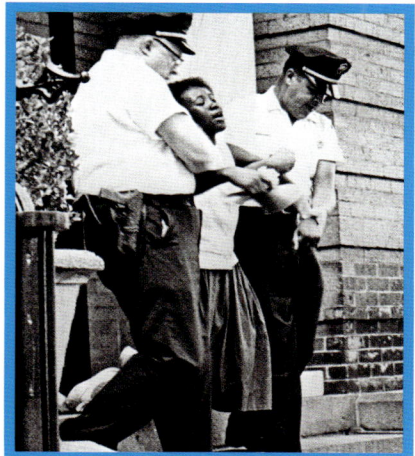

Por el «crimen» de protestar contra la segregación racial en una biblioteca reservada a blancos en Albany (Nueva York), una mujer es detenida en 1962 y sacada a la fuerza por agentes blancos.

En los años precedentes, las leyes Jim Crow limitaban gravemente las oportunidades económicas y políticas de los afroestadounidenses. Pese a algunas victorias judiciales –como el dictamen del Tribunal Supremo en el caso Brown contra el Consejo de Educación, en 1954, que declaraba inconstitucional la segregación en las escuelas–, la mayoría de los niños negros seguía asistiendo a escuelas segregadas, y personas negras en todo EE UU eran víctimas de la segregación, la pobreza y la violencia racista.

Poco había cambiado
En 1959, las estadísticas gubernamentales de EE UU mostraban que el 54,9 % de los negros vivía en la pobreza, comparado con el 20 % de la población en su conjunto. La segregación en las escuelas persistía, dada la falta de mecanismos del gobierno federal para hacer aplicar la ley cuando los distritos escolares y municipalidades se negaban a integrarse.

A fines de la década de 1950, los linchamientos eran menos frecuentes, pero la violencia no había desaparecido: pocos podían ignorar el asesinato del adolescente Emmett Till a mano de dos hombres blancos en 1955, por una supuesta ofensa a una mujer blanca en un comercio; Herbert Lee, activista de la Asociación Nacional para el Progreso de las Personas de Color (NAACP), fue asesinado de un disparo en la cabeza por un legislador estatal de Misisipi en septiembre de 1961; en mayo de 1963, la policía atacó a niños durante una manifestación por los derechos civiles en Birmingham (Alabama); y en julio, seis semanas antes de la Marcha sobre Washington, Medgar Evers, secretario de la NAACP, fue asesinado en Jackson (Misisipi). Todo ello alimentó la indignación pública en los días previos a la marcha.

La marcha se materializa
Los dos principales organizadores de la marcha fueron los activistas por los derechos civiles Bayard Rustin y Asa Philip Randolph, este también sindicalista veterano. En 1963, sus voces y las de otros miembros destacados de la comunidad negra empezaron a »

No somos una horda. Somos la vanguardia de una revolución masiva por el trabajo y la libertad.
A. Philip Randolph
Discurso en la Marcha sobre Washington

Bayard Rustin

Nacido en 1912 en West Chester (Pensilvania), Rustin fue criado por sus abuelos maternos, cuyas convicciones políticas y religiosas conformaron su activismo posterior. En 1936, como estudiante en Nueva York, militó brevemente en la Liga Juvenil Comunista.

Comprometido con la no violencia, en la década de 1940 se unió a la Fellowship of Reconciliation, cofundó el Congreso por la Igualdad Racial y estudió en India las enseñanzas de Ghandi.

El pacifismo de Rustin le llevó a ser objetor de conciencia, y fue encarcelado durante la Segunda Guerra Mundial por negarse a servir en las fuerzas armadas. Entre 1953 y 1965 fue secretario ejecutivo del War Resisters League. Desde 1956 trabajó con Martin Luther King como estratega de la Marcha sobre Washington. En las décadas de 1970 y 1980 defendió los derechos humanos y a la comunidad gay. Murió en 1987.

Obras principales

1943 *Interracial Primer.*
1971 *Down the Line.*
2012 *I Must Resist: Bayard Rustin's Life in Letters* (póstumo).

La ira de los estadounidenses negros crece ante la **pobreza desproporcionada** y la **segregación continuada**.

En 1963, líderes por los derechos civiles organizan una **marcha masiva** para exigir **legislación eficaz sobre derechos civiles**.

La indignación crece con el **asesinato** del activista Medgar Evers y los **ataques policiales** a manifestantes jóvenes por los derechos civiles.

Un **cuarto de millón de personas** se unen a la marcha por la **justicia** y la **igualdad** de los estadounidenses negros.

La gran protesta influye en la **opinión pública** y en la aprobación de la **Ley de derechos civiles** en 1964.

escucharse en Capitol Hill. En marzo de 1963, el fiscal general Robert Kennedy trató la cuestión de las relaciones raciales con el escritor James Baldwin y otros autores y pensadores negros relevantes. El 11 de junio, el presidente John F. Kennedy declaró que promovería una nueva legislación sobre derechos civiles, aunque, once días después, convocó a los líderes del movimiento para tratar de disuadirles de encabezar una marcha que creía podía acabar en violencia. Randolph, Rustin y otros líderes se negaron a capitular. El presidente dio finalmente su respaldo a la marcha, y su hermano Robert se coordinó con los organizadores del evento para garantizar que fuese pacífico.

Voces poderosas

La gran manifestación fue apoyada y patrocinada por todas las principales organizaciones de derechos civiles del país, entre ellas, el Congreso por la Igualdad Racial, la NAACP, la Liga Urbana Nacional, el Consejo Nacional de Trabajadores Negros, la Conferencia Sur de Liderazgo Cristiano (SCLC) y el Comité Coordinador No Violento de Estudiantes (SNCC). Se plantearon diez demandas, que incluyeron la desegregación de los distritos escolares, un salario mínimo nacional y políticas justas de empleo y vivienda. Randolph fue el director de la marcha, y Rustin, el principal organizador y adjunto.

Antes del evento principal, intérpretes famosos como Joan Baez, Bob Dylan y la cantante de gospel Mahalia Jackson, cantaron para la multitud. Odetta, que contribuyó al renacimiento de la música folk de finales de la década de 1950 y la de 1960, cantó un espiritual negro impactante, cuyo estribillo —«Y antes que ser esclavo, que me entierren, iré a mi hogar con el Señor y seré libre»— conmovió al público. Por la tarde, Randolph presentó a una serie de oradores:

Una multitud de manifestantes llena la Explanada Nacional de Washington D. C. mientras Luther King y otros pronunciaban discursos históricos ante el Monumento a Lincoln.

activistas por los derechos civiles y sindicales negros y blancos, líderes religiosos católicos, protestantes y judíos, y solamente dos mujeres: la artista del espectáculo francesa de origen estadounidense Josephine Baker y la periodista Daisy Bates. Algunos eran partidarios relativamente recientes de la igualdad, mientras que otros llevaban décadas combatiendo el racismo. Los oradores John Lewis, del SNCC, y Martin Luther King, del SCLC, electrizaron al público.

En su discurso, Lewis condenó la política de partidos contemporánea, y criticó por endeble la propuesta de Ley de derechos civiles que se debatía en el Congreso, que ni ofrecía protecciones a los trabajadores por los derechos civiles encarcelados en el sur debido a su activismo ni contemplaba asistencia a los trabajadores negros más pobres. Lewis urgió al público a participar plenamente en la revolución política que barría el país, y se comprometió a continuar con la protesta pacífica si no se aprobaba una ley justa de derechos civiles.

Una visión de esperanza

Martin Luther King fue el último orador de la jornada. Durante años se había dirigido a públicos menos numerosos con versiones anteriores del discurso «I have a dream», pero esta sería la versión que todos recordarían. King denunció que, pese a la abolición de la esclavitud un siglo antes, los estadounidenses negros seguían encadenados por la opresión económica y política, y que se les negaban la igualdad de oportunidades y los derechos constitucionales.

En las ciudades del norte, las comunidades negras sufrían en guetos. En el sur tenían que soportar leyes Jim Crow que les impedían participar en las elecciones. King señaló que el único camino abierto eran las manifestaciones y la acción directa no violentas. Su discurso no se detuvo en exigir o proponer cambios legales concretos, pero sí conminó a los miembros del público a comprometerse con el activismo político al volver a casa. En lo fundamental, ofreció una visión de esperanza en lo que EE UU podían llegar a ser: un país en el que personas de todas las razas, culturas y religiones pudieran participar en igualdad y beneficiarse del experimento democrático.

La Marcha sobre Washington por el trabajo y la libertad fue la culminación del movimiento por los derechos civiles en EE UU. Un cuarto de millón de manifestantes, blancos y negros, habían reclamado la eliminación de las barreras a la participación plena de los estadounidenses negros en la política electoral y a la igualdad de oportunidades económicas, y habían demostrado también que las manifestaciones no violentas a gran escala pueden ser una herramienta poderosa en la lucha por la justicia social.

Todavía un sueño

La mayoría de los estadounidenses negros logró el pleno derecho al voto, pero la injusticia sigue presente en otros aspectos. Pese al incremento del número de millonarios y multimillonarios negros, en 2019, la población negra representaba el 12,2 % del conjunto nacional y, a la vez, el 23,8 % de la población que vivía en la pobreza. Los ingresos medios de los hogares negros siguen siendo inferiores a los de otras etnias. En 2018, el 33 % de la población encarcelada era negra, casi el triple de su peso demográfico general. A finales de 2020, las personas negras tenían el doble de probabilidades que los blancos de morir a manos de la policía.

El sueño de King está aún lejano, y la comunidad negra no ha conseguido todos los objetivos de los oradores de la Marcha sobre Washington. Con todo, el acontecimiento movió a miembros del Congreso a respaldar la Ley de derechos civiles de 1964 y la Ley de derecho al voto del año siguiente, contribuyendo a una mayor igualdad de los estadounidenses negros en el país que consideran su hogar. ∎

> Ha llegado el momento de salir del valle oscuro y desolado de la segregación al camino soleado de la justicia racial.
> **Martin Luther King**
> **Discurso en la Marcha sobre Washington**

Martin Luther King

Nacido en 1925 en Atlanta (Georgia), en una familia baptista negra, King estudió teología en la Universidad de Boston. Como pastor en Montgomery (Alabama), desde 1955 dirigió una acción masiva durante un año contra la segregación racial en los autobuses. En 1957 cofundó la Conferencia Sur de Liderazgo Cristiano (SCLC), asociación de pastores negros comprometidos con la justicia social. Ese mismo año, la SCLC y otros grupos afines organizaron el Peregrinaje de Oración por la Libertad para exigir la aplicación del veredicto de 1954 en el caso Brown contra el Consejo de Educación. Las denuncias de King de la pobreza y la guerra, así como su activismo antirracista, le valieron el Nobel de la paz de 1964. Fue asesinado en 1968, durante una visita a Memphis (Tennessee) para apoyar la huelga de los basureros.

Obras principales

1958 *Stride toward Freedom.*
1959 *The Measure of a Man.*
1963 *Carta desde la cárcel de Birmingham.*
1964 *Por qué no podemos esperar.*

HA LLEGADO LA INDEPENDENCIA

«ZIK» Y LA NIGERIA INDEPENDIENTE (1963)

EN CONTEXTO

LOCALIZACIÓN
Nigeria

ANTES
***C.*1861–1914** Reino Unido expande su presencia colonial en África occidental y unifica Nigeria del Norte y el Sur.

1958 Se celebra la primera Conferencia de los Pueblos Africanos en Ghana.

1960 Nigeria se independiza de Reino Unido.

DESPUÉS
1966 Matanzas y golpes militares por luchas interétnicas; la Primera República nigeriana colapsa.

1970 Los separatistas de Biafra se rinden y acaba la guerra civil.

2002 Formación de la Unión Africana, alianza de 53 estados.

2009 El grupo terrorista islámico Boko Haram lanza una yihad, matando a miles de personas y secuestrando a 274 niñas en Chibok (Nigeria) en 2014.

E n 1963, Nigeria fue declarada república, y ocupó la presidencia el doctor Benjamin Nnamdi Azikiwe («Zik»), uno de los nacionalistas y estadistas africanos más destacados del siglo xx.

El fin primordial de Azikiwe, inspirado por la figura de Abraham Lincoln, fue promover la emancipación racial. A lo largo de su carrera instó a la élite africana con formación a buscar la justicia social y mejores condiciones para todas las personas desfavorecidas de origen africano en todas partes. La unidad entre los africanos, insistía, era

Región Norte
(hausa-fulani)

Región Occidental
(yorubas)

Región Oriental
(igbos)

OCÉANO ATLÁNTICO

Los británicos dividieron Nigeria en tres regiones étnicas en 1939, con la esperanza de que ayudara a aliviar las tensiones entre los principales grupos.

esencial para el desarrollo socioeconómico y político.

Ascenso al poder

Un vasto realineamiento político a principios de la década de 1950 polarizó la política nigeriana en tres grandes partidos políticos de base étnica: el Grupo de Acción (AG), del oeste, el Congreso de los Pueblos del Norte (NPC); y el Consejo Nacional de Nigeria y los Camerunes (NCNC), del este. La formación de partidos políticos de base étnica frustraría la visión de unidad panafricana de Nnamdi Azikiwe, e influiría en la trayectoria política poscolonial de Nigeria.

En octubre de 1960, la víspera de la independencia nigeriana, el NCNC de Azikiwe (que había cambiado su nombre a Consejo Nacional de Ciudadanos Nigerianos) forjó una coalición con el partido líder, el NPC. Esto garantizó el nombramiento de Azikiwe como líder del Senado. Fue el primer gobernador general autóctono del país, de 1960 a 1963, y sirvió como primer presidente de la República Federal de Nigeria entre 1963 y 1966.

La vida en la Nigeria independiente fue una mezcla contradictoria de progreso y declive. A pesar de

Véase también: El reparto de África 222–223 ▪ El panafricanismo 232–235 ▪ La guerra de las mujeres 252 ▪ El Año de África 274–275

lo divisivo de su política, sus líderes estaban empeñados en mejorar las condiciones socioeconómicas. El descubrimiento de petróleo en 1956 y los beneficios de su explotación comercial permitieron desarrollar infraestructuras, y se construyeron carreteras, hospitales y escuelas a un ritmo impresionante. En 1963 había 5148 alumnos matriculados en la universidad, comparado con los 1395 alumnos matriculados solo tres años antes. El crecimiento económico del 6 % en 1964 superó el 4 % proyectado, pero el progreso era demasiado gradual para satisfacer las elevadas expectativas de la población, y la competencia interétnica por el poder entre la élite dirigente se intensificó.

Guerra civil y resultado

La inestabilidad política condujo a un golpe militar el 15 de enero de 1966, seguido rápidamente de un contragolpe y pogromos del pueblo igbo. Nigeria entró así en un colapso económico y político, y la guerra civil estalló cuando tres estados de la Región Oriental, poblada principalmente por los igbos, declaró la secesión en mayo de 1967, con el nombre de República de Biafra. El gobierno declaró la guerra, temiendo que la secesión lo privara de los ingresos vitales del petróleo en el sureste.

Como defensor de la unidad africana y de un enfoque no violento de la política y el cambio, Azikiwe era contrario a la guerra, pero viajó a otros países africanos para obtener apoyo para sus compatriotas igbos. La guerra acabó en 1970, pero costó más de un millón de vidas, debidas en su mayoría a la hambruna causada por el bloqueo federal en el enclave secesionista. La cobertura mediática atrajo ayuda internacional, pero Azikiwe comprendió que la victoria de Biafra era ya imposible, y se pasó al bando federal en 1969, decidido a tomar parte activa en la política de la posguerra. ∎

El presidente Nnamdi Azikiwe saluda en un desfile militar en Lagos (Nigeria) en 1964. Su presidencia terminó con el colapso de la Primera República nigeriana en 1966.

Nnamdi Azikiwe

Nacido de padres igbo en 1904, los adivinos predijeron un gran futuro para Nnamdi Azikiwe. Desde niño conoció el valor de la educación occidental en el mundo neocolonial. En EE UU se licenció en ciencias políticas y antropología, y escribió sobre la experiencia africana del colonialismo europeo.

En 1934, Azikiwe fue editor del periódico ghanés *African Morning Post*. De vuelta en Nigeria en 1937, fundó varios periódicos para luchar contra el colonialismo y despertar el nacionalismo. Se unió al Movimiento Juvenil Nigeriano, y después fundó el Consejo Nacional de Nigeria y los Camerunes, en 1944. Inspiró a los activistas del «movimiento zikista» en 1946, y su estatura política le llevó a la presidencia.

A partir de 1966, Nigeria fue gobernada por regímenes militares hasta 1979. Tras dos intentos fallidos de recuperar la presidencia, Azikiwe se jubiló en 1983. Reverenciado como padre fundador de Nigeria y el «Gran Zik de África», murió en 1996.

Obras principales

1937 *Renascent Africa.*
1970 *My Odyssey.*

TIENE QUE NACER UNA NUEVA SOCIEDAD
EL MOVIMIENTO BLACK POWER (1966–1974)

A partir de la década de 1950, el movimiento de los estadounidenses negros por los derechos civiles desmanteló muchas barreras legales a la igualdad: a mediados de la década siguiente ya pudieron votar en estados que les habían negado ese derecho durante generaciones, y se derogaron las leyes Jim Crow, pero el racismo institucional se mantenía. La igualdad de oportunidades económicas y educativas seguía fuera del alcance de millones de personas negras, que sufrían la brutalidad policial, las políticas crediticias bancarias discriminatorias, el deterioro de las escuelas y el elevado desempleo en guetos urbanos superpoblados. Con el movimiento Black Power, entre 1966 y 1974, miles de estadounidenses negros, muchos en edad universitaria, intentaron desmantelar el racismo sistémico y crear un poder político, económico y social propio «por todos los medios necesarios».

Política y cultura
Políticamente, los grupos del Black Power fueron influidos por el ministro musulmán y activista por los derechos humanos Malcolm X, quien, bajo una óptica nacionalista, mantenía que la historia, la cultura y la existencia de comunidades mayoritariamente negras hacía de los negros una nación dentro de EE UU.

Pese a su ideología común, estos grupos eran locales y estaban descentralizados. Algunos, como Organization US, en California, promovían los valores culturales africanos, incluido el estudio de la historia y las lenguas africanas. Otros, como Republic of New Africa, aspiraban a crear una república negra independiente en las «tierras subyugadas» del sur. El Partido Pantera Negra (Black Panther) nació para proteger de la brutalidad policial a la población negra de la bahía de San Francisco, y antes de su declive, en la década de 1970, era

El hombre negro debe controlar la política y a los políticos en su propia comunidad.
Malcolm X
Discurso «The ballot or the bullet» (1964)

Véase también: El Renacimiento de Harlem 242–245 ▪ El caso Brown contra el Consejo de Educación 264–267 ▪ El boicot de autobuses en Montgomery 270–271

un grupo marxista de carácter más combativo y revolucionario.

En lo social, los activistas veían la cultura negra americana como una herramienta de liberación para superar y sustituir el sentimiento de inferioridad engendrado por siglos de estereotipos difundidos por los medios de comunicación blancos. Y los artistas negros respondieron con entusiasmo. En 1968, James Brown editó su tema «Say it loud, I'm black and I'm proud» («Dilo bien alto, soy negro y estoy orgulloso»), himno del movimiento Black Power. En 1969, Douglas Q. Barnett fundó Black Arts West en Seattle, y durante casi once años escenificó obras de teatro centradas en la identidad y la política negras. Como muchos otros artistas visuales negros, Barkley Hendricks fue en contra de la estética occidental. Como respuesta a la ausencia de figuras negras en la retratística convencional, realizó cuadros de grandes dimensiones de amigos negros.

Nuevo empoderamiento

El Black Power redefinió lo que significa ser descendiente de africanos en EEUU y otros lugares en los que la cultura y el gusto eran dictados por blancos. También revalorizó la palabra *black*, dejando desacreditadas y obsoletas *negro* y *coloured*, con sus connotaciones definidas por la esclavitud y el racismo blanco, lo cual reforzaba la autoafirmación del pueblo negro y lo vinculaba a una diáspora africana más amplia. ▪

Los medallistas de los 200 metros Tommie Smith (oro) y John Carlos (bronce) escenificaron el desafío a la injusticia racial con su saludo Black Power en los Juegos Olímpicos de 1968.

Malcolm X

Hijo de Louise, activista granadina-estadounidense, y Earl, predicador itinerante y miembro de la Universal Negro Improvement Association, Malcolm Little nació en Omaha (Nebraska), en 1925. Tras años de delitos menores y abuso de drogas, en 1946 ingresó en prisión (hasta 1952), donde se vinculó a la Nación del Islam (NOI) y adoptó el nombre de Malcolm X. A fines de la década de 1950 era el portavoz nacional de la NOI, pero abandonó la organización y formó Muslim Mosque, Inc. en 1964, año en que adoptó el islam suní tras peregrinar a La Meca; entonces adoptó el nombre de El Hajj Malik el Shabazz. Fundó la Organización de la Unidad Afroamericana al año siguiente. Fue asesinado en Nueva York el 21 de febrero de 1965, pero no murieron sus ideas sobre el nacionalismo negro, que ofrecieron un marco ideológico para el Black Power. Tres miembros del NOI fueron condenados por el asesinato.

Obras principales

1964 Discurso «The ballot or the bullet» («El voto o la bala»).
1965 *Autobiografía de Malcolm X*, con Alex Haley.

NEGAR LA RAZA SIGNIFICA NEGAR LA REALIDAD

LA POLÍTICA DEL DALTONISMO RACIAL EN FRANCIA (1978)

Las políticas del daltonismo racial –las que **no tienen en cuenta la raza**– tratan de garantizar **la igualdad y la integración** de la ciudadanía.

Sin embargo, **no reconocer la raza** vuelve más difícil para los gobiernos ocuparse de la **discriminación racial sistémica**.

Negar la existencia de la raza significa negar la realidad de la discriminación racial.

En 1978, la Asamblea Nacional Francesa aprobó una ley que prohibía reunir datos personales sobre el origen racial o étnico de los ciudadanos. En consecuencia, el Estado francés rechaza toda referencia a las minorías raciales, étnicas o religiosas. Esta política, llamada *daltonismo racial*, tiene arraigo en el ideal republicano francés del universalismo, en virtud del cual se espera que los ciudadanos se identifiquen con la nación al margen de su identidad étnica o religiosa. También guarda relación con el principio de laicidad, que veta la presencia de la religión en el ámbito público.

Política de asimilación

Francia, con la mayor población negra (aproximadamente 1,8 millones), musulmana y judía de Europa, es innegablemente una sociedad multirracial y multicultural. Durante la revolución industrial en Francia (1810–1870), fueron necesarios miles de trabajadores del norte de África para cubrir puestos de trabajo. En los años entre la primera y segunda guerras mundiales, casi tres millones de personas (el 6 % de la población) llegaron como emigrantes.

Para enfrentarse a este cambio demográfico acelerado, el gobierno francés adoptó la política de asimilación y legislación llamada daltonismo, que considera que eliminar las referencias a identidades étnicas o religiosas específicas conduce a la igualdad. En 2004, en las escuelas públicas se prohibieron los símbolos religiosos «ostensibles», como el

Véase también: El decreto Code Noir de Luisiana 166–167 ▪ Movimientos negros en Francia 250–251 ▪ Combatientes negros en la Segunda Guerra Mundial 254–257 ▪ Campañas globales contra el racismo 306–313 ▪ La diáspora africana hoy 314–315

En los disturbios de 2005 ardieron edificios y vehículos, y el 8 de noviembre se declaró el estado de emergencia nacional.

Los disturbios de 2005 en Francia

Los disturbios que estallaron el 27 de octubre en la *banlieue* de Clichy-sous-Bois, al este de París, duraron tres semanas. La tarde del día 27, la policía recibió el aviso de un posible allanamiento en un edificio en obras, donde encontraron a un grupo de adolescentes. Tres de ellos, perseguidos por la policía, se ocultaron en una subestación eléctrica por miedo al interrogatorio. Dos murieron electrocutados, y el tercero sufrió quemaduras graves.

El incidente fue la chispa que desató la creciente tensión entre los jóvenes de las comunidades minoritarias de las *banlieues* y la policía, a la que los primeros acusaban de hostigarlos de forma injusta. Limitados en principio al área de París, los disturbios se propagaron hasta afectar a las quince grandes áreas urbanas del país, y causaron la muerte de una persona y daños materiales por valor de 200 millones de euros. Se detuvo a 2900 participantes, y muchos identificaron la discriminación racial en Francia como la raíz del malestar.

hiyab, o velo islámico; y en 2011 se vetó el uso del velo integral en espacios públicos.

Llamamientos al cambio

Pese a los esfuerzos por mantener a raya la política identitaria, la discriminación racial abunda en Francia, y tiene un impacto importante sobre las minorías.

Gran parte de las minorías de Francia vive segregada en complejos de viviendas públicas, las *banlieues* («suburbios») del extrarradio urbano, aquejadas por la pobreza. La policía vigila constantemente las *banlieues*, y, según un estudio de 2016 de la autoridad pública independiente del Defensor de los Derechos, los jóvenes negros y norteafricanos tienen una probabilidad veinte veces mayor que cualquier otro grupo de ser abordados por la policía para que se identifiquen.

Sibeth Ndiaye, portavoz del gobierno francés, durante una declaración en mayo de 2020 en la que instó al gobierno a reunir datos raciales para una respuesta más eficaz a la pandemia de la COVID-19.

La clara contradicción entre daltonismo político y realidad vivida indigna a muchos franceses negros. En 1983, la década de 1990, 2005, 2016 y 2020, estallaron disturbios en respuesta a la discriminación racial y la brutalidad policial.

Un efecto importante del daltonismo racial ha sido borrar a los grupos minoritarios del diálogo nacional. Francia presenta importantes problemas de racismo, discriminación y desigualdad económica y social, pero tiene herramientas limitadas para corregirlos. En último término, el daltonismo racial político «priva a académicos y activistas de una herramienta poderosa para estudiar las implicaciones del racismo», en palabras de la activista y escritora Rokhaya Diallo. Los grupos minoritarios de Francia reclaman al gobierno repensar sus políticas, mientras el país sigue creciendo tanto en diversidad como en discriminación racial. ▪

VINE, VI Y VENCI. ESO ES UN *BALL*

LA CULTURA *BALL* EN EE UU (DÉCADA DE 1980)

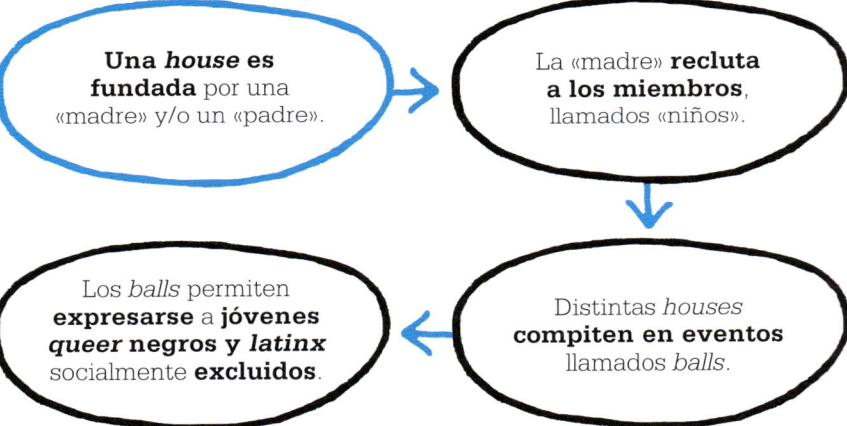

Una *house* es **fundada** por una «madre» y/o un «padre». → La «madre» **recluta a los miembros**, llamados «niños». → Distintas *houses* **compiten en eventos** llamados *balls*. → Los *balls* permiten **expresarse** a jóvenes *queer* negros y *latinx* socialmente **excluidos**.

L a familia no se define por la sangre según Hector Xtravaganza, miembro fundador de la House of Xtravaganza de Nueva York: «Familia es con quien se comparte lo bueno, lo malo y lo feo, sin dejar de amarse unos a otros». La familia escogida y el hogar que este grupo forma es uno de los motivos centrales de la *ball culture*, *ballroom culture* o comunidad *house-ballroom*, surgida de la necesidad de solidaridad entre la juventud *queer* negra y *latinx* (neologismo por «latino/a») en EE UU, socialmente excluida en sus propias comunidades y de la escena gay blanca convencio-

nal en el Nueva York de la década de 1980. El *ball* les ofreció un lugar seguro y un ambiente favorable.

Raíces urbanas

La desatada vida nocturna del Harlem de las décadas de 1920 y 1930 fue un ámbito de experimentación. Hombres negros se vestían con ropa de mujer, y mujeres, con ropa masculina, en fastuosos bailes *drag* a los que asistía un público blanco.

Al evolucionar los bailes *drag* en las décadas de 1970 y 1980, se orientaron menos al público y más al apoyo a las comunidades gay y trans. Con la segregación racial en

El documental de Jennie Livingston *Paris is burning* (1991) popularizó la cultura *ball*, pero fue acusada de lucrarse a costa de una comunidad desposeída, mayoritariamente negra y *latinx*.

las ciudades, las comunidades negra y *latinx* vivían ignoradas, y las personas LGBTQ+ se enfrentaban a menudo a la discriminación dentro de sus propias comunidades altamente patriarcales y heteronormativas. Rechazadas por sus familias y por la escena gay blanca emergente, encontraron reconocimiento y una identidad en la escena *ball*.

Poner una pose

La década de 1980 definió la cultura *ball*, al establecerse *houses* destacadas en Nueva York y otras ciudades del país. Estas alcanzaron renombre por sus competiciones, o *balls*. Los participantes compiten en una pasarela, en categorías basadas en el género y la identidad sexual, la presentación del cuerpo y la moda y el *voguing* —estilo de baile que imita las poses que usan las modelos. Los miembros de una *house* no solo ensayaban y competían, sino que a menudo vivían también juntos. Cada «familia» es encabezada por una «madre», habitualmente una *butch queen* o *femme queen* (hombre de presentación femenina), y un «padre», por lo general *una butch queen* o una *butch* (mujer de presentación masculina). Durante la epidemia global del sida, trabajadores sanitarios emplearon el circuito *house* para distribuir recursos sanitarios y educativos. En 1986 se creó la House of Latex para ofrecer pruebas e información a la comunidad del *ballroom*.

La cultura *ball* neoyorquina se difundió a comunidades de todo el mundo, ofreciendo espacios seguros a jóvenes de color LGBTQ+ para expresarse como son en un mundo que sigue sin aceptarles. ▪

La *drag queen* y exconcursante de *RuPaul's Drag Race*, Shea Couleé, con partidarios de la candidata a la presidencia Elizabeth Warren en 2019.

El *drag* moderno

Elemento fundamental de la cultura *ball*, el *drag* permite expresar la identidad mediante la interpretación y la experimentación. Actualmente, los artistas *drag* se transforman de hombre en mujer y de mujer en hombre con ropa *drag* y maquillaje. *Drag queens* y *kings* utilizan elementos extravagantes de diferentes géneros, y los espectáculos incluyen *playback*, canciones en directo, baile y participación del público. Con raíces en el siglo XIX, hoy en día el *drag* es parte visible de la cultura pop. Un ejemplo es *RuPaul's Drag Race*, concurso de televisión para dar con «la próxima superestrella del *drag* de EEUU», emitido por primera vez en 2009. La carrera de la *drag queen* negra RuPaul empezó en el circuito *ballroom*.

El *drag* moderno tiene vínculos claros con la cultura *ball*: emplea su formato de categorías, y los pasos derivan del *voguing*. La relevancia del *drag* en la cultura convencional ha alimentado el activismo LGBTQ+ e iniciado un diálogo importante sobre el género.

HASTA AQUI HEMOS LLEGADO

LOS DISTURBIOS DE BRIXTON (1981)

EN CONTEXTO

LOCALIZACIÓN
Londres (Reino Unido)

ANTES
1948 El antiguo transporte de tropas *Empire Windrush* trae a 492 migrantes negros del Caribe a Reino Unido. La mayoría se asienta en el barrio londinense de Brixton.

1980 Una redada en un café frecuentado por jóvenes negros desata disturbios en el distrito de Saint Paul de Bristol.

DESPUÉS
1999 El Informe Macpherson sobre el asesinato racialmente motivado del londinense negro Stephen Lawrence acusa a la policía de racismo institucional.

2020 Marchas en ciudades de todo el mundo apoyan el movimiento Black Lives Matter y protestan contra el racismo de la policía.

Entre 1948 y la década de 1960, aproximadamente medio millón de antillanos emigraron a Gran Bretaña. En 1981 llevaban varias décadas asentados, tenían empleos estables, cumplían con sus responsabilidades familiares y tenían pocos problemas con la policía. Durante ese tiempo habían soportado prejuicios raciales, viviendas deficientes, oportunidades de empleo limitadas y, en ocasiones, violencia. Por lo demás, estos nuevos británicos de Londres y otros lugares capearon las tormentas económicas o políticas. Sin embargo, los niños negros que llegaron a la edad adulta a finales de la década de 1970 –un periodo de declive económico e industrial prolongado– se enfrentaron

Véase también: El movimiento rastafari 253 ▪ La migración «Windrush» 258–259 ▪ La agresión policial a Rodney King 298 ▪ El Informe Macpherson 299 ▪ Campañas globales contra el racismo 306–313

Una furgoneta policial volcada arde en una calle de Brixton cubierta de piedras el 11 de abril de 1981. A lo largo de tres días se causaron daños a más de cien vehículos policiales.

En Reino Unido, la ley da derecho a la policía a detener a cualquier persona **sobre la base de la mera sospecha**.

Activistas negros **denuncian** dicha práctica, aplicada por la policía **de forma selectiva e injusta** contra personas negras.

Tras una **operación policial para abordar y cachear** a jóvenes negros en Brixton, estos **inician una protesta violenta**.

La ley es derogada menos de cuatro meses después de los disturbios.

a una situación muy distinta. En 1980, la recesión afectaba gravemente a los distritos urbanos en los que se habían criado. Casi el 50 % de los varones negros entre 16 y 24 años estaban en el paro. Algunos habían caído en la delincuencia, y protagonizaban cada vez más hurtos, atracos y delitos relacionados con las drogas y cometidos en la calle. Los jóvenes negros entraron en conflicto con las fuerzas policiales, decididas a atajar la alta tasa de delitos. Esto desencadenó varios acontecimientos que culminaron en abril de 1981, cuando se vivió un fin de semana de disturbios sin precedentes en Brixton, barrio londinense del distrito de Lambeth y centro de la comunidad negra caribeña británica.

Actuación por sospecha

Desde el inicio, combatir la delincuencia que proliferaba en parte de las comunidades urbanas negras planteaba un desafío complicado a una policía británica aún blanca en su totalidad. Sin contactos y, por tanto, sin información en estas comunidades, la policía adoptó una estrategia indiscriminada que no diferenciaba entre inocentes y culpables, abordando y cacheando a toda persona negra en las calles sin más pretexto que la mera sospecha. El respaldo legal para ello eran las cláusulas de una ley que se remontaba a la Vagrancy Act (Ley de vagabundeo) de 1824.

Esta ley dirigida a actuar sobre sospechosos (conocida como *«sus»*, de *«suspected»*) generó tratos vejatorios a muchas personas negras, pues la aplicaban agentes con prejuicios raciales que las acosaban injustamente. Surgieron grupos de presión negros, como la Scrap Sus Campaign, fundada en 1977 en el distrito de Lewisham, del sur de Londres, por un grupo de madres indignadas por el acoso constante a sus hijos por la Policía Metropolitana de Londres (la *Met*). Las madres estuvieron representadas por la activista local Mavis Best, que visitó cuarteles de policía en su nombre para exigir que soltaran a los retenidos en los calabozos.

También hizo llegar peticiones para derogar la «ley *sus*» a miembros del Parlamento, con el apoyo de Paul Boateng, joven abogado negro y futuro parlamentario por el Partido Laborista (recuadro, p. 297).

El 19 de enero de 1981, la Scrap Sus Campaign ganó la batalla contra la *Met*. En el Parlamento, William Whitelaw, ministro del Interior del gobierno conservador, anunció el objetivo de derogar la «ley *sus*» con una nueva Ley de tentativa criminal. Pero la *Met* no estaba dispuesta »

a aceptar la derrota sin más, y siguió abordando y cacheando mientras la vieja ley se mantenía aún en vigor.

Brixton estalla

El lunes 6 de abril, en una última aplicación desafiante de la ley *sus*, la *Met* escogió Brixton para realizar acosos y cacheos de forma masiva. Por si no fuera provocación suficiente, la *Met* llamó a la operación Swamp 81, en referencia a una frase de la primera ministra británica Margaret Thatcher, quien declaró que la población blanca de Gran Bretaña no quería verse «abrumada» (*swamped*, literalmente, «encenagada») por gente de una cultura distinta. La operación pretendía atajar el marcado aumento de los delitos callejeros en Brixton, y a lo largo de los días siguientes fueron abordados unos 950 individuos. Pero hubo menos de cien detenciones y aún menos cargos presentados –la mayoría sin relación con delitos callejeros.

A ojos de la comunidad negra, la policía había acosado a cientos de personas negras sin motivo alguno. Los jóvenes negros se vengaron el viernes 10 de abril con un contraataque feroz de tres días. Se enfrentaron a la policía con ladrillos, piedras y cócteles mólotov, obligando a los agentes a retirarse de las calles. Los manifestantes camparon a sus anchas por el distrito, saquearon comercios e incendiaron vehículos y edificios. La policía no recuperó el control hasta la madrugada del lunes 13 de abril, cuando los agitadores se cansaron y se fueron retirando de las calles.

Comienza el cambio

Estos fueron los peores disturbios en Gran Bretaña desde hacía un siglo, y estaba claro que el intento de la *Met* por demostrar la eficacia de la «ley *sus*» había fracasado. Los enfrentamientos habían generado un gran caos: cientos de policías y docenas de personas heridos, más de 200 vehículos policiales y privados destruidos y unas 150 propiedades dañadas, incendiadas o saqueadas. Se necesitaron unos 7000 agentes para sofocar la violenta protesta de unos 1000 manifestantes, de los que fueron detenidos unos 250.

Un espantado William Whitelaw visitó Brixton el domingo 12 de abril,

siendo abucheado por los residentes. Según uno de los jóvenes amotinados, Alex Wheatle, posteriormente novelista de éxito, el problema se podía resumir en el apellido del ministro del Interior: «William *White Law* [«ley blanca»]. De eso va el gobierno: *white* y *law*».

Whitelaw no criticó en ningún momento la acción policial, ni antes ni durante ni después de los disturbios, pero sabía que la «ley *sus*» era el problema. El 27 de julio de 1981, la Ley de tentativa criminal entró en vigor, aboliendo la «ley *sus*» y garantizando que el trato dado por la policía a la población británica negra nunca volviera a ser el mismo. También encargó una investigación de los disturbios, a cargo del juez Leslie Scarman.

El informe Scarman, publicado el 25 de noviembre, consideró Swamp 81 «un grave error», y emitió recomendaciones en el sentido de aumentar la transparencia y responsabilidad de la policía local. Scarman propuso crear comités de enlace y consejos

Por primera vez, personas negras como yo fueron líderes municipales, políticos y activistas comunitarios.
Alex Wheatle
Novelista británico (n. 1963)

Parlamentarios negros y minorías étnicas en Reino Unido

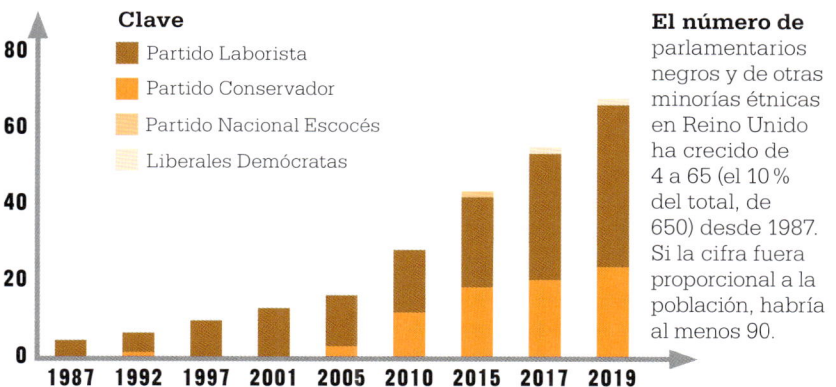

Clave

- ■ Partido Laborista
- ■ Partido Conservador
- ■ Partido Nacional Escocés
- ☐ Liberales Demócratas

El número de parlamentarios negros y de otras minorías étnicas en Reino Unido ha crecido de 4 a 65 (el 10 % del total, de 650) desde 1987. Si la cifra fuera proporcional a la población, habría al menos 90.

consultivos para que la ciudadanía pudiera tener un mayor conocimiento de las operaciones policiales. También reclamó que se agilizara la contratación de agentes del orden negros y que se formara a agentes blancos para que comprendieran mejor las realidades multirraciales de las áreas donde patrullaban.

No todas las recomendaciones del informe fueron adoptadas por el gobierno conservador de Margaret Thatcher, pero hubo algunos cambios importantes, recogidos en la Ley de evidencia policial y criminal de 1984. En adelante, los agentes de policía debían tener una «sospecha razonable» de delito cierto para abordar a una persona, y tuvieron que aplicar códigos más estrictos de conducta a la hora de abordar, cachear, interrogar, retener y detener.

Nuevas voces negras

El disturbio de Brixton no fue el único en 1981. La violencia se desató en otras ciudades británicas, como Liverpool y Manchester. Cada conflicto tuvo un desencadenante distinto, pero todos fueron alimentados por el arraigado resentimiento contra el acoso policial. La tensión entre la policía y las comunidades no desapareció con la derogación de la «ley *sus*». Hubo nuevos disturbios graves en 1985, en Brixton y Tottenham, al norte de Londres, y en Leeds en 1987.

El informe Scarman estuvo lejos de resolver el problema de la discriminación racial, pero inició un debate más amplio, y que sigue hoy vigente, sobre el impacto de la desigualdad racial. Políticos y líderes comunitarios, negros y blancos, se esforzaron por encontrar el modo de mejorar las condiciones en Brixton y otras áreas urbanas, así como por ofrecer igualdad de oportunidades de educación y empleo a la juventud negra marginada.

Entre otras cosas, de los sucesos de Brixton surgió una plataforma a partir de la cual construyó su reputación una prometedora generación de políticos negros del Partido Laborista. En los días posteriores a los disturbios, Paul Boateng, abogado de derechos civiles, fue entrevistado en los noticiarios, donde defendió la oposición de los manifestantes a la «ley *sus*». Seis años después, Boateng fue uno de los tres primeros candidatos negros elegidos para el Parlamento británico desde el siglo XIX. Por primera vez desde la llegada del *Empire Windrush* en 1948, hubo personas negras con voz y voto para legislar, un poder hasta entonces reservado exclusivamente a los blancos. ■

Pioneros políticos negros

Cuando estalló la revuelta en Brixton, no había diputados negros en Reino Unido. En 1983, un grupo activista del Partido Laborista, las Black Sections, se propuso aumentar la representación de las minorías en el partido y el Parlamento. Tres de sus miembros –Paul Boateng, Diane Abbott y Bernie Grant– lograron escaño en las elecciones generales de 1987. Boateng (n. en 1951) y Abbott (n. en 1953) son británicos de nacimiento. Boateng fue el primer miembro negro del Gabinete en 2002. Abbott, funcionaria de derechos civiles, fue la primera mujer negra en el Parlamento. Grant (1944–2000) nació en la Guayana británica y se mudó a Reino Unido en 1963, y en 1985 fue líder del consejo del municipio de Haringey, en el norte de Londres.

John Stewart, hijo mulato del dueño de una plantación, fue el primer parlamentario conservador negro, en 1832; el segundo, Adam Afriyie, hijo de madre inglesa y padre ghanés, fue elegido 173 años después, en 2005.

Bernie Grant, Paul Boateng y Diane Abbott –y Keith Vaz, primer parlamentario asiático desde la década de 1920– posan con Neil Kinnock, líder del Partido Laborista, en la conferencia de Brighton en 1987.

NO CREEMOS QUE LA POLICIA ESTE PARA PROTEGERNOS
LA AGRESIÓN POLICIAL A RODNEY KING (1991)

EN CONTEXTO

LOCALIZACIÓN
Los Ángeles (EE UU)

ANTES
1946 El sargento negro del ejército Isaac Woodard queda ciego tras varias palizas a manos de policías de Carolina del Sur. Un jurado blanco absuelve al *sheriff* responsable.

1967 La policía rompe las costillas al taxista negro John Smith tras pararlo en una calle de Newark (Nueva Jersey). Se desatan cuatro días de disturbios, y no hay cargos contra los agentes.

DESPUÉS
2009 Un agente de policía asesina al afroamericano Oscar Grant en un andén de metro en Oakland (California). El agente es condenado a dos años.

2020 La muerte de George Floyd en Mineápolis (Minesota), sofocado en el suelo bajo la rodilla de un agente de policía, causa indignación en todo el mundo.

La violencia policial contra sospechosos negros desarmados ha sido una constante en EE UU, pero lo extremo del fenómeno no se conoció ampliamente hasta la madrugada del 3 de marzo de 1991. Desde un balcón en Los Ángeles, un videoaficionado grabó a cuatro agentes golpeando a un hombre, Rodney King, de 25 años. Las imágenes dieron la vuelta al mundo, y por primera vez se vio con brutal claridad lo que le ocurría a tantos estadounidenses negros bajo custodia policial.

Juicio y disturbios

Tras parar a King por exceso de velocidad, le dispararon dos veces con un arma paralizante y le dieron más de 50 patadas y golpes durante 81 segundos. Sufrió fracturas en varios huesos, incluido el cráneo, heridas en la frente, contusiones y daños cerebrales, por los cuales recibiría una indemnización de 3,8 millones de dólares. Esta grabación fue un antecedente de las que vendrían en la era de los teléfonos inteligentes, que permitieron documentar abusos policiales con más regularidad. No obstante, esta mayor visibilidad de las acciones de la policía no alteró su conducta, como quedó de manifiesto en el asesinato del vigilante de seguridad negro George Floyd una generación después, y tampoco mejoró el sistema judicial. Los cuatro agentes fueron absueltos por un jurado mayoritariamente blanco en abril de 1992, a lo cual siguieron seis días de disturbios en Los Ángeles. King no secundó esos disturbios, y llegó a preguntar: «¿No podemos convivir todos?». Dada la continuada brutalidad policial, esa pregunta sigue en el aire. ∎

Ya no es posible [...] considerar la paliza de King como una anormalidad.
Tom Bradley
Alcalde de Los Ángeles (1973–1993)

Véase también: Los disturbios de Brixton 294–297 ∎ El Informe Macpherson 299 ∎ Campañas globales contra el racismo 306–313

TOLERANCIA CERO PARA EL RACISMO
EL INFORME MACPHERSON (1999)

E l asesinato por motivos raciales de un joven negro en 1993 cambió fundamentalmente el patrón de las relaciones raciales en Reino Unido. En abril, Stephen Lawrence estaba esperando el autobús en Eltham, al sureste de Londres, cuando fue apuñalado por una banda de jóvenes blancos a los que se escuchó proferir insultos racistas. Los nombres de los cinco se divulgaron ampliamente, y hubo una campaña al respecto en el periódico *Daily Mail*, pero la Policía Metropolitana no detuvo a ningún sospechoso.

Una investigación histórica
El gobierno laborista le encargó al juez jubilado William Macpherson que dirigiera una investigación. En su informe de 1999, Macpherson atribuyó el fracaso de la policía al racismo institucional dentro del cuerpo, que definió como «el fracaso colectivo de una organización a la hora de ofrecer un servicio profesional adecuado a personas debido a su color, cultura u origen étnico».

Doreen y Neville Lawrence fueron tratados irrespetuosamente por la policía durante la investigación de la muerte de su hijo. Siguen haciendo campaña por la justicia para Stephen.

Las recomendaciones de Macpherson se aplicaron casi en su totalidad, y llevaron a la condena de dos miembros de la banda, Gary Dobson y David Norris, en 2012. Macpherson fue más allá del asesinato en sí, con la idea de medir a todas las instituciones con la vara del racismo institucional, y, pese a varias objeciones ideológicas al informe, este estableció el marco en el que se desenvuelven las relaciones raciales en Reino Unido desde entonces. ∎

Véase también: Los disturbios de Brixton 294–297 ∎ La agresión policial a Rodney King 298 ∎ Campañas globales contra el racismo 306–313

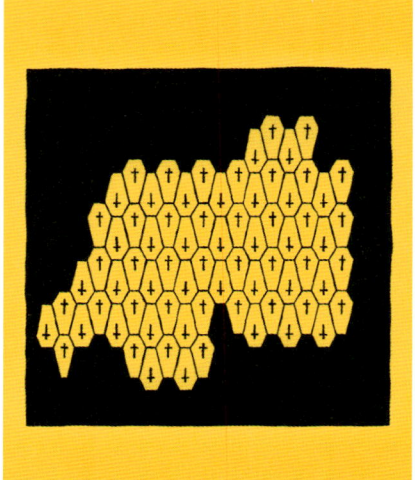

QUEREMOS INFORMARLES DE QUE MAÑANA SEREMOS ASESINADOS

EL GENOCIDIO DE RUANDA (1994)

EN CONTEXTO

LOCALIZACIÓN
Ruanda

ANTES
1959 Tras una revolución violenta de los hutus, Ruanda pasa de colonia belga con una monarquía tutsi a república dominada por hutus.

1990 Guerra civil a gran escala entre fuerzas estatales y el grupo rebelde Frente Patriótico Ruandés (FPR), que acaba en 1994.

DESPUÉS
1996 Estalla la primera guerra del Congo cuando Ruanda invade Zaire (hoy República Democrática del Congo) para perseguir a grupos rebeldes en el exilio.

1994–2015 El Tribunal Penal Internacional para Ruanda, establecido por el Consejo de Seguridad de la ONU, condena a 61 personas por su papel en el genocidio, e incluye la primera condena por violación como «arma de guerra».

A lo largo de unos cien días en 1994, unas 800 000 personas fueron asesinadas en Ruanda por extremistas hutus. Las víctimas fueron principalmente miembros de la minoría tutsi, y también algunos moderados hutus que se negaron a participar en el genocidio.

Tensiones raciales

Los cazadores-recolectores twas fueron los primeros en asentarse en el territorio de la Ruanda precolonial. En el siglo V comenzaron a llegar agricultores hutus, seguidos por pastores de vacas tutsis. La población formó clanes y, finalmente, una serie de reinos menores. En 1899, Ruanda fue colonizada por el Imperio alemán, que favoreció a la población tutsi. Al hacerse Bélgica con el control de Ruanda en 1918, se emitieron documentos de identidad étnicos, y los tutsis recibieron un trato preferente, que incluía un acceso privilegiado a la educación y al empleo.

En 1959, los hutus se rebelaron y derrocaron la monarquía tutsi, con el resultado de más de 300 000 tut-

Entre los refugiados hutus en los campos de Zaire tras el genocidio había funcionarios y milicianos que los usaron como base para atacar Ruanda.

Véase también: La llegada de los europeos a África 94–95 ▪ La sucesión del manicongo 110–111 ▪ La creación de la «raza» 154–157 ▪ El reparto de África 222–223 ▪ El Año de África 274–275

En el censo de 1991, los tutsis representaban el 8,4 % de la población ruandesa. En el genocidio de 1994 murió el 77 % de la población tutsi, y alrededor del 33 % de la población twa.

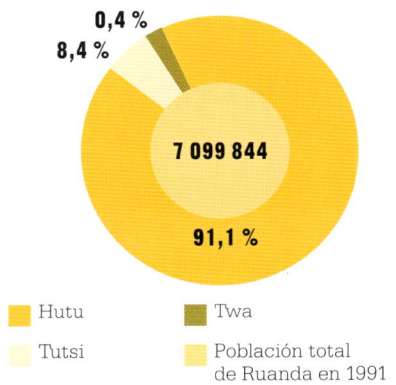

0,4 %
8,4 %

7 099 844

91,1 %

- ■ Hutu
- ■ Tutsi
- ■ Twa
- ■ Población total de Ruanda en 1991

sis exiliados. La comunidad de refugiados tutsis en Uganda formó el grupo militarista Frente Patriótico Ruandés (FPR), que invadió Ruanda en 1990. En 1993 se firmó un acuerdo de paz, pero muchos hutus, cargos del gobierno incluidos, seguían considerando a la minoría tutsi como una amenaza potencial, y formaron y entrenaron milicias con el fin de aniquilar a la población tutsi.

El desencadenante directo del genocidio fue el ataque al avión en el que viajaba el presidente hutu de Ruanda, Juvénal Habyarimana, el 6 de abril de 1994. El avión fue derribado por un misil, y todos sus ocupantes murieron. Un comité de emergencia encabezado por Théoneste Bagosora tomó inmediatamente el poder y emprendió masacres a gran escala que comenzaron a las pocas horas de la muerte de Habyarimana.

La instalación de vidrieras
en el Centro Memorial de Kigali (Ruanda), conocida como «Ventana de la esperanza», conmemora a las víctimas del genocidio de Ruanda.

Los líderes hutus organizaron las milicias conocidas como *Interahamwe* («los que trabajan juntos») e *Impuzamugambi* («los que comparten un fin»). A las milicias se les proporcionaron listas de «traidores» a ejecutar, y las cadenas de radio estatales emitieron propaganda de odio para incitar a los ciudadanos de a pie a tomar parte en el genocidio.

Un día después del derribo del avión de Habyarimana, mataron a diez miembros belgas de las Fuerzas de Paz de la ONU. La mayoría de las tropas extranjeras fueron evacuadas, y la ONU fue criticada en la prensa mundial por su inacción y por no impedir el genocidio.

Consecuencias

En cien días, el FPR derrotó a las fuerzas gubernamentales ruandesas. Unos dos millones de hutus se refugiaron en el vecino Zaire (hoy República Democrática del Congo). El líder del FPR Paul Kagame se hizo con el control del país, y presuntamente ordenó la matanza de decenas de miles de hutus. ■

La comunidad internacional le falló a Ruanda, y por ello habremos de sentir siempre un amargo arrepentimiento y un profundo pesar.
Kofi Annan
Secretario general de la ONU (2004)

EL RENACIMIENTO DE AFRICA YA SE AVECINA

EL *BOOM* ECONÓMICO AFRICANO (DESDE 2000)

EN CONTEXTO

LOCALIZACIÓN
África

ANTES
1960 En el «Año de África», 17 países africanos declaran la independencia.

1971 El gobierno de Nigeria nacionaliza la industria petrolera; al final de la década representa el 93 % del valor de sus exportaciones.

Década de 1980 Las economías africanas fracasan durante la llamada «década perdida» de África.

DESPUÉS
2002 Nace la Unión Africana (UA) para impulsar el crecimiento económico, la paz y la cooperación en el continente.

2020 Un informe de la Organización Meteorológica Mundial advierte de que el cambio climático podría afectar al rendimiento agrícola en África y reducir su economía entre el 2,25 y el 12 % en 2050.

L a década de 1980 fue turbulenta para África. Muchos de sus países se independizaron en las dos décadas anteriores, pero los efectos debilitantes del colonialismo dificultaron la construcción de Estados modernos. Hasta la década de 1990, gran parte de África se vio sacudida por caídas del precio del petróleo y otras crisis relacionadas con los recursos naturales, así como por conflictos interétnicos, deficiencias de las infraestructuras públicas, enfermedades, escasez de alimentos y vulneraciones de los derechos humanos. Miles de profesionales cua-

lificados abandonaron el continente en busca de oportunidades y, pese a los esfuerzos por revertir el estancamiento del desarrollo, los problemas parecían inabordables, lo cual llevó a algunos analistas a hablar de África como el «continente sin esperanza».

El ascenso de África
Esta tendencia económica empezó a invertirse en África en la década de 1990. Los regímenes militares y autocráticos caracterizados por el desgobierno, los abusos de poder y la violencia empezaron a ceder el paso a formas de gobierno más democráticas. De 1990 a 2010, el número de democracias aumentó hasta más del doble, hecho que conllevó una relativa estabilidad y permitió liberarse del control totalitario de la vida social y política. A la vez, se redujeron muchos conflictos –sobre todo las guerras civiles– que habían mermado los recursos humanos y económicos de África desde la década de 1960.

Entre 2000 y 2008, el PIB de África creció casi un 5 % anual, el doble que en las dos décadas anteriores. Al dispararse el precio de los recursos petrolíferos y minerales, crecieron los beneficios de la exportación, y las nuevas libertades estimularon la iniciativa empresarial en las teleco-

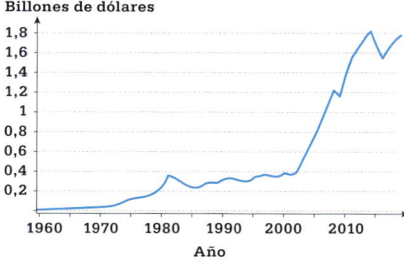

Renacimiento económico (PIB)

Billones de dólares

En el África subsahariana, el valor total de los bienes y servicios producidos, o el PIB, creció lentamente a partir de 1960, fluctuó durante las décadas de 1980 y 1990, y luego despegó al fin en el siglo xx.

Véase también: El reparto de África 222–223 ▪ El panafricanismo 232–235 ▪ El Año de África 274–275 ▪ La diáspora africana hoy 314–315

La **Gran Presa del Renacimiento Etíope**, comenzada en 2011, es una infraestructura clave para una de las economías africanas de más rápido crecimiento, y proporcionará energía a 65 millones de etíopes.

municaciones, el turismo, la banca y otros sectores. A la par, los gobiernos se esforzaron para favorecer el desarrollo económico, con la privatización de empresas públicas, la reducción de los impuestos a las empresas y varias mejoras legislativas.

Un futuro prometedor

Dada la disparidad de la historia y la cultura de los pueblos de África, sus caminos hacia el desarrollo han sido también desiguales, con mejores re-

La pobreza está a la baja, las oportunidades al alza, y hay mayor estabilidad. Ha vuelto la confianza.
Pascal Lamy
Director general de la Organización Mundial del Comercio (2013)

sultados en países ricos en recursos naturales, como Nigeria y Sudáfrica. En 2019, seis de las diez economías de mayor crecimiento del mundo estaban en África, y el PIB creció el 6 %.

Además de la estabilidad política, el crecimiento de África cuenta con un recurso vital: casi 1400 millones de habitantes, con la población más joven del mundo (la mitad son menores de 25 años). Esto favorece una rápida industrialización y urbanización, y, aunque la agricultura siga siendo el mayor sector (14–15 % del PIB), están creciendo las nuevas tecnologías y el acceso a los medios globales. Esto alimenta el crecimiento de la banca, el turismo, el cine y la música, lo cual ayuda a promover economías que no se basen exclusivamente en la explotación de los recursos naturales. ▪

Nairobi (Kenia)

Kenia es una de las seis mayores economías de África, y su capital, Nairobi, el principal polo de desarrollo de África oriental. Fundada en 1899 como nudo ferroviario colonial, pronto superó al puerto de Mombasa como centro del gobierno del África Oriental Británica.

Kenia se independizó en 1963, y desde entonces la población de Nairobi pasó de 360000 a cinco millones de habitantes, y se prevé que en 2030 llegue a los seis millones. Gran parte de esta población trabaja en industrias de procesado de los alimentos producidos por el sector primario, al que se dedican más del 40 % de los kenianos.

Nairobi es el centro financiero de África oriental, y la base africana de empresas globales como Google e IBM. Con las mejoras económicas producidas desde 2000, la ciudad adoptó las tecnologías digitales y se convirtió en el centro de la llamada «Silicon Savannah». Desde 2010 han surgido por toda África cientos de *start-ups* tecnológicas y nuevos centros tecnológicos.

Los rascacielos del distrito empresarial de Nairobi reflejan su importancia como centro financiero y comercial.

YES, WE CAN!

LA ELECCIÓN DE BARACK OBAMA (2008)

El 4 de noviembre de 2008, tras una campaña de dos años, el senador por Illinois y candidato demócrata Barack Obama fue elegido 44.º presidente de EEUU; era el primer presidente negro en la historia de la nación.

Cuando Obama entró en política, trabajaba como abogado y profesor de la facultad de derecho de la Universidad de Chicago, en Illinois. En 1996 fue elegido para el Senado de Illinois, donde participó en la aprobación de legislación sanitaria y en las reformas de la justicia penal y de las prestaciones sociales, hasta ser elegido al Senado de EEUU en 2004. Ese año, su discurso inaugural en la Convención Nacional Demócrata fue aclamado a nivel internacional. Habló de su trayectoria vital –cómo los sueños de sus padres y abuelos, y su fe en una nación generosa le habían llevado adonde estaba– y del ideal de

Barack Obama jura el cargo como 44.º presidente ante el Capitolio de EEUU, acompañado por su esposa y sus dos hijas. Asistieron al evento en torno a 1,8 millones de personas.

Véase también: La edad dorada de la Reconstrucción 210–213 ▪ La Marcha sobre Washington 282–285 ▪ El movimiento Black Power 288–289 ▪ Campañas globales contra el racismo 306–313

Barack Obama

De padre negro keniano y madre blanca estadounidense, Obama nació en Honolulu (Hawái) en 1961, y pasó la infancia en Hawái e Indonesia (el país del segundo marido de su madre). Se graduó en ciencias políticas en la universidad de Columbia (Nueva York), y trabajó en Chicago como analista financiero y organizador comunitario antes de asistir a la Escuela de Derecho Harvard.

Su futura esposa, Michelle Robinson, trabajaba con él en el mismo bufete de abogados de Chicago. En 1996 inició su carrera política como senador de Illinois, y ganó el escaño del Senado de EEUU en 2004. Ejerció durante dos legislaturas como presidente del país y recibió el Nobel de la paz por su actividad diplomática internacional. En 2017 creó la Obama Foundation, entidad sin ánimo de lucro para apoyar con mentores, educación y oportunidades laborales a personas de todo el mundo.

Obras principales

1995 *Los sueños de mi padre.*
2006 *La audacia de la esperanza.*
2020 *Una tierra prometida.*

unidad, la idea de que los estadounidenses están «todos conectados como un solo pueblo».

En febrero de 2007, Obama anunció su candidatura a la presidencia para las elecciones de 2008. El carisma de sus discursos y las promesas de cambiar el sistema político conectaron con los votantes jóvenes y con las minorías étnicas, y le valieron la nominación del Partido Demócrata, en la que se impuso a Hillary Clinton. Como candidato a la vicepresidencia, Obama escogió al experimentado senador Joe Biden. Las declaraciones antibélicas de Obama atrajeron a los muchos críticos de la decisión del presidente George W. Bush de invadir Irak y Afganistán, y sus planes para una sanidad asequible atrajeron a los votantes más pobres. Esta potente campaña le valió el 53 % del voto popular, y Obama juró el cargo presidencial en enero de 2009.

Presidente en ejercicio

Durante sus dos mandatos, Obama intentó revertir muchas de las medidas de la anterior administración Bush. Entre otras órdenes ejecutivas, prohibió los métodos de interrogatorios que, desde los ataques del 11 de septiembre de 2001, permitían a las agencias de inteligencia torturar a los detenidos, y restauró las relaciones con Rusia, deterioradas durante la presidencia de Bush. Reformó la sanidad con la Affordable Care Act (Ley de la sanidad asequible) de 2010, que redujo el coste de los seguros de atención sanitaria. Sin embargo, Obama fue criticado por no cerrar el campo de prisioneros de Guantánamo, polémico a escala internacional debido

> No hemos venido para temer el futuro. Hemos venido a darle forma.
> **Barack Obama**
> **Discurso en una sesión conjunta del Congreso sobre reforma sanitaria (2009)**

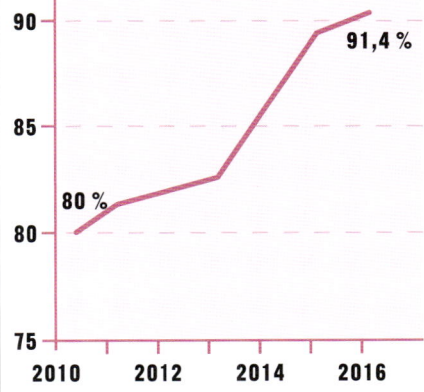

91,4 %

80 %

La reforma sanitaria *(Obamacare)* fue diseñada para hacer asequible la sanidad a una mayor cantidad de personas. El número de estadounidenses asegurados aumentó en más del 10 %.

al trato dispensado a los detenidos, y por la lentitud en la mejora de la economía y la tasa de paro.

En su discurso de despedida en enero de 2017, Obama pidió al público que creyera «no en mi capacidad para lograr el cambio, sino en la vuestra», y concluyó con el lema empleado en la campaña presidencial de 2008: *«Yes, we can».* ▪

BLACK LIVES MATTER

CAMPAÑAS GLOBALES CONTRA EL RACISMO (2013)